紀念胡適先生一二〇歲誕辰國際學術研討會論文集

胡適與現代中國的理想追尋

潘光哲 主編

中央研究院近代史研究所胡適紀念館 授權出版

序

中央研究院前院長胡適先生集學者、思想家、政論家、外交家等多重身分於一身，他對中國現代學術的建立，以及自由民主與人權的堅持闡揚，尤為後世傳頌不已；胡適先生的生命旅程與思想遺產，在二十世紀世界歷史脈絡中，有其獨特的貢獻與深遠的影響。2011 年 12 月 17 日為胡適先生 120 歲誕辰紀念日，為紀念胡故院長 120 歲誕辰，海峽兩岸曾舉辦了兩次學術會議。第一次是 2011 年 4 月中旬，由北京社科院近史所耿雲志先生主持的胡適研究會、南京大學民國史研究中心，以及中央研究院近代史研究所等單位聯合籌辦，在南京大學舉行。該次會議後來由北京的社科文獻出版社出版了《紀念胡適先生誕辰 120 週年國際學術研討會專輯》（2012），留下歷史見證。

該次研討會的籌辦頗為曲折，主要是因為中國大陸雖舉辦過多次有關胡適的研討會，然不曾以慶祝胡適先生誕辰的名義開過會。因此籌辦單位最後仍決定不提誕辰一事，而以「胡適的學術與思想」作為會議名稱。據云這是因為大陸高層仍覺得胡適先生不是一位適合為慶祝其誕辰而召開會議的歷史人物。有趣的是當天開幕致辭之時，多位領導都因故未能出席。由此可以顯示中國大陸在面對胡適之歷史議題時所呈現的尷尬場面：一方面隨著「改革開放的環境」，大陸對胡適的評價已有由負到正的改變，肯定他在白話文推廣、教育與學術獨立、個性追求、自由民主之信仰等方面的看法，另一方面仍有些人覺得不宜公開慶祝其誕辰。

這種疑慮其實從五〇年代「批胡」運動開始就一直存在，當時曾以舉國之力，來清算其思想，改革開放之後方漸改觀。其中較重要的一個轉變是 2003 年由安徽教育出版社出版《胡適全集》，此書為胡適研究推進一大步，也為重新認識胡適帶來契機。不過很可惜的是該套「全集」卻刪除了大量胡適的政論文字與反共言論。該社曾允諾要出版一個內部刊行之補遺，然一直未能問世。這樣一來，胡適可謂評估大陸改革開放之尺度的一個指標（這是耿雲志先生的話）。我想我們要等到大陸能坦率、真誠地面對胡適之時，方能認定改革開放已開始從經濟走向政治。

為了彌補大陸力圖掩蓋胡適全貌的缺憾，台灣（與海外其他地方）學界一直希望能「還原一個真實的胡適」。在這方面中研院近史所胡適紀念館曾做過許多努力，最近又擬訂了一系列的出版計畫，希望能彌補此一缺陷。其中最近將出版者包括《胡適政論集》、《胡適與蔣介石史料長編》等。再者，中央研究院更計畫於五年之內與聯經出版公司合作，出版一個更全的《胡適全集》。

相較於在南京舉辦的想要慶祝、又不能慶祝的「胡適的學術與思想」研討會，中研院近史所於 2011 年 12 月 16、17 二日，舉辦了「胡適與自由主義：紀念胡適先生 120 歲誕辰國際學術研討會」。會議的參與者除了有全世界各地的胡適研究專家之外，胡適先生長媳曾淑昭女士亦專程從美國返台與會。這一本論文集經過兩年左右的醞釀、審查、修改等過程，集結為《胡適與近代中國的理想追尋》一書。本書藉著各學者專家寬廣的研究視野，從政治、思想、文化等層面探討胡適先生與近代中國自由主義之發展的多重影響和貢獻、反省此一過程之成就與限制，並思索其現實意涵。此書使胡適先生象徵的意義及其思想遺產，得以更進一步發揚光大。我們期待，經由本書的出版與胡適紀念館及學界友人所做的各種努力，能打破大陸學術與思想禁忌，而平心靜氣地思索胡適與近代中國歷史命運的各種議題。

黃克武　2013.3.16

導　論[*]

潘光哲[**]

緣起

二〇一一年十二月十七日，正逢胡適先生（以下敬稱省略）一百二十歲誕辰紀念，翌年（2012）則為胡適逝世五十周年紀念。瞻前顧往，胡適的生命旅程與思想世界，在二十世紀中國／台灣的歷史脈絡裡都有獨特的貢獻；與胡適相關的思想理論遺產，無論成敗得失，更是我們可以汲取無盡的「思想資源」。為了紀念與闡揚胡適象徵的意義，中央研究院近代史研究所於二〇一一年十二月十六至十七日，召開了「胡適與自由主義：紀念胡適先生 120 歲誕辰國際學術研討會」，由胡適紀念館負責具體工作，邀請海內外學者專家同議共論，期以寬廣的研究視野，回顧闡釋胡適畢生追尋的理想、價值和意蘊，冀望讓胡適始終誠守堅持的信念，經過批判繼承，創造轉化，生生不息，既是鼓勵我們願意邁步前行的永恆動力，也開啟我們得以薪火相傳的理想視域。

本書主要由參與會議之學者的論文構成，並歷經三位專家提出審查意見，送請作者修改後定稿等既存學術體制之程序，方始付梓問世。作者與編者謹懷敬虔之心，期待以自己的學思所得，做為一抹馨香，追念一代宗師留給我們的豐富精神遺產。

* 本文部分內容，增補刪易自拙稿：〈「重新估定一切價值」——「胡適研究」前景的一些反思〉，《文史哲學報》，期 56（台北：2002 年 5 月），謹此說明。

** 台北：中央研究院近代史研究所副研究員。

「評判的態度」

「譽滿天下，謗亦隨之」。胡適在二十世紀中國／台灣的歷史舞台上刻鏤的多重軌跡，本來總有訴說不完的故事。只是，就中國而言，一九五〇年代在中國共產黨政權主導下，大張旗鼓地以九大主題來開展「胡適思想批判」，胡適做為千夫所指的靶子，歷經清算和批判，胡適在中國，竟然是從人們的歷史記憶裡被掃地出門的人物，處於需要自冰封已久的記憶倉庫裡逐漸解凍而被「重新發現」的局面。至於在胡適歸骨埋骸的台灣，胡適這個名字即便不是絕對的禁忌，關於他的生命旅程的整體圖象，在黨國威權體制的壓迫下，則無奈地被有意塗抹，難見青天。像是胡適在一九二〇年代末期至一九三〇年代初期發表了大量批判國民黨訓政體制及其領袖（特別是蔣介石）的文字，也曾經是歷史研究的禁忌。海峽兩岸對於胡適的認識與理解，都面臨著現實政治的壓制。

所幸，大江總是向東奔流的。到了廿一世紀的今天，胡適獨特的生命／思想旅程，在海峽兩岸終於不再是重重謎霧籠罩的歷史命題了。各式各樣關於胡適的著述，層出不窮，五彩斑斕，在在成為我們瞭解胡適的知識基礎。遺憾的是，許多「胡適研究」的成果，未必能夠衝破特定意識形態的網羅，往往呈顯出一幅被扭曲地詭異之至的「胡適形象」。好比說，在一九三〇年代日本步步進逼的困局裡，胡適與友朋創辦《獨立評論》，企望「言論報國」。可是，這群友朋之間，往往意見並不一致，爭論不休[1]。如何理解與詮釋這分刊物的言論立場和主張，值得細思深究[2]。但若將這分刊物的言論立場解釋為「完全是國民黨當局的統治思想，暗合蔣介石政府的大政方針，而失去了自由主義知識分子本身所具有的獨立意識」，又說胡適在台灣的淒涼歲月裡的行為，「在一系列重大原則問題上，唯蔣家父子之命是從，見蔣家父子臉色行事，甚至有時公開扯去了蒙著的『自由主義』

---

1 參見：張忠棟，〈在動亂中堅持民主〉，收入：氏著，《胡適五論》（台北：允晨文化實業股份有限公司，1987），頁 167。

2 例如，陳儀深分析《獨立評論》裡討論中日關係的文章，更進一步地顯示其間展現的「自由民族主義」（liberal nationalism）的理論涵義，參見：陳儀深，〈自由民族主義之一例——論《獨立評論》對中日關係的處理〉，《中央研究院近代史研究所集刊》，期 32（台北：1999 年 12 月），頁 261-289。

的面紗，明目張膽地與蔣介石站在一起」[3]，這種意識形態的表態論說，很難不引起讀者的反感。同樣的，如果在二十世紀的中國思想史的地圖上為胡適進行定位工作，視之為「西化思潮」的代表人物，特別是與同胡適立場有相當差異的其他思想流派的知識分子進行對比，以凸顯胡適思想的特殊意涵，固可自成一說；但若將胡適支持蔣介石的政治抉擇，視為「蔣介石獨裁統治的裝飾品」[4]，恐怕也只會提供經過意識形態污染後的歷史智慧[5]。諸如此類把胡適描寫為「蔣氏家臣」，將之列為墮落為既存政權首腦的「文化御林軍」的知識分子成員之一的「史筆」，除了履踐某種「意識形態再生產」的功能之外，還有些什麼別的意義嗎？

在意識形態的障礙之外，由於胡適留下豐富難盡的史料資產，更讓後來的研究者絕對能夠依據現實需要，藉著「胡適之酒杯，澆個人之塊壘」，將關於胡適方方面面的研究與闡述，轉化為對現實政治社會文化思想處境的「戰鬥元素」，為胡適想望的「啟蒙」的未竟之業而招魂。好比「胡適思想」這面旗號，就是殷海光在一九五〇年代打擊國民黨官方意識形態時一用再用的工具[6]。這種與時代脈搏同繫共結的「胡適研究」[7]，對認識和

---

3 分見：沈衛威，《學思與學潮：胡適傳》（台北：立緒文化事業有限公司，2000），頁 248-249、頁 382-383。

4 例如：鄭大華，《梁漱溟與胡適——文化保守主義與西化思潮的比較》（北京：中華書局，1994），頁 318-323；鄭大華在述說梁漱溟與胡適對西方民主制度的認識與實踐的脈絡裡，提出了這樣的論斷。

5 例如，同樣是將胡適與張君勱進行對比的論說，那種痛斥胡適「以美國豪門之心為心」，詬詈張君勱「文化在口，利祿在心」的著作（見：夏康農，《論胡適與張君勱》〔上海：新知書店，1948〕），其學術／思想價值，自然不能和嘗試從「知識分子的坎坷遭遇與悲涼心態」的角度進行「同情的理解」的論作相提並論（例如：雷頤，〈殊途同歸：胡適與張君勱的歷史命運〉，收入：氏著，《雷頤自選集》〔桂林：廣西師範大學出版社，2000〕，頁 172-184）；當然，夏康農的《論胡適與張君勱》問世於 1940 年代末期的內戰烽火之下，自有其濃冽的文化／政治意義，不能從純粹學術的角度理解。

6 黎漢基，〈殷海光與胡適〉，收入：王元化（主編），《學術集林》，卷 9（上海：上海遠東出版社，1996），頁 220-223；殷海光在肯定和維護胡適之外，對胡適思想並不照單全收，兩人也有筆墨官司，參見：張忠棟，〈胡適與殷海光——兩代自由主義者思想風格的異同〉，《文史哲學報》，期 37（台北：1989 年 12 月），頁 123-172。

7 這種與現實互動的「胡適研究」，或許可以成為撰寫某種意識形態的「概念史」（Begriffsgeschichte）的基本素材，正如同「五四」做為某種歷史意識的象徵符號，顯現出多元而複雜的啟蒙歷史圖景（參見：顧昕，《中國啟蒙的歷史圖景》〔香港：牛津大學出版社，1992〕）；至於「概念史」的成果和取向，主要是德國學界的創

理解胡適，自然會形成了先入為主的障礙。同樣的，基於自己的視角，叩問胡適豐富多彩的生命與學思歷程，企圖藉助整理胡適的「思想遺產」，進而「述往思來」，或許可以讓研究者自己得到獨特鮮明的生命和思想體驗[8]；即如胡適自身透過《戴東原的哲學》[9]，非僅闡明了自己的智識主義道德觀與人生觀，還試圖整理出中國智識主義的哲學傳統[10]。只是，這等「但取一端，不及其餘」的學術事業，往往有取巧之嫌，難免「見樹不見林」[11]，更冒著可能把複雜的歷史圖像給「簡單化」的危險[12]。想要對於胡

獲，筆者關於這方面的認識得益於：Melvin Richter, *The History of Political and Social Concepts: A Critical Introduction*（New York & Oxford: Oxford University Press, 1995）。當然，本文並無意在這一方面開展。

8 例如，吳方表明，可以透過對胡適的瞭解，「試看中國現代史上是否有一條被漠視的現代知識分子文化精神的軌跡」，見：吳方，〈胡適與中國現代知識分子文化精神的探求〉，收入：劉青峰（編），《胡適與現代中國文化轉型》（香港：香港中文大學出版社，1994），頁 241-254。

9 胡適，《戴東原的哲學》，《胡適作品集》，冊 32（台北：遠流出版事業股份有限公司，1986）；按，本書完稿於 1925 年 8 月 13 日，原刊：《國學季刊》，卷 2 期 1（1925 年 12 月），1927 年由上海商務印書館出版單行本（參見：季維龍〔編〕，《胡適著譯繫年目錄》〔合肥：安徽教育出版社，1995〕，頁 76）。

10 周昌龍，〈戴東原哲學與胡適的智識主義〉，收入：氏著，《新思潮與傳統》（台北：時報文化出版事業有限公司，1995），頁 43-99；另可參看：周昌龍，《超越西潮：胡適與中國傳統》（台北：台灣學生書局，2001）。

11 例如，在 1928 年流亡日本之後的郭沫若，向研究中國古代社會歷史和文獻方面進軍，這樣的思想轉折，費人疑猜。史家逯耀東與余英時都認為，郭沫若之轉治古史最重要的動機之一是要打倒胡適，參見：逯耀東，〈郭沫若古史研究的心路歷程〉，收入：氏著，《史學危機的呼聲》（台北：聯經出版事業公司，1987），頁 149-170、逯耀東，〈郭沫若吻了胡適之後〉，收入：氏著，《胡適與當代史學家》（台北：東大圖書股份有限公司，1998），頁 141-158、余英時，〈莫道人間總不知——談郭沫若的古史研究〉，收入：氏著，《歷史人物與文化危機》（台北：東大圖書股份有限公司，1995），頁 103-123。筆者則認為，「中國社會史論戰」以郭沫若《中國古代社會研究》為引爆核心之一，而這場意涵深刻的思想鬥爭，並不是單憑郭沫若個人一心與胡適力爭短長而動搖筆桿之後就能帶來的，應該從《中國古代社會研究》問世之際的社會背景與其象徵的社會意義進行理解，見：潘光哲，〈郭沫若治古史的現實意涵〉，《二十一世紀》，期 29（香港：香港中文大學中國文化研究所，1995 年 6 月），頁 84-90。

12 即如浦江清聲言王國維對胡適的影響，但僅出以泛泛之論：「故凡先生【王國維——引者按】有所言，胡氏【胡適——引者按】莫不應之」，並沒有舉出具體的事例（見：浦江清，〈論王靜安先生之自沉〉，原刊：《大公報．文學副刊》〔1928 年 6 月 11 日〕，收入：浦漢明〔編〕，《浦江清文史雜文集》〔北京：清華大學出版社，1997〕，頁 9）；相形之下，後繼學人的論證，則甚為精密，參考：陳以愛，〈胡適對王國維"古史新證"的回應〉，《歷史研究》，2008 年期 6（北京：2008 年 12 月），頁 105-123。

適個人的具體生命存在，對於胡適自身的複雜思想構成是在什麼樣的歷史脈絡下出現的，得到更為細緻精密的認識，類似「弱水三千，單取一瓢飲」的學術工作，未必有所助益[13]。這樣說來，當年面對此起彼湧的「新思潮」的時候，胡適主張以來重新估定它們的價值和意義[14]；這種「評判的態度」在「胡適研究」的領域裡，其實也一體適用。

本書收錄的論著，都是這等態度的具體呈顯。即使就現實關懷為基點而回望胡適，各篇佳構的作者仍可懷持「評判的態度」，不願人云亦云，企望就胡適生命思想的脈絡，提出自己的詮解。如美國普林斯頓大學東亞系周質平教授本即為「胡適研究」領域的先行者之一，他整理編輯的相關史料與相關研究[15]，早即嘉惠學林。周教授的〈胡適光焰不熄〉一文，雖然推崇胡適是「為中華民族的進步與尊榮，做出過劃時代貢獻的人物」，論斷「封閉與獨裁是滋生胡適思想最肥沃的土壤，也是胡適思想始終不過時最好的保證」，他的譽贊，仍以史實為本。像周教授特別指出，安徽教育出版社在出版的四十四卷本《胡適全集》（2003 年），好似堂皇寶帙，卻刻意地刪削了胡適的「反共」著作，若諸〈我們必須選擇我們的方向〉（1947 年）、〈陳獨秀的最後見解序言〉（1949 年）、〈史達林雄圖下的中國〉

---

13 例如，胡適自早先「疑古」的心態泥淖裡掙脫，他發表於 1934 年的〈說儒〉，就是具體的里程碑，這篇文章更引發學界相當的爭論，歸根究底，胡適的轉變，乃是傅斯年的「功勞」；參見：王汎森，〈傅斯年對胡適文史觀點的影響〉，《漢學研究》，卷 14 期 1（台北：1996 年 6 月），頁 177-193；王汎森從現藏於台北中研院史語所的「傅斯年檔案」裡找到了胡適向傅斯年致意的親筆短簡，並結合傅斯年的作品〈周東封與殷遺民〉，清楚地論證，〈說儒〉的撰成甚受傅斯年的啟發；至於胡適〈說儒〉的相關研究，可參考：鄧廣銘，〈胡著〈說儒〉與郭著〈駁說儒〉平議〉，收入：劉青峰（編），《胡適與現代中國文化轉型》，頁 387-395〔他並未言及傅斯年對胡適〈說儒〉的啟示〕。

14 胡適，〈新思潮的意義〉，《胡適文存》（上海：亞東圖書館，1921），卷四，頁 152-153。

15 不完全舉例，如：周質平（主編），《胡適早年文存》（台北：遠流出版事業股份有限公司，1995）、周質平（主編），《胡適英文文存》（台北：遠流出版事業股份有限公司，1995）、周質平（編譯），《不思量自難忘：胡適給韋蓮司的信》（台北：聯經出版事業公司，1999）、周質平（主編），《胡適未刊英文遺稿》（台北：聯經出版事業公司，2001）；周質平，《胡適與魯迅》（台北：時報文化出版公司，1988）、周質平，《胡適叢論》（台北：三民書局，1992）、周質平，《胡適與韋蓮司：深情五十年》（台北：聯經出版事業公司，1998）、周質平，《胡適的情緣與晚境》（合肥：黃山書社，2008）、周質平，《光焰不熄：胡適思想與現代中國》（北京：九州出版社，2012）。

（“China in Stalin’s Grand Strategy”；1950 年）等等名篇，在這套《胡適全集》裡「都不見蹤影」。周教授認為，胡適對「反共」的思考，是他晚年的「新境界」，因此，《胡適全集》少了反共的文字，就像胡適〈自由主義是什麼〉所說的：「《長板坡》裏沒有趙子龍，《空城計》裏沒有諸葛亮」一樣。從胡適著作的當代命運為例，即可想見，胡適的言論在此際的中國仍有「切中時弊」的意義。周教授的感受，發人深思。山東泰山學院歷史系萬昌華教授的〈關於胡適國家政治體制思想的考察〉，也是有感而發的論作，他認為胡適關於「憲政主義國家政治體制」的思考，對當下中國的憲政體制建設來說，實有直接的指導與啟迪意義。萬教授大體仍依歷史過程的脈絡，而展示自己的關心所在，如他分析胡適關於國家政治體制思想的成因，即嘗指出，胡適對「美國憲政體制的親身感受與全面正確瞭解」，是他一以貫之堅持憲政主義的思想根源[16]。再如，當下在中國甚囂塵上的「國學熱」，居然得以利用胡適往昔倡言的「整理國故」做為自我證成的依據，令人匪夷所思。來自北京的中國社會科學院近代史研究所研究員雷頤教授便析論，兩者乃是「名同實異」，胡適提倡「整理國故」的主旨是想為現代「科學」在中國「尋根」，證明中國並非自外於世界普世價值；當代中國的「國學熱」卻以強調、證明中國文明、文化的「特殊性」為鵠的，是用以拒絕、批判「普適價值」的重要元素。

胡適的政治／社會思想與活動，多樣難盡，紛爭時起，往往構築為理解詮釋的意識形態障礙。如何祛除這等弊失，懷持「評判的態度」，盡量避免以「事後之明」將錯綜複雜的歷史「簡單化」、「標籤化」，自是不二法門。像是胡適在一九二二年與丁文江等友朋創辦《努力週報》，並聯名發表〈我們的政治主張〉，既展現懷持自由主義立場的知識人群體對當時政治局勢的判斷反思，也反映他們對於理想政治秩序的想像，嘗試推動政治改革的實踐方式。〈我們的政治主張〉雖然頓即引發了多重的迴響，這

[16] 筆者也認為，胡適自 1910 年前往美國留學以來，羈旅此邦前後 7 年，他親歷目睹美國民主體制運作的諸般實際，體會領略積累的「民主經驗」（democratic experience），成為他始終堅持與闡揚民主的「思想資源」重要組成部分，也是他宣講民主而不輟的典範例證。參見：潘光哲，〈青年胡適的「民主經驗」〉，收入：錢永祥（主編），《普遍與特殊的辯證：政治思想的探掘》（台北：中央研究院人文社會科學研究中心，2012），頁 151-194。

等言論主張，仿若「眾矢之的」，被「群起而攻」[17]。懷持自由主義立場的知識人群體固有彼此通力合作之時；只是，勢隨時轉，我們最好不要將這群知識人視為「鐵板一塊」，曾經攜手合力論政抑或相親論學的知識人，往往會因著現實的變遷，立場異趨別途，彼此扞格，終而「分道揚鑣」。在一九二〇年代末期曾經和胡適共以《新月》為陣地，批判國民黨黨國體制而不已的胡適和羅隆基[18]，面對「兩廣事變」(1936 年 6 月)的態度，卻如「南轅北轍」，彼此決裂。來自廣島大學的水羽信男教授，向即為日本學界研究中國自由主義群體之中堅[19]，他的〈中國自由主義者的分岐：1930 年代的胡適和羅隆基〉，即引用梁實秋創辦的《自由評論》與由羅隆基主持筆政的《益世報》上的意見，釐清相關場景，並指陳胡、羅之間的思想分歧，歸根到底「是在自由與平等這一點上」。

胡適面對「兩廣事變」，贊成由蔣介石領導的國民黨政府「用全力戡定叛亂」，立場清楚可見；如何就胡適與蔣介石雙方互動往來歷史的整體脈絡，開展思考認知，猶待史界同仁共同戮力。台灣史界的資深前輩：汪榮祖與陳三井兩位教授的論著，即可謂是研討胡、蔣關係史而可啟人深思的力作[20]。汪榮祖教授〈當胡適遇到蔣介石：論自由主義的挫折〉一文綜論胡、蔣關係的歷史故實，尤可細讀史料，依據胡適的日記紀錄他在蔣介石和宋美齡的盛大婚禮上見到吳稚暉一語，從而特別指出，即使胡適「顯然以名人的身份受邀觀禮，未必與蔣已經相識」，兩人的首次相遇，應該就是在這個場合。汪教授明白指出，為了追求民主自由的胡適，既是「沒

---

[17] 參見：潘光哲，〈〈我們的政治主張〉及其紛爭：1920 年代中國「論述社群」交涉互競的個案研究〉，收入：李金銓（主編），《報人報國：中國新聞史的另一種讀法》（香港：中文大學出版社，2013），頁 147-188。

[18] 參考：劉志強，《中國現代人權論戰：羅隆基人權理論構建》（北京：社會科學文獻出版社，2009）。

[19] 例如：水羽信男，《中国近代のリベラリズム》（東京：東方書店，2007）、水羽信男，〈リベラリズムとナショナリズム〉，飯島涉、久保亨、村田雄二郎（編），《グローバル化と中国》，《シリーズ20世紀中国史》，3（東京：東京大學出版會，2009），頁 103-122；餘例不詳舉。

[20] 相較之下，陳紅民對胡、蔣關係史的的研究，主要集中於 1949 年以後的情況，也比較仰仗《蔣介石日記》的紀錄，參見：陳紅民、段智峰，〈相異何其大——台灣時代蔣介石與胡適對彼此間交往的記錄〉，《近代史研究》，2011 年期 2（北京：2011 年 3 月），頁 18-33、〈台灣時期蔣介石與胡適關係補正〉，《近代史研究》，2011 年期 5（北京：2011 年 9 月），頁 144-148。

有選擇在書齋裡建構自由主義，也沒有全力從教育培養民主的下一代，而選擇了與當政者建立關係，因而進入了蔣介石的圈子，其目的無非想從體制內改變威權體制」。然而，胡適的努力，完全「未能『軟化』」蔣之威權體制」；蔣介石「在表面上非常禮遇胡，想能為其所用……私底下對胡適恨之入骨」。在汪教授看來，「自由主義者不可能與獨裁之虎謀皮，道不同豈能相謀哉」，確為的論。陳三井教授〈乘桴浮於海：論 1949 年胡適的抉擇〉固然關注胡適面對一九四九年的歷史大變局所作的抉擇，也從胡適與國、共兩黨（及其領袖）之間「愛憎離合的複雜過程」，進行考察，特別是他分別整理了胡適對孫中山、蔣介石與毛澤東的看法與彼此關係，馭繁就約，堪稱筆法明快之作。陳教授清楚顯示了，當時的知識人「面臨史無前例的痛苦抉擇」的時候，「淒苦難決」，沉吟思量，「無不摻雜了個人情感、家庭因素、師生情誼、承諾與職責等考量，甚至與經濟問題密切相關，更不排除個體對大我的責任和使命感，極其錯綜複雜，並非單一因素所能闡釋清楚」，胡適也不例外。

如果能從胡適自己思想世界的脈絡來理解他的抉擇，也能深化我們對相關歷史場景的認知。來自大韓民國的吳炳守教授，與筆者的關懷所在，共持同調，都一樣注意胡適關於「反共」的思考述說，或可為此一課題，提供不同的認識角度。吳炳守教授的〈冷戰時期胡適的反共自由主義路線的形成（1941-53）〉一文，從胡適的思想體驗來闡明中國自由主義被「反共化」的思想脈絡，特別注意到胡適「反共主義的美國起源」，像是胡適那篇廣被徵引的〈民主與極權的衝突〉[21]，徵引伊司曼（Max Eastman）的「極權主義」理論，便特別考索了伊司曼的背景，也注意到擔任駐美大使的胡適當時在美國「日常所接觸的反共氛圍」，正提醒我們應該注意胡適倡言「反共」的思想資源。筆者的〈胡適對「知識分子思想改造」的回應（1949-1952）〉，探討胡適如何解釋探討處在「鐵幕」之下的中國知識分子的處境，期可瞭解如何在意識形態衝突之間做出自我選擇和解釋，並企圖

[21] Hu Shih, "The Conflict of Ideologies (Delivered July 8, 1941)," *Annuals of the American Academy of Political and Social Science*, Vol. 218 (November 1941), pp. 26-36，收入：周質平（主編），《胡適英文文存》，冊 2，頁 885-896；漢譯見：胡適，〈民主與極權的衝突〉，《自由中國》，卷 1 期 1（台北：1949 年 1 月），頁 5-8；本文另有其他漢譯本，不詳述。

將之轉化為（共產主義）意識形態批判／鬥爭的思想資源。如胡適以在「鐵幕」之下的中國知識分子「沒有『沉默的自由』」等等的苦難為例證來批判共產主義政權，此一論述，並廣為流傳，正可想見，胡適的「反共」論說，實是「功不唐捐」。

胡適說過，希望自己的著作，可以「教我的少年朋友們學一點防身的本領，努力做一個不受人惑的人」，不要讓別人「牽著鼻子走」：「被孔丘、朱熹牽著鼻子走，固然不算高明；被馬克思、列寧、斯大林牽著鼻子走，也算不得好漢」[22]。在「胡適研究」的領域裡，懷持「評判的態度」，就不能也不會存在著「一錘定音」的法則典範。本書以上諸篇佳作的業績，相信對讀者多少有所啟示，如何不被既有的研究闡釋「牽著鼻子走」。

「還他一個本來面目」

在「胡適研究」的天地裡，唐德剛（1920-2009）的成就業績，不可磨滅，如他親自「操刀」完成漢譯並添加「譯註」的《胡適口述自傳》[23]，本即是開展「胡適研究」不可或缺的基礎史料之一[24]；他在翻譯過程裡完成的副產品《胡適雜憶》[25]，則如「胡適 ABC」一般，不僅是初學者進入胡適生命世界的第一把鑰匙，更引導讀者進入了一個讓人流連忘返的大千世界[26]。惟則，對於唐德剛出以亦莊亦諧的筆法而展現的胡適造型，也曾

---

22 胡適，〈介紹我自己的思想（胡適文選自序）〉，《胡適論學近著》（上海：商務印書館，1935），頁 645-646。

23 胡適（著），唐德剛（譯注），《胡適口述自傳》（台北：傳記文學出版社，1981）：原著是：*Dr. Hu Shih's Personal Reminiscences*, interviewed, compiled and edited by Te-kong Tong with Dr. Hu's corrections in his own handwriting（New York: Chinese Oral History Project, East Asian Institute, Columbia University, [n. d.]；台北：中央研究院近代史研究所郭廷以圖書館藏）；英文排印本為：胡適（口述），唐德剛（整理），《胡適英文口述自傳》（北京：外語教學與研究出版社，2012）。

24 當然，僅止閱讀唐德剛的漢譯成果而未覈校英語原著，或不免引起誤解，如他將 "disinterested interest"（見：*Dr. Hu Shih's Personal Reminiscences*, p. 42、《胡適英文口述自傳》, p. 41），譯為「不感興趣的興趣」，可能引發誤解，江勇振指出，應譯為「超然的興趣」為宜，見：江勇振，《舍我其誰：胡適》，第一部，《璞玉成璧（1891-1917）》（台北：聯經出版事業股份有限公司，2011），頁 385。

25 唐德剛，《胡適雜憶》（台北：傳記文學出版社，1979）。

26 不過，必須指出，就像「ABC」讀本總是難免淺薄之病一樣，唐德剛在「胡適研究」天地裡留下的遺產，固可做為略窺其間美富的入門之鑰；只是，略識之無以後，要

受業於胡適的蘇雪林（1897-1999）[27]，卻完全不能接受。當唐德剛的《胡適雜憶》初始在《傳記文學》雜誌連載之際，年高八十的蘇雪林，閱之即不以為然，以為唐德剛「對胡氏頗極揶揄」，乃是「青少狂徒之言」，深感「不喜」[28]；爾後更以耄耋之齡勉力撰成《猶大之吻》，將唐德剛比喻為出賣耶穌的「猶大」，批判不已[29]。不過，蘇雪林完全忘記了，當年她批判魯迅（1881-1936）的言論[30]，胡適不僅不贊同，還對她有所規勸的話語：

> ……他【魯迅——引者按】已死了，我們盡可以撇開一切小節不談，專討論他的思想有些什麼，究竟經過幾度變遷，究竟他信仰的是什麼，否定的是些什麼，有些什麼是有價值的，有些什麼是無價值的。……[31]

想確切認識胡適生命道路的場景，體會吟詠胡適精神天地的要義，批判轉化胡適思想世界的遺產，卻難說能從他的筆耕事業裡，得到太多的幫助和刺激。例如，唐德剛雄辯地指出，胡適既是在「傳統中國」向「現代中國」發展過程裡的「啟蒙大師」，更還是「唯一沒有槍桿子作後盾而言論思想能風靡一時，在意識形態上能顛倒眾生的思想家」（唐德剛，《胡適雜憶》，頁 2-3）。他的這番讜論，自然眾無異辭，卻不具有深化讀者思想能力的作用。對照於余英時的名著《重尋胡適歷程——胡適生平與思想再認識》（台北：聯經出版事業股份有限公司，2004），匯集其研究胡適的心得睿見於一編，特別是他從思想史角度回顧與檢討胡適創建的「典範」之貢獻和限制，實是發人未發。可以說，余英時開鑿的知識／思想空間，足可供後學沉吟思索者，實在無窮廣闊；相形之下，唐德剛之所為，則不免停留在「喊口號」、「貼標語」的層次，啟發意義並不深刻。

27 生平簡要，參考：關國煊，〈反共反魯迅「好漢」女作家蘇雪林〉，《傳記文學》，卷 75 期 1（台北：1999 年 7 月），頁 87-99（餘例不詳舉）。

28 原文是：「看〈七分傳說，三分洋貨〉之胡適，對胡氏頗極揶揄，青少狂徒之言，為我所不喜」，見：蘇雪林，「1977 年 10 月 5 日日記」，國立成功大學中國文學系蘇雪林作品集編輯小組（主編），《蘇雪林作品集．日記卷》（台南：成大出版組，1999），冊 8，頁 363；按，〈七分傳說，三分洋貨〉，當為：唐德剛，〈七分傳統，三分洋貨——回憶胡適之先生和口述歷史之三〉，《傳記文學》，卷 31 期 4（台北：1977 年 10 月），頁 55-62。

29 蘇雪林，《猶大之吻》（台北：文鏡文化事業有限公司，1982）；本書另有附錄一篇，評論李敖的《胡適評傳》，亦出以批判之語，不詳論。再，蘇雪林對唐德剛之不滿與批判，始終一致，參見：張昌華，〈胡適．蘇雪林．唐德剛——從蘇雪林先生的一封信談起〉，《傳記文學》，卷 97 期 2（台北：2010 年 8 月），頁 36-42。

30 魯迅逝世之後，蘇雪林即發動了對他的批判，且畢生持續不已，相關述說，略可參見：范泓，〈蘇雪林論魯迅〉，氏著，《隔代的聲音：歷史勁流中的知識人》（桂林：廣西師範大學出版社，2008），頁 236-247；本文不詳論。

31 胡頌平（編著），《胡適之先生年譜長編初稿》（台北：聯經出版事業公司，1984），冊 4，頁 1546-1547。

胡適的這番諄諄告誡，顯然不是蘇雪林駁斥唐德剛的金科玉律。即令她發願要為胡適「白冤雪謗」，筆下則極力將胡適「聖人化」[32]，論說更頗多不符史實者[33]，當然沒有太大的效果[34]。

然而，胡適的這番反思，對於有意涉足於「胡適研究」領域的研究者而言，則如醍醐灌頂的警語。畢竟，在「胡適研究」的領域裡並不存在「不證自明」的絕對理念，如果將分散於各種文集、出版品的論說，依我們今日的觀念，分門別類，系統條理，不思考胡適思想的整體立場，也不顧及胡適立說倡論的原來脈絡（及其可能受到的外來影響），而以研究者自己的思路，將資料甲、資料乙與資料丙……串連成一個「系統」來描寫他的思想／生命樣態，並還進行「評價」與「反思」[35]。如此進路形塑的「胡

---

[32] 例如，蘇雪林說：「胡適這位巨人，身上放射萬丈光芒，頂天立地，屹立東亞，將與中華民族的歷史同其悠久，像唐德剛那種微末的道行，想推倒他，真像韓昌黎所說：『蚍蜉撼大樹，可笑不自量！』」見：蘇雪林，《猶大之吻》，頁 116；餘例不詳舉。

[33] 例如，蘇雪林為了表彰胡適和徐志摩未嘗「瞧不起」郭沫若與魯迅的「君子風度」，有謂：「至於胡適之、徐志摩又在什麼時候瞧不起【郭沫若、魯迅——引者按】這二人呢？郭氏一心想獨霸文壇論壇，寫《十評判書》痛擊胡氏，對徐也不放鬆。胡徐並不怕他，不過他們都是『識大體』的人，不願文化界同室操戈，自傷元氣，曾屢次相偕登門訪郭，並設筵相邀，屈意交歡，十分誠懇（郭在上海，胡那時任中國公學校長，亦在滬）。無奈郭氏不領這個情，始終與二人立於敵對地位，胡徐也只有嘆息了之。他們對郭從沒有半句批評，對魯迅無數惡聲，也從無一復，真不愧『君子風度』，見：蘇雪林，《猶大之吻》，頁 127）；揆諸事實，所謂「郭氏……寫《十評判書》痛擊胡氏」，應為「郭氏……寫《十批判書》……」（且郭沫若《十批判書》亦非專門批判胡適之作品）；至於所謂胡、徐「屢次相偕登門訪郭，並設筵相邀」云云，乃係年 1921 年與 1923 年事，並非胡適出任中國公學校長之時（1928 年 4 月至 1930 年 5 月），因為郭沫若在 1928 年 2 月 24 日即流亡日本，前後十年，見：逯耀東，〈郭沫若吻了胡適之後〉，《胡適與當代史學家》，頁 141-147；餘例不詳舉。

[34] 即如唐德剛在給耿雲志的信裡說，蘇雪林「一生崇拜胡適老師至發狂的程度……因迷胡太甚，不能見他人對胡適有分厘之評」，而且認為「她是個精神病者，不應把她話當真……對這位過時的三十年代老女作家搖筆醮墨，不忍為，亦不屑為也」，所以對其批判之語，不願做公開回應，見：耿雲志，〈想起蘇梅的故事——從唐德剛先生的一封信說起〉，《萬象》，卷 12 期 5（瀋陽：遼寧教育出版社，2010 年 5 月），頁 126-128。

[35] 例如，楊承彬的《胡適的政治思想》（台北：中國學術著作獎助委員會出版，1967），析論胡適的某一觀點（如「民主」）之際，既未考察胡適發言的時空背景，復將胡適不同時期的言論並冶一爐而同為佐證；類似缺失的作品，不一而足，傅豐誠之作亦為一例，見：傅豐誠，〈理想與實證的結合：胡適的政治思想〉，收入：周陽山（等編），《近代中國思想人物論．自由主義》（台北：時報出版公司，1980），

適形象」，恐怕是研究者自己的心靈畫像而已。因此，只有從具體的整體脈絡裡詳縝描摹胡適的「思想有些什麼，究竟經過幾度變遷」，才能對胡適思想的「價值」所在，做出恰當的評估。可以說，不將胡適「聖人化」，不以胡適之「是」為絕對的「是」，開發新史料，提出新論題，盡可能回到歷史本身，正是後繼學人在「胡適研究」領域裡大可施展身手的天地。

就開發新史料而言，胡適自身遺留的文字遺產，與胡適相關的文獻資料，卷帙浩繁，實是令人望洋興嘆；更由於眾所周知的因素，胡適個人的檔案資料與相關文獻，分散於台灣海峽兩岸，利用匪易。台北的胡適紀念館對分散於台海兩岸的史料檔案資料，目前已經完成整合工作，並建立以電腦網路檢索的「胡適檔案檢索系統」，讓與胡適相關的史料，愈形方便整理與應用[36]。即如美國德堡大學歷史系江勇振教授與中央研究院近代史研究所黃克武教授，早就都利用前此未嘗被開發的檔案史料，為「胡適研究」創生新天新地[37]，本書收錄他們別出新見的論著，亦有獨特的價值。江教授從本來庋藏於北京中國社會科學院近代史研究所的「胡適檔案」，找到杜威（John Dewey）在中國進行「五大演講」裡最重要的《社會哲學與政治哲學》演講系列的殘稿，他將之與胡適的翻譯比對，並進一步地檢視胡適是如何翻譯與詮釋杜威的自由主義。胡適與杜威的思想關係，有若「公案」，論述多樣[38]；江教授的力作，以詳縝豐瞻的史料為依據，細密地

頁 345-376。

36 筆者以胡適和魯迅、周作人兄弟的關係為例，示範了「胡適檔案檢索系統」的作用，參見：潘光哲，〈「胡適檔案檢索系統」中的周氏兄弟〉，《現代中文學刊》，2011 年期 6（上海：2011 年 12 月），頁 81-102；當然，利用「胡適檔案檢索系統」得到的結果，並不等於是與研究課題相關的全部史料，以胡適對魯迅的評論而言，胡適曾經感慨地說：「魯迅若不死，也會斫頭的！」（見：〈胡適之先生的一封信〉，《自由中國》，卷 14 期 8〔台北：1956 年 4 月 16 日〕，頁 33），因為是文未曾在「胡適檔案檢索系統」建立檔案，此一評論，自是「失之交臂」。因此，如不勤於讀書，徒賴電腦之力，胡適此語，自然無可展獲。也可想見，「胡適檔案檢索系統」固然功能強大，要對相關課題之史料「竭澤而漁」，史家實須親自涉獵閱讀史料，日積月累，始可見其功。

37 不完全舉例，如：黃克武，〈胡適與赫胥黎〉，《中央研究院近代史研究所集刊》，期 60（台北：2008 年 6 月），頁 43-83、江勇振，《星星、月亮、太陽：胡適的情感世界》（台北：聯經出版事業股份有限公司，2007）。

38 例如，吳森批判地指出，胡適和杜威之間「有師而無承」，兩者思想南轅北轍，他實是將杜威思想「浮淺」地介紹給中國，見：吳森，〈杜威思想與中國文化〉，收入：汪榮祖（編），《五四運動研究論文集》（台北：聯經出版事業公司，1979），

考察胡適相關的論述，無疑對此一課題，揭示了簇新的面向。黃克武教授的研究，利用胡適紀念館庋藏的檔案（如胡適與《文星》雜誌社與其後來筆政主力李敖的往來信函），釐清實相：即便《文星》一直力捧胡適，胡適在《文星》的形象主要是由毛子水、李敖與徐高阮等人積極營造的結果；但是，胡適對《文星》雜誌的態度，其實基本上是「冷漠」的。顯然，後繼者如可再三玩索他們的業績，體會學習如何仰賴「胡適檔案檢索系統」進行研究的法門，必然可以讓「胡適研究」的知識板塊，愈形厚實。

黃克武教授的研究，與陳儀深教授的研究〈胡適晚年在台灣〉，都已涉及胡適與台灣的關係，這是「胡適研究」亟待拓展的新領域；特別是相關的史料，豐富之至，自可對胡適在台灣刻鏤的歷史軌跡，開展「濃描細寫」的事業。如陳教授指出，身為前輩學人並且位居要津的胡適，始終注意培養人才、成全人才，「功德無量」，胡適寫信給陳誠，表示願意為中研院數學所青年學人劉登勝得以赴美進修「作保」，就是一例。胡適給陳誠的這封信，即來自胡適紀念館庋藏的檔案。是以，如可充分利用「胡適檔案檢索系統」，所可呈現的歷史圖像，自必愈趨多彩多姿。

頁 125-156；唐德剛則以詼諧的筆法指出，胡適畢生被杜威（與主張國際和平主義的安吉爾〔Norman Angell〕）「牽著鼻子走」，「沒有進步」，見：胡適（口述），唐德剛（譯注），《胡適口述自傳》，頁 80-84；余英時從整體胡適思想的脈絡著眼，胡適在方法論上固然師法杜威，但就杜威的整體哲學而言，胡適卻是「半肯半不肯」，有他自己的中心關懷的興趣，未必有完全的掌握和理解，見：余英時，《近代思想史上的胡適》（台北：聯經出版事業公司，1984），頁 42-55；羅志田則論證，胡適不但在哲學方法上把握了杜威思想的基本精神，更像杜威一樣希望把哲學從「哲學家的問題」中解放出來，使它變作「一般人的問題」，胡適主張用「科學方法來研究社會改造社會」，尤其是杜威思路的親切體會和運用；然而，胡適也把他通過嚴復接受的天演學說的競爭性和破壞性融鑄進了他的「杜威方法」，使其更加激進，故他所謂的「杜威方法」，應可視為中西文化匯合的產物，見：羅志田，〈杜威對胡適的影響〉，《四川師範大學學報（社會科學版）》，2002 年 6 期（成都：2002 年 11 月），頁 117-124；陳素芬則認為，不應該片面地或是簡化地來理解杜威和胡適之間的哲學關係，相對的，她對比杜威和胡適的觀點，指陳胡適強調「杜威的哲學的最大目的是怎樣能使人有創造的思想力」（胡適，〈實驗主義〉，《胡適文存》，卷二，頁 118），即可想見，胡適是以自己的方式來理解杜威的科學方法，用以改造他自己與中國。因此，並不存在著所謂實驗主義在中國的「失敗」的問題，因為「失敗」總是實驗主義涵括的內容，重要的則是在開展下一個階段的探究的時候，怎麼從已然獲致的善果裡，汲取教訓，見：Tan Sor Hoon, “China's Pragmatist Experiment: Hu Shih's Pragmatism and Dewey's Influence in China,” *Metaphilosophy*, vol. 35, nos. 1-2（Oxford: Blackwell Publishing, Jan. 2004）, pp. 44-64（至於其他各家論說，不詳舉述）。

開發新史料，在「胡適研究」領域裡提出新論題，當然是「水到渠成」的事。廣州中山大學黎漢基教授本即以編輯整理徐復觀的相關史料而貢獻學林菲淺[39]，他對胡適與徐復觀時而友好、時而衝突的複雜關係，在大量掌握與徐復觀相關的史料基礎上，頗有細膩的描述。黎教授指陳，胡、徐雙方在文化理念及學術流派上固若「冰炭不容」；兩者私人交往的世界，卻不一定籠罩在「劍拔弩張的氣氛」裡[40]。但若放寬觀察的視野，解讀早已出版問世的既存相關史料，「立體化」地展現「胡適思想」及其「思想遺產」的形成過程，往往也能創造出實質的知識貢獻[41]。胡適倡言「整理國故」，影響深遠，他自己的學術實踐，則是各方評價不一；胡適的禪學研究，得失所在，諸方更是纏訟不已，有待專業學人從比較完整的脈絡提出釋論。台北城市科技大學通識教育中心兼任教授江燦騰博士，是苦學出身而在宗教史研究的天地自有一席之地的學者[42]，他的〈溯源與開展：再探自由主義者胡適的初期禪學史研究問題〉，積累多年心得的創發，以各種並非孤本密笈的公開史料為基礎，開展論證，充分肯定胡適的禪學研究，「可以被視為民國以來現代性宗教學術研究的跨世紀典範傳承者」，他的影響力「迄今仍活力十足，傳承不絕」。江教授拉長觀察的時段，從胡適去世之後依舊引發辯論的脈絡裡提出這樣的論斷，自然能夠為胡適禪學研究的遺澤所在，提供更具說服力的認識。安徽大學歷史系的陸發春教授，和北京中國社會科學院近代史研究所的宋廣波教授一樣，都是中國積極推動「胡適研究」的青壯世代學者之一，各編有相關史料，嘉惠學林[43]；

---

39 黎漢基、曹永洋（編），《徐復觀家書集》（台北：中央研究院中國文哲研究所，2001）、黎漢基、李明輝（編），《徐復觀雜文補編》，6 冊（台北：中央研究院中國文哲研究所，2001）。

40 以徐復觀為關鍵辭檢索「胡適檔案檢索系統」，更可有所得，例如，徐復觀嘗致函胡適，既慰問時在病中的胡適，也表示自己對《老子》其人其書的再考察「回到您【即胡適——引者按】的看法上來了」，〈徐復觀致函胡適〉（1961 年 3 月 11 日），胡適紀念館館藏號：HS-NK01-021-003。

41 即如筆者前即指陳，應該清理胡適「文藝復興」論述的「概念變遷」的整體歷程（潘光哲，〈「重新估定一切價值」——「胡適研究」前景的一些反思〉，頁 15-16〔註 57〕）；後來者如李貴生的研究，正具體實踐筆者的主張，其貢獻所在，實非筆者所能及，見：李貴生，〈論胡適中國文藝復興論述的來源及其作用〉，《漢學研究》，卷 31 期 1（台北：2013 年 3 月），頁 219-254。

42 參見：江燦騰，《江燦騰自學回憶錄：從失學少年到台大文學博士之路》（台北：秀威資訊科技，2009）。

43 不完全舉例，如：陸發春（編），《胡適家書》（合肥：安徽人民出版社，1996）、陸教授發表於本書的論文：〈新生活的觀念及實現：以五四時期胡適及《新生活》雜誌為討論中心〉[44]，以《新生活》週刊（由北京大學出版部主任李辛白創辦，1919年8月24日發刊於上海）為史源，就胡適、李大釗、高一涵、蔡元培、陳獨秀、傅斯年等新文化派人士，如何藉《新生活》週刊為陣地，以社會大眾百姓為對象，述說新文化與新生活的關係，提倡新的生活觀。陸教授的觀察角度，並不限於胡適一人，他也疏理述說曾在《新生活》週刊立言的其他知識人（如李大釗、高一涵、蔡元培、陳獨秀、傅斯年等等）的意見，其中如傅斯年發表於《新生活》週刊第二期的文章〈新生活是大家都有一份的〉，即是前此研究者未嘗特別留心注意者[45]，其貢獻所在，自非僅止於「胡適研究」領域而已。胡適曾經奉獻智慧心力的言論舞台，不知凡幾，如何從比較寬闊的全方位視野進行觀察詮解，陸教授的這篇論文，實具提醒與示範的作用[46]。

胡適在思考如何建立「國語文法學」的時候曾經指出，所謂「鴛鴦繡取從君看，不把金針度與人」，實在「是很可鄙的態度」。所以，身為「提倡學術的人」，就應該「先把『金針』送給大家，然後讓他們看我們繡的鴛鴦，然後教他們大家來繡一些更好更巧妙的鴛鴦」[47]！「要把金針度與

宋廣波（編校注釋），《胡適紅學研究資料全編》（北京：北京圖書館出版社，2005）、宋廣波，《胡適紅學年譜》（哈爾濱：黑龍江教育出版社，2009〔修訂版〕）。

[44] 宋廣波教授亦曾參與本次研討會，提出論文：〈胡適與科學〉，因故未發表於本書，憾甚。

[45] 孟真，〈新生活是大家都有一份的〉，原刊：《新生活》（1919年8月31日），收入：歐陽哲生（主編），（長沙：湖南教育出版社，2003），卷1，頁287-289；研究者如馬亮寬主要利用這套《傅斯年全集》為史源進行研究，他述說傅斯年在1919年「五四運動」前後的思想狀況，即未特別徵引討論傅斯年這篇文章的意義，參見：馬亮寬，《傅斯年社會政治活動與思想研究》（北京：中國社會科學出版社，2009），頁43-66。

[46] 即如筆者述說胡適參與《努力週報》的創辦，開展政論歲月的故事，即探討胡適如何持續深化自身政治論述的內容，既營構「政治的工具主義」做為對於政治的整體觀點，也從「科學的人生觀」推衍出「幹」的實踐哲學。當胡適主持《努力週報》編務，筆耕論政的時候，見諸其間的文字，基本上是這等思想狀況的持續發揮，並與現實環境的變異，相互呼應。參見：潘光哲，〈胡適與《努力週報》的創辦〉，收入：李金銓（編著），《文人論政——民國知識份子與報刊》（台北：政大出版社，2008），頁81-108（必須指出，拙稿竟將胡適意欲和商務印書館合作開辦《努力月刊》而未成一事，誤判為《努力週報》的開辦計畫，實為大謬；其實這乃是《努力週報》停刊後的事；其間經過始末，不詳論）。

[47] 胡適，〈國語文法概論〉，《胡適文存》，卷三，頁35。

人」的態度，正是胡適獨創並力行不輟的心得。本書以上諸篇鴻文的業績，不以停留在「一筆描盡西江水」的層次為滿足，總要窮搜深究具體的史料，儘可能地逼近胡適這個人的具體存在而又多樣複雜的歷史事實，「還胡適一個本來面目」，更都是史家技藝的具體展示。對有心涉足於「胡適研究」領域的後起之秀來說，本書自具不可忽視的「金針」效果。

小結

歲月悠悠，浪起潮落，胡適的時代已遠，胡適的墓木已拱。胡適期待的理想世界，和我們的夢想處境，不可能一成不變；胡適回應自己時代問題的解答，自然也不會是我們面對自身現實的萬靈丹藥。本書收錄的諸篇論著，叩問追索胡適多彩多姿的生命歷程，闡釋解析胡適獨特鮮明的精神遺產，各有所得，當然也不是為「胡適研究」的天地設定標準答案或金科玉律。不過，就像傅斯年當年對在北京大學修習他開授的《史學方法》課程的學生的警告一般：

> 新史料之發見與應用，實是史學進步的最要條件；然而但持新材料，而與遺傳者接不上氣，亦每每是枉然。從此可知抱殘守缺，深固閉拒，不知擴充史料者，固是不可救藥之妄人；而一味平地造起，不知積薪之勢，相因然後可以居上者，亦難免于狂狷者之徒勞也[48]。

顯然，在「抱殘守缺」和「一味平地造起」之間，不是沒有平衡點的。超越意識形態的障礙，挑戰既存的學術業績，其意乃在扭轉我們的認識視野，並不意味著不需要借鑒於先行者的積累；本書展現的，正是學界先進同好的共同認知和堅持。各篇作者懷持「評判的態度」，不將胡適「聖人化」或是「污名化」，在相關研究的基礎上，持續開發史料文獻，進行精密解讀，盡可能地精確描繪胡適生命思想的多重本來樣態，提供個人的獨特見解，好似打開無窮的思想／知識窗口，自可開拓讀者的視野。路長遠兮，值得學界同好投注心力，繼續為「胡適研究」奮鬥拓展的學術／知識空間，仍然寬廣無限。

---

[48] 傅斯年，〈史學方法導論〉，《傅斯年全集》（台北：聯經出版事業公司，1980），冊2，頁40。

致謝

本書做為「胡適研究」領域的最新成果，各篇論著，率皆自成一家言。筆者承司總匯諸篇佳作之責，爰以「野人獻曝」之心，略抒各篇業績之所得及貢獻所在，或有助於讀者掌握其精要。惟個人駑鈍寡知，思慮有闕，或難揚其美富，抉幽發微之引譬，更未必允當宜洽。凡此諸弊，如得蒙原來作者諒之，前輩識者教之，必為筆者之幸。

本書是中央研究院近代史研究所舉辦「胡適與自由主義：紀念胡適先生 120 歲誕辰國際學術研討會」的成果。會議召開前夕，胡適長媳曾淑昭女士特別從美國返台，全程與會，鼓舞同仁，實應特致謝悃。會議之召開舉行，亦應感謝諸位論文發表人撰文之辛勞。其中呂實強教授的〈淺論胡適的自由思想〉，方其初稿擬撰完成，不幸在會議舉行之前即遽歸道山，是文竟成為呂教授的絕筆之作。為紀念呂教授過往擔任胡適紀念館管理委員會主任委員的辛勞貢獻與他對本次研討會的熱心響應，本書特別收錄呂教授之遺稿，列為附錄。會議舉行時，得蒙張朋園、陶英惠、張玉法、李又寧、陳三井、呂芳上、陳永發、楊翠華、謝國興與黃克武等教授主持各發表場次；又勞張朋園、呂芳上、黃自進、丘為君、許文堂、葉其忠、薛化元、劉季倫與陳以愛等教授擔任講評人，惠賜卓見。凡此先進同仁之助力恩誼，永銘吾輩心懷。本次研討會之舉行，亦列為中華新文化發展協會舉辦「建國百年：德先生與賽先生的永恆追求」系列活動之一，得到行政院文化建設委員會（現為文化部）、財團法人建國一百年基金會與中華文化總會的支持贊助，亦需表示謝意。本次會議召開時，筆者恰正負責胡適紀念館行政工作，承司指揮調度具體相關業務，因而忝列本書主編，榮寵之至。工作期間，得到中央研究院翁啟惠院長、王汎森副院長與近代史研究所黃克武所長的全力支持，復蒙胡適紀念館管理委員會沙培德、黃自進、陳儀深、羅久蓉與李達嘉諸教授前輩之贊助；胡適紀念館現任主任雷祥麟教授與所有同仁，對會議之舉行，本書之編輯出版，助力甚眾；特別是許惠文與鄭鳳凰女士，總其繁瑣，獻力無限，謹此特表謝忱。如果本書提供的知識與智慧，能夠讓「胡適研究」的領域得以欣欣向榮，花開滿園，再行積蓄若干動力，那必將是我們最大的榮幸。

目　次

[胡適與自由主義傳統]

[胡適與台灣]

[附錄]

當胡適遇到蔣介石：論自由主義的挫折

汪榮祖[*]

一

胡適與蔣介石的關係近年來成為熱門話題，胡適與蔣介石的日記更為這層關係提供了很好的素材，經過整理之後，已有好幾本專書與不少文章發表，胡、蔣關係的來龍去脈已很清楚[1]。不過，研究胡蔣關係的意義，應不止於有系統的排比與覆述史料，僅作字面上的解說，似更宜從胡蔣兩人的關係中深入分析這兩個人，才能進一步了解這兩位重要歷史人物及其時代，並認識到以胡適為代表的自由主義在以蔣為代表的威權體制中，如何受到挫折，或可為自由主義在「革命中國」的「命運」提供一個具體的實例。

胡適與蔣介石首次相遇在 1927 年，地點是北伐軍佔領後的上海，兩人都已名聞全國，胡適早已是新文化運動的健將，「名滿天下」的學界領袖，而蔣介石是北伐軍的總司令，旭日東昇的耀眼強人。胡適出現在蔣介石與宋美齡的盛大婚禮上，當時冠蓋雲集，胡適曾側身其間[2]。胡氏顯然以名人

---

* 國立中央大學人文研究中心主任／中央研究院近代史研究所兼任研究員

1 如陳紅民，〈蔣介石與胡適關係之再研究〉，《蔣介石與現代中國再評價國際學術研討會》（台北 2011 年 6 月 27-29 日），頁 535-552；智效民，〈胡適與蔣介石——從胡氏日記看兩人的交往與友誼〉，《胡適和他的朋友們》，（台北：世界知識出版社，2010）；劉健清、劉慶楚、鄧麗蘭，《蔣介石與胡適》，（長春：吉林文史出版社，1993）；陳漱渝、宋娜，《胡適與蔣介石》，（武漢：湖北人民出版社，2011）；陳漱渝，〈胡適與蔣介石關係的幾個階段〉，《人民政協報》，2010 年 2 月 11 日；韓省之，〈蔣介石與胡適〉，《縱衡》第 3 期（2004）；陳紅民、段智峰，〈相異何其大——台灣時代蔣介石與胡適對彼此交往的紀錄〉，《近代史研究》（2011 年 5 月）。

2 胡適於 1928 年 5 月 18 日的日記中提到他去年蔣介石的婚禮上見到吳稚暉，見《胡適日記全集》，曹伯言整理，（台北：聯經出版事業公司，2004），第 5 冊，頁 136。

的身份受邀觀禮，未必與蔣已經相識；若從這一年算起，直到 1962 年 2 月胡適逝世，兩人的關係長達三十五年。那是蔣介石的時代，以其軍力為基礎於 1928 年建立了以黨國體制為核心的威權政府，而胡適則是主張自由主義的學界泰斗。自由與威權的矛盾無可避免，但胡適之於蔣介石既有抗爭，更多合作，藕斷絲連，從未間斷。1949 年以後，蔣介石失去中國大陸、退居台灣，仍然大權獨攬。胡適雖然避居北美多年，但最後仍然回到蔣介石的台灣，出任中央研究院院長，死於任上。在漫長的歲月裡，蔣介石未能將胡適入其彀中，不能像陳布雷、王世杰、葉公超等人那樣，為其所用，任其擺佈；胡適也未能改變強人，使蔣氏變得稍微民主，多給一點自由。簡言之，無論蔣想拉攏胡適或胡想改變蔣介石，都屬徒勞而無功。

胡適作為學者，其專業是哲學，但他除了宣揚杜威（John Dewey）的實驗主義（Pragmatism）外，在哲學上並無重大建樹，不能與金岳霖、馮友蘭等相提並論。他雖然師從哲學大師杜威，但專門研究杜威哲學的吳森發現，「胡適打著杜威的旗號，而葫蘆裡賣的藥是胡適自己煎製的，和杜威本來的藥方相差很遠」[3]。胡適也無心專攻哲學，他對歷史考據與文學似乎更有興趣，在學問上博而不精。但是胡適一生的重要性及其名聲並不來自學問，而來自新文化運動，推行白話文，以及畢生倡導民主與自由，成為中國自由主義的一個具有代表性的人物。

不過，胡適對自由主義的理解，有時很令人困惑。他對自由主義的發展史與內涵似乎並未深究，他曾寫道：「自由主義裡沒有自由，那就好像『長板坡』裡沒有趙子龍，『空城計』裡沒有諸葛亮，總有點叫不順口」[4]，怎麼可能呢？他又說：「自由主義是人類歷史上，各民族的大運動」[5]，又怎麼可能呢？他再把敢於批評者與反抗者，「從墨翟、楊朱到桓譚、王充，從范縝、傅奕、韓愈到李贄、顏元、李塨」，都說成是為「思想自由」而奮鬥的「東方豪傑之士」[6]，好像中國比西歐更早就有了自由主義，又怎麼可能呢？如果中國早自春秋戰國以來就有那麼多的鬥士，何以「東方的自

---

3 吳森，〈杜威思想與中國文化〉，汪榮祖編《五四研究論文集》，（台北：聯經出版事業公司，1979），頁 126。

4 胡適，〈自由主義是什麼？〉，《胡適選集　雜文》，（台北：文星出版社，1966），頁 205。

5 胡適，〈自由主義是什麼？〉，頁 205。

6 胡適，〈自由主義是什麼？〉，頁 206。

由主義運動」不成氣候？胡適的解釋是因為「沒有抓住政治自由的特殊重要性，所以始終沒有走上建設民主政治的路子」[7]。但是這個「東方自由主義的大運動」，進行了幾千年仍「抓不住政治自由」，又有何說法？胡適將范仲淹所寫的「寧鳴而死，不默而生」，等同西方的「言論自由」與「不自由，毋寧死」[8]，同樣模糊了兩者之間的貌同心異。西方的言論自由是要爭取個人私領域的思想不容外力干涉，不惜以死維護自己的思想，與冒死直諫以報君恩之目的與動機皆異；若不然，則何以解釋自范仲淹以來經過九百年仍未爭取到「言論自由」？

胡適認為「自由主義」，乃中國古已有之，更令人困惑。他明白說「自由」這個名詞並不是外來的，不是洋貨，是中國古代就有的。他引王安石的詩句，瓦片打破我的頭，我不恨瓦片，因為「此瓦不自由」，就認為是「古代人對自由的意義」，表達「自己作主的意思」[9]。王安石的詩句裡固然出現了「自由」這個詞，但用法與含意與胡適所要提倡的「自由」(freedom, liberty) 顯然並不相干。他甚至認為孔子、孟子、老子都是自由主義者，特別是孟子的「民為貴，君為輕」，在二、三千年前，這種思想被提出，實在是一個重要的自由主義的傳統，孟子說富貴不能淫，貧賤不能移，威武不能屈，這是孟子給讀書人「一種寶貴的自由主義的精神」。在他看來，老子的「無為政治」所代表的思想，也是自由主義[10]。這些觀點都是對近代「自由主義」的誤解。令人不解的是，胡適何以也像新儒家一樣，認為中國傳統裡可以開出民主自由之花。其實，自由主義不可能從「一個封閉的思想系統」(a closed system of thought) 中開出，即使在西方自由主義也要到近代才發揚光大，才真正「走上建設民主政治的路子」。

「近代自由主義」(modern liberalism) 發生在歐洲有其歷史背景、物質條件與思想淵源。拉斯基 (Harold J. Laski) 曾指出，西歐脫離中古之後，資本主義與中產階級取代「封建」(feudalism) 制度，工商階級取代地主、城市取代鄉村、思想從宗教解脫出來，科學取代宗教，發展世俗化、個人

---

7 胡適，〈自由主義是什麼？〉，頁 206。

8 參閱胡適，〈寧鳴而死，不默而生——九百年前范仲淹爭自由的名言——〉，《胡適選集　雜文》，（台北：文星出版社，1966），頁 219-226。

9 見胡頌平編著，《胡適之先生年譜長編初稿》，（台北：聯經出版事業有限公司，1984），冊 6，頁 2079。

10 胡頌平編著，《胡適之先生年譜長編初稿》，冊 6，頁 2080。

主義、個人權利取代社會控制，逐漸形成自由主義，發展到十七世紀的宗教容忍與憲政，十八世紀的啟蒙運動，到十九世紀成為自由主義的全盛時期，如拉氏所言，自拿破崙兵敗滑鐵盧到歐戰爆發，沒有任何一種學說比自由主義更有權威，更能深入人心[11]。但這一股自由主義風潮只限於西歐與後起的美國。自由主義是從崇尚自由、平等、民主、法治、人權的社會所產生，不太可能在沒有那種條件的社會裡出現。以胡適的學術與思想背景，應該知道自由與平等是不可分隔的，也就是說，「相對於其他人，不可以有特權」[12]。在一個專制體制下，「刑不上大夫，禮不下庶人」的中國傳統社會裡，又如何出現自由與平等呢？

其實，胡適的自由主義思想並非來自中國傳統，主要是從美國帶回來的，內容就是美式的自由民主。美國威爾遜（Woodrow Wilson）總統欲以傳教士的精神輸出美式民主，號稱「教士外交」（missionary diplomacy）或「威爾遜式民主」（Wilsonian democracy）；胡適早年仰望威爾遜彌高，曾自拍「威爾遜之笑」照相以留念。1916 年威爾遜競選連任，胡適仍在美國求學，當他得知威爾遜險勝的消息，「高興極了」，「早餐也覺得有味了，我那樣的緊張，可說是受了美國民主競選空氣的傳染」[13]。胡適對美國民主的傾倒，主要在於選舉，由公民自由選出領導人。在他心目中，美國無疑是最自由的國家。他原來打定主意暫不談政治，專注思想與文藝。如果切實從思想與文藝入手，逐漸改善社會與政治環境，培養實踐杜威哲學理論的條件，然後以「實踐哲學」指導社會與政治經驗，以求不斷的改善，在實踐上才不失為杜威的信徒。杜威在一篇文章中曾指出，多年來他一直認為所著《民主與教育》（*Democracy and Education*）一書，最能充分表達他的哲學思想，他質疑為何哲學家沒有給教育足夠的重視[14]。他在那本書

---

11 Harold J. Laski, *The Rise of European Liberalism*, (New York: Unwin Books, 1962), p. 154，並參閱全書，另可參閱一本自由主義的思想史，見 Pierre Manent, *An Intellectual History of Liberalism*, (New Jersey: Princeton University Press, 1994).

12 語見 Guido de Ruggiero, *The History of European Liberalism*, translated by R. G. Collingwood, (Boston Beacon Press, 1959), p. 51。原文是 "imply no privileges on the part of one man as against others."

13 胡適，〈美國的民主制度〉，《胡適選集．演說》，（台北：文星出版社，1966），頁 140。

14 John Dewey, "From Absolutism to Experimentalism," in G. P. Adams & W. P. Montague eds., *Contemporary American Philosophy*, (New York: MacMillan, 1930), vol.

裡強調，教育有深入人心的優勢，可以型塑正在成長過程中的年輕人[15]。換言之，民主素養需要依靠教育來培植。

然而胡適在無政府主義與馬克思主義的挑戰下，「看不過了，忍不住了」，發憤談政治，於是展開了自由主義與馬克思主義的思想論戰。胡適不承認是主義對主義，而是問題對主義，說「實驗主義只是一個方法，只是一個研究問題的方法」[16]，未免過度「化約」（reductionism）而失實。杜威的哲學決不只是方法而已，而具有豐富的內容；即就民主而言，其方法不是「研究問題」，而是充分討論與批判議題，而欲達此目的，全體人民必先具備相當的教育，最終形成共同的民主生活方式，參與互動，以求社會與文化的進步。胡適可以批評馬克思主義是十九世紀歐洲工業社會的產物，不適合處理二十世紀的中國社會與政治問題，但產自歐美民主社會的「實驗主義」又何嘗適合當時的中國社會？所以當胡適譏嘲別人被馬克思牽著鼻子走的時候，難免受到被杜威牽著鼻子走的回敬。高唱馬克思主義是空談，想要在中國實踐杜威的「實驗主義」又何嘗不是空談？不過，胡適對民主與自由有多深的理解並不重要，重要的是他對民主與自由的信念，至少在口頭上或文字上，可說始終不移。胡適既以自由主義者自許，在一個沒有民主與自由的社會裡，不能不把民主與自由掛在嘴邊，不能不說不中聽的話，所以他自比烏鴉，至少先要爭取言論自由。

本文擬評述胡適中年以後在革命進行中的中國，如何追求民主自由的經過，他沒有選擇在書齋裡建構自由主義，也沒有全力從教育培養民主的下一代，而選擇了與當政者建立關係，因而進入了蔣介石的圈子，其目的無非想從體制內改變威權體制；蔣在表面上非常禮遇胡，想能為其所用，但雙方的期盼均未達成。胡適鬱鬱以終，沒想到的是蔣介石私底下對胡適恨之入骨。於此亦可略知，威權體制與自由主義在意識型態上的不能相容，然而胡適一生樂觀，雖鍥而不捨，然終於無效。

2, p. 23。

[15] 參閱 John Dewey, *Democracy and Education: An Introduction to the Philosophy of Education*, (New York: MacMillan Co., 1916)。

[16] 胡適，〈我的岐路〉，《我們的政治主張》，胡適作品集，（台北：遠流出版公司，1986），頁 67。

二

胡適於 1927 年自歐美回到上海之前，北伐軍節節勝利，三月下旬克服京滬，4 月 12 日蔣介石發動清黨。胡適於四月下旬抵達日本，致電滬上友人探詢局勢，好友高夢旦回覆說：「時局混亂已極，國共與北方鼎足而三，兵禍黨獄，幾成恐怖世界，言論尤不能自由」，勸他暫時不要回國[17]。但胡適不可能在日本久留不歸，終於 5 月間回到上海，出任中國公學校長。翌年國民政府在南京成立，最初他很能夠接受蔣介石主政的新政府，只希望能容忍言論自由，但是強調訓政的南京政府崇拜孫中山，以三民主義為教條，要求思想統一，厲行一黨專政，毫無接受批評的雅量。處此思想環境中，胡適感到是五四新文化運動的倒退，因而於 1929 年忍不住嚴厲批評國民黨，他毅然挑戰孫中山的「知難行易」說，認為「知難行亦不易」，甚至說「行易之說可以作一班不學無術的軍人政客的護身符」！[18]，又發表〈人權與約法〉[19]，公開譴責國民黨的「摧殘自由思想、壓迫言論自由、妄想做到思想的統一」，要求「廢止一切箝制思想言論的命令、制度、機關」[20]。又發表〈我們什麼時候才可有憲法？〉，質疑孫中山的《建國大綱》，指出「沒有憲法或約法，則訓政只是專制，絕不能訓練人民走上民主的路」，所以「中山先生的根本大錯誤在於誤認憲法不能與訓政同時並列」[21]。這一年的年底，胡適又為新月書店將出的《人權論集》寫序，更強烈表達言論自由的訴求，若謂「我們所要建立的是批評國民黨的自由和批評孫中山的自由，上帝我們尚可以批評，何況國民黨與孫中山？」[22]。胡適的自由言論引發了上海特別市代表陳德徵提出嚴厲處置反革命份子胡適案，胡適在信函中質問專門研究法律的王

---

17 〈高夢旦致胡適〉（1927 年 4 月 26 日），《胡適來往書信選》，（北京：中華書局，1979），上冊，頁 427

18 胡適，〈知難行亦不易——孫中山先生的「行易知難說」述評〉，《吳淞月刊》第二期（1929），頁 1-10。另載《新月》第二卷。

19 胡適，〈人權與約法〉，《新月》（1929 年 4 月號）。

20 胡適，〈新文化運動與國民黨〉，《新月》第 2 卷，第 6、7 號合刊，收入《人權論集》。

21 《胡適日記全集》，第 5 冊，頁 715, 716。原載《新月》第 2 卷，第 4 號，全文錄於 1929 年 7 月 20 日的日記中。

22 參閱《人權論集》，（上海：新月書店，1930）。

寵惠，「法院可以不須審問，只憑黨部的一紙證明，便須定罪處刑」的作法，「不知作何感想」[23]？1929 年 8 月 13 日報載上海國民黨區代表大會通過決議，諮請國民政府要求教育部，將中國公學校長胡適撤職懲處，顯然國民黨欲以侮辱總理與反動的罪名逮捕胡適。8 月 29 日的《大公報》更以「侮辱總理，背叛政府」、「胡適擔不起的罪名」為標題，加以報導。國府在中訓部的要求下，於 9 月 21 日飭令教育部，由於胡適誤解黨義，命令「全國各大學校長，切實督率教職員，詳細研究黨義，以免再有與此類似之謬誤見解發生」[24]。教育部在國民政府的壓力下，也於 10 月 4 日訓令中國公學懲處胡適[25]，「最高領袖」蔣介石也親自於 1929 年 10 月 10 日辛亥革命十八週念紀念會上警告「穢言亂政」的後果。上海特別市的國民黨宣傳部，更於 1930 年的年初，奉密令「沒收」與「焚燬」刊登胡適與羅隆基批評國民黨文章的《新月》雜誌第六、七兩期。幸賴國內外的聲援，連《紐約時報》(New York Times)也譴責國民政府的箝制言論，並讚賞胡適的直言不諱，才得以免禍[26]。

胡適為了爭取言論自由，成為以蔣介石為首的國民黨政府的「反黨」或「反動」分子。在胡適眼裡，蔣介石既好戰又獨裁；當時中原大戰開打，胡適在 1930 年 8 月 23 的日記裡寫道：「我是不贊成戰事的，也不贊成閻、馮，但我主張此次戰事是蔣介石造成的」[27]。胡適更不能接受威權政府因言論直接辭退大學教授，他為羅隆基被辭退一案寫信給蔣介石的幕僚陳布雷。陳回了信，答應將胡函轉呈蔣介石，但直言決定的事「不能變更」，只是表達希望胡適能來南京面談；然而雙方既無共識，且致憾政府濫用威權，胡適自然不可能去南京「面承教益」了[28]。胡適注意到，蔣不僅對黨外獨裁，而且對黨內元老獨裁，他將胡漢民被幽禁湯山的新聞，大量剪貼在日記裡[29]。胡適在此處境下遂於 1930 年的 11 月裡舉家北遷，重回北大任教。

---

23 胡適，「胡適與王亮疇函」手跡（1929 年 3 月 26 日）。參閱《胡適日記全集》，第 5 冊，頁 737。

24 見《胡適日記全集》，第 5 冊，頁 836 剪報。

25 見教育部 1282 號訓令（中華民國 18 年 10 月 4 日）。

26 參閱 Jerome B. Grieder, *Hu Shi and the Chinese Renaissance: Liberalism in the Chinese Revolution, 1917-1937,* (Cambridge, Mass., Harvard University Press, 1970), p. 244。「沒收」與「焚燬」一事可閱《胡適日記全集》，第 6 冊，頁 107。

27 見《胡適日記全集》，第 6 冊，頁 134。

28 參閱《胡適日記全集》，第 6 冊，頁 440-43, 447, 448。

29 見《胡適日記全集》，第 6 冊，頁 514- 15, 517- 22。

三

胡適從國民政府的「政敵」變成「諍友」始自 1931 年 11 月 11 日，當他接受了由宋子文推薦的財政委員會委員，作為教育家代表[30]。這應是他一生的一個重要轉折，逐漸進入蔣介石的圈子；從時間上看他的抉擇，不外是受到九一八國難的影響，願與政府合作，共赴國難。當胡適既已進入以蔣介石為首的財政委員會，兩人見面是遲早的事。翌年的 11 月 27 日，胡適自北平南下到武漢大學演講；抵達後的第二天，就過江到漢口的蔣介石寓所晚餐。這次初會一共餐敘三次，當時的蔣介石大權在握，召見學者，聽取意見，作為治國的參考，也未嘗沒有拉攏示好之意，蔣特別要聽胡有關教育制度與學風的問題，但胡急著想要談「一點根本問題」，也就是前幾年他針對國民黨的政治問題。蔣雖在自宅與胡適餐敘，然非胡一人，自始至終，沒有單獨談話的機會。胡「有點生氣」、「不知道他為何要我來」，失望之情溢於言表，原以為蔣約見要聽他的諍言，顯然與預期不盡相符。對蔣而言，胡乃所見眾人之一，胡對教育制度與學風「不客氣的回答」，也就是反對蔣要改革學制，整頓學風，以統一國家意志的獨斷做法；蔣似乎沒有聽出來，也沒有領會到胡適送他《淮南王書》的用意，所以只認為「彼主張持久，以利不十，不變法之意言之，余甚以為然，其人似易交也」[31]。胡於日記裡詳記初晤經過，而蔣初晤之日無記，亦可略見兩人對初晤一事的輕重有別。

胡、蔣初晤之後不久，不少自由派學者如蔣廷黻、錢端升、吳景超、丁文江等人有鑒於九一八國難，國家未能真正統一，都主張獨裁專制，以振興國家，奉蔣為新獨裁者之意，昭然若揭。胡適獨排眾議，反對獨裁，但他在維護民主上採取相當錯誤的論斷，認為「民主憲政只是一種幼稚的政治，最適宜於訓練一個缺乏政治經驗的民族」，被丁文江指為「不可通」[32]。其實與事實也不符，實則唯有先進國家才能實施民主憲政；但此非理論問題，實際上是否要擁護蔣介石當新獨裁者，以便統一中國，富國

30 見《胡適日記全集》，第 6 冊，頁 614- 18。
31 見《胡適日記全集》，第 6 冊，頁 635- 36。
32 丁文江，〈民主政治與獨裁政治〉，《大公報》星期論文，（1934 年 12 月 18 日）。

強兵？胡適的答案是堅決否定的。蔣介石雖於 1934 年 11 月 27 日與汪精衛共同通電，認為沒有獨裁的必要與可能，只是不想明目張膽地搞獨裁，蔣暗中卻仿效義大利的「黑衣社」、德意志的「棕衣社」，大搞「藍衣社」等特務機構。胡適認知到「如藍衣社的擁護社長制則是領袖獨裁而不廢一黨專政」[33]，蔣搞領袖獨裁與一黨專政，已呼之欲出。胡適明知蔣氏一直在搞獨裁，不看好蔣之新生活運動，尤其反對尊孔，但他既已進入體制內，一本支持現政府的信念，一直站在蔣的一邊，尤其因關切日本侵華，更願為政府效力，甚至引起上海民權保障同盟的誤會，將他開除會籍[34]。胡適當然不可能盲從蔣介石，而是一心一念想要規勸蔣，希望他「不得越權侵官」[35]而不惜犯顏直諫。西安事變爆發，胡適痛斥張學良「闖禍」、「為小人所誤」，感到「蔣之重要」[36]。

盧溝橋事變後，全國一致抗戰，胡適於 1937 年 9 月被蔣派為特使，飛越太平洋前往歐美遊說。翌年 7 月 20 日胡適在巴黎接到蔣介石的電報，要他出任駐美大使。他考慮七天後答允上任，如他後來所說，「戰時徵調，我不敢辭避」[37]。胡適雖非外交官出身，卻是適時適地的極佳選擇，因他受到美國人普遍的歡迎，視為中國自由主義的代表，而他又口才便捷，無論向公眾演講或與政府官員交涉，溝通無礙。當時中國受到日本侵侮，容易得到美國人的同情，便於為中國作宣傳與遊說。胡適的主要困難不在對外，而在對內，蔣介石及其周邊要員或對胡適期待過高，或信任不足，或昧於事理與情勢，要向美國提出無法接受或兌現的要求，使胡適感到為難、氣憤，甚至「丟臉」，有時故意遲不執行，或據理推諉，令蔣覺得胡大使不聽話，且有為華府說話之嫌，愈來愈感到不滿意，解職的風言風語也就不脛而走。珍珠港事變發生後的 1941 年年底，重慶任命宋子文為外交部長，與胡適同在美國的這個「老朋友」遂成為「新上司」；宋雖說只是「老朋友」，不是「新上司」，但不久宋就以部長的名義向大使下命令，

---

33 胡適，〈再論建國與專制〉，《獨立評論》第 82 期（1933 年 12 月 18 日），轉引自胡頌平編著，《胡適之先生年譜長編初稿》，第 4 冊，頁 1181。

34 見《胡適日記全集》，第 6 冊，頁 653。

35 見《胡適日記全集》，第 7 冊，頁 93-94。

36 見《胡適日記全集》，第 7 冊，頁 358。

37 見胡適致王世杰電，收入《胡適日記全集》，第 7 冊，頁 592；《胡適日記全集》，第 8 冊，頁 58。

胡適在 1942 年 5 月 19 日的日記中寫道：「自從宋子文作了部長以來（去年十二月以來），他從不曾給我看一個國內來的電報。他曾命令本館，凡館中和外部和政府往來電報，每日抄送一份給他。但他從不送一份電報給我看。有時蔣先生來電給我和他兩人的，他也不送給我看，就單獨答覆了」[38]。不論是宋子文不夠朋友或是蔣介石有意要架空大使，胡大使都無法繼續做下去了。他請辭後於 1942 年的 9 月 18 日離開華府雙橡園大使官邸，移居紐約市區[39]。

蔣介石想要為胡適另謀官職，無論考試院長、國府委員，或中央研究院院長，胡適一概婉謝，意甚堅決，因他深知不得已做了大使之後，立刻從「清客」變成「下屬」，再也不願放棄獨往獨來的自由，以便毫無拘束地自由說話[40]。胡適決定不再入官場，於戰後回國出任北京大學校長。當時國內的亂局使自由主義派人士大失所望，蔣執意打內戰、殘酷的高壓政策，以及聞一多與李公僕之死，疏離了眾多的知識人，成為反蔣的異議份子；不過，倡導自由主義的胡適，繼續支持國民政府，希望蔣介石能拯救其大廈將傾之政權。胡適強烈的反共意識使他與蔣氏之間頗為相契，曾以中共叛亂為斯達林的大謀略為題作文，無視中共崛起的國內動力[41]，故仍寄望由蔣來推行民主立憲。當許多其他自由派人士拒絕蔣氏召開的國民大會時，胡不僅積極參與，而且蔣居然在 1948 年的 3 月 30 日，願以總統之位相讓。此舉胡適「承認是一個很聰敏、很偉大的見解，可以一新國內外的耳目」，並以為蔣是「很誠懇的」，但他沒有勇氣接受；然而經過一天的考慮，於 3 月 31 日的晚上 8 點一刻必須回話時竟同意接受，但又過了一天，還是決定不幹，說是「昨天是責任心逼我接受，今天還是責任心逼我取消昨天的接受」。是否果真是「責任心」所逼，不得而知，總之頗感猶豫。但胡之「取消」並未終止蔣之運作，最後國民黨臨時中全會於 4 月 4 日不贊成蔣之建議。四天後蔣在官邸單獨請胡適吃晚餐，並致歉意，說是「不幸黨內沒有紀律，他的政策行不通」，胡適的回答是「黨的最高幹部

[38] 見《胡適日記全集》，第 8 冊，頁 125，另參閱同書頁 108。
[39] 見《胡適日記全集》，第 8 冊，頁 127。
[40] 參閱胡適致王世杰函，見《胡適日記全集》，第 8 冊，頁 269。
[41] 見胡適“China in Stalin’s Grand Strategy,” *Foreign Affairs* (October, 1950).

敢反對總裁的主張，這是好現狀，不是壞現狀」[42]。斯乃自我掩飾之論，以胡之聰敏，不可能不知以蔣在黨內的權勢，何來敢於反對總裁主張的「最高幹部」？如果如此沒有「紀律」，還稱得上強人嗎？「好現狀」卻不是真實的現狀，其中必有蹊蹺。經當年的國大代表劉心皇的提醒，疑竇才冰釋，原來蔣請胡競選，目的在示意胡適擁己，聲明當今之世，總統一職非蔣擔任不可，而胡居然假戲真做，未能以清流的身份來擁戴，最後只好由臨時中全會來解套[43]。

國共內戰爆發，胡與蔣風雨同舟，1948 年 12 月 15 日局勢急轉直下，蔣總統派專機將胡適自圍城北平接出。胡到南京往見美國駐華大使司徒雷登（Leighton Stuart），謂蔣雖有缺點，值得支持，並悔未多幫忙蔣，以致於此，眼眶泛淚云云[44]。胡適並認為，美國未全力援蔣是對友情與正義的「出賣」[45]。胡適於 1949 年 4 月 6 日自上海搭輪船赴美，由蔣派往美國遊說，從蔣介石於 1949 年 5 月 28 日寫給胡適的密函可知，蔣最關心的不是美國的實際援助，而是要胡「應特別注意於其不承認中共政權為第一要務」以及「尤應注重德鄰兄[李宗仁]決心反共之一點」[46]。顯然對蔣而言，重中之重是維護其政權的存在與合法性。胡到美後，「心境很不好」，無能為力，「許多同情於中國的朋友」也「都覺得一籌莫展」[47]。然而人算不如天算，冷戰加劇，韓戰爆發，無須遊說，美國第七艦隊駛入台灣海峽，在台灣的蔣政權遂趨於穩定。

胡適自 1931 年被蔣介石接見後，支持國民政府，由於抗日，合作與配合遠多於批評與要求民主改革和言論自由；抗日勝利後的亂局與內戰使

---

42 見《胡適日記全集》，第 8 冊，頁 354, 355, 356。

43 參閱汪榮祖、李敖，《蔣介石評傳》，（台北：商周文化事業股份有限公司，1995），頁 688-91。外國學者未深解中國政治文化，以為蔣真心相授，故謂蔣勸說胡未成，見 Grieder, *Hu Shi and the Chinese Renaissance*, p. 305。

44 見司徒雷登所記，載美國白皮書，*United States Relations with China, with special reference to the period of 1944-1949*, (Washington D.C., Department of State, 1949), pp. 898-99。

45 見胡適為司徒雷登回憶錄所寫之序文，J. Leighton Stuart, *Fifty Years in China: The Memoirs of John Leighton Stuart, Missionary and Ambassador*, (New York: Random House, 1954), p. xx。

46 原件藏中央研究院胡適紀念館。

47 見胡適致趙元任夫婦函（1949 年 5 月 22 日），收入耿雲志、歐陽哲生編，《胡適書信集》中冊，（北京：北京大學出版社，1996），頁 1179。

許許多多自由派人士對蔣政府極為不滿，在言論上大肆撻伐，如儲安平主編的《觀察》幾乎集合了當時所有的自由派菁英，但胡適不在其中，等到《觀察》因言論賈禍，受到強力鎮壓，也不見胡適為之爭取言論自由。最後這一大批自由主義者寄望於中共，大都留在大陸[48]。胡適由於強烈的反共意識，堅持站在蔣的一邊，當然不可能留在大陸。

四

胡適抵達美國後，先在紐約當起寓公，對當時美國「失去中國」的辯論，沒有發聲，可見其心情之低落，但他與撤退到台灣的蔣介石，關係並未中斷。他曾於 1952-1953 年之間訪問台灣兩個月，受到蔣介石高規格的接待，再由於胡適博士的大名，經媒體報導後，至為轟動，尤其教育文化界千餘人於 1952 年 11 月 19 日擠到松山機場迎接，當天晚上蔣在官邸以晚宴款待，第三天蔣親自陪胡到新竹檢閱部隊，儼然如外國元首，無非要展現裝備以及兵員的健壯。蔣一直希望胡能為他在美國作宣傳，展示他枕戈待旦反攻大陸的決心。蔣胡之間同具強烈的反共意識，只是資以反共的方法很不相同，胡適相信民主自由才是反共的利器，非僅能贏得美國盟邦的認同而已，更宜在失去整個大陸之後，在僅剩的島上建設民主的自由中國，所以與蔣長談時一再提到。胡適自謂曾向蔣介石進「逆耳之言」，必定也包括言論自由與改造國民黨為民主政黨之類，胡的印象是蔣「居然容受了」[49]。其實蔣在日記裡痛斥胡之「民主自由高調」，不同意「我國必須與民主國家制度一致，方能並肩作戰，感情融洽，以國家生命全在於自由陣線之中」。在蔣聽來，胡又在幫美國人說話，但他要駁斥的理由是，「彼不想第二次大戰民主陣線勝利，而我在民主陣線中犧牲最大，但最後仍要被賣亡國矣」，豈不論中國是否犧牲最大，事實是中國靠民主陣營勝利而勝出，至於被民主陣營出賣而亡國之說，顯然認為失去中國大陸是由於美

---

48 關於儲安平與《觀察》參閱 Young-tsu Wong, “The Fate of Liberalism in Revolutionary China: Chu Anping and His Circle, 1945-1950,” *Modern China: An Interdisciplinary Journal* Vol. 19, No. 4 (Oct. 1993), pp. 457-490。

49 見《胡適日記全集》，冊 9，頁 3-4。

國的出賣，甚且認為像胡適那樣的「思想言行安得不為共匪所侮辱殘殺」[50]。所以他之反共必須在他領導下，統一思想，集中意志，當然聽不進胡適的苦口婆心；但有趣的是，蔣似乎也想開導胡，才會說「與胡適之談話二小時，不知彼果有動於衷否」[51]？於今視之，兩人各說各話，全無交集，蔣介石固然無法在言詞上感動胡適，胡氏談自由民主也說不動蔣氏，反而觸蔣之怒。然而蔣在表面上的盛情款待，顯然感動了胡；喜歡熱鬧的胡適，寂寞的紐約寓公生涯之後，見到萬人空巷的場面，豈能無動於衷？

一年之後，中華民國行憲後的第二屆總統選舉即將在台灣舉行，胡適作為國大代表於 1954 年欣然回台捧場，並力挺蔣氏，說是「除了蔣總統以外，沒有人比蔣總統領導政府更為合適」[52]。蔣之連任，勢在必行，胡適順水推舟，並極力排除他要參選的不實傳言。蔣當選連任後，胡又公開說，「今後六年是國家民族最艱難困苦的階段，只有蔣先生才能克服一切困難」[53]。胡適充分合作，護駕連任，說了蔣許多好話，又代蔣保證會有更多的民主措施；蔣更待之以上賓，短短一個半月內，七次聚談，大宴小酌，又是閱兵，賓主皆歡。胡適似乎得到鼓勵，遂鍥而不捨，繼續發表他的自由主義主張，並表達願意回台灣長住的想法[54]。蔣總統既已連任，心情愉快，於 1957 年的 11 月裡，主動任命胡適為中央研究院院長。研究院直屬總統府，原由總統圈選三位提名人之一，而蔣則直接任命胡，且不作第二人想。胡適原以健康理由懇辭，然經不起蔣之電催，院長地位的清高，以及專為他興建的新居即將落成，考慮一個月後允諾。胡適終於 1958 年 1 月 11 日出任中央研究院院長之職，回國之前由李濟暫代，至 4 月 8 日結束紐約寓公生涯後，才回到台灣走馬上任。副總統陳誠親自到松山機場迎接，又是人山人海，萬頭攢動。翌日蔣總統就在士林官邸接見，並以茶點款待。

兩天後的 4 月 10 日舉行盛大的就職典禮，蔣親自出席並致詞，一時興起，因大陸清算胡適思想，讚美胡適的人品與道德；換言之，被「壞人」

---

50 引文見〈蔣介石日記手稿〉（1952 年 12 月 13 日）。

51 見〈蔣介石日記手稿〉（1952 年 12 月 13 日上星期反省錄）。

52 語見胡頌平，《胡適之先生年譜長編初稿》，第 7 冊，頁 2363。

53 語見胡頌平，《胡適之先生年譜長編初稿》，第 7 冊，頁 2405。

54 如見《胡適日記全集》，冊 9，頁 247-48。

清算的一定是「好人」。然而對胡適而言，共產黨要清算他的是民主自由思想，「並不是清算個人的所謂道德」，不能不辨正。胡更不能不辨正的是，蔣要求學術界與中研院「挑起反攻復國的任務」，蔣一心一意想要反攻大陸，以為當然，然作為新上任的學界祭酒，若默認的話，豈非扭曲了學術使命，胡不得不說「我們所做的工作還是在學術上，我們要提倡學術」[55]。胡適在答辭中提出兩點不同的意見，其實都很平實；不過，在蔣介石的威權下，也只有胡適敢這樣直接糾正蔣介石言詞的「錯誤」。這些僅是文字上留下較為謹慎的紀錄，顯非當時實況的「全錄」，據胡適秘書王志維的口頭說法，蔣還提到當年胡適提倡打倒孔家店的事，認為現在的胡適應該不會再有這樣的看法了，哪知胡適聽到後立即回答說，他祇是介紹「四川隻手打孔家店的老英雄吳虞（又陵）」，並接著說：「我要打倒的只是孔家店的權威性與神秘性。世界上任何思想與學說，凡是不允許人家懷疑與批評的，我都要打倒」。這不僅在糾正錯誤，而且有點「搶白」，如蔣多心的話，胡也要打倒他的權威，難怪蔣「聽到胡適這樣理直氣壯的言論，就立刻站起來要離開會場，但陳誠坐在總統旁邊，就硬是拉他坐下來。如此才化解了此一緊張與不愉快的情況」[56]。

「緊張與不愉快」雖化解於一時，胡適的膽識與蔣介石的容忍也一時傳為美談。但若非陳誠及時勸阻，拂袖而去，「不容忍」的形象便會公開暴露無遺。事實上，蔣在私底下非常不能容忍，內心裡十分計較，甚至嚴重到與「民國十五年至十六年初在武漢受鮑羅廷宴會中之侮辱」，相提並論，指胡適糾正他的錯誤是「狂妄荒謬」，使他「終日抑鬱」，到第二天仍不能「徹底消除」，須服用安眠藥才能入睡[57]。蔣介石日記之可貴，要在透露蔣氏性格之偏執，胡適不同意他的說法，就成為「狂人」，甚至說出「恐其心理病態已深，不久於人世為慮也」，胡適「發瘋」發到使蔣總統擔心胡將不久於人世，何其嚴重至此？蔣不去反省事情的是非曲直，不問胡適不順耳的答辭是否有其道理，而牽扯到個人的恩怨，以為他待胡適太好，才會有「求

---

55 參閱胡頌平，《胡適之先生年譜長編初稿》第 7 冊，頁 2662-2668。

56 據呂實強的回憶，他親聞自王志維秘書，王氏向呂所說可能也不夠完整，另有當時的錄音，據王說年久失效，無法再播。見呂實強遺稿〈淺論胡適的自由思想〉，「胡適與自由主義：紀念胡適先生 120 歲誕辰國際學術研討會」，頁 6-7。其實在當時的氣氛下，必然不允許流傳，故意損壞，免留痕跡。

57 參閱《蔣介石日記手稿》（1958 年 4 月 10 日、11 日）。

全之毀」，甚至抱怨當年派專機把胡適從北平圍城中接出來，居然不知報恩。且不論將國家搶救學人之舉視為私人的恩惠，難道要胡適希旨承風才算報答「救他脫險」的「恩情」？蔣就是希望胡能領悟他的恩情，才足以「為國效忠，合力反共」，胡適忠於自己的國家有問題嗎？反共有問題嗎？非也；蔣介石一貫的思維就是將他自己等同國家，為國效忠的潛台詞就是要效忠蔣個人，而且是不容異議的效忠，作為自由主義者的胡適如何能做得到呢[58]？

就是因為蔣把自己等同國家，才會有「蔣存國存」，「蔣亡國亡」的偏執想法，國家由他領導才能繼續，所以做完第二任的六年後，他堅持還要繼續做下去。蔣於第一屆總統任上因戰事失利而引退，應由李宗仁繼任，但他卻讓李當代總統，並於 1950 年在台灣復職，胡適並未挑戰蔣復職的合法性，也全力配合與支持蔣連任第二屆，至少於法尚有所據。但是再要連任，不僅違法而且違憲，完全不符合民主原則。中華民國憲法第四十七條明文規定：「總統副總統之任期為六年，連選得連任一次」。所以胡適希望蔣總統不要違反憲法，明白宣布不選第三任，樹立政權和平轉移的風範，也是為自己千秋萬世的名聲著想，千萬不要用勸進的方式陷蔣於不義。他請張群轉達，並欲與蔣單獨密談，但遭蔣拒絕，說有何意見可由張群轉呈。他果真要張轉告蔣「給國家建立一個合法的、和平的轉移政權的風範」，並直言「盼望蔣先生能在這一兩個月裡，作一個公開的表示，明白宣示他不要作第三任總統」，如果用勸進的方式，「對蔣先生是一種侮辱，對國民黨是一種侮辱，對我們老百姓是一種侮辱」。張群答應轉達，但說蔣有使命感；言下之意，不可能入耳，胡適也無奈自知，只能盡一點公民的言責而已[59]。胡適想不到的是，蔣居然為此在日記裡痛罵「胡適無恥，要求與我二人密談選舉總統問題，殊為可笑，此人最不自知，故亦最不自量」，要他的秘書長張群轉告，「余此時的腦筋，唯有如何消滅共匪，收復大陸，以解救同胞，之外再無其他問題留存於心」。當然違憲的問題也不在他的心上，他認為胡適沒有資格反對他連任，更斷言胡適在配合美國人「反蔣」，指胡「自抬身分，莫名其妙，不知他人對之如何討厭也，可憐實甚」。胡適因憲法之故不希望蔣連任，並不是要國民黨下台，實可由副總統陳誠

---

58 參閱《蔣介石日記手稿》（1958 年 4 月 12 日）。

59 見《胡適日記全集》，冊 9，頁 457-58。

繼任，但是蔣卻說，胡「非真愛於辭修也」，而一口咬定胡想要操縱政治，「斷送國脈」[60]。離題得如此之遠，想像得如此離譜，豈胡適能始料所及？

胡適在不願「公開決裂」的壓力下，不得不默認所有為蔣連任的解套動作，強以修改臨時條款不是修憲為說，也不得不到國民大會報到，參加了他認為違憲的總統選舉，選出蔣當第三屆總統。胡適赤手空拳，安能與鐵了心的蔣介石對抗，亦即蔣所說的「不自量力」。然而胡適畢竟盡了言責，如王世杰所說，當時的台灣唯有胡適曾直率反對蔣做第三任總統[61]。蔣得逞後，還要不著邊際地奚落一下胡適，「此乃其觀望美國政府之態度而轉變者，可恥之至」[62]，充分顯示自由主義者在威權統治下的無奈與悲哀。

蔣介石當上中華民國行憲後的第三屆總統後，製造了震驚一時的雷震案，胡適無可迴避地被捲入，最後也是灰頭土臉而終。話說 1948 年的年底，當胡適逃出北平抵達南京後，結合一些文教界與國民黨裡的開明份子，發起「自由民主中國運動」，以抗拒共產主義，由國民黨的監察委員雷震負責運動之推展，並在上海籌組「自由中國社」，擬出報刊，胡適寫定宗旨，最終目標「要使整個中華民國成為自由的中國」。胡適在美幫助蔣介石作反共宣傳，雷震隨蔣退守台灣後，在台北主辦一本反共刊物《自由中國半月刊》，以胡適為發行人，得到當時台灣省主席陳誠的支持。既然號稱「自由中國」，宜有別於不自由的共產中國；但是在蔣介石統治下的自由中國，雖只剩下千分之三的國土，仍然自由不起來。《自由中國半月刊》不可避免要向蔣介石爭取言論自由，最引人矚目的是，該刊於 1956 年 10 月乘蔣介石七十壽慶之際，出刊了「祝壽專號」，提出直率而剴切的建言與批評[63]。胡適寫了一篇〈述艾森豪威爾總統的兩個故事給蔣總統祝壽〉，內容雖然早已是老生常談，就是希望蔣以總統之尊不要管太多事，要「乘眾勢以為車，御眾智以為馬」，也就是要他不要太獨裁，也就是當初送淮南王書給他的用意。在當時的戒嚴時代，言人之

---

[60] 參閱《王世杰日記》（1959 年 11 月 14 日、15 日）；《蔣介石日記手稿》（1959 年 11 月 4 日、7 日、20 日、28 日）。陳誠因而被擁蔣人士指為「王莽」、「陳炯明」，見郭廷以，《郭量宇先生日記殘稿》，（南港：中央研究院近代史研究所，2012），頁 171。

[61] 《王世杰日記》（1960 年 1 月 1 日）。不過，胡適的不滿情緒難免不顯露於同事之間，郭廷以 1960 年 1 月 2 日記曰：「胡先生酒後對國民黨及蔣總統大事抨擊」，見氏著《郭量宇先生日記殘稿》，頁 159。

[62] 閱《蔣介石日記手稿》（1959 年 12 月 19 日）。

[63] 參閱《自由中國半月刊》15 卷第 9 期（1956 年 10 月 15 日）。

不敢言，談何容易？可說絕無僅有。但是「祝壽專號」對蔣個人的逆耳之言，不僅沒有爭取到言論自由，反而被扣上損害黨國聲譽、打擊政府威信、破壞團體紀律、離間分化、共匪幫兇等罪名，印發《向毒素思想總攻擊》小冊子，直把自由主義思想視為「毒素思想」。時光似乎倒流到 1929 年國民黨圍剿胡適的場景，但胡適已無復當年的鬥志。《自由中國》這份想要爭取言論自由的政論半月刊一共維持了十一年，雷震背後的精神支柱便是胡適，其間不知發生過多少麻煩，如被特務干擾、印刷廠拒印，書刊被查扣等情事，雷震亦因而不能應美國國務院 1954 年之邀，出國訪問[64]。

公平競爭的政黨政治原為民主政治不可或缺，組織反對黨的想法早在 1955 年，就在醞釀，兩年後呼之欲出；當時島內渴望民主政治者希望在海外的胡適與張君勱聯合組織一個有力的反對黨。但胡適堅持不願意出任艱鉅，自組新黨，而是主張國民黨一分為二，互相監督。他早於 1951 年就盼蔣介石辭去國民黨的總裁，將黨自由分化，分成幾個獨立的新政黨，互相來競爭。一年後當國民黨召開大會時，胡又寫信給蔣，重申舊義[65]，也就是「傾向於毀黨救國或毀黨建國」，他的意思是希望國民黨不必用黨而用國家來號召[66]。胡適知道反對黨對民主政治而言，勢在必行，由於怯於組黨，希望蔣能開放言論自由，允許國民黨「分化」成為若干民主政黨。胡適以為這種做法，比組新黨溫和，原是好意，仍不能見容於蔣介石。胡適回台長住後，雖於台、美之間經常飛來飛去，但不能不在台灣暢言自由主義的理想，蔣介石在表面上不動聲色，但私底下，「聞之不勝駭異」，說是「如要我毀黨，亦即要我毀我自己祖宗與民族國家無異」[67]，蔣竟然認為胡適要刨他的根，恨之入骨，然有鑒於胡適的聲望，又不得不虛與委蛇。

胡適想要用「分化」國民黨或「毀黨」的方式來建立多黨的民主政治，難免會遇到與虎謀皮的難局。之後，島內要求組黨的呼聲愈來愈高，追求民主自由者自然奉胡適為泰斗，雷震和夏濤聲曾於 1960 年之春，前往南港面見胡適，談到組黨的事，胡適仍說他不便做黨魁，要他們自己去組黨，

---

64 參閱《雷震全集》，（台北：桂冠圖書公司，1989），第 11 冊。

65 1951 年 5 月 31 日胡致蔣函，見《胡適日記全集》，第 8 冊，頁 588-89, 799。

66 見胡適致雷震函（1957 年 8 月 29），載〈胡適致雷震密件〉，《孤寒孤寒你》，李敖千秋評論叢書 84，（台北：天元圖書公司，1988），頁 260。

67 《蔣介石日記手稿》（1958 年 6 月 3 日）。

但他會到中國民主黨成立大會上來演講，並會申請當黨員，還引孟子所說「待文王而興者，凡民也；若夫豪傑之士，雖無文王猶興。俟河之清，人生幾何？」[68]明示不要等他出來組黨，要別人來及時當豪傑之士，實有鼓勵之意。胡適晚年自由主義的名聲雖大，行事反而更加謹慎，對於組黨甚不堅決。當決定組黨宣言準備等胡適從美國回來時宣布，胡適卻在美國托錢思亮帶信給雷震，堅持不要等他回來宣布，而且稱「你們要組黨」，而不說「我們要組黨」，還說組黨「同美國人無干」；當雷出示胡函，使一群要組黨的朋友大失所望[69]。但蔣介石仍認為「反對黨之活動與進行，乃以美國與胡適為其招搖號召之標幟」[70]，蔣介石既將胡適與美國牽涉在內，更無視島內人士對民主政治之渴望，再也不能容忍，所謂「雷震叛亂案」隨即爆發，警總派彪形大漢引雷震出門後，當街逮捕[71]。之後軍法審判，將《自由中國半月刊》的發行人雷震、編輯傅政、經理馬之驌、會計劉子英四人，均以叛亂罪被判處重刑。

從蔣介石日記手稿中可知，所謂「雷案」(雷震叛亂案）是由蔣總統一手策劃與主導。他於 1960 年乘胡適率領學術代表團訪美未歸之際，於 9 月 4 日逮捕雷震，並已於 8 月 31 日親自擬定如何應付美國與胡適的沙盤推演：

一、雷逆逮捕後，胡適如出面干涉，或其公開反對政府時，應有所準備：甲、置之不理；乙、間接警告其不宜返國；

二、對美間接通知其逮雷原因，以免誤會；

三、談話公告應先譯英文；

四、何時談話為宜，以何種方法亦應考慮：甲、紀念週訓辭方式；乙、對中央社記者談話方式[72]。

---

[68] 見胡虛一，〈讀陳鼓應雷震晚年談話紀錄書後〉，《冷水冷水澆》，李敖千秋評論叢書 77，（台北：天元圖書公司，1988），頁 300-01。

[69] 〈胡適致雷震函〉（1960 年 8 月 4 日），見胡虛一，〈胡適致雷震密件〉，《起點終點跑》，李敖千秋評論叢書 87，（台北：天元圖書公司，1989），頁 254-55, 257。

[70] 見《蔣介石日記手稿》（1960 年 9 月 2 日）。

[71] 捕雷一幕極劇戲劇性，外面高喊新店失火，雷震往家門外跑，當走出巷口時，在小街上被警總人員圍住，強行逮捕進入一部黑色小轎車，雷震怒罵：「你們這樣在街上捉人，情狀如同土匪一般」，詳見胡虛一，〈讀陳鼓應雷震晚年談話紀錄書後〉，頁 292-95。

[72] 見《蔣介石日記手稿》（1960 年 8 月 31 日）。

蔣介石精心設計，如臨大敵，擔心美方的反應，刻意說雷震通匪叛亂。當年冷戰時代，民主美國也不容共黨顛覆，所以當時台灣的政治犯幾無不戴上「通匪」的帽子。所以當胡適在美國說雷震是反共人士，不可能叛亂，公然揭穿陽謀，蔣深惡痛絕，罵胡適「胡說」，且口不擇言：「此人徒有個人而無國家，徒恃外勢而無國法，只有自私而無道義，其人格等於野犬之狂吠」，甚至將他一手製造的政治案件提升到胡適挾外自重，「與匪共挾俄寇以顛覆國家」的層次，「徒使民族遭受如此空前洗劫與無窮恥辱」[73]。

蔣在預計的方案中，有「警告其不宜返國」一項，如果蔣果不讓胡回國，或胡以不返國相抗爭，則胡蔣勢必決裂，對蔣負面形象衝擊更大，對胡或更增聲譽。但顯然蔣胡均不願決裂，蔣未警告胡不宜返國，胡亦於 10 月 16 日自願啟程回台。蔣居然密切關注其行蹤，預定會「存心搗亂為難，決心不理會『文化買辦』的無賴卑鄙之言行」，雖想「以忍耐為重」、「置之一笑」，「無奈我何」、仍感「痛苦不置」[74]。其心情之矛盾難測，痛恨胡適之甚，一目了然。

胡適自美率團回來後，蔣故意冷落拒見，直到 11 月 18 日在不談「雷案」的約定下，才見了面。胡乘蔣問起國際形勢時，忍不住說到雷案在國外反響很不好，但蔣心理已有準備，所以早有標準答案，說是雷案若非牽涉到匪諜案，他不會嚴辦，但事關國家的自由、安全、主權、與反共，不能不照法律辦。蔣在日記裡寫得更是義正辭嚴：「凡破壞反共復國者，無論其人為誰，皆必須依本國法律處理，不能例外，此為國家關係，不能受任何內外輿論之影響」。蔣操縱審案，硬指定為匪諜案，胡又有何話可說，胡適連盼望將此案移交司法審判，以取代軍法審判，都不能如願；胡認為「全世界無人肯信軍法審判的結果」，然而在蔣主導下，雖司法審判又會有什麼不同的結果？當蔣總統責備胡先生「好像只相信雷儆寰，不相信我們政府」，胡有些激動，因而由「攻勢」立即退為「守勢」，很委屈地說「言

---

73 參閱《蔣介石日記手稿》（1960 年 9 月 8 日、20 日）。蔣日記行文時而有不通之處，可罵「其人格等於野犬」，卻不可說其人格等於「狂吠」。

74 參閱《蔣介石日記手稿》（1960 年 10 月 18 日、24 日、29 日）。胡適返國前夕，情勢相當緊張。蔣在中央黨部會議席上嚴厲批評胡適，並涉及陳誠。陳誠與陳雪屏於 1960 年 10 月 18 日派毛子水秘密飛東京，對即將返國的胡適「有所勸告」，見郭廷以，《郭量宇先生日記殘稿》，頁 219。胡適返台後曾談及因雷震案，紐約方面反台灣者，均勸其勿返台北，但胡為顧全國家地位，未予理會云。見同書，頁 221。

重了」，接著急於自明心跡，說是經常勸告雷震，告訴雷他曾於十一年前對美國記者說過，「我願意用我道義力量來支持蔣介石先生的政府」，至今不變，還要錦上添花地說，他一回到台北，反對黨人士來看他，他勸他們「不可急於要組黨」、「不可對政府黨取敵對的態度」、「不可使你們的黨變成台灣人的黨」、「最好是要能夠爭取政府的諒解」，並已將這些話先轉告給副總統。最天真的話，莫過於提起十年前蔣說不反對他組黨的話，還要盼望分一點這種雅量給現在要組新黨的人[75]。果然雷案的真正案由不是通匪叛亂，而是建黨。胡適在「雷案」的壓力下，只好要求跟隨他的人緩建，以及寄望於獨裁者的善意。胡適應記得在 1945 年的夏天，他從紐約發了一封電報給毛澤東，要毛放棄武力，奢言在中國和平地建立第二大黨，將大有前途；否則，中共將毀於內戰[76]。毛沒有聽胡的話，因毛知道蔣不會允許天有二日，後來毛以武力取代了蔣成為中國的唯一大黨，胡在司徒雷登回憶錄的序言裡自認「天真」（naïve）[77]。當年的天真是對毛有所期待，而今的天真豈非對蔣過於期待？

胡適這一天的日記（1960 年 11 月 18 日）是要留給後人看的，所以一個敏感的姓名故意隱去，然而後人看來不免會感到胡適充滿無奈與一派天真，在威權者面前，不僅未能勸動分毫，反而委曲求全，表明擁蔣的心跡，難怪蔣在日記裡會說：「使之無話可說，即認其為卑劣之政客，何必多予辯論哉」？又說「胡適投機政客賣空買空與脅迫政策未能達其目的只可以很失望三字了之」[78]。這場獨裁與民主的鬥爭，前者大獲全勝，雷震刑期一天不少，反對黨固然胎死腹中，《自由中國半月刊》亦壽終正寢。「自由中國」原本有名無實，現在連招牌也沒了。蔣介石得逞之後，即為他筆下的「無恥投機政客」做七十大壽，除親書壽匾送到胡府外，並在官邸設盛宴祝壽，使胡適又十分感激「總統的厚意」[79]。前後不到一星期，胡在蔣的恩威兼施下，如洗三溫暖，冷暖自知。

---

[75] 詳見《胡適日記全集》第 9 冊，頁 665-69。

[76] 電文載重慶《大公報》（1945 年 9 月 2 日）。

[77] John Leighton Stuart, *Fifty Years in China*, (New York, 1954), p. xix。

[78] 參閱《蔣介石日記手稿》（1960 年 11 月 19 日、24 日、29 日）。

[79] 參閱胡頌平，《胡適之先生年譜長編初稿》，第 9 冊，頁 3419-20。

從此一背景可以略知何以胡適的鬥志，消失殆盡；無人期盼胡適當烈士，但連探雷震之監，都舉步維艱，使許多以胡適馬首是瞻的自由主義者，包括殷海光等人在內，甚為不滿；有人以不探雷監相詢，胡適的回答是想要「幫忙他在牢裡安靜下來，好好在牢裡平安過日子，不可再增添他在牢裡的麻煩了。我去牢裡看他，也只是問候他，祝他平安而已。這些我可以寫信去，而且我去探監，只有增添他的麻煩與苦惱，所以我不想去」[80]。顯然都是託詞，如果探監會增添坐監人的「麻煩與苦惱」，則無人會去探監；事實上，凡屬親屬好友無不探監，以示關懷，使失去自由的人感到溫暖。胡適更應該為他一起爭自由民主的夥伴，表示強烈的關懷；以胡適的地位與聲望，探監更可引起社會注意，表達對冤獄的一點抗議。他不去探監，可能是怕給自己找「麻煩與苦惱」，如去探監，必有媒體會問他雷案，他實在沒有勇氣再說了。他要雷震在牢裡安靜平安過日子，又如何辦得到呢？詩人周棄子因而寫了一首〈憶雷儆寰〉的七言律詩，就是明憶雷震，暗諷胡適：

無憑北海知劉備，不死書生惜褚淵；
銅像當年姑漫語，鐵窗今日是雕年；
途窮未必官能棄，棋敗何曾卒向前？
我論時賢忘美刺，直將本事入詩篇。

詩人周棄子感歎雷震一意崇拜胡適，未必如北海孔融之知劉備，復將胡適比作美儀貌而穩重的褚淵，《南史》有言：「可憐石頭城，甯為袁粲死，不作彥回生」，彥回即褚淵，當時之世人頗以名節譏之。胡適於 1952 年年底首度自美返台，在《自由中國》半月刊三周年慶的酒會上當眾宣稱：台灣人民應該為民主自由而奮鬥的雷震立銅像；雷案發生後，胡適自美返台，當晚向記者說：「我曾主張為他造銅像，不料換來的是十年坐監」。胡適曾於 1951 年因《自由中國》的一篇社論犯了忌，遭遇到國民黨政府的干擾與監視，堅決辭去《自由中國》半月刊的發行人，以示抗議；然而雷震冤案發生了，比「干擾」與「監控」更嚴重的軍法審判開審了，十年重刑判

---

80 轉引自胡虛一，〈讀陳鼓應雷震晚年談話紀錄書後〉，頁 284。作者胡虛一親聞自胡適。

決了，卻未見胡適以辭去中央研究院院長一職，以示抗議；亦使前次之抗議有為了避禍而脫身「閑差」之嫌（殊不知他的「發行人」閑差，不僅可以鼓舞提倡言論自由者的士氣，而且多少可以提供一點「保護傘」的作用）。能辭「閑差」而不能辭尊榮的院長「高位」，周棄子說「途窮未必官能棄」，出語固重，卻令人感慨無限。胡適嘗自況猶如過河卒子，唯有拼命向前；然而，他雖鼓勵別人拼命向前組黨，而自己絕不作黨魁，事到臨頭，亦未敢拼命向前，連探監的一步，都跨不出去。詩人博引今典與古典，評述本事，雖說不作「美刺」，褒貶自在其中，實是一首令人感嘆低迴的傑作。

胡適被尊奉為自由主義大師，作為自由主義的帶頭人，與其崇高的聲望實不相匹。胡對蔣之一意孤行，在態度上雖然明朗，但在行動上不夠堅定；他在言論上雖高唱民主自由、反對專制獨裁，但不惜與獨裁者合作，多退讓、少進取，始終支持蔣介石的威權政府。這位自由主義大師對自由主義的表述與理解也不夠深入且有所誤會而不自覺，他在威權陰影下，居然要求爭取自由者「容忍比自由更重要」[81]，他認為「我應該用容忍的態度來報答社會對我的容忍」，卻不知當時威權社會對個人之極不容忍；他認為「我們若想別人容忍諒解我們的見解，我們必須先養成能夠容忍諒解別人的見解的度量」，卻不知不是《自由中國》的言論不容忍別人的見解，而是威權政府要干涉，甚至消滅《自由中國》的言論。他又認為「決不可以吾輩所主張者為絕對之是」[82]，吾輩固然要容忍別人的主張，但自由主義者若不以民主與自由為「絕對之是」，又何必極力爭取？胡氏在 1959 年提出容忍比自由更重要的主張，顯示他在威權壓力下覺得容忍的重要，即使對自由民主是否是「絕對之是」，也不免感到疑慮了。

曾經參與法國大革命的弭拉坡（Comte de Mirabeau, 1749-1791）認為任何足以容忍別人的權勢之存在，就是對思想自由的侵犯，因為容忍者同時具有不容忍的能力。曾經參與美國革命的潘恩（Thomas Paine, 1737-1809）更進一步說，「容忍」並非「不容忍」的反面，而是「不容忍」的偽裝，

---

[81] 胡適，〈容忍與自由〉，原載《自由中國》，20 卷第 9 期（1959 年 3 月），收入胡適，《容忍與自由：胡適思想精選》，潘光哲主編，（台北：南方家園文化事業有限公司，2009），頁 186-193。

[82] 引文見胡適，〈容忍與自由〉，頁 192。

兩者皆屬「專制主義」(despotisms)，其一自以為有拒絕「良知自由」(liberty of conscience) 的權力，另一則自以為具有賜給「良知自由」的權力，何莫排除「容忍」或「不容忍」的論述，而直說充分的「良知自由」[83]。偉大的自由主義大師彌爾(John Stuart Mill, 1806-1873)在其著名的《自由論》(*On Liberty*) 一書開卷第一章就力陳個人不受國家與社會不正當的干預，每一個人的私領域都不容侵犯；在一個運作良好的自由社會裡，不會施壓干預，否則人與人之間就會爭鬥不已，容忍就是要每一個人尊重別人不可侵犯的私權。社會與國家必須容忍每一個人選擇他所喜歡的奇裝異服，不修邊幅，信仰異教，特殊性向。自由主義者應該要求社會盡量不以法律或社會制裁來干預個人，而不能要求個人容忍國家的不正當干預與制裁[84]。蔣介石及其黨政軍機器有充分「容忍」或「不容忍」別人的權力，而提倡民主與自由的知識份子根本沒有「容忍」或「不容忍」威權體制的能力。所以問題在蔣介石不能容忍言論與組黨的自由，而不在容忍蔣的違憲與用軍法來審判政治犯。難怪當胡適因《自由中國》沒有妥善處理讀者投書的錯誤，向他的自由主義追隨者告誡容忍比自由更重要時，引起強烈反彈，殷海光就直說「自古至今，容忍的總是老百姓，被容忍的總是統治者。所以，我們依據經驗事實，認為適之先生要提倡容忍的話，還得多多向這類人士說法」[85]。胡適認為窮書生寫的白紙黑字也很有權勢，強調「我們也是有權有勢的人」[86]。其實窮書生何來權勢？所優為者無非是爭取一點言論自由，並無強加言論於別人的自由，若涉及毀謗，為法所不容，自無不容忍的問題；若要窮書生容忍，無異要限制其言論自由，自其「良知的自由」退縮。有權勢者才能製造文字獄、封報館，使人吃官司的能耐。《自由中國》的結局可以證明窮書生不但毫無權勢，甚至連人生自由與安全都難保障。

---

[83] 參閱 Comte de Mirabeau, *Discours et opinions de Mirabeau*, (Paris, 1820), p. 328; Thomas Paine, *Rights of Man*, (London, 1791), p. 74。

[84] 參閱 John Stuart Mill, *On Liberty*, (Chicago & New York: Belford, Clark & Co., 1922), pp. 7-28。

[85] 殷海光，〈胡適論「容忍與自由」書後〉，載林正弘主編，《殷海光全集》，(台北：桂冠圖書出版公司，1990)，卷 12，頁 788。

[86] 楊欣泉記，〈容忍與自由——《自由中國》十週年紀念會上講詞〉，載《自由中國》卷 21，第 11 期，(1959 年 12 月)，頁 7。

蔣介石在表面上對胡適的禮遇與尊重，過度誇大了胡的影響力，民眾不免對胡有過度的期盼。其實，胡在蔣面前並無招架之功，因蔣自以為有恩於胡，而胡亦不能自外於蔣，雖欲置身於體制之外，然大使、院長皆為蔣所授之官，實已參與了蔣政府，更何況暗中接受蔣私下金錢的餽贈，從國史館所藏蔣介石囑俞國華電文可知，自 1951 至 1955 年間，胡一共收了蔣九筆錢，總金額 45,000 美元[87]，難怪蔣私底下如此瞧不起胡，甚至罵胡是「無恥政客」。在這種蔣胡關係的框架裡，胡適所領導的自由民主，只能成為專權者的點綴，而其本人在獨裁者的眼裡又是何等的卑下與屈辱。

胡適死前半過多月，蔣介石與宋美齡在士林官邸宴請胡適過舊曆年，還送了年貨[88]。胡適於 1962 年 2 月 24 日在中研院開會時忽然跌倒辭世後，可說哀榮備至，盛大的葬禮，以總統的命令發布褒揚令，蔣介石還親自寫了輓聯：「新文化中舊道德的楷模；舊倫理中新思想的師表」。這幅打油體的白話聯語，送給提倡白話文的胡適，似乎很得體，無奈內容有點不倫不類。新文化應有新道德，在新文化看來，道德不再是「天不變道亦不變」之道，所以新文化應有新的道德楷模，如果要說胡適是新文化的健將，則應說胡適為新文化建立了新的道德楷模；提倡新文化最後成為舊道德的楷模，又是怎麼回事呢？新文化中又有誰會以舊道德為楷模呢？舊倫理中又何來新思想？硬要將胡適的新思想框在舊倫理之中，又如何能成為新思想的師表？蔣在散步時「途中得輓適之聯語，自認公平無私」，又說「對胡氏並未過獎，更無深貶之意也」[89]。不直說胡適是新文化的楷模，新思想的師表，就很不公平；蔣介石在這幅輓聯裡的「褒」與「貶」實在莫測高深，但在他的日記裡，對胡幾乎盡是「貶」詞，貶胡「太偏狹自私，且崇拜西風，而自卑其固有文化，故仍不脫出中國書生與政客之舊習也」，這又如何擔得起舊道德的楷模？蔣欲「褒」胡者，僅僅是生活無缺點，「有時亦有正義感與愛國心」而已，完全看不到民主與自由的影子[90]。

---

87 近有作者將這些電文排列成文，證明蔣與胡之私誼或情誼，見陳紅民、段智峰〈蔣介石與胡適關係之再研究〉，頁 543-45。試問做了別人的官，拿了別人的錢，又如何硬得起來？

88 胡頌平，《胡適之先生晚年談話錄》，（台北：聯經出版事業公司，1984），頁 297。

89 見《蔣介石日記手稿》（1962 年 2 月 25 日）。

90 見《蔣介石日記手稿》（1962 年 3 月 2 日）。

五

「自由」一詞雖偶見於中華古籍，但並不具備西方概念的內涵與意義。自由主義思想在西歐發生，有其歷史背景、思想淵源以及物質條件，至近代始大顯，而盛行於十九世紀，並不偶然。當自由主義思潮初入中國時，猶是清末帝制，儒家社會，於自由主義極為陌生。所以嚴復譯彌爾《自由論》，初用「由」之古字「繇」，以資區別，然仍不足以顯其含意，又譯作「群己權界」，庶幾近之，至少表達了所謂「自由」有其界線，並非毫無拘束，尤須法治為之約束。辛亥革命後，雖共和肇建，然局勢動盪、革命持續、威權未消，都不是有利於自由思想與民主政治之環境。借用殷海光的一句話，在這種「氣氛之中談自由主義，有點像秋天談扇子」[91]，毫無用處。自由主義雖不逢時，然由於其思想上的吸引力，尤其在知識界，仍然有不少在「秋天」談「扇子」的人。胡適就是其中之一，他並不是專門研究自由主義的學者，對自由主義在歐美發展史，亦未深究，以致於誤認為在西歐出現的自由主義，中國古已有之。不過，他對言論自由的追求與民主政治的嚮往，終生不移，前後相當一致。

胡適作為自由主義者，較為特殊的是與蔣介石有三十五年密切的關係，甚至出任蔣的駐美大使與中央研究院院長。但是胡適憑其名望與聲譽，能夠不完全臣服於威權，為蔣所用，時而能發諍言，致力於言論自由與民主政治，對蔣也有所期待，望其能從善如流。蔣在表面上尊重胡適，極為禮遇，願胡為其所用，但並無從自由與民主之善如流的意思。大致而言，從 1931 年胡蔣初識到 1949 年神州變色，由於日寇入侵，國難當頭，繼之以國共內戰，胡與蔣合作頻頻，幾無抗爭。胡適強烈的反共意識，能與蔣介石同舟共濟，成為蔣政權的有力支持者，而與戰後左傾的自由派人士分道揚鑣。

等到蔣介石撤退到台灣，局面限於台澎金馬，胡適及其追隨者亟欲建設自由中國以對抗共產中國，而蔣則認為反共大業唯有在其領導之下，統

---

[91] 語見殷海光，〈自由的倫理基礎〉，殷海光等著，《海耶克和他的思想》，文星叢刊 180，（台北：文星書店，1967），頁 1。

一意志，方克有成，自此自由主義與威權心態之摩擦和衝撞終不可免。胡適極力反對蔣第三次連任總統，乃有鑑於違法違憲，卻因而觸蔣之怒。政黨政治乃民主政治所必備，然而追隨胡適的雷震籌組反對黨，即遭軍法審判而入獄。胡適抗爭無效，一方面獨裁當道，秀才遇到兵，莫可奈何；另一方面，秀才不免軟弱，名位難棄，雷監難探，未必能以「不自由毋寧死」自勉。胡適並無烈士性格，亦無人以烈士相期，其溫文儒雅的個性，雖充滿無奈，但不可能與蔣決裂。蔣雖恨胡入骨，形諸日記，但為顧大局，有礙觀瞻，也不願決裂，更何況胡適及時退讓，見好就收，何莫更待之以禮，掩蓋幕後的驚風駭浪。胡蔣兩人周旋數十年，在在顯示威權者之頑強與自由主義者之挫折。胡適所代表的自由主義不僅未能「軟化」蔣之威權體制，且更招惹蔣介石的惡毒罵名。自由主義者不可能與獨裁之虎謀皮，道不同豈能相謀哉！

乘桴浮於海：論1949年胡適的抉擇

陳三井[*]

一、前言

就國共兩黨長期鬥爭的歷史而言，1949年是一個最具關鍵性的年代。這一年，對國民黨所領導的國民政府來說，稱得上是最黯淡的一年，尤其到了下半年更面臨一個真正的「危急存亡之秋」。

就在此一大變局下，許多人面臨史無前例的痛苦抉擇，也不得不做出個人一生自我認定的最佳選擇。在學界或文化界，知識分子處沸騰紛擾之世，其心情之淒苦難決，更可想見。有的因信仰和理想問題，力求表現，熱情迎接解放，共輔新朝；有的面對改朝換代，心存觀望，但「不去父母之邦」，不願浪跡天涯，堅持根留中國；有的則反共立場堅定，於陸沉之後追隨蔣介石來台，另起爐灶，義不帝秦；有的乘桴浮於海，或避難香港，或遠颺美國，任其花果飄零；也有的被中共列為戰犯，回歸與否，徬徨不定。這一幕攸關個人生與死、榮與辱的抉擇，無不摻雜了個人情感、家庭因素、師生情誼、承諾與職責等考量，甚至與經濟問題密切相關，更不排除個體對大我的責任和使命感，極其錯綜複雜，並非單一因素所能闡釋清楚。

本文主要以胡適為論述對象，探討他1949年做出政治抉擇的心路歷程。在未進入正題之前，仍有必要先對胡適的簡單學經歷稍做交待。

---

* 中央研究院近代史研究所兼任研究員

二、自由主義者胡適

胡適（1891-1962），安徽績溪人，原名洪騂，後改名適，字適之。早年入上海中國公學。1910 年入美國康奈爾大學，先學農，後於 1915 年轉哥倫比亞大學，師從杜威，獲哲學博士學位。1917 年回國後，任北京大學教授。先後主編《新青年》、《每周評論》、《國學季刊》，並參予創辦《努力》、《新月》、《現代評論》、《獨立評論》等刊物。1928 年任中國公學校長，並參加籌組中央研究院。抗戰期間，任駐美國大使。抗戰勝利後，任北京大學校長、國大主席團成員，並當選為第一屆中央研究院院士[1]。

胡適是中國現代自由主義者的標誌，面對 1949 年的變局，自由主義者陷入兩難之境。當時流行在自由派學人中的一句話是：「國民黨可恨，共產黨可怕」；另一句話是：「在國民黨下面自由是多少的問題，在共產黨下面自由是有無的問題。」一方面胡適與傅斯年都承認「與中共呈勢不兩立之勢，自玄學至人生觀，自理想至現實，無一同者。他們得勢，中國必亡於蘇聯。」同時說過：「共產黨來了，決無自由」，所以要抵抗中共，使「政府不倒而改進」，另一方面又對國民黨政府極其不滿，所以堅持不參加政府，以保持在野的獨立地位，並不斷地批評政府[2]。胡適最後暫時選擇了「可恨」但「多少」有點自由的國民黨，但不久即受蔣介石託付，以私人身分到美國爭取援助，用道義支持蔣介石和國民黨，也符合「在美國又有麵包又有自由」的選擇。乘桴浮於海的結果，胡適這一頭不甘寂寞的獅子，從此成了斷線的風箏，在蟄居紐約期間，過的是生活清苦，堪稱「遊手好閒」的日子。花果飄零，固是時代造成的悲劇，但何嘗不是知識分子的自我抉擇。這一切並不是歷史的偶然，偶然中也有其必然，有果必有因，且讓我們先回顧胡適與國共兩黨愛憎離合的複雜過程。

---

1 陳旭麓、李華興主編，《中華民國史辭典》，上海人民出版社，1991，第 352 頁。

2 余英時，《重尋胡適歷程——胡適生平與思想再認識》，台北聯經公司，2004，第 106-107 頁。

三、若即若離——胡適與國民黨關係

作為「一個注意政治的人」，胡適在剛回國時雖主張「二十年不談政治，二十年不幹政治」，但他由文學革命始，暴得大名，崛起於輿論界，並立足北大，且很快羽翼豐滿，到了挑起「問題與主義」論爭，聯名發表《爭自由的宣言》時，便是他「忍不住了」要介入、干預政治的開始[3]。

綜胡適一生，他和一班朋友先後所創辦的刊物，至少有《新青年》、《科學》、《新潮》、《每週評論》、《星期評論》、《努力週報》、《新月》、《獨立評論》、《自由中國》等十多種，這些刊物提供了他發表政論文章的園地，量多而爭議性亦復不少。加上他的日記和來往書信，我們首先建構他與國民黨的複雜關係。

（一）、對孫中山的肯定與批評

當 1919 年「五四」發生時，胡適正在上海接待來華講學的杜威（John Dewey, 1859-1952），胡與蔣夢麟曾同往會晤孫中山，這應該是兩人的第一次見面。孫中山曾對胡適概述其近著《孫文學說》。在該書出版後，孫中山復命廖仲愷寄給胡適五冊，並轉達先生的意見謂：「擬煩先生（指胡）在《新青年》或《每週評論》上對於此書內容一為批評，蓋以學問之道有待切磋，說理當否？須經學者眼光始能看出也。」[4]胡適接讀《孫文學說》後，對於該書的〈以作文為證〉所云：「（中國）文字有進化，而言語轉見退步」表示異議。孫中山亦頗能虛心接納[5]。

這次的見面，是為兩人文字之交的開始。胡適對於國民黨領袖孫中山有很好的印象，並予肯定。事後，胡適追憶這段見面經過，曾說：

---

3 沈衛威，《無地自由——胡適傳》，安徽教育出版社，2005 年，第 156 頁。

4 〈廖仲愷致胡適〉，梁錫華選註，《胡適祕藏書信選》，遠景公司，1982，正編，第 329 頁。

5 〈廖仲愷致胡適〉，轉引自蔣永敬，〈胡適與國民黨〉，收入周策縱等著，《胡適與近代中國》，時報公司，1991，第 71 頁。

民國八年五月初，我去訪孫中山先生，他的寓室內書架上裝的都是那幾年新出版的西洋書籍，他的朋友可以證明他的書籍不是擺架子的，是真讀的。中山先生所以能至死保留他的領袖資格，正因為他終身不忘讀書，到老不廢修養。其他那許多革命偉人，享有盛名之後便丟了書本子，學識的修養就停止了，領袖的資格也放棄了。[6]

從上面這段話，周質平引申說，孫中山給胡適的印象，決不是一個不學無術的政客，而是一個好學深思的政治家[7]。這應該是持平公正之論。

其後，《每周評論》於第 31 號（1919 年 7 月 20 日）刊出胡適所撰〈《孫文學說》之內容及評論〉一文，對該書頗為推崇，內云：「《孫文學說》這部書是有正當作用的書，不可把他看作僅僅有政黨作用的書。中山先生是一個實行家，凡是真實行家都有遠見的計劃。……中山先生又做了一種《建國方略》，聽說是一種很遠大的計劃。他又怕全國的人仍舊把這種計劃看作不能實行的空談，所以他先做這一本《學說》，要人拋棄古來『知易行難』的迷信，要人知道這種計劃的籌算雖是不容易的事，但實行起來並不困難。這是他著書的本意，這是實行家破除阻力的正當手續。所以我說，這書是有正當作用的。」[8]孫中山讀到胡適的評論，頗為滿意，認為將來該書在中國若有影響，就是胡適的力量[9]。但幾年後，胡適在《新月》所撰〈知難，行亦不易〉（1929 年 6 月）一文卻認為，此說有兩大危險：其一，許多青年同志便只認得行易，而不覺得知難。於是有打倒知識階級的喊聲，於是有輕視學問的風氣；其二，一班當權執政的人借「行易知難」的招牌，以為知識之事已有先總理擔任做了，政治社會的精義已包羅在《三民主義》、《建國方略》等書之中，中國人民只有服從，更無批評辯論的餘地了[10]。

---

6 胡頌平編著，《胡適之先生年譜長編初稿》，聯經公司，1984，第 2 冊，第 355 頁。

7 周質平，〈胡適論辛亥革命與孫中山〉，《傳記文學》，第 99 卷第 6 期(100.12)，頁 40。

8 季羨林主編，《胡適全集》，安徽教育出版社，2003，第 21 卷《時論》（一），第 188-189 頁。

9 〈廖仲愷致胡適〉，蔣永敬，前引文，第 72 頁。

10 《胡適全集》，第 21 卷，《時論》（一），第 405 頁。

1922年5月，胡適等人創刊《努力週報》（*The Endeavor*），並以「好政府」做為〈我們的政治主張〉，提出結束南北對抗。並於6月3日聯名蔡元培等北京各校教職員二百餘人致電孫中山，勸其「停止北伐，實行與非法總統同時下野之宣言」。當時正值孫中山開府廣州，任非常大總統，以護法為號召，先擬取道湖南北伐。由於湖南省長趙恆惕和廣東省長陳炯明的反對，孫中山的北伐受挫。此電發出後，立刻遭到張繼（1882-1947）、張難先（1874-1968）等國民黨人義憤填膺的指責。中國國民黨北京執行部長張繼電蔡元培稱：「閱公勸中山總統停止北伐一電，不勝駭然。北軍宰割江流，行同強寇，僕北人也，尚不願鄉人有此行動。公以南人，乃欲為北軍游說，是何肺腸！前者知公熱心教育，含垢忍辱，身事偽廷，同人或尚相諒。今乃為人傀儡，阻撓義兵，軼出教育範圍以外，損失名譽，殊不值也。」[11]湖北革命先賢，曾出版《湖北革命知之錄》的張難先在〈致孑民、適之兩先生函〉，對於蔡等6月3日致孫中山及非常國會議員電，期期以為不可，中謂：「竊謂公等此種主張是偏頗的，是狹隘的，是苟且的，是糊塗的，是違反真正民意的，是袒護有槍階級的，是造成異日大戰的，是汙辱吾國最高學府的，望公等……自籌補救，無為吾國造絕大之惡勢力焉，則幸甚。吾氣甚，悶甚，……二公執學界牛耳，出言不可不慎，主張不可不公。軍閥專橫，賴政治家以糾正之；政治家卑汙，賴學者以糾正之。今學者又復如斯，則吾國之苦百姓將再無寧日矣。」[12]

同年6月16日，陳炯明在廣州發動兵變，趕走孫中山。陳炯明為國民黨黨員，且是孫中山委任的陸軍部長兼廣東省長、粵軍總司令。兵變發生後，國內一些報刊紛紛刊登各界人士聲討陳炯明的函電和文章，責罵陳為「叛逆」。但是胡適在6月25日出版的《努力週報》著文評論兵變時，卻持異調，認為「孫文與陳炯明的衝突是一種主張上的衝突。陳氏主張廣東自治，造成一個模範的新廣東；孫氏主張廣東做根據，做到統一的中華民國。這兩個主張都是可以成立的。但孫氏使他的主張，迷了他的眼光，不惜倒行逆施以求達到他的目的，於是有八年聯安福派的政策，於是有十一年聯張作霖的政策。遠處失了全國的人心，近處失了廣東的人心。孫氏

---

11 《申報》，1922年6月7日，轉引自高平叔編，《蔡元培年譜》，人民教育出版社，1996，中冊，第516頁。

12 蔣永敬，前引文，第73頁。

還要依靠海軍，用砲擊廣東城的話來威嚇廣州的人民，遂不能免這一次的失敗。……一方面是他不能使多數人了解他的主張，一方面是他自己不幸採用了一種短見的速成手段。但我們平心而論，孫氏的失敗不應該使我們埋沒他的成功。」[13]

胡適的這番話一出，陳炯明頗為感激，便於 7 月 16 日派人帶信向胡適表示敬意。因為在國人的一片撻伐聲中，居然有胡適這樣的學術名流公開支持，陳炯明自然是感到寬慰[14]。

7 月 23 日，胡適在《努力週報》的第 12 號上的「這一週」時評中，又寫道：「陳炯明的一派，這一次推翻孫文在廣東的勢力，這本是一種革命，然而有許多孫派的人，極力攻擊陳炯明，說他『悖主』，說他『叛逆』，說他『犯上』。我們試問，在一個共和的國家裡，什麼叫做『悖主』？什麼叫做『犯上』？至於『叛逆』，究竟怎樣的行為是革命？怎樣的行為是叛逆？」[15]此時，國民黨的報紙連續發文批評胡適偏陳抑孫，胡適卻自以為他的這點政治「努力」產生了效應。在 8 月 13 日的日記中，他這樣記載：「廣州之亂事正未有已時。陳炯明手下毫無人才；此人堅忍有餘，果斷不足。……我在《努力》(12)號上作一短評，說孫黨不應拿『舊道德的死屍』來壓人；陳炯明此次革命，不是叛逆。這段短文，竟引起孫黨的大反對，他們的《民國日報》日日罵我。前日有位『惡石』罵我『喪心病狂』，其實我的話正中他們的要害，故他們這樣痛罵我。他們的罵我，正表示他們承認這一點有力。」[16]8 月 20 日，《努力》第 16 號上發表〈記孫陳之爭〉長文，胡適又在〈這一週〉短評上，認為「在一個公開的政黨裡，黨員為政見上的結合，合則留，不合則散，本是常事；在變態的社會裡，政治不曾上軌道，政見上的衝突也許釀成武裝的革命，這也是意中之事。」對這次兵變，「我們旁觀的人只看見一個實力派與一個實力派決裂了，故認作一種革命的行動。而在孫氏一派人眼裡，只見得一個宣過誓的黨員攻擊他應該服從的黨魁，故指出『叛逆』、『叛賊』等等舊名詞來打他。」[17]

---

13 《努力週報》，第 8 號（1922 年 6 月 25 日），第 1 頁。

14 沈衛威，《無地自由——胡適傳》，第 164 頁。

15 《努力週報》，第 12 號（1922 年 7 月 23 日），第 1 頁。

16 《胡適全集》，第 29 卷，第 711 頁。

17 《努力週報》，第 16 號（1922 年 8 月 20 日），第 1 頁。

胡適除了盛讚「『六・一六兵變』本是一種革命」、「是一種打倒軍閥的一個重要武器」之外，亦熱情支持陳炯明的聯省自治主張。9 月 10 日，他在《努力週報》第 19 號上發表〈聯省自治與軍閥割據〉，反對陳獨秀的〈對於現在中國政治問題的我見〉。文章強調「中國太大了，不適於單一制的政治組織」。又說，「用集權形式的政治組織勉強施行於最不適於集權政治的中國，是中國今日軍閥割據的一個大原因。我們還可以進一步說，根據於聯省自治的聯邦制，是今日打倒軍閥的一個重要武器」[18]。

他的這些偏陳抑孫的公開論調，不僅與孫中山過意不去，而且擺明與國民黨處於尖銳的對立面。

桑兵曾撰〈胡適與孫中山——從新文化運動到國民革命〉與〈陳炯明事變前後的胡適與孫中山〉兩文，對於胡適與孫中山兩人的若即若離關係有深入的分析。限於篇幅，在此僅摘記幾點：（1）孫中山常被人攻擊為空想家，胡適則力排眾議，推崇孫中山的有計畫和肯實行；（2）孫中山所寫《民權初步》，即《會議通則》，許多人以為幼稚無聊，胡適卻刮目相看[19]；（3）胡與孫二人明顯的分歧，在於對直、皖、奉系軍閥的態度，對陳炯明其人的認識，對聯省自治和武力統一的看法[20]。

（二）、國民黨的諍友

1926 年 7 月，國民政府所屬國民革命軍在蔣中正總司令指揮下自廣州出師北伐，不到一年時間，擁有長江流域。中經 1927 年的國共分裂（清黨）及奠都南京，到 1928 年便統一了全國。國民政府取代北洋軍閥的統治，實施訓政，厲行黨治，目的在鞏固統一與建設，但卻引發了 1928 年到 1930 年連續的內戰，國民黨內部亦呈現分裂現象。一些知識分子對於國民黨的訓政頗多批評，而胡適、徐志摩、梁實秋等人於 1928 年 3 月在上海所創刊的《新月》月刊，志願「要從惡濁的底裏解放聖潔的泉源，要從時代的破爛裏規復人生的尊嚴」[21]，則為批評訓政的主要刊物，形成與國民黨的緊張關係[22]。

---

18 耿雲志，《胡適年譜》，第 115 頁。

19 桑兵，《孫中山的活動與思想》，中山大學出版社，2001，第 227 頁。

20 桑兵，上引書，第 254 頁。

21 〈新月的態度〉，《新月》，創刊號，第 10 頁。

22 蔣永敬，〈胡適與國民黨〉，第 76 頁。

綜合各家研究，在北伐戰爭前後，胡適明顯站在南方一邊，他本來反對武力革命和一黨專政，但是革命既爆發，便只有助其早日完成，才能減少戰爭，從事建設。胡適把國民革命視為新文化運動的一個新階段，甚至高度贊揚在俄國顧問幫助下，國民黨的軍黨一體化制度。總之，他對國民黨寄有期許，對國民政府的改革充滿希望[23]。

惟國民黨得勢太快，不免使黨人過於充滿自信。強調革命精神，有時難免流於「霸氣」。尤其在完成北伐後所頒布的「訓政綱領」，黨治色彩，益顯強烈。胡適對於國民黨的作風，似乎漸感不耐。1929 年 3 月，國民黨在南京召開三全大會，對訓政與黨治做了進一步的確認與規劃，其中有提案使胡適不堪忍耐的，則為國民黨上海特別市代表陳德徵所提「嚴厲處置反革命分子案」。此案主旨在指出，法院往往過於拘泥證據，使反革命分子容易漏網，故其辦法是：「凡經省或特別市黨部書面證明為反革命分子者，法院或其他法定之受理機關應以反革命罪處分之。」這就是說，法院可以不需審問，只憑黨部一紙證明，便須定罪處刑。胡適在報上看到這個提案，實在忍不住，便寫信給國民政府司法院長王寵惠，明白質疑，「在世界法制史上，不知那一世紀那一個文明民族曾經有過這樣一種辦法，筆之於書，立為制度的嗎？」此案雖未成為事實，卻足顯示黨人之心態與霸氣[24]。

《新月》初為純文藝性的雜誌，一年之後改變面目，增添政治色彩，大量刊登政論性文章，探討國是。胡適在《新月》上發表的有關批評國民黨的政論文章，主要有下列幾篇：

〈人權與約法〉，列舉了許多事實，指責國民政府的「保障人權的命令」的虛偽，要求「快快制訂約法以確定法制基礎，快快制訂約法以保障人權」[25]。

〈我們什麼時候才可以有憲法？〉，文中認為孫中山於民國 13 年（1924 年）以後放棄了約法的思想，只講軍政、訓政，由革命黨和政府來訓練人民，這是不相信人民有在約法和憲法之下參與政治的能力。文章最後說：「我們不信無憲法可以訓政，無憲法的訓政只是專制。我們深信只有實行憲政的政府，才配訓政。」[26]

---

23 同上註，第 77 頁。

24 同上註，第 78 頁。

25 胡適，〈人權與約法〉，《新月》，2 卷 2 號，第 1-7 頁。

26 胡適，〈我們什麼時候才可以有憲法？〉，《新月》，2 卷 4 號，第 1-8 頁。

〈新文化運動與國民黨〉，文中嚴厲指出國民黨在「思想言論自由」和「對文化問題上反動」，對於新文化運動的態度，對於中國舊文化的態度，自始便會有保守的性質，往往含有誇大舊文化和反抗新文化的態度。這裡面含有很強的感情作用。國民黨的力量在此，他的觀點也在此。此外，他也向國民黨提出幾點建議：（1）廢止一切「鬼話文」的公文法令，改用國語；（2）通令全國日報，新聞論說一律改為用白話；（3）廢止一切箝制思想言論自由的命令、制度、機關；（4）取消統一思想與黨化教育的迷夢；（5）至少至今，學學專制帝王，時時下個求直言的詔令[27]。

周質平強烈主張，孫中山和胡適，一主政治，一主文化。辛亥革命是日後白話文運動和新文化運動的先導，但諷刺的是這股進步先導的力量，在 1927 年國民黨主政之後，漸漸的由新文化運動的助力變成了阻力[28]。

國民黨方面對於胡適的種種批評，也有一些迴響。首先是國民黨上海特別市第三區黨部在 1929 年 8 月的「全區代表大會決議」，認為胡適「實屬行為反動，應該將胡適撤職（中國公學校長）懲辦」。上海特別市黨部將此決議轉呈國民黨中央執行委員會，並加按語「胡適近年以來刊登言論，每多悖謬」，要求中央「予以相當之懲處」。國民黨中央又據轉國民政府，也加上按語，說是「查胡適近年來言論確有不合」，希望「加以警告」。國民政府照轉行政院，所加按語是「自應照辦」。行政院要教育部「分別遵照辦理」。教育部長蔣夢麟在 10 月 4 日給胡適的公文，除將以上五個機關的來文照抄外，加了十三個字的按語：「等因，合行令仰該校長知照。此令。」[29]

國民黨除飭令教育部對胡適嚴加警告外，並有青島市指委會以胡適在《新月》發表〈人權與約法〉等文章，對於總理知難行易學說及建國大綱，多有攻擊誣衊之處，而影響黨國初基，故建議迅將豎儒胡適逮捕解京，予以嚴懲，以為詆毀總理學說者戒[30]。

---

27 胡適，〈新文化運動與國民黨〉，《新月》，2 卷 6、7 號合刊，第 1-15 頁。

28 周質平，〈胡適論辛亥革命與孫中山〉，《傳記文學》，第 99 卷第 6 期，頁 39。

29 蔣永敬，〈胡適與國民黨〉，第 81 頁。

30 《胡適的日記．手稿本》，遠流公司，1990 年，第 9 冊，「民 18 年 9 月 22 日附剪報」。

胡適所寫的政論文章，越寫越激烈，所引起國民黨方面的反彈也越來越大。保守派視他為黨國之敵，宣傳上大加撻伐。胡適在強大的政治壓力和朋友們的勸阻下退縮了，他把在《新月》寫的幾篇文章，加上梁實秋寫的〈論思想統一〉和羅隆基的三篇文章，合編成《人權論集》，於 1930 年初出版，並且自寫小序說：「今日正是大火的時候，我們骨頭燒成灰終究是中國人，實在不忍袖手旁觀。我們明知小小的翅膀上滴下的水點未必能滅火，我們不過盡我們一點微弱的力量，減少良心上的一點譴責而已。」即使這篇小序，也引發讀者陳九皋強烈的批評，指出胡適這個「吾家博士」昏聵，日趨下流，以致奇文壘出，真是前無古人，名下無虛士，令人徹底絕望[31]。「寧鳴而死，不默而生」，這就是胡適本色。由於不願個人的言論，影響到學校的運作，胡適最後還是選擇離開中國公學。其後，《新月》不斷遭禁，無法按時出版，主編羅隆基被捕，又得勞動胡適到處找朋友，上書蔣介石，多方營救。

（三）、胡適眼中的蔣介石

從九一八到七七盧溝橋事變，從抗戰全面爆發到勝利後戡亂，乃至大陸政權易手這將近二十年的時間，基本上是一段動亂的歲月。就胡適本人而言，他是北大文學院長，同時和一些學術界的朋友辦《獨立評論》，對政治外交各方面的問題，不斷的提出批評和評議。其間，他奉命到美國去辦外交，做了一年特使，四年駐美大使。勝利之後，他回國擔任北京大學校長，除了主持校務外，也到南京參加了國民大會。1948 年底，北平情勢危急，政府派專機把他接出來。在這段時間，與蔣介石有較多的接觸，他最後的去留，與蔣介石的關係最大。

胡適何時見到蔣介石？問題還是不少，有待釐清。陳漱渝提出三種說法，而排除 1933 年說[32]。根據胡頌平的《胡適之先生年譜長編初稿》，認為是在民國 21 年（1932）冬的武漢。胡適大約在 11 月底之前到了武漢（陳漱渝指出確切日期是 11 月 27 日），12 月 1 日在武漢大學講〈中國歷史的一個看法〉，順便與蔣見了面。胡適自己的回憶並沒有說出確切日期，覆

31 〈胡適日記〉，《胡適全集》，第 31 卷，第 643-644 頁。
32 陳漱渝、宋娜，《胡適與蔣介石》，湖北人民出版社，2011，第 32 頁。

查《蔣中正總統事略稿本》，幸發現 12 月 2 日下午，是日載：蔣介石「聽李惟果講《德國復興史》後，與胡適談教育方針與制度。胡適主張教育制度既定，宜持之以久，謂利不十則不變法云。」蔣稱以為然，又曰：「胡適之為人似尚易交。」[33]這次見面，胡適留下一冊《淮南王書》，希望蔣委員長能夠想想《淮南》〈主術訓〉中〈重為善，若重為暴〉的主要意思，做一國元首要能夠自我節制，不輕易做一件好事，正如同不輕易做一件壞事一樣，這才是守法守憲的領袖[34]。奇怪的是，胡適日記載明，他與蔣第一次相見的日期竟是 11 月 28 日，相差四天。日記這樣說：「下午七時，過江，在蔣介石先生寓內晚餐，這是我第一次和他相見。飯時蔣夫人也出來相見。今晚客有陳布雷、裴復恒。」[35]另有一說，耿雲志則認為是在民國 20 年 10 月，胡適趁到上海參加太平洋國際學會之便，曾與丁文江同往南京晉見。根據的是 10 月 14 日《申報》發布的消息，上稱：「丁文江、胡適來京謁蔣。此來係奉蔣召，對大局有所垂詢。國府以丁、胡卓識碩學，擬聘為立法委員，俾展其所長，效力黨國。將提 14 日中政會簡任。」[36]不過，《事略稿本》並無相關記載，《胡適日記》亦有闕漏，足見可信度比較不高。

《獨立評論》曾對「民主與獨裁」議題進行評論，主角除了胡適與丁文江外，還有蔣廷黻、陶希聖、錢端升、陳之邁、吳景超等人加入，本文無意重提辯論經過[37]，此處只就最高領袖與對蔣的看法問題，稍做解析。

談到最高領袖的問題，胡適同意中國當時需要一個偉大的領袖領導解救國難，但是他認為這個領袖必須是一國的領袖，而不是一黨一派的領袖。「他自己儘可以繼續在黨內做一黨的領袖，正如他儘可以站在軍中做一軍的領袖一樣。但他的眼光必須超出黨的利益之外，必須看到整個國家的利益。不能如此的，決不夠資格做一國的領袖。」胡適相信蔣委員長確有做一國領袖的資格，這並不是因為「他最有實力」，而是因為「他長進

---

33 《蔣中正事略稿本》，第 17 冊，第 513 頁。

34 胡頌平，《胡適之先生年譜長編初稿》，2003，第 3 冊，第 1111-1112 頁；第 32 冊，第 170 頁；張忠棟，《胡適五論》，允晨文化，1987，第 298 頁。

35 《胡適全集》，第 32 卷，第 170 頁。

36 耿雲志，《胡適年譜》，四川人民出版社，1989，第 194 頁。

37 詳情請參閱陳儀深，《獨立評論的民主思想》，聯經公司，1989，第 59-149 頁；張忠棟，〈在動亂中堅持民主〉，《胡適五論》，第 157-258 頁。在此不贅。

了，氣度變闊大了，態度變和平了。而且蔣先生這三年多來，的確聲望增高，毀謗減少。他的見解也許有錯誤，他的措施也許有很不能滿人意的，但大家漸漸承認他不是自私的，也不是為一黨一派人謀利益的。在這幾年之中，全國人心目中漸漸感覺到他一個人總在那裡埋頭苦幹，挺起肩膊來挑擔子，不辭勞苦，不避怨謗，並且『能相當的容納異己者的要求，尊重異己者的看法』」。另一方面，胡適認為蔣委員長的最大缺點「在於他不能把自己的權限明白規定，在於他愛干涉到他職權以外的事。軍事之外，內政、外交、財政、教育、實業、交通、煙禁、衛生，中央的和各省的，都往往有他個人積極干預的痕跡。其實這不是獨裁，只是打雜；這不是總攬萬機，只是侵官」。分析了蔣委員長做領袖的優點和缺點之後，胡適希望蔣委員長認清他的「官守」，明定他的權限，不可用軍事最高長官的命令來干預「官守」以外的政事，他應該像日本西園寺的地位一樣，自處於備政府諮詢的顧問，協助政府作重大的決定，然後退藏於密，不再干預。

胡適並進而教導蔣介石如何做一個「最高領袖」：

> 最高領袖是「處高位」，他的任務是自居於無知，而以眾人之所知為知；自處於無能，而以眾人之所能為能；自安於無為，而以眾人之所為為為。凡察察以為明，瑣瑣以為能，都不是做最高領袖之道。[38]

除了第一次見面談教育外，胡適日記裡又記載了兩次與蔣介石談話的經過。1932 年 12 月 5 日，胡適還在武漢時，蔣先生與他談哲學。據是日附記有云：

> 他先把所著的五小冊《力行叢書》送給我看。其中第四冊「自述研究革命哲學經過的階段」比較最扼要。他想把王陽明「知行合一」、「致良知」的道理來闡明我們「知難行易」的學說。……他似乎也明白陽明與中山的思想有根本不同。簡單說來，二說之區別如下：陽明之說是知易行易，中山之說是知難行易。……中山之說以「知難」屬於領袖，以「行易」望之眾人，必人人信仰領袖，然後

---

38 胡適，〈政制改革的大路〉，《獨立評論》，第 163 號（1935 年 8 月 11 日），第 2-9 頁。

可以「知行合一」。然既謂「行易」，則不必一定信仰領袖了。……所以必須明瞭「行亦不易」，然後可以信仰專家。[39]

九一八事變後，胡適在《獨立評論》發表有關中日問題文章特別多，相較之下，胡、蔣面對面討論外交問題的機會似乎不多。胡適認為當時中國實無對日作戰的能力，因此他贊成不抵抗，並屢次建議與日本直接交涉，以求有條件的妥協。他的這一立場，曾受到各方嚴厲的批評，不少人甚至認為他「媚日」。其後，程潛在最高層會議上曾指責胡適為漢奸，居正甚至聲言應該逮捕胡適[40]。

楊天石對胡適向日求和的「餿主意」，有更為生動的描述。胡適與蔣夢麟等都認為中國不可能和日本打，一打中國的精華元氣就全毀了。胡適表示，他要再做最後一次努力，他要給中國和中日之間再爭取五十年的和平。於是，通過陳布雷給蔣介石寫了一封信，信內建議放棄東三省，承認「滿洲國」，用這個辦法和日本一刀兩斷。胡適這個近乎「賣國」的「餿主意」，在國防會議上被程潛罵為漢奸，國民黨元老居正也主張，應該逮捕胡適[41]。

七七事變後，汪、蔣聯名召開的「廬山談話會」，胡適自是第一期受邀的貴賓之一。蔣在會上發表「中央對盧溝橋事件所取方針」的聲明，指出：中央對日本的野心早有認識，因此不退讓，不坐視日軍的進犯，早有決心動員軍力以與日敵周旋。具體而言，盧溝橋事件已到「最後關頭」。胡適對蔣委員長「決心打」的想法相當了解，對此聲明充分表示滿意和佩服，認為日軍這次的挑釁是有計畫的，想不戰而屈我，我如心存僥倖，以為是局部問題，可以和平方法解決，一定會失敗到底。失敗的結果，危及北平與華北，故盧溝橋的失與守，乃是整個華北存亡的關鍵[42]。會後，在南京，1937 年 7 月 31 日，蔣約胡適、梅貽琦、張伯苓、陶希聖、陳布雷等人午飯。蔣先生宣言決定作戰，可支持六個月。伯苓附和之。胡適考慮人多不便說話，只在臨告辭時說了一句話：「外交路線不可斷，外交是應

---

39 《胡適全集》，第 32 卷，第 178-180 頁。

40 耿雲志，《胡適新論》，中國人民大學出版社，2010，第 81-83 頁。

41 楊天石，《找尋真實的蔣介石》，香港三聯書店，2008，頁 501-502。

42 呂芳上，〈凝聚抗戰共識——廬山談話會的召開〉，《紀念七七抗戰 60 週年學術研討會論文集》，國史館，1998，上冊，第 50-51 頁。

尋高宗武一談，此人能負責任，並有見識。」蔣說：「我知道他，我是要找他談話。」[43]

胡適由國民黨的諍友變成蔣介石的座上客，與前一年發生的西安事變不無關係。12 月 12 日，西安發生張學良劫持蔣委員長的事情，史稱「西安事變」。胡適得知消息後，「心緒很亂」，立刻致電張學良：

> 陝中之變，舉國震驚。介公負國家之重，若遭危害，國家事業至少要倒退二十年。足下應念國難家仇，懸崖勒馬，護送介公出險，束身待罪，或尚可自贖於國人。若執迷不悟，名為抗敵，實則自壞長城，正為敵人所深快，足下將為國家民族之罪人矣。[44]

語氣極端嚴厲，胡適對過去張學良在東北「不抵抗政策」本無好感，12 月 13 日，胡在日記上尚留下這一段話：

> 這禍真闖得不小！漢卿為人有小聰明，而根基太壞，到如今還不曾成熟，就為小人所誤。他的勾通共產黨，政府久已知之。[45]

即便以後在追憶起這段往事時，胡適對少帥仍有強烈的批評：「這個『少帥』張學良，那時正在三十四十歲的中間，是一個因縱容而變壞的豎子；他的理解力從沒有成熟過。……他已陷入夜郎自大的地步。幻想他可以成為反日反蔣的『聯合陣線』的領袖。」[46]

除了給張學良的電文外，胡適打鐵趁熱，復於 18 日撰〈張學良的叛國〉一文，於批判張學良的背叛國家的同時，復強調蔣介石先生在今日中國的重要：

> 張學良和他的部下這一次的舉動，是背叛國家，是破壞統一，是毀壞國家民族的力量，是妨害國家民族的進步。……
>
> 蔣介石先生在今日中國的重要，真是如傅斯年先生所說的「無可比擬的重要」。西安叛變的突然發生，使全國愛護國家的人們格

---

43 《胡適全集》，第 32 卷，第 668 頁。

44 《胡適之先生年譜長編初稿》，第 4 冊，第 1545 頁。

45 《胡適全集》，第 32 卷，第 595 頁。

46 《胡適之先生年譜長編初稿》，第 4 冊，第 1551 頁。

外感受到這個領袖的重要。……在他患難之中，全國人對他表示敬愛與關懷，那才是最真誠的表示，是利祿與威權買不來的好意。[47]

此文後來刊登於 12 月 20 日的天津、上海《大公報》以及《國聞週刊》第 14 卷第 1 期，與傅斯年的〈論張賊之叛變〉，同被南京當局印成傳單，以飛機空投西安城內，廣為散發，產生了很大的影響[48]。

四、錯估與低估——胡適與共產黨的關係

（一）、迎拒馬克思主義

胡適在 1910 年赴美留學，從此開眼看世界，在美七年，不僅用心觀察美國社會，同時不拒新思想，關注俄國問題，討論社會主義。1917 年春，胡適尚在美國，聞俄國革命，推翻沙皇，他當時認為「新俄之未來」是「未可限量的」，並曾有「拍手高歌，新俄萬歲」的詩句[49]。

早期中國著名的馬克思主義者陳獨秀（1880-1941）、李大釗（1889-1927）都是胡適的好朋友[50]。在 1920 年代，胡適對馬克思主義和社會主義的批評主要不在內容上，而在提倡者的批評，和追隨者的盲從上。1922 年，他在〈我的歧路〉中指出：

我對於現今的思想文藝，是很不滿意的。孔丘、朱熹的奴隸減少了，卻添上了一班馬克思、克洛泡特金的奴隸；陳腐的古典主義打倒了，卻換上了種種淺薄的新典主義。[51]

1930 年，胡適寫〈介紹我自己的思想〉，類似的話又重說了一次：

---

47 同上註，第 1548-1550 頁。

48 吳相湘，〈胡適「但開風氣不為師」〉，《民國百人傳》，傳記文學社，1971，第一冊，第 173 頁。

49 胡適，《胡適的留學日記》，台北商務，1963，第 4 冊，第 1132 頁。1954 年，胡適對自己 27 年前對於社會主義的高度評價有過「公開的懺悔」。

50 羅志田，《亂世潛流：民族主義與民國政治》，上海古籍出版社，2001，第 119 頁。

51 胡適，《胡適文存》，歐陽哲生編，《胡適文集》，第三冊，北京大學出版社，1998，第 366 頁。

我這裡千言萬語，也只是要教一個人不受人惑的方法。被孔丘、朱熹牽著鼻子走，固然不算高明；被馬克思、列寧、史大林牽著鼻子走，也算不得好漢。[52]

胡適一生沒有接受過馬克思的經濟理論，他也從不相信所謂「生產方式」決定歷史發展的「唯物史觀」。所謂「生產方式」是決定歷史發展最後和最主要的原因，在胡適看來，至多不過是一個未經「小心求證」的「大膽假設」。胡適對歷史發展的解釋，始終強調偶然、多元，而不認為有最後和唯一的解釋。馬克思的經濟史觀，在 1920 年代被許多中國知識分子認為是歷史發展的科學解釋，也是唯一的解釋。接受這個理論，往往是信仰共產主義的先決條件。胡適根本不承認歷史發展的一元解釋，就更不必說接受馬克思的經濟史觀了[53]。

1926 年夏，胡適出席在英國倫敦召開的中英庚款全體委員會議，取道西伯利亞鐵路，抵達莫斯科停留了三天，參觀了革命博物館和監獄，既感動又滿意。他在致張慰慈的信中說：

此間的人正是我前日信中所說的有理想與理想主義的政治家；他們的理想也許有我們愛自由的人不能完全贊同的，但他們意志的專篤（seriousness of purpose）卻是我們不能不十分頂禮欽佩的。他們在此做一個空前的偉大的政治新試驗；他們有理想，有計畫，有絕對的信心，只此三項已足使我們愧死。[54]

在下一封信，胡適又加重了語氣，對俄國的政治試驗大表佩服：

我是一個實驗主義者，對於蘇俄之大規模的政治實驗，不能不表示佩服。……在世界政治史上，從不曾有過這樣大規模的「烏托邦」計畫居然有實施試驗的機會。……我這回不能久住俄國，不能

---

52 胡明編選，《胡適選集》，天津人民出版社，1991，第 286 頁。

53 周質平，〈胡適的反共思想〉，收入氏著，《現代人物與思潮》，三民書局，2003，第 98-101 頁。

54 《胡適全集》，第 23 卷，第 494 頁。

> 細細觀察調查，甚是恨事。但我所見，已足使我心悅誠服地承認這是一個有理想，有計畫，有方法的大政治實驗。[55]

胡適下車伊始，亦曾參觀孫逸仙大學，並作一次演講，由校長拉狄克主持其事，據當時留俄學生記載，胡適登台之後，首先盛讚蘇聯 1917 年革命的成功，並表示佩服。拉氏問他對蘇聯的觀感如何？胡氏答覆說：「有一群人，很努力的依據自己的理想，在那裡幹。」問他幹得好否？他說這是將來的事，他非預言家[56]。這些描繪，在大方向上也可以佐證胡適給張慰慈信的內容。

這三天的訪問使胡適在政治思想上起了一個新變化，他想把自由主義和社會主義結合起來。換言之，胡適在中年時期對蘇俄懷有近距離的憧憬，有過短暫的迷惘。據余英時分析，從 1926 年到 1941 年，胡適一直都對蘇聯和社會主義抱著比較肯定的態度。直到 1941 年 7 月 8 日他在密西根大學講演〈意識形態的衝突〉，才第一次把蘇聯社會主義專政和德國的納粹、義大利的法西斯，視為一丘之貉，與民主、自由的生活方式絕不能並存的[57]。

（二）、反共的哲學基礎

胡適一生服膺杜威的實驗主義，在社會的改造上，反對徹底通盤「畢其功於一役」的革命，不相信有「包醫百病的根本解決」，而主張一點一滴的改良。這個基本信念，早在 1919 年「問題與主義」的辯論中即已明白表示出來。胡適經常引用杜威的一句話是：「進步不是全盤的，而是零星的，是由局部來進行的。」這種溫和的改良態度是胡適和李大釗、陳獨秀等左派知識分子最大不同之所在，也是《新青年》團體在「問題與主義」論爭之後，分化成左右兩個營壘的根本原因。共產黨的革命主張用暴力的手段，做翻天覆地式的徹底改變。這恰是胡適主張的反面，這點基本態度的不同是胡適日後反共的哲學基礎[58]。

---

55 同上註，第 495 頁。
56 羅志田，《再造文明的嘗試——胡適傳(1891-1929)》，中華書局，2006，第 258 頁。
57 余英時，《重尋胡適歷程》，第 27 頁。
58 周質平，《現代人物與思潮》，第 92-93 頁。

胡適思想中反共的另一個基本成分是他的個人主義。在個體與群體的關係中，他一方面強調個體需為群體服務，個體的生命必須透過群體才能達到不朽；但另一方面，他絕不抹煞個體的獨立性和特殊性。換言之，群體絕不允許假任何名義，對個體的獨立性和特殊性進行壓迫。「多樣並存，各自發展」是胡適思想中的一個重要信念。任何違背這一信念的主義和教條都在他反對之列。他在〈意識形態的衝突〉一文中，除了指出「激進的革命與點滴的改良是獨裁與民主的根本不同之所在」外，並強調「獨裁集權與自由民主的另一個思想衝突是一致與多樣（uniformity vs. diversity）的不同。」換言之，「民主方式的生活，基本上是個人主義的。」[59]

在《每周評論》上，胡適連續發表了〈多研究些問題，少談些主義〉、〈三論問題與主義〉、〈四論問題與主義〉等文章，與李大釗等人有所辯論。胡適主要反對的是馬克思主義，他指責馬克思主義的階級鬥爭學說，養成「階級的仇恨心」，「使社會上本來應該互助而且可以互助的兩種大勢力成為兩座對壘的大陣營，……使歷史上演出許多不須有的慘劇。」[60]

胡適對共產黨在中國的發展，有過一段時間的低估和錯估。在 1928 年 5 月 18 日的日記，記載了他和吳稚暉的一段談話。吳稚暉總愁共產黨要大得志一番，中國還免不了殺人放火之劫。胡適卻不這麼想[61]。直到 1953 年 11 月 24 日，胡適寫〈追念吳稚暉先生〉一文，重提了這件 25 年前的舊事，承認自己的錯估，佩服吳稚暉「清黨」、「反共」的遠見[62]。

（三）、胡適眼中的毛澤東

1917 年夏秋之交，胡適返國，擔任北京大學教授。

胡適與毛澤東結緣，始於《湘江評論》。《湘江評論》是五四時期毛澤東在湖南長沙主辦的周刊。1919 年 7 月 14 日創刊，共出版 5 期，還有「臨

59 同前註，第 95-96 頁

60 耿雲志，《胡適年譜》，第 76-77 頁。

61 《胡適全集》，第 31 卷，第 111 頁。

62 《胡適之先生年譜長編初稿》，第 6 冊，第 2356 頁。

時增刊」第1號（7月21日出版），八開一張，第5期沒有來得及發行，就被張敬堯軍閥政府全部沒收了。[63]

同年8月24日，胡適在《每周評論》第36號上寫〈介紹新出版物——《建設》、《湘江評論》、《星期日》〉，肯定了毛澤東寄來的《湘江評論》和毛澤東寫的〈民眾的大聯合〉長文：

> 《湘江評論》的長處是在議論的一方面。《湘江評論》第2、3、4期的〈民眾的大聯合〉一篇大文章，眼光很遠大，議論也很痛快，卻視線新的重要文章。還有，「湘江大事述評」一欄，記載湖南的新運動，使我們發生無限樂觀。武人統治之下，能產出我們這樣的一個好兄弟，真是我們意外的歡喜。[64]

五四時期的胡適，是最受青年崇拜的偶像之一。毛澤東為了驅張問題和勤工儉學的安排，幾次到北京，都去拜訪胡適。但胡適的日記卻記得很簡略：

> 1920年1月15日下午5時條：
> 毛澤東來談湖南事。[65]
> 同年3月2日下午5時條：
> 作自修大學計劃。[66]

1951年胡適因為要寫一篇關於英文毛澤東傳的書評，翻閱了若干大陸新出的相關小冊子，其中有涉及毛回長沙組織「自修大學」的事。據胡適的回憶說：

> 毛澤東依據了我在1920年的「一個自修大學」的講演，擬成〈湖南第一自修大學章程〉，拿到我家來，要我審定改正。他說，他要回長沙去，用「船山學社」作為「自修大學」的地址。過了幾天，他來我家取去章程改稿，不久他就南去了。[67]

---

63 《五四時期期刊介紹》，三聯書店，1978，第一集，上冊，第144頁。
64 《胡適全集》，第21卷，第212頁。
65 《胡適全集》，第29卷，第55頁。
66 《胡適全集》，第29卷，第102頁。
67 《胡適全集》，第34卷，第116頁。

毛澤東始終是主張出洋，主張吸收西方知識的。最初計劃過到日本去，後來又打算學俄語，到俄國去留學。在赴法勤工儉學的浪潮中，身為新民學會主要發起人之一的毛澤東，在送走五批會員共 18 人之後，卻因旅費問題、語言天賦等考慮，決定留在北京。其間經楊昌濟的介紹，到北大圖書館當一名助理員，並有機會到北大旁聽，且結識胡適等一些新文化運動的領導人物。

或許由於早年的這些印象，直至抗戰勝利後，胡適懷著一種天真的想法，希望毛澤東能放棄武力，與國民黨合作，在中國成立一個兩黨政治。1945 年 8 月 24 日，已卸任駐美大使在紐約蟄居的胡適，發了一封電報給當時即將前往重慶談判的毛澤東，力陳此意：

> 潤之先生：頃見報載，傅孟真轉述兄問候胡適之語，感念舊好，不勝馳念。22 日晚與董必武兄長談，適陳鄙見，以為中共領袖諸公，今日宜審察世界形勢，愛惜中國前途，努力忘卻過去，瞻望將來，痛下決心，放棄武力，準備為中國建立一個不靠武力的第二政黨。公等若能有此決心，則國內 18 年之糾紛一朝解決；而公等 20 餘年之努力，皆可不致因內戰而完全消滅。……若能持之耐心毅力，將來和平發展，前途未可限量。萬萬不可以小不忍而自致毀滅。以上為與董君談話要點，今特陳達，用供考慮。[68]

周質平認為，從這通電報可以看出胡適在政治上的天真，和他「不可救藥的樂觀主義者」的個性[69]。玩政治也要靠實力，這何嘗不是胡適對毛澤東的個性和共產黨「槍桿子出政權」的本質缺乏認識的一廂情願想法。胡適在政治中沒有個人的利益和野心，他和多數國人一樣，希望中國能夠避免內戰，但周明之也質疑，「難道他真的相信共產黨能有公平的機會成為『第二政黨』，抑或共產黨或民國黨真的會『忘卻過去』，或『放棄武力』？」[70]

---

68 《胡適之先生年譜長編初稿》，第 5 冊，第 1894-1895 頁。

69 周質平，《現代人物與思潮》，第 105 頁。

70 周明之，《胡適與中國現代知識分子的選擇》，第 160 頁。

五、根株浮滄海——作了逃兵的胡適？（代結論）

1948 年 12 月上旬，人民解放軍發動平津戰役，至 21 日，北平已經成為一座孤城，被解放軍團團圍住。在南京的國民政府除了發動高校南遷外，並進行「搶救學人」計畫，胡適作為知識分子的標桿，自然也是搶救的主要目標。

當時的北大早已為中共完全滲透和大部控制，所以在這場知識分子的爭奪戰中，共產黨不僅沒有缺席，而且通過電台宣傳和地下黨做工作，試圖把胡適挽留下來。先是，在圍城之初，胡適的得意門生，清華大學教授吳晗曾兩次登門勸其留下，並轉達毛澤東的意見：「只要胡適不走，可以讓他做北京圖書館館長」。又早在 1948 年 8 月，吳晗即輾轉到達解放區，受到毛澤東、周恩來的接見，吳晗向毛、周談到北平地下黨鬥爭及高校情況時，毛曾經很明確地這樣說。但胡適卻勸告吳晗：「不要相信共產黨的那一套。」師徒二人不歡而散[71]。

北大哲學系研究生汪子嵩與胡適並不熟悉，卻透過同情革命的北大哲學系教授鄭昕向胡適遊說。鄭與胡同為安徽人，二人交往相當密切，又是牌搭子。當鄭昕知道中共有意挽留胡適後，即利用打麻將的機會向胡適轉達了中共的意見，但胡適並沒有表態。北大教授季羨林也曾親歷過十分相似的場景。北平圍城後，有一天季羨林到校長辦公室去見胡適，商談什麼問題，忽然走進來一個人告訴胡適說，解放區的廣播電台昨天夜裡有專門給胡適的一段廣播，勸他不要跟著蔣介石集團逃跑，將來讓他當北大校長兼北京圖書館館長。胡適聽後既不激動，也不愉快，而是異常平靜地微笑著說了一句：「他們要我嗎？」[72]

眾所周知，胡適在這個關鍵時刻，並未被任何頭銜所吸引，而是選擇登上蔣介石派來的專機，於 12 月 15 日離開北平，直飛南京。17 日下午，胡適到中央研究院禮堂參加在南京的北大同學會舉辦的「北大五十校慶大會」。胡適在致詞中說：「我是一個不名譽之逃兵，不能與多災多

---

71 張高杰編著，《知識分子在 1949》，北京人民出版社，2009，第 6 頁。
72 季羨林，《懷舊集》，北京大學出版社，1996，第 72 頁。

難之學校同度艱危，實在沒有面子再在這裡說話」，講到這裡，胡適聲淚俱下。

這一年陽曆除夕，胡適和傅斯年在南京一起渡歲，相對淒然。兩人一邊飲酒，一邊背誦陶淵明的〈擬古〉詩第九首：

> 種桑長江邊，三年望當采。
> 枝條始欲茂，忽值山河改。
> 柯葉自摧折，根株浮滄海。
> 春蠶既無食，寒衣欲誰待。
> 本不值高原，今日復何悔！[73]

翌年（1949）1 月，蔣介石宣佈引退，由副總統李宗仁代行其職權。4 月，國軍撤出南京，就在這個風雨飄搖的時候，胡適把家眷安置台灣，停留一周，然後回上海接受蔣介石的勸說，以私人身分到美國爭取援助，在道義上支持蔣介石，擔起為政府辯冤白謗的責任，也符合在美國又有麵包又有自由的選擇。4 月 6 日，胡適在上海搭克里夫蘭總統號到美國，先到舊金山，最後落腳在紐約故寓。胡適回到紐約以後，跟哈德門太太（Virginia Davis Hartman）又有一段恩愛的同居生活，哈德門太太不但照顧他的生活起居，而且等於是擔任他的秘書，只是好景不長，一年以後，也就是 1950 年 6 月，江冬秀就到紐約跟胡適團圓了。

事後，蔣介石有一封密信給胡適，交代此行的任務：「此時所缺乏而急需於美者，不在物質，而在其精神與道義之聲援。故現時對美外交之重點，應特別注意於其不承認中共政權為第一要務。至於實際援助，則尚在其次也。對於進行方法，行政與立法兩途不妨同時並進。……望先生協助少川大使多加工夫為盼。」[74]

令人好奇的是，蔣介石真的對胡適信任有加嗎？在蔣的日記中，過去已有多處對胡不滿，甚至不屑的言詞，例如：1939 年 9 月 11 日說：「胡適（駐美）、楊杰（駐蘇）太不成事，應速更調。」[75]又，1942 年 10 月 25

---

[73] 《胡適之先生年譜長編初稿》，第 6 冊，第 2065-2066 頁。

[74] 胡適紀念館，館藏號 HS-NK04-008-001，這封密函寫於 1949 年 5 月 28 日，係收到胡適 11 日來信後的覆函。

[75] 《困勉記》，國史館，2011 年 12 月，下冊，頁 680。

日於接見宋子文自美返國後曰：「胡適乃今日文士名流之典型，而其患得患失之結果，不惜藉外國之勢力，以自固其地位，甚至損害國家威信，亦所不顧。彼使美四年，除為其個人謀得名譽博士十餘個以外，對於國家與戰爭，毫無貢獻，甚至不肯說話，惟恐獲罪於美國，而外間猶謂美國之不敢與倭妥協，終至決裂者，乃彼之功。幸於此次廢除不平等條約以前，早予撤換，否則，其功更大，而政府令撤更為難矣。嗚呼！文人名流之為國，乃如此而已，真可歎也！」[76]可見蔣介石對胡適使美四年和文人名流之為國，已有定評。這或許可以解釋胡適此次只獲蔣口頭指派，沒有給予任何名義的原因之所在。

在此，我們也不禁要問，胡適真的對蔣介石言聽計從嗎？他不是說過：「這樣的國家，這樣的政府，我怎麼樣抬起頭來向外國人說話」[77]嗎？我們並不懷疑，胡適對苦難的國家有奉獻的忠誠，但我們不禁合理的懷疑，胡適拋妻棄子，走得如此匆忙，既沒有任何名義，又沒有薪水，用意何在呢？何況這時國共大局已定，美國承不承認中共政權有那麼急迫嗎？所以，唯一的解釋是，他急於擺脫內戰的漩渦，在美國找到一塊自由的樂土，甚至抹不掉心頭遠方的人影，不排除藉機想和在美的紅粉知己重聚。

在胡適寓美的 9 年期間，儘管從 1951 年至 1953 年間，蔣介石透過在美的俞國華，共送過美金 4 萬 5 千元給胡適做為生活費[78]，但胡適精神上仍是苦悶的，一方面美國對國民政府的態度已經發生了一百八十度的轉變，整個氣氛變得非常冷漠。總統杜魯門和國務卿艾契遜（Dean Acheson）都是極端厭惡蔣介石和國民黨的。在美國對華政策方面有影響力的學者如哥大的習斯普（Philip C. Jessup，《白皮書》主編）和哈佛大學的費正清（John K. Fairbank），雖都是胡適的舊識，此時卻主張放棄支持蔣介石的政權。尤其，費正清還大聲疾呼，警告美國絕不應繼續承認蔣的「流亡政府」[79]。在這種政治空氣下，使他感覺「一籌莫展」，不但不受重視，也難有所作為。另一方面他在蟄居紐約期間，既無兵，也無糧草，過著僱不起傭人，

---

[76] 同上註，頁 866。

[77] 胡明，《胡適傳論》，北京人民出版社，1996，下卷，頁 935。

[78] 陳紅民，〈台灣時期的蔣介石與胡適關係補正〉，《近代史研究》2011 年第 5 期，第 147 頁。

[79] 余英時，《重尋胡適的歷程》，第 116 頁。

一切自己動手，大多賦閒在家，無所事事的清苦生活。觀其抵美後初期的日記，滿篇僅記載與誰午餐、晚餐，內容極其平凡簡單可知。

總之，胡適逃離大陸專制無自由的共產政權，放棄台灣不夠民主的國民黨政權，乘桴浮於海到美國，少了一份配合他身分地位的工作，能做的事未必想做，想做的事未必能做，從此有如斷了線的風箏。無垠的藍空聽不見喧嘩，而且相當冷寂，偏偏胡適卻是一頭不甘寂寞的獅子，他需要的是不斷的掌聲喝采！

徐復觀與胡適

黎漢基*

一、引言

很多熟稔儒林掌故的知識分子，大概都知道徐復觀罵過胡適，而且開罵的時間是胡適死前不久的時間。不過，很多人為之訝異（甚至義憤），卻不了解這二人產生衝突的來龍去脈。

假如我們只把目光放在論戰的導火線，不免覺得這場爭吵來得太過突兀。一向老於世故的徐復觀，為什麼不顧一切痛斥已經抱病在床的胡適？他對胡適的敵視是怎樣來的？之前二人有沒有交往？有沒有思想上的共同點？其中有沒有變化？如果我們沒有搞清楚這些問題，就很容易把問題簡單地化約為激烈反傳統主義與文化保守主義的思想對抗。誠然，文化立場的差異是胡適與徐復觀（以及當代新儒家）之間的最大分歧，但這不代表一定就會出現言語文字上的交鋒。事實上，徐復觀對胡適的敵視態度並非突如其來，其間雖無巨大的變化，但絕非鐵板一塊的靜態凝固，而是有一個隨形勢而變的發展過程。惟有深入到歷史脈胳中觀察，我們才有可能充分說明徐復觀的複雜想法，解釋其言行表現之所以然。

研究胡適和徐復觀的關係，其意義不限於兩個知識分子的認識。它還是一個生動的案例，足以說明民初以降學術界「中心」與「邊緣」之間的緊張關係。基本上，這兩個人的地位並非對等的。從 1917 年回國任教北大，成為「新文化運動」領袖開始，一直到死在中央研究院任內，胡適大半生位居學術界主流領導位置，不只是海內外中國人關注的文化明星，更是許多自由主義者所膜拜的思想導師。對比起來，在胡適「暴得大名」之時，年僅十三歲的徐復觀，還處於居鄉從學的階段；所以胡適作為前輩的

* 廣州中山大學政治科學系副教授

資格，是沒有什麼問題的[1]。雖然徐復觀在今天已被推尊為海外新儒家三宗師之一，但因為早年混跡軍政黨務，迄至 1952 年方始踏進學術圈，入行如此之晚，縱使才思過人，勤奮用功，畢竟他在學界的年資太淺，既沒有留洋學位的名銜，又缺乏有力的同道予以援引，故此其地位不能與胡適媲美。相對於胡適高高在上的中心位置，徐復觀在學術界長期都是邊緣角色；許多翻閱其作品的讀者，大概也不難發現他在字裡行間流露出對主流派的不甘心、不服氣和無可奈何。

由於二人關係和地位的不平等，所以也導致他們留下來的歷史材料輕重不均。基本上，胡適一直是徐復觀的重要對手，在徐氏著作中，或明或暗地批評、諷刺胡適及其學派的語句多不勝數；但迄至胡適逝世之時（1962），徐復觀仍缺乏崇高的學術地位（他的第一本學術專著《中國人性史論》是在 1963 年出版），所以在胡適眼中，徐復觀不過是份量有限的邊緣性人物，研究者即使遍尋胡適的各種傳記材料，有關徐復觀的文字卻寥寥無幾。由於這個緣故，本文不能不重徐輕胡，以下將會按照時間的順序，逐一檢討和分析徐復觀對胡適的觀感和評論，其中有公開性的文字，也有私人性的談話，通過不同場合、不同情境、不同關係的對照，我們也許能夠更生動性重構徐復觀的思想形象，並且顯示現代新儒家在反傳統的文化環境中的思想委曲。

二、民主自由的同道

胡、徐二人的正式交往，要從 1952 年開始算起。該年 11 月 19 日，胡適首次自美返台，在國民黨當局大規模組織動員之下，社會各界爭相舉辦歡迎活動，成為轟動海外的大新聞。就在此時，徐復觀也不免俗，屢次請託《自由中國》社長雷震，相伴一起登門拜訪[2]。

---

1 據談瀛的回憶，徐復觀赴日留學前所贈的書籍，其中一本是《胡適文存》，可見他早在少年時期便留意胡適的思想文字。參閱談瀛，〈我所知道的徐復觀先生——影響徐復觀思想的家鄉環境和幾位前輩學者〉，《徐復觀與中國文化》，李維武（編）（武漢：湖北人民，1997），頁 605。

2 據雷震日記的記載，1952 年 11 月 27 日上午 8 時，徐復觀與雷震一同拜訪胡適，談甚久。1953 年 1 月 13 日，雷震收到徐復觀來函，得悉下午來台北，下午 4 時，二人同至胡適處，未遇而返。越一日，上午 11 時，雷震攜徐復觀再訪胡適，又不在。

不只如此，為了表示友好，徐復觀還嘗試收斂自己對胡適學派的敵意[3]，事先指示香港《民主評論》編者張丕介，在此期間不宜發表任何批評胡適的文章[4]。

為什麼徐復觀要刻意結納胡適呢？這一點，必須聯繫到他本身的民主思想來加以解釋。自 1949 年遷台以來，徐復觀深受「亡國」、「亡天下」的思想刺激，相信只有實行民主政治，國家方有未來和前途可言；在民主自由的大前提之下，流亡知識份子必須放下學術文化等歧見，保持團結，凝聚反共的力量[5]。

因為這樣，在爭取民主自由之崎嶇道路上，徐復觀真心地覺得胡適是同路人，並且承認「胡適思想」在某種程度上可以代表民主自由。

當時國民黨內有些自命愛黨愛國的「忠貞份子」，對於強調個人自由的自由主義者特別嫉視，也想模仿共產黨那般清算「胡適思想」。好比如，三民主義著作豐厚的任卓宣，便故意把自由主義（包括胡適的主張在內）與民主主義等對立起來，否定自由主義在反共的作用。這當然是徐復觀不能同意的觀點；為此，他還特別撰文加以駁斥[6]。

這回胡適抵台，徐復觀顯然覺得，這是一個爭取民主自由的好機會。據現存記載，他與胡適在 1952 年 11 月 27 日會有一次劇談的機會，長達二小時。當時他主要以「中共專家」的身份，向胡適報導以前延安情況及中共最近政治動態。可惜，關於台灣島內的政情，只稍略提及，惟言未盡意[7]。事後，他特意致函雷震說，盼望胡適能夠針對國民黨的意識形態，將個人自由與國家自由之關係作一解說。他還提到，以前陳布雷為爭取胡適的合作，曾致函胡適，表示蔣介石「如何相信民主，如何想實行民主，如

參閱《雷震全集》（台北：桂冠，1990），第 34 頁 163，第 35 冊頁 12。

3 說來也許有點尷尬，胡適來台的前一個月，徐復觀自己曾發表〈當前讀經問題之爭論——為孔誕紀念專號而作〉（載《徐復觀文錄選粹》，台北；學生，1980，頁 1-13），內裏便夾雜了不少指責胡適的言論。

4 徐復觀，〈一個偉大書生的悲劇——哀悼胡適之先生〉，《徐復觀雜文集（四）憶往事》(台北：時報文化，1980)，頁 142。

5 有關徐復觀在遷台前後的政治理念，筆者的博士論文《論徐復觀與殷海光》（香港中文大學歷史學部，1998）已有所敘述，於此不贅。

6 徐復觀，〈反共應驅逐自由主義嗎？〉，《自由人》第 160 期（1952 年 9 月 13 日），第一版。

7 雷震當日日記，《雷震全集》第 34 冊，頁 163。

何想實行民主，但遭遇許多困難」[8]。言下之意，顯然是希冀雷震提醒胡適，可以在這方面大做文章。

這番意見有否被轉達，如今不得而知；但可以確定的是，當時徐復觀對胡適的寄望和期待甚為殷切。正因此故，他居然被老友牟宗三誤會，以為他受「俗見」的影響，被胡適牽著鼻子走，只會談自由民主[9]。

其實，徐復觀追求自由民主的心志，早已有之，絕非盲從胡適。一年後，他為了解釋爭取胡適的舉動，曾公開作出澄清，說道：

> 第一、我並不是崇拜他的權威，因而轉變了我學術上的基本態度。第二、我不是想藉以此作何種企圖，或者是加入到捧胡的一派中找個教書的飯碗。我那時的感觸是，他的學問成就和思想路數是另一問題；但於此亂離之際，讀書人應尊重讀書人，應該是社會風氣轉一轉，使社會知道讀書人也是可貴的，使社會上多有幾種標準。[10]

可以看見，徐復觀對胡適的肯定，絕非毫無保留。他只是相信，在社會上，不同標準、不同路數的思想，是可以並存的，不必惟我獨尊。

不過，胡適在台灣的表現，卻是叫人失望的。他堅持不參加實際工作的原則，沒有為民主自由付出什麼實質的貢獻。徐復觀早已感到，胡適以前提出「好人政治」，只是變相地丟掉了「『民主』的招牌」[11]。今天經過親身接觸，他更覺得，胡適活得像曾國藩晚年之持盈保泰，不肯犧牲[12]。至於當時胡適對時局的分析，他更覺得有些意見「天真」「好笑」，不足為鑒[13]。

---

8 徐復觀，〈致雷震[1952 年 12 月 22 日]〉（中央研究院近代史研究所檔案館「雷震檔案」H28）。

9 牟宗三〈致唐君毅[1953 年 1 月 9 日]〉（謝廷光藏本）云：「蓋佛觀進來心境很不平正，受俗見影響很深，他要想民主、個人、多元、現實路上走，[……]」事隔將近一年，牟宗三再度作出批評，〈致唐君毅[1953 年 12 月 11]〉（謝廷光藏本）云：「他（指徐復觀）又要隨胡適談自由民主了，不願談文化了，又落下來了。」

10 徐復觀，〈思想之自由思想與自由——答徐復觀〉（唐君毅著）之編按，《民主評論》第 4 卷第 18 期（1953 年 9 月 16 日），頁 3。

11 徐復觀，〈當前讀經問題之爭論——為孔誕紀念專號而作〉，《徐復觀文錄選粹》（台北：學生，1980），頁 9。

12 雷震 1953 年 1 月 10 日日記，《雷震全集》第 35 冊，頁 10。

13 原來，當時美國艾森豪總統剛上台，曾宣佈要以解放政策代替杜魯門的圍堵政策，當然，埋怨胡適爭取民主努力得不夠，並不代表有全盤抹煞的需要。即使後來二人的文化立場產生衝突，徐復觀從未對胡適的政治立場予以苛責。這一點，是他心裏恪守的一個分寸。

三、現代儒者的公敵

胡、徐二人的關係，政治理念的合作只屬次要，主要是表現在文化理念的衝突。在徐復觀乃至不少儒者心目中，胡適是激烈反傳統主義的代表，是他們的公敵。

也許，如今有人嘗試為這位「新文化運動」的發起者辯護，強調胡適不是沒有承接傳統的地方，例如胡適主張用科學方法「整理國故」，正是援引乾嘉考據來認證實驗，顯見其內心沒有打倒傳統的意思。不過，假設徐復觀在世聽見的話，肯定嗤之以鼻，因為他正是覺得乾嘉考據敗壞了中國傳統文化的真精神。

徐復觀的理念是這樣的：中國的學問，自先秦以來，是以對現實問題負責所形成的「思想性」為其主流。可惜在滿清統治之下，知識份子受到異族與專制的雙重壓迫，乃不得不逃避現實，離開了「思想」的主題，而躲到故紙堆中，去弄零碎的訓詁考據，使傳統文化對人生社會完全成為無用的東西。同時，搞考據的一般學者，自胡適最崇拜的戴震以降，皆是矜心戾氣，互為名高；凡不合他們口味的，排擠不遺餘力。他們的「實事求是」，最大限度，也只能以兩漢經生之所是，代替先秦諸子百家之所是。不僅把唐、宋、元、明歷代學術文化中的思想性，完全排除了；連先秦乃至兩漢中凡是有思想性的東西，也都給他們整死了[14]。如是者，文化的創造活動開始凍結了，降至鴉片戰爭以後，便無從適應亟需大量吸收西方文

胡適信以為真，便在台北、台中兩次公開演講，大講其「解放的五大戰略」。徐復觀聽了「覺得好笑」，認為這只是「天真的想法」，旋即撰文作出商榷，指出艾森豪一定會回到杜魯門的圍堵政策上面。事實證明，徐復觀的見解正確，這自然令他更瞧不起胡適有關政治時事性的見解。參閱徐復觀，〈世界反共策略的商討——以此請教於胡適之先生〉，《明天》第 65 期（1953 年 1 月 1 日），頁 5；〈中國人的恥辱　東方人的恥辱〉，《徐復觀雜文續集》（台北：時報文化，1981），頁 378-381。

14 徐復觀，〈五十年的中國學術文化〉，《中國思想史論集》（台北：學生，1993），頁 251。

化的新形勢。於是，百十年來，中國人便受到在文化上既不能創造，又不能吸收的空虛胡亂的大報應[15]。

因為這個原因，近代中國的文化失調，罪責肯定在於乾嘉漢學。不寧唯是，繼承此派衣缽的胡適，早年更充當破壞傳統的角色。徐復觀認為，胡適等人所帶動的「新文化運動」，不是正常地走學術文化發展所走的平實的路，而是帶有火藥氣味的文化革命，所以注定破壞性多於建設性。假如仔細檢討胡適的功績，提倡白話文無疑是成功的，但在文學方面沒有任何成就，遠不及後來的左翼作家[16]。至於「整理國故」，以胡適為首的一班乾嘉餘孽，還趕不上他們的老祖宗；因為同是考據工作，這兩者在精神上存在鮮明的區別；乾嘉諸子是想由考據以得出中國文化之「真」，以發現他們所想得到的文化價值；胡適學派則是得出中國文化之「偽」，以發現取消中國文化的證據，達到「全盤西化」的主張[17]。

說胡適用考據來打倒傳統，證據呢？徐復觀指出，胡適的英文本《先秦名學史》，主張解除傳統道德的束縛，提倡一切諸子百家。這其實是拿非儒家的諸子來打儒家的「經」；因為經學是中國文化的主流，胡適不提倡讀經，實際即是否定了中國文化的主流；這完全是「擒賊擒王的辦法」。胡適「打倒孔家店」的另一戰略，就是提倡考證《紅樓夢》。徐復觀覺得，這不過是藉著滿足男女生活的情欲，利用人性的弱點去反傳統[18]。

撇開文化影響不談，單從治學方法而論，徐復觀還是不能同意胡適的一套。在他看來，胡適畢生提倡「大膽假設，小心求證」，實則對於科學方法的認識，不過是朦朧中的口號，始終未曾脫離「估計」的性質。所謂「大膽」，往往成為輕率的同義詞，一味存疑，立論太急，便會固執於其初步之假設，在經不起推敲的題目上大做文章，浪費時間精力。此外，究竟什麼才算是「證據」，徐復觀相當懷疑摒棄思想性的胡適學派，是否能夠領會「求證」所必須的思考活動。總言之，他覺得胡適影響所及，對學

[15] 徐復觀，〈中日吸收外來文化之比較〉，《徐復觀文錄選粹》，頁 209。
[16] 前揭〈五十年的中國學術文化〉，頁 252-253。
[17] 徐復觀，《自由中國當前的文化爭論》，《徐復觀雜文集（三）記所思》（台北：時報文化，1980），頁 44。
[18] 前揭〈當前讀經問題之爭論——為孔誕紀念專號而作〉，頁 7-11。

風損害甚大；中央研究院歷史語言研究所某些學人犯了偏枯零碎的弊病，皆可溯源於此[19]。

因此，在徐復觀看來，胡適的思想精神和治學方法，皆有嚴重的流弊。但令他不服氣的是，胡適竟然能夠一直站在支配性的位置，不只影響「五四」一代；延至戰後的台灣，胡適仍是自由主義和反傳統主義的精神領袖；《自由中國》便屬於唯胡適馬首是瞻的一派，而該刊的主筆殷海光，在散播反傳統言論之時，就經常借用胡適來立言[20]。在當時思想界與《自由中國》對壘的，正是徐復觀主辦的《民主評論》。無怪胡適的一言一動，徐復觀皆小心在意，倘有任何醜詆中國文化之處，都會引起他的極大反彈。

四、對吳稚暉的評價

徐復觀炮轟胡適的第一擊，就是有關反傳統主義者吳稚暉的評價。

1954 年 1 月 1 日，胡適在《自由中國》發表〈追念吳稚暉先生〉一文，其副題是「實事求是，莫作調人」，他認為，吳稚暉這一位剛逝世的國民黨元老，畢生行誼就是這八字真言的見證。驟眼看來，似乎沒有什麼爭議性。問題在於文章所選用的例子。吳氏早年挖苦中國傳統的激進言辭，例如「把線裝書投入茅廁裏去」的主張，居然都被胡適視為「實事求是，莫作調人」的表現[21]。

在虔敬歷史文化的徐復觀看來，這分明是「未經分析解剖的處理，而一口氣提出抹煞武斷的結論」[22]，如今卻被胡適大捧特捧，轉彎抹角地否定中國文化。所以，他感到憤憤不平，彷彿是自己受了很大的委屈似的，揮筆寫了一篇〈吳稚暉先生的思想〉，痛罵胡適沒有學格[23]，自居權威，胡言亂語[24]。

---

19 徐復觀，〈多為國家學術前途著想〉，《徐復觀雜文集（三）記所思》，頁 81-83；〈致屈萬里[1961 年 4 月 4 日]〉，載拙編〈徐復觀致屈萬里佚書十九封〉，《中國文哲研究通訊》第 22 期（1996 年 6 月），頁 109。

20 這個問題，請參閱拙著《殷海光思想研究》（台北：正中，2000）一書。

21 胡適，〈追念吳稚暉先生——實事求是，莫作調人〉，《自由中國》第 10 卷第 1 期（1954 年 1 月 1 日），頁 5。

22 徐復觀，〈自由的討論・序文〉，《徐復觀雜文集（三）記所思》，頁 194。

23 徐復觀說：「只有知道學術甘苦的人，才能知道每一學術的界限，知道自己在學術面前的分寸。只有知道這種界限、知道這種分寸的人，才能實事求是；只有在徐復觀所針砭者，不只是一篇文章的得失，還牽涉到吳稚暉和胡適二人的反傳統主義。他斷定，吳稚暉之所以反共，是出於感情的成分居多；若就其思想理路來講，並不一定會反共。共產黨的獨裁政治，主要是從它的思想而來；而共產黨的思想，則與吳、胡二人有著直接的因果關係：

> 共產黨的毒，是來自其浮誇、獨斷、標榜、抹煞。逞一時之快，作極端之論。而這，正是民初以來，尤其是五四以來，由吳、胡諸先生所代表的風氣。在此風氣之下，只有出一個共產黨，才算是開花而又「結果」。[25]

這兩者之間的因果關係，不是在主觀意願上講，而是從觀念乃至思想作風的相似性上立言。據徐復觀的分析，吳稚暉罵線裝書是「臭東西」，相類於共產黨焚書；把人生視作動物性的活動，這好比共產黨把「人」當「物」；其「黑漆一團」的人生觀及宇宙觀，比共產黨的唯物世界更不能透氣。至於胡適呢？他的「大膽假設，小心求證」等口號，幾乎都是阻塞科學的障礙，把這一分道理擴張為十分理由，正如共產黨般的浮誇和獨斷[26]。這麼說來，這兩個人的思想即使不用戴上「紅帽子」，但至少蘊涵著釀成「赤禍」的毒素；即使毋須全面剷除，也不應捧成權威，任意傳播。

批評得如此辛辣，徐復觀自己也心下了然，這一次必定「得罪人太多」[27]。文章寫成付郵當晚，他幾經思量，頗為後悔，原擬致函香港《自由人》編者陳克文請求不必刊出，但由於翌日巧遇一位朋友，談及過往在學術界被胡適排擠的情形，遂慨然不復顧忌[28]。

實事求是之前，才說得上不作調人。並且實事求是的人，只問是不是，無所謂調人不調人。」載〈吳稚暉先生的思想〉，《自由人》第 229 期（1954 年 1 月 13 日），第一版。

[24] 前引文（第二版）云：「我年來深深的體認到，凡是自己覺得自己業經成了權威的人，不論在政治上或學術上，都非逼上亂說的路上去不可。因為自己即是權威，便很容易把自己所說的話當作萬應靈符，漫無邊際的加以誇張推演，有一分意義的硬說有十分意義，於是九分便是假的，便是亂說了。」

[25] 前引文，第一版。

[26] 前引文，第一、二版。

[27] 徐復觀，〈致唐君毅[1954 年 1 月 26 日]〉（謝廷光藏本）。

[28] 徐復觀，〈致陳伯莊[1954 年 1 月 28 日]〉，引自〈由兩封書信所引起的一點感想〉，《徐復觀雜文集（三）記所思》，頁 393-395。此文前言云：「寫此信時，必在吳

果然，文章一面世，便得罪了胡適的信徒，與某些人結下不解之冤仇[29]。一向與胡適保持友好關係的雷震，對此文亦大感戒懼，懷疑徐復觀意圖搶奪反共的思想領導權：

> 徐復觀在《自由人》上發表〈吳稚暉的心理〉，認為吳、胡在五四提倡科學精神，開了風氣之先，而只產生了一個共產黨，推論完全獨斷。他自己批評吳、胡「不可一刀開斷」，而自己完全陷於一刀兩斷之推論。僅此文觀之，我們對於徐復觀之思想應該從新檢討。此文對民主自由之思想全不能了解，只有高喊中國文化以反共，看他反共的結果如何？[30]

說徐復觀不了解民主自由，自然是過當之辭，不足深論。此外，另一位胡適的朋友陳伯莊，當時曾致函徐復觀，為胡適的思想主張作出維護[31]。但徐氏顯然不能同意，強調自己今次打筆戰，絕非黨同伐異，而是為了公義為戰。他這麼說：

> 實則弟寫此文之用意，豈在於指摘個人？特感於在此苦難時代中，吳、胡諸先生，好以隻言片語抹煞祖國數千年之文化，抹煞千百聖賢之心血，乃時賢不於此等處所用其感情，論其得失，而斤斤於對一二人之厚薄，此真可謂不識輕重，不揣本末之重望，則又何怪今日是非之顛倒錯亂乎？今人於流離喪亂之際，對自己之祖先，何以不先從好的方面去想，而必先從壞的方面去想；並必以壞的一方面，去抹煞好的一方面；仁人君子之用心，固當如是乎？胡適之先生負天下人之重望，逢人類文化生死存亡鬥爭之會，顧以五年精力，為戴、趙爭《水經校注》之誰屬，此與爭謝公墩同一雅興。然

稚暉先生死後半年之類，而陳伯莊先生尚未得美人之助，辦理《現代學術》的時候。可能時民國四十四年。」徐復觀在此有所誤憶，吳稚暉在 1953 年 10 月 31 日逝世，若是距離半年之類，則此信應是寫於 1954 年而非 1955 年。

29 徐復觀，〈給張佛泉先生的一封公開信——環繞著自由與人權的諸問題〉，《民主評論》第 5 卷第 15 期（1954 年 8 月 16 日），頁 2。

30 雷震 1954 年 1 月 16 日日記，《雷震全集》第 35 冊，頁 209-210。引文所提的篇名有誤。

31 陳伯莊，〈致徐復觀[1954 年 1 月 18 日]〉，引自〈由兩封書信所引起的一點感想〉，頁 391-392。

其自解之辭謂，戴東原為其「同鄉」先輩，故彼不能不為其伸冤。又弟於此前歲晤胡先生於台北時，彼以連夜校對其先父遺著見告，弟深為感動，於此以見其性情之厚。中國歷史文化，乃「同鄉」之推，而為與吾「同國」「同族」，亦為每一人父親之推而為吾先鑒心血之所留注。推胡先生不忍其「同鄉」受冤，欲為其先父留名之用心，則弟之所忍其「同國」「同族」之受冤，欲為其先父留名之用心，則弟之不忍其「同國」「同族」受冤，欲其同國族之心血，仍能對人類有所貢獻，此當為胡先生所矜諒。[32]

你看，胡適也為自己的父親、自己的同鄉前輩申訴，他徐復觀為什麼不應該、不可以、不能夠為更高的認同對象——國家民族和歷史文化——昭雪沉冤呢？總而言之，在徐復觀看來，今次批評胡適，絕對是大公無私的。他還告訴陳伯莊，最近花了三分之一的月入，購買新印之《胡適文存》，細心重讀一遍，所以他的口雖罵胡適，但心裏還是敬重的，只是不為阿好之辭而已[33]。

那時候，徐復觀不是一味挨罵的。討厭胡適的錢穆，讀到此文，備極欣快，曾寫信給徐復觀，為這位同道加油打氣：

然　足下《自由人》一文極聞有讚譽者，即如梁均默等，平常亦不甚致意學術，然於　尊文亦謂有理可見。針砭文字，於時亦有效，是非所在，有時不容緘默也。[34]

上述所言，不外是向徐復觀表示，這次罵胡適罵得有理，連「不甚致意學術」的梁寒操也表示贊同，足證公是公非之所在。與此可見，錢穆雖然標榜治學不講門戶[35]，但內心絕非無所不包，毫無畛域。

不管如何，文章沒有惹起胡適的反駁，最終不了了之。附帶一提，十年後，徐復觀的態度依然如故，乘著國民黨紀念吳稚暉的活動，在此指斥吳氏「漆黑一團的人生觀」的流弊，說這裡人生觀產生不出科學；而受此

---

32 前揭〈致陳伯莊[1954 年 1 月 28 日]〉，頁 393-394。

33 前引信，頁 394。

34 錢穆，〈致徐復觀[1954 年 2 月 15 日]，（徐武軍藏本）。

35 余英時曾刻意鼓吹其師錢穆不講門戶，參閱〈錢穆與新儒家〉，《猶記風吹水上鱗》（台北：三民，1991），頁 31-98。

影響的胡適，之所以對西方文化一無所知，原因也在於此。他還主張把吳氏晚年所寫的篆書拿出去給人作紀念，因為它的價值遠在《胡適文存》之上[36]。由此反證，他當年向陳伯莊說敬重胡適和《文存》云云，看來若非客套說話，就是他的敬重經不起時間的考驗。

五、有關〈中國文化宣言〉的爭議

1958年以前，因為胡適旅居美國，不直接參與台灣學術界的活動，徐復觀縱然對之不滿，隔海投擲墨彈，亦不致釀成什麼波瀾。迄今1958年4月初，胡適回台任職中央研究院院長，二人的關係突然緊繃至幾近誓不兩立的地步。

原來，胡適執掌中研院，徐復觀感到十分不妥，斷定這是原有北大、清華的人士找他回來鞏固在台灣學術界的既得陣地[37]。所以，那本詆毀胡適、反對他回台的《胡適與國運》發行之際，他並不如一般自由主義者那樣表示心痛疾絕[38]，反而覺得胡適有什麼了不起，真的「神聖不可侵犯」麼？大家用得著這麼在意麼[39]？

事實上，徐復觀比任何人更在意胡適。當他得悉胡適對〈為中國文化敬告世界人士宣言〉作出挑釁，就爆發了第二波的衝突。

這份宣言是當代新儒家向世人宣示學術文化理念的重要文獻，在1957年3月由唐君毅提議，與張君勱在美國共同發起[40]，拉了徐復觀和牟宗三連署。宣言雖非徐氏親自提筆，但他不像張、牟二人只簽名，不表意

---

36 徐復觀，〈紀念吳稚暉先生的真實意義〉，《民主評論》第15卷第8期（1964年4月16日），頁3。

37 前揭〈自由中國當前得文化爭論〉，頁47。

38 例如殷海光曾撰文反駁《胡適與國運》，參閱〈請勿濫用「學術研究」之名〉，《自由中國》第18卷第8期（1958年4月16日），頁6。

39 徐復觀曾說：「我之決心不看《胡適與國運》，第一、並不是假裝學者的臭架子，認為沒有學術性的東西便不看。莊生已經說過：『道在屎尿。'誰能斷定什麼有學術性，什麼沒有學術性？第二，更不是認為胡適系神聖不可侵犯，他的思想言論無可批評，或不應批評。我的決心，是來自不服這口氣。[……]以中國之大，五萬萬人口之眾，而竟一切抹殺不顧，心目中只有胡適一人，縱使忠貞之士不為之切齒，區區人才，總有點不服這口氣。」參閱〈閒話舊聞〉，《新聞天地》第543期，1958年7月12日，頁4。

40 張君勱，〈致唐君毅[1957年3月30日]〉，（謝廷光藏本）。

見[41]，十分熱心和投入，認真地審閱唐君毅所草擬的內容，提出了很多補充和修正的意見[42]。

迄今1958年元旦，〈中國文化宣言〉在《民主評論》和《再生》兩份雜誌同時刊登。未發表之前，徐復觀的心仿如箭在弦上，異常緊張，提醒同儕準備迎戰，應付各種外來的攻擊[43]。果不其然，得到兩方面的反應：一是天主教，樞機主教于斌曾先後幾次到東海大學拜訪徐復觀，但似乎沒有怎樣談及〈文化宣言〉，故此連徐復觀也不太清楚天主教方面對之作何評價[44]。另一是胡適，他對〈文化宣言〉的公開批評，卻令海外新儒家諸人深感震怒。

徐復觀早已感受到胡適的敵意。1958年4月20日，他出席雷震為胡適所舉辦的歡迎聚餐，當場便被胡適纏著，追問當前有關吳稚暉評價的爭論[45]。後來他還不知從哪兒收到風聲，得悉胡適對〈文化宣言〉非常注意，雖不清楚具體言論如何，但已經估計胡適持反對意向居多[46]。牟宗三也是這般想法，寫信給唐君毅，也說胡適認為當代新儒家「要革他的命」[47]。

當然，內心的防範警戒是一回事，外在的行徑又是另一回事。4月22日，徐復觀替吳德耀校長致函，邀請胡適蒞臨東海大學；由於代表校方的緣故，行文間不免帶有一些敬仰推許之辭。當後來他與胡適公開鬧翻，這封捧胡的書函落在胡適信徒的手中，就變成諷刺他言行前後不一的話柄[48]。

---

41 徐復觀，〈擎起這把香火——當代思想的俯視〉，《徐復觀雜文續集》，頁408。

42 徐復觀，〈致唐君毅[1957年4月17日]〉，〈致唐君毅[1957年8月21日]〉（謝廷光藏本）。唐君毅之回函是〈致徐復觀[1957年9月29日]〉，載《唐君毅全集》第26冊（台北：學生，1991），頁113。

43 徐復觀，〈致唐君毅[1957年8月21日]〉（謝廷光藏本）云：「對此宣言發表後，須準備對各種攻擊作答覆。」

44 徐復觀，〈擎起這把香火——當代思想的俯視〉，頁408。

45 徐復觀，〈死而後已的民主鬥士——敬悼雷儆寰（震）先生〉，《徐復觀文集（四）憶往事》，頁215。另參閱雷震該日日記，《雷震全集》第39冊，頁271-272。

46 徐復觀，〈致唐君毅[1958年6月2日]〉（謝廷光藏本）云：「胡適之先生對〈文化宣言〉非常注意，曾多次提到，但未表示贊成或反對，大約以反對之意為多爾。」

47 牟宗三〈致唐君毅[1958年6月25日]〉（謝廷光藏本）云：「胡適之回國，很注意此宣言，他認為我們要革他的命，所以他心中尚略有振動，讓他的隨從者注意。」

48 徐復觀這封信，現收入胡頌平所編的《胡適之先生晚年談話錄》（台北：聯經，1984年，頁285-286）書中[編者附記]一條中，內裏現抄錄徐復觀〈中國人的恥辱　東方人的恥辱〉痛罵胡適的話，然後再將這封捧胡的信附錄在後；用意明顯不過，這是要對比徐復觀對胡適的態度前後之差距，而隱喻信中捧胡的話都是虛偽的。其實，

1958年12月8日，胡適南下台中，應省立農學院之邀，講演關於「中國文化的問題」，內容主要是指責二千年來中國文化有許多路向錯誤的地方，包括實行了將近一千年的纏足、流毒四五百年的鴉片，以及流傳千餘年的駢體對句和八股文。他主張，今日談發揚固有文化，應該發揚二千年前以前的優良文化，而且更應該迎頭趕上今日的西洋文化[49]。上述言論，一口抹煞了中國近二千年來的文化成就；不難想像，假使流入徐復觀耳中，將會是多麼大的刺激！

同日下午，離開農學院的胡適抵達東海大學，出席歡迎茶會，與徐復觀會晤。翻查胡頌平的《年譜長編》，並沒有詳細記載二人的討論，只收錄了胡適有關「貶天子」的考據箚記[50]。究其實，這一次會晤的氣氛並不平淡，而是極富挑激性和火爆性。廿二年後（1980年），徐復觀接受《中國時報》記者訪問時，對之略有憶述[51]：但從保留原來的精神原貌言，應以他在當年（12月9日）致唐君毅的即時轉述最為傳神：

> 昨日胡適之先生來到東海大學，當吳校長茶會招待時，他告訴我：「今天早上在農學院講中國文化，對學生說：中國文化沒有價值，不要聽徐復觀、牟宗三兩頑固派的話」云云。他越說越起勁，接著說：「包小腳的文化，是什麼文化？你們講中國文化，只是被政治的反動分子所利用。儒家對中國影響，不過千分之一，有什麼值得講？宋明新儒學，完全是佛教的化身，烏煙瘴氣，你們還守住它？我忍了十年，現在要講話了。……」弟當答以「胡先生不懂什麼東西可稱為文化？包小腳是從儒家思想出來的？還是從道家思想中出來的？反動分子還把官給胡先生做，但並未給我們做。文化問題，不能用數目字表示。即使是千分之一，為什麼不能講？《水經注》值得幾分之幾？你知不知道宋明理學主要是從佛教影響中翻

此信也不見得全是客套之辭，內云：「凡偶有文化之爭，先生不必居於兩造者之一方，而實為兩造所共同期待之評判者。」言下之意，是勸誡胡適不應站在反傳統主義的陣線上。這無疑是徐復觀的真心話，但結果胡適沒有聽從其言，走到他的對立面，自是他所不能容忍的事情。

49 〈胡適昨在省農學院講述中國文化，勸勉學生以勤為本〉，《中央日報》（1958年12月9日），第二版。

50 胡頌平，《胡適之先生年譜長編初稿》（台北：聯經，1984），第8冊，頁2768-2769。

51 此即《擎起這把香火》一文，頁408-409。

> 出來？你在什麼地方看到我們以佛教解釋中國先秦的文化？你現在遇著的對手，不是幾個英文字母可以嚇倒的，他要追查英文字母裏面有些什麼？願意接受胡先生的挑戰」等等。今天晚上，遇見昨天聽到胡先生講演的幾位朋友，才知道胡昨天指出姓名來罵的一共是五人，除弟與宗三外，還有張君勱、錢賓四兩先生及兄。不是罵的「頑固」，而是罵的「不懂中國文化」。此公之語無倫次，全無心肝，一至如此，真出人意外，大概以後還有一套花頭出來。當然，胡有胡的苦心。既不敢明目張膽以高唱自由民主來維持自己的地位，又不能拿出學問來維持自己的地位，只好回到「打倒孔家店」的老路上去維持自己的地位。但這恐怕也很難達到他的願望。[52]

綜上所述，可得出以下六點結論：

（1）胡適的思想言論，基本上是「全盤反傳統主義」（totalistic antitraditionalism）的表現。之所以說是「全盤」，是因為他在欠缺充分佐證之下，徑直從自己的主觀印象，以偏概全地列舉包小腳、鴉片、八股文這幾項東西，來代表和抹黑整個中國文化。這種論證方式，流於「形式主義的謬誤」甚明顯也[53]。顯然，胡適自己不能意識到這個毛病。他事後還向雷震說，這場討論的分歧，在於他堅持包小腳是中國文化，而徐復觀則不承認[54]。徐復觀不願承認，當時是維護的立場使然。但是，胡適似乎沒有檢討到，造成二人討論的混淆，其實是因為他的用詞和思路過於含糊所致。他所說的「是」，絲毫沒有界限其內涵。「是」所指涉的，是部分？還是全部？單從字面意思看，他顯然是想用包小腳來代表整個中國文化，予以抹黑，從以達致「中國文化沒有價值」的結論[55]。

---

52 徐復觀，〈致唐君毅[1958 年 12 月 9 日]〉（謝廷光藏本）。

53 「全盤反傳統主義」原是林毓生教授的發明。但如今有不少論者相當抗拒這個概念，試圖根據民初知識份子（如胡適等）的思想還保留傳統文化的因素，或在某些場合中肯定若干傳統的言論，便判斷他們的思想不等於「全盤反傳統主義」。其實，這往往是出於很大的誤解。說一個人的思想有「全盤反傳統主義」的成分，只是在意識形態的層面上講，除此之外，不排除他在其他層面還有若干欣賞傳統的想法。關於這個概念，我曾仔細地加以批判和重構。參閱拙著〈「全盤反傳統主義」辨析——重評《中國意識的危機》〉，《二十一世紀》第 47 期（1998 年 6 月），頁 128-134。

54 雷震 1959 年 1 月 2 日記，《雷震全集》第 40 冊，頁 4。

55 有關「包小腳是中國文化」這個命題，迄至 1962 年「中西文化論戰」期間，仍是熱門話題。西化派黃富三為胡適維護，便強調胡適之言中心在於比喻，「是」的意

（2）胡適也許承認「仁是個好觀念」[56]，卻不能承認儒家的正面價值。他不惜違反歷史常識，說儒家對中國的影響極少，只有「千分之一」，完全沒有研究和發揚的價值。在徐復觀看來，這簡直是不值一駁：儒家對中國的影響真的是微乎其微麼？影響再小，也少得過胡適花大半生去鑽研的《水經注》麼？即使如胡適所言，影響只有千分之一，但只要有思想價值，難道便不應該研究麼？

（3）胡適說宋明理學是陽儒陰釋，用意其實是向人宣示，〈文化宣言〉是騙人的，因為〈宣言〉特別強調宋明心性之學的意義[57]。徐復觀卻認為，宋明理學即使受佛教影響，也不見得妨礙它作為儒家的思想性格；而當代新儒家的研究，也不是以佛教來解釋先秦文化。況且，胡適根本沒有讀過他們關於宋明理學的論述，就隨便批評，罵他們「不懂中國文化」，這怎麼可以呢[58]？

（4）當代新儒家的自我定位，是講求與時局世運通聲氣的；而徐復觀和牟宗三當時便在東海大學任教，以此作為發揚中國文化的基地。胡適居然來到人家的地盤，公然否認中國文化的價值，叫青年們不要聽新儒家的一套，在徐復觀而言，這絕對是不能接受的挑釁行為。

（5）最令徐復觀氣惱的，可能是人身攻擊。胡適這一頂「頑固派」的帽子，他不只自己受不了，更為其他同道受誣感到不值。徐復觀也許覺得，真正頑固的人，反而是胡適自己。假如胡適不是思想沒有進步，沒有出路，就不會說出如此「全無心肝」的話，回到「打倒孔家店」的老路，來維持自己的領導地位。徐復觀當時還向胡適宣稱，他和他的同道研究中國文化，乃是從整個世界文化的視野來觀察的，並且十分留意西方的文化

思不是說實，不是代表著「全部」，認為胡適無意說沒有中國文化。不過，徐復觀便指出此論完全不能成立，因為胡適從來沒有清楚地界定他說的「是」僅屬於「部分」的「比喻」，因此這只是「以偏概全」的論斷。參閱黃富三，〈與徐復觀先生論東西文化〉，《文星》第 52 期（1962 年 2 月 1 日），頁 33-34。徐復觀，〈過分廉價的中西文化問題〉，《徐復觀文錄選粹》，頁 147-151。

56 這是徐復觀信中沒有提到的一點，現據其〈三千美金的風波——為《民主評論》事答復張其昀、錢穆兩先生〉，《自立晚報》（1962 年 4 月 25 日），第四版。

57 唐君毅，〈為中國文化敬告世界人士宣言〉，《民主評論》第 9 卷第 1 期（1958 年 1 月 1 日），頁 8-9。

58 前揭〈擎起這把香火——當代思想的俯視〉（頁 409）提到，徐復觀當時質問胡適：「在你反對之前，有沒有看過我們關於宋明理學的論述？」胡適答「沒有」，徐復觀就很不客氣地說道：「既然沒有看過，怎麼能批評？」

思想[59]。對於西方文化的認識，他絕對自信勝過胡適[60]，因此當場便擺出「放馬過來」的戰鬥姿態。

（6）值得注意的是，當時雙方的口角，還涉及彼此的道德品格。胡適從中國文化等於專制保守的成見出發，認定講中國文化只會被「政治的反動分子」所利用。徐復觀反過來罵胡適：被利用的不是我們，而是尊駕，因為「反動分子」（指國民黨）還把官（指中研院院長）給胡適做。

這一次爭拗，雖然沒有行諸於文字，但已充分展示雙方之間的矛盾。在香港的朋友聽了徐復觀的告白，紛紛摩拳擦掌，表示指出。素有修養的唐君毅亦忍不住光火：

> 彼（指胡適）是把學術文化當成私人事了。實則由五四至今，中國人之思想已翻進了許多層次，彼仍欲以其三十歲前之思想領導人，如何可以？彼實仍賴中國文化之包涵一敬老之成分乃有今日。[……]然受此中國文化之惠者反罵中國文化，即不可恕也。唯彼未正式寫文章，則亦不必管他，亦胡說而已。[61]

可見，唐君毅的想法與徐復觀大致相同，也認為胡適早已過時落伍。可能因為這個過節，唐君毅後來在台灣演講，罕有地點名批評，駁斥胡適的思想方法[62]。儘管徐復觀只要求唐君毅將信轉呈錢穆和牟潤孫，但後來連《人生》雜誌的負責人王道，也可從唐氏手中借閱徐氏書信。王道的反應更加激烈：

---

59 前揭〈擎起這把香火——當代思想的俯視〉（頁 409）

60 徐復觀曾說：「胡先生在學術上，對西方所瞭解實太少。」（參閱〈致屈萬理[1962 年 5 月 1 日]〉，載〈徐復觀致屈萬里佚書十九封〉，頁 112）後來，胡適死後的遺著目錄面世，徐復觀更斷言，胡適死前二十年，根本沒有在西方文化下過什麼功夫；參閱〈面對傳統問題的思考〉，《徐復觀文存》（台北：學生，1991），頁 56。

61 唐君毅，〈致徐復觀 四十二[1958 年 12 月 27 日左右]〉，《唐君毅全集》第 26 冊，頁 123。此信《全集》編者誤繫於 1958 年 11 月 14 日，於此改正。相關的文獻考證，參閱拙著〈唐君毅書簡繫年獻疑補訂〉，《中國文哲研究通訊》第 27 期（1997 年 9 月），頁 143－145。

62 唐君毅在 1961 年 9 月 4 日在國立藝術館公開演講，講題是〈中西文化的衝突和協調〉，批評胡適「凡事拿出證據來」只會使人陷於懷疑批判態度的亂用，造成無是非、無態度。參閱姚鳳盤，〈艱辛人性自然形成的大道才是協調中西文化衝突的方法——唐君毅反對「凡事拿出證據來」〉，《聯合報》（1961 年 9 月 5 日），第二版。

以胡先生之地位，竟無一句話像是出自學人之口，而登堂指名叫罵，尤屬無禮至極！推其所以至此，益如　先生之信末所云，亦即憑其狠愎心理，一口咬定到底，求能始終不失為反派之領袖而已。道意對此狂謬「學人」，要嗎置之不理，要嗎使用降魔杖，打使全現原形。[63]

由於胡適當時沒有撰文將這次討論公開化和擴大化，所以儘管徐復觀和他的朋友們暗地裏嘮嘮叨叨[64]，卻還沒有施展「降魔杖」的機會。然而，火種已埋，事情並非就此告終，只待時機再次引發而已。

六、私底下的交往

我們千萬不要以為，胡、徐二人自東海大會之後，便即反目成仇，惡言相向。畢竟，他們都是久經世故的成年人，雖然當時意見相持不下，但吵完架後，還是能保持基本的禮貌和風度，一同到張佛泉（《自由中國》主筆、徐氏東大的同事）家去吃飯。胡適還主動提出邀請，徐復觀他日來南港，可到他家中多住幾天，對文化的見解，不妨慢慢詳談[65]。

至於徐復觀，雖然不斷在他人面前抗議胡適的反傳統主義，但在私底下卻無斷交之想。一方面，他始終尊重胡適是民主自由的同道。1961 年 2 月，雷震案發生不久，當他知道有些親國民黨的人，公開建議把「講假民主、講自由的胡適這一般人」空投到大陸，就忍不住寫文章譴責此一想法埋沒理性良心[66]。這便說明，徐復觀深明事理，沒有因為小恩小怨而幸災樂禍，並願意挺身為論敵仗義執言。

另一方面，二人份屬同行，專業都是中國古代思想史，所以徐復觀一旦發表了有什麼文章足以附和胡適舊作的文章，都會特意寄上，以求得到

---

63 王道，〈致徐復觀[1958 年 12 月 24 日]〉（徐武軍藏本）。

64 1959 年 1 月 5 日，徐復觀與雷震提及此事，也不願收起敵對的意態，不停地大罵胡適，致令捧胡的雷震沒有絲毫辯解答話的餘地。參閱雷震該日日記，《雷震全集》第 40 冊，頁 6。

65 徐復觀，〈以事實破謊言——致《文壇》書〉，《文化漢奸得獎案》（台北；陽明，1968），頁 298-299。

66 徐復觀，〈從一個大學校長的角逐看我們的理性良心〉，《聯合報》（1961 年 2 月 26 日），第三版。

胡適這位學界前輩的回應。在此之前，他發表〈一個歷史故事的形成及其演進——論孔子誅少正卯〉，曾托屈萬里轉呈此文予以胡適請教，得到回信答覆[67]。兩年多後，即 1961 年 3 月 15 日，胡適病重入院，他致函問候之餘，還表示自己剛寫了一篇〈有關老子其人其書的再考查〉，推翻過去的看法，回到胡適「老子先於孔子」的看法，說道：

> 這篇文章，雖不敢說對此一問題提出了一個總結，但把可以運用的材料都運用上，使你的結論很難動搖了。[68]

字面看來，似乎使相當恭維，大有甘願為胡適見解作注腳的意思。尤有進者，徐復觀在 1960 年旅日期間，因為知道胡適有收藏火柴盒之嗜好，還不忘代為留意搜集[69]。討好之意，明顯不過，除了禮貌的考慮之外，還有其他原因麼？

說到底，還是學術地位的懸殊所造成的心理怪象。胡適是中央研究院院長，德高望重，在學術界的同道和後援又多；徐復觀雖然在東海大學權柄甚大，卻不見重於主流派，內心不免隱然若有所失。所以，他雖然不欣賞胡適的文化思想，更不滿胡適回台灣後學風惡劣的各種現象[70]，但內心依然渴望得到對方的肯定。沒有此一微妙的心理因素，我們很難理解徐復觀為何一再放低身段，來爭取胡適的認同。

不過，爭取歸爭取，人家願不願意接受又是另一回事。現時沒有證據告訴我們胡適如何看待徐復觀的恭維，但可以肯定的是，在他身邊的人對徐復觀的評價不都是正面的，甚至是相當負面的。例如歷史語言研究所的勞榦、毛子水，其學術見解在 1957 年初曾被徐復觀嚴厲批評過[71]。勞榦當

---

67 徐復觀此文主要是從考證孔子誅少正卯的故事，是出於法家思想系統所偽造出來的。胡適閱後回信，說道：「罪過得很，我過去也以為這故事是真的⋯⋯」大體上，他同意此文的結論，但有點懷疑此一故事的演進，未必像徐氏所排列的這樣整齊。參閱徐復觀，〈悼唐君毅先生〉，《華僑日報》（1978 年 2 月 10 日），電訊版。

68 胡頌平，《胡適之先生年譜長編初稿》第 10 冊，頁 3532。

69 徐復觀，〈致屈萬里[1960 年 5 月 4 日]〉云：「似聞胡先生有集火柴盒之嗜好，已為其集得數十個矣。」參閱前揭〈徐復觀致屈萬里佚書十九封〉，頁 104。

70 徐復觀〈致唐君毅[1959 年 3 月 2 日]〉（謝廷光藏本）云：「自胡適回來後，近來台北學術風氣，更是不像話，連大陸都不如。整個人的地位都動搖了。」

71 徐復觀，〈兩篇難懂的文章〉、〈答毛子水先生的《再論考據與義理》〉，載《新版學術與政治之間》（台北：學生書局，1980），頁 469-490、505-524。

時雖無公開回應，但可能因此懷恨在心。他在 1961 年初寫給胡適的一封信中，大肆譏彈徐復觀擁護舊詩的見解，其中多有漫罵之辭;「此人甚妄」，「為著發洩他的自卑感，他只有做文壇流寇了。」[72]勞榦乃是胡適的親信弟子，而他對徐復觀的批評，在情理上推斷，胡適縱不至輕信其言，大概對徐復觀的印象也會打個折扣吧，——尤其是胡適心裡清楚，他與徐復觀在文化立場上根本水火不容。

七、「中國人的恥辱　東方人的恥辱」

是敵非友，衝突難免。1961 年 11 月 6 日，胡適在美國國際開發總署主辦的「亞東區科學教育會議」上，以中國代表的身份，宣讀〈科學發展所需要的社會變革〉（Social Change Necessary for the Growth of Science），開啟了他和徐復觀第三次衝突的契機。

這篇文章的主旨，是要打破東方精神文明的優越性。他刻意嘲諷中國的纏足、印度的「種姓制度」（caste system），以此顯示東方文明的精神價值，必須改而賞識西方科學技術的新文明。倘若沒有這樣「透徹的重新估計」，科學文明便不能在東方深深地生根[73]。

儘管胡適故作持平，強調「這並不是東方那些老文明的盲目責難，也決不是對西方近代文明的盲目崇拜」[74]；但不難看見，這篇文章再一次舊調重彈，重申早年的想法，再次呈露出激烈反傳統主義的立場[75]。

由於胡適的名氣太大，會議又是國際級，演講稿雖以英文撰寫，但各大報章仍爭相翻譯和報導。當時最快作出回應的人，要算是徐復觀。他在翌日根據《徵信新聞報》的譯文，即刻揮筆寫成〈中國人的恥辱　東方人的恥辱〉。但由於未能看到英文原稿[76]，他知道在寫作程序上不盡完滿，故

---

[72] 勞榦，〈致胡適[1961 年 1 月 30 日]〉（中央研究院胡適紀念館館藏檔案，檔號：南港一，2-50，編號 4）。

[73] 胡適（著），徐高阮（譯），〈科學發展所需要的社會改革〉，《文星》第 50 期（1961 年 12 月 1 日），頁 5-6。

[74] 前引文，頁 6。

[75] 胡適在前引文（頁 6）重，已特別提醒讀者，他的見解是早在 1926 年發表〈我們對於西洋近代文明的態度〉已經形成。

[76] 除了徐高阮的中譯本經過胡適本人校改，其他版本多有小錯，尤其是刪掉討論《周易．系辭傳》的談話，參閱胡頌平，《胡適之先生年譜長編初稿》第 10 冊，

在發表之前，四周託人尋找英文原稿，弄至街知巷聞[77]。結果，他的文章還是沒有引錄原文，想來最終找不到。

不管如何，徐復觀沒有改變批評的態度。這一次論戰蓄勢已久，不可能因而有所左右。他坦白地說，不滿之心，早已有之；如果不是胡適自 1961 年 2 月 25 日起大病入院，早就動筆斥責。他覺得，胡適今番言論，比 1958 年的談話更加變本加厲，是可忍孰不可忍，說道：

> 我應當向中國人，向東方人宣佈出來，胡博士之擔任中央研究院院長，是中國人的恥辱，是東方人的恥辱。我之所以如此說，並不是因為他不懂文學，不懂史學，不懂哲學，不懂中國的，更不懂西方的，不懂過去的，更不懂現代的；而是因為他過了七十之年，感到對人類任何學問都沾不到邊，於是由過分的自卑心理，發而為狂悖的言論，想用誣衊中國文化、東方文化的方法，以掩飾自己的無知，向西方人賣俏，因而得點殘羹冷炙，來維持早經掉到廁所去了的招牌；這未免太臉厚心黑了。[78]

指責胡適無知媚外，既失人格，復失國格，這自不免帶有相當的意氣成分在內，故勿深論；就文章的具體意見而言，可以歸納為三點：

（1）胡適認為科學技術代表真的理想和靈性，這種對科學萬能的「讚頌」，不見得是第一流的大科學家的心聲。愛因斯坦便曾經對科學加以反省，肯定道德、宗教的價值[79]。

（2）哪怕是極原始的民族，也有很有價值的心靈活動。徐復觀認為，胡適對中、印文明的批判，極不合理；所以他故意強調中國文化對婦女的地位最為尊重，而西洋歷史中也不乏例子說明西方比印度犯了更大的過失[80]。

（3）針對胡適以包小腳和種姓制度代表中、印文明，徐復觀便揭示個中論證貧乏、大而化之的流弊，加以責問：「這是那裡來的飛天蜈蚣式

頁 3802、3811。不過，以文章整體把握而言，徐復觀根據的版本，也不見得與原意有何違離。

77 1961 年 11 月 16 日的《民族晚報》，便有一則〈徐復觀擬筆戰胡適〉報導此事。參閱前引書，頁 3813。

78 前揭〈中國人得恥辱 東方人的恥辱〉，頁 376－377。

79 前引文，頁 378－379。

80 前引文，頁 380－381。

的科學方法呢？中國、印度文化，在萬分中，有一分好的沒有呢？」[81]的確，這兩大文明，任何人也難以否定個中有若干良好的價值在內，胡適卻一字不提，僅提及包小腳和種姓制度，這自然是以偏概全，犯了「形式主義的謬誤」。

一如既往，徐復觀的文章得不到胡適的正面接戰。其實，胡適這個學界主流派的首領，終生也不曾認真看待這位半路出家的對手，曾對胡頌平說：「徐復觀這個人有時有些不正常。」如此輕鄙，難怪他知道徐復觀這次大張撻伐，只不過隨便問問，似乎不見得放在心裏[82]。

八、諒解胡適的奧秘

徐復觀雖然自我感覺良好，自信這一次公開批胡理直氣壯，在當時也不乏同調者的聲援[83]，但他的敵對姿態卻因為一件偶然事件而軟化下來。這就是胡適的突然辭世。

胡適未死之前，徐復觀的戰意還相當高昂。那時候，台大歷史系有一位學生黃富三，公開撰文為胡適的文章辯護。以身份而論，徐復觀在島內享有盛名，本來不必以上駟對下駟，屈駕接戰。不過，他從「陰謀論」衡估形勢，以為「黃富三」是假名，背後必然有更大的對頭要找他麻煩，所以撰寫了一篇〈過分廉價的中西文化問題〉加以反駁[84]。

怎料到胡適在 1962 年 2 月 24 日心臟病發逝世，一下子就將徐復觀推到相當尷尬的處境。因為徐復觀是參與最後一波批胡浪潮的人，人們在哀悼胡適之時，記憶猶新，便不免抱有怨懟之情。

---

81 前引文，頁 379、381。

82 胡頌平，《胡適之先生年譜長編初稿》第 10 冊，頁 3528、3858。

83 立法委員廖為藩當時便發表了萬言〈質詢書〉，丘有珍也提出〈一封公開信並質詢政府〉，同樣是激烈批評「胡適思想」之禍國。

84 徐復觀，〈對殷海光先生的憶念〉，《徐復觀雜文集（4）憶往事》，頁 176。據劉述先先生親告筆者（1999 年 6 月 9 日），他當時已告誡徐復觀，黃富三的身份只是台大學生，但徐復觀認定事情並不簡單，才會一意孤行，挑起論戰。的確，當時西化派所尊奉的思想正是徐復觀的老對頭殷海光，而他亦預估西化派背後的黑手正是殷氏。參閱拙著〈難為知己難為敵——略論徐復觀與殷海光的關係〉，《當代》第 141 期（1999 年 5 月 1 日），頁 52－53。

徐復觀十分清楚當時的情勢。揆情度理，對手已死了，如果還繼續聲討人家的不是，未免有傷厚道。所以，他在胡適逝世當晚，立刻寫了題為〈一個偉大書生的悲劇〉的悼文，隨即趕到台北，找《文星》雜誌的負責人交稿，並聲明放棄公開論戰，要求抽回〈過分廉價的中西文化問題〉一文。不過，《文星》的人卻希望將事情鬧得越大越好，拒絕退稿，造成徐氏這兩篇論調不同的文章同期發表，激起更大的爭議[85]。

或許對徐復觀來說，在短時間之內，對同一個人是容有兩種截然不同的評價；但在某些人看來，卻是不可思議，因而懷疑他的真誠[86]。這種情緒不容忽視，發展下來，不斷有胡適的信徒向徐復觀提出反駁，「中西文化論戰」的戰火亦隨之擴散[87]。坊間還有不少謠言，說國民黨這次圍攻胡適是有計劃的發動，《民主評論》也分得一些錢；害得徐復觀不得不撰文闢謠[88]。

胡適死後的是非恩怨，姑且從略。我們比較關心的是，徐復觀究竟是以什麼態度來為胡適蓋棺論定。試看〈一個偉大書生的悲劇〉一文，他以飽蘸同情的筆墨如是說：

> 我於胡先生的學問，雖有微辭；於胡先生對文化的態度，雖有責難；但一貫尊重他對自由民主的追求，也不懷疑他對自由民主的追求。我雖然有時覺得以他的地位，應當追求得更勇敢一點；但他在自由民主之前，從來沒有變過節；也不像許多知識份子一樣，為了一時的目的，以枉尺直尋的方法，在自由民主之前耍些手段。不過，就我的瞭解，即使是以他的地位，依然有他應當講，他願意講，

---

85 前揭〈對殷海光先生的憶念〉，頁 176。

86 例如：李彭齡，〈「從一無所知」「為有無靈性」為胡適先生辯誣〉，《文星》第 54 期（1962 年 4 月 1 日），頁 24。東方望，〈也算「微辭」〉，《文星》第 54 期（1962 年 4 月 1 日），頁 36。

87 《文星》雜誌對徐復觀的挑釁，其情況大概是這樣：掀起「中西文化論戰」的主角李敖，在胡適逝世前後，接連發表〈播種者胡適〉、〈給中西文化人士看看病〉、〈為「播種者播種者胡適」翻舊帳〉等論戰文章，其中有關胡適評價的討論顯然示針對徐復觀而發的。當時還有黃富三、李彭齡和東方望，亦發表文章向徐復觀作出商榷。此外，針對徐復觀批評胡適之時，說過古代中國最尊重婦女的地位，《文星》第 55 期還開設「婦女與性關係」專欄，施以反駁。

88 徐復觀，〈正告造謠誣衊之徒！〉，《民主評論》13 卷 8 期（1962 年 4 月 16 日），頁 21。

而他卻一樣的不能講的話。依然有他應當做，他願意做，而他卻一樣的不能作的事。[89]

這就是說，政治和學術可以分開對待，胡適即使學問不成，但追求自由民主的政治立場十分堅定，遠勝時人。除此之外，徐復觀還慨歎胡適是一個「悲劇性的書生」，在台灣外表上是熱鬧，但無兵無將，既無青年，又無真正的朋友，不能與人談自由民主，內心其實相當落寞。他既悼胡適，亦複自悲：「我深切瞭解在真正地自由民主未實現以前，所有的書生，都是悲劇性的命運[……]」[90]所以，胡適做得不夠，不能怪責他本人，而是時代環境之局限所致。

常情而論，一個人寫悼念文字，為了尊重死者，隱惡揚善是常見的，尤其是當時徐復觀處於如此敏感的位置。但是，胡適畢竟不像雷震，始終沒有未自由民主作出重大犧牲。當時社會有些輿論便埋怨他沒有道德勇氣，對國民黨抗議得不夠，還在擔任中研院院長，沒有為「雷案」以去就力爭[91]；借用傅正的話來說，就是「力能舉千斤，他只舉了三百斤」。素來追求民主自由的徐復觀，竟然沒有因此而怪責胡適，沒有像殷海光那般斥之為「大鄉愿」[92]，反而顯得相當諒解，這就是一件不尋常的事情。

事實上，徐復觀非常清楚胡適的政治意向。胡適 1958 年返台之初，雷震約談組黨問題，當時徐復觀便覺察，胡適始終沒有表示一種明確意見，顯然是不會陪著自由主義者一起搞現實政治[93]。他猜測，胡適之所以放棄與張君勱合作領導反對黨，是因為胡適挾持私怨，未能忘懷「科玄論戰」之緣故[94]。以他為人火氣之盛，在此大是大非的原則上，居然對胡適放下批判的刺刀，奧秘在哪裡呢？

---

89 前揭〈一個偉大書生的悲劇——哀悼胡適之先生〉，頁 140－141。

90 前引文，頁 142。

91 為了此事，後來雷震出獄後，還嘗試為胡適辯解。參閱《雷震全集（11）雷案回憶（一）》，頁 171。

92 這個問題，請另參閱拙著《殷海光思想研究》（台北：正中，2000）一書。

93 前揭〈「死而後已」的民主鬥士——敬悼雷儆寰（震）先生〉，頁 251－216。

94 徐復觀，〈在非常變局下中國知識份子的悲慘命運〉，《中國思想史論集》，頁 276。

關鍵可能在於徐復觀自己內心有愧。倘若他在 1960 年「雷案」事件上表現出大無畏的氣概，好像殷海光、夏道平和宋文明那般，敢於即時抗議國民黨逮捕雷震，他當然有條件指摘胡適不盡全力。但很可惜，在當時國民黨磨刀霍霍的危局中，徐復觀早已洞察到政治形勢之不利，跟胡適一樣，自絕於反對黨活動。一方面，他拒絕雷震的邀請，不願領導和參與反對黨活動；另一方面，當國民黨中央黨部的秘書長唐縱召他到黨部，向他查閱有關雷震組黨的事宜，他立即表明自己沒有參加，為免是非，事後盡速回到台中[95]。如是者，徐復觀固然洞燭機先，逃過國民黨的逮捕及監視，卻揮不去內心的罪咎感。當年他就寫了一首七律，與孫克寬酬答，並以《文心雕龍》補充講義的名義，油印散發於東海大學的學生[96]，錄如下文：

飄風乍過萬林喑，霧繞千峰夕照沉。
一葉墮階驚殺氣，微霜接地感重陰。
知無來日甘遺臭，好舐殘羹漫黑心。
辜負詩人悱惻意，空山苦作候蟲吟。[97]

玩味詩意，第一至四句形容雷案前後的肅殺氣氛，第五局是諷喻國民黨對自由主義者橫施鎮壓，遺臭萬年，第六句譴責那些毫無良心、投井下石的文化敗類，第七、八句抒發自己一片婉轉而無奈的情懷。

徐復觀並非沒有公開出聲抗議，但不是即時，而在事後。大局甫定，他才在無關時局的文章上歌頌《自由中國》幾句[98]，他在 1961 年初參加了

[95] 前揭〈「死而後已」的民主鬥士——敬悼雷儆寰（震）先生〉，頁 216。

[96] 梁容若，〈徐復觀的學格和人格〉，《常識與人格》（台北三民書局、台中中央書局經售，1968），頁 15

[97] 徐復觀，〈壁蘆以近作二首見示感歎和之〉，《民主評論》第 11 卷第 9 期（1960 年 10 月 1 日），頁 20。

[98] 1961 年 1 月 1 日，徐復觀在《聯合報．開國五十年紀念特刊》（第十版）中發表〈五十年來的中國學術文化〉云：「其實，真正繼續五四時代精神，決不是他們（指學貫中西的學人，如方東美、錢穆等），而是以雷震、殷海光為中心的《自由中國》半月刊，他們的主張，不論贊成與否，但是，具體、明朗、有生氣，敢對現實負責。這一批人算隨雷案之發生而告一結束了。」這一段話，在收入《中國思想史論集》時已被刪節，不知是否怯於政治壓力所致？也由於這一段話，當時在獄中的雷震分外留意徐氏的文章。參閱雷震 1961 年 1 月 1 日、6 日日日記，《雷震全集》第 36 冊，頁 4、8。

台北以胡適為首連名保釋雷震的簽名活動[99]，並在 1963 年酬唱和應雷震獄中詩賦[100]。結果呢？雷震還是要坐牢十年，發表他們詩賦的《時與潮》週刊被勒令停刊一年[101]。時勢所逼，動輒得咎，徐復觀縱有相當的道德勇氣，但心有餘而力不足；以上舉動，完全無補於事；難怪他在哀悼胡適之時，別有一番自傷自憐的情懷。

不過，無論徐復觀後來怎樣做，做得怎樣積極，但由於案發之初緘默無所表示，這已經成為一個連自己也難以原諒的污點。不僅自己覺得內疚羞恥，連別人也不諒解他。當時他不斷接到讀者來信，質難他何以不為「雷案」講話，罵他不夠正義，對時代無交待[102]。這種情緒長期積壓，導致十九年後，徐復觀在追悼雷震的時候，仍難掩痛悔難過之情：

> 在我心理上，總感到他（指雷震）的十年監獄，是替我們要求民主的人們坐的。一想到這點，心中就非常難過。[103]

徐復觀這種反求諸己的自責，在道德成就上，也許已經遠遠超越不少缺乏反省力的知識分子。由於他的自責如此之深，將心比心，自然不會振振有辭地譴責其他人為雷震、為民主自由做得不夠多和不夠好。正因如此，儘管他心裏隱然覺得胡適獨善其身，愛惜羽毛，是不妥當的行為[104]，但也不忍在悼念文章中加以貶斥。

---

99 雷震 1961 年 1 月 12 日日記傅正附注，《雷震全集》第 36 冊，頁 14-15。

100 徐復觀，〈讀儆寰獄中詩感賦〉，《時與潮週刊》第 167 期（1963 年 4 月 8 日），頁 2。雷震在 1963 年 4 月 29 日得閱此時，參閱雷震當日日記，《雷震全集》第 41 冊，頁 74。

101 史平之，〈雷震獄中自勵詩及其他・前言〉，《人物與思想》第 51 期（1971 年 6 月 15 日），頁 18。

102 徐復觀，〈致卜少夫[1960 年 11 月 29 日]〉，引自〈關於「牢獄的邊緣」一文〉，《新聞天地》第 674 期（1961 年 1 月 14 日），頁 22。

103 徐復觀，〈「死而後已」的民主鬥士——敬悼雷儆寰（震）先生〉誄文，載拙著，〈徐復觀現刊著作中排印漏誤的問題及補正〉，《中國文哲研究通訊》第 20 期（1995 年 12 月），頁 72。

104 徐復觀前揭〈讀儆寰獄中詩感賦〉（頁 2）是和應雷震〈詠容忍與自由〉，內云：「待張門第惟容忍，欲占風光且自由。好向源頭探一步，丈夫立地各千秋。」（頁 2）前兩句，顯然是暗諷講求「容忍」的胡適，在大難當頭之際，沒有與當局決裂，獨享「風光」和「自由」。後兩句是予以對比，砥礪為自由犧牲的雷震。由此可見，徐復觀對胡適的政治行為雖然諒解，但也有不滿。不過，此詩含意隱晦，非深通時局之人也不能瞭解。這也是徐復觀不欲公開斥責胡適政治行為的一個表現。

九、最後的風波

話說回頭，徐復觀的悼文儘管不忍深責胡適，但他對胡適的肯定畢竟是僅此而已。事隔不足一個月，備受胡適生前提拔的毛子水，在悼念詞中，借機指桑罵槐，便再一次惹惱了徐復觀，造成爭端。

毛子水當年是這麼說的：

> 在我生平所認識的人士裡面，言行不苟，合於我國古來聖賢法度的，為數很少；而胡先生可以說是在這些少數人士當中的頭幾個。[……]我不敢說以「擁護中國文化」而罵白字胡先生的人，儘是不光明正大的小人；但我可以說，他們多半是沒有好的「中國文化」的人。信口妄言，是他們的長處；無知妄作，是他們的長處。[……]我常觀察文化高的人民，對於中國的聖賢，多能特別的崇敬。[105]

在徐復觀看來，這番說話簡直是瞎捧。胡適一生是反傳統的鬥士，死後居然被信徒安放在儒家的傳統形式之中，位居「聖賢」行列，這除了說明傳統力量之大外，絲毫不能代表胡適本人的意願[106]。他不隱諱自己譴責過胡適，但要分辨清楚的是：這到底譴責得對不對？他這般反詰毛子水：

> 胡先生一口罵盡了中、印兩大民族的聖賢，便是有了「好的中國文化」，是「謹口慎言」，是「有如誠作」嗎？[……]胡先生說東方文明沒有靈性，這還是對於中國聖賢的特別崇敬？還是胡先生不能算是「文化高的人民」呢？毛先生看到他人譴責了胡先生所說的毫無道理的話，而說人家沒有想到「知仁忠和的德操」；然則毛先生以為胡先生以外德聖賢，都可以為胡先生惡毒的罵，這便是「想到了知仁忠和」嗎？[107]

---

105 毛子水，〈胡適之先生哀詞〉，《師友記》（台北：傳記文學出版社，1967），頁64。

106 徐復觀，〈論傳統〉，《徐復觀文錄選粹》，頁105。

107 徐復觀，〈簡答毛子水先生〉，《論戰與譯述》（台北：志文出版社，1982），頁132。

這就是說，罵戰的始作俑者，正是胡適本人。徐復觀最不服氣的：他推崇古來聖賢，與別人推崇胡適；對自己的認同對象，同樣是推崇，這有什麼不同？胡適可以厚誣古人，別人卻不許他批評胡適這個今人；這還不是雙重標準麼？

然而，這又是一次沒有回應的呼籲。不管人家是否接受這樣的解釋，徐復觀從來也不後悔自己批判胡適的行動。他在晚年批判大陸文革的反傳統運動，便往往追究到胡適身上[108]；在出版《徐復觀雜文續集》之時，還將〈中國人的恥辱　東方人的恥辱〉一文收錄在內，說是要保存此一公案，以期中國文化永生於天壤間，繼續培育我們國族的生命云云[109]。

十、小結

以個性而言，徐復觀在新儒家中算是比較複雜的一人。一方面，他的精神藏有干將莫邪般的光芒，自負非凡，對於任何世俗的權威也不會輕易信服。加上，他的脾氣急躁，極易衝動，遇上若干刺眼的謬論，便往往按捺不住自己，大罵特罵，事後才知道後悔。他雖然肯定胡適爭取民主自由的方向，但絕不苟同其反傳統的文化態度，為此經常發生爭執。另一方面，徐復觀其實並不懵裡懵懂的，除了具備讀書研究的智慧外，他還有做人處世的圓滑和聰明，交遊極廣。在正常的情況下，他也希望與胡適保持良好的關係，所以他對待胡適的態度，往往隨著不同情況、不同對象、不同心境而作出不一樣的反應。

對學術界的主流派被迫遷就、又覺厭惡的雙重態度，是包括熊十力、錢穆、唐君毅、牟宗三等人在內的現代儒者的共有心理。（也許，擁有洋博士學位的馮友蘭，是罕見的一個例外。）之所以這樣，是與西潮橫衝直撞，凡事以洋是尚，密切相關。要評估一個知識分子是否先進和高級，往往以他與西洋的「距離」來衡量；接受歐風美雨固然好，最重要的是有出洋「渡金」的經驗。清末以來，中國讀書人就出現了「西洋一品，東洋二品，國內三品」的說法和做法[110]。按照這個標準，許多文化保守主義者因

---

108 如前揭〈由兩封書信所引起的一點感想〉，頁 390。

109 前揭〈中國人的恥辱 東方人的恥辱〉之〈補銩〉，頁 376。

110 楊建業，《馬寅初》（北京：中國青年出版社，1986），頁 25。

為沒有留洋的經歷，在捍衛本國文化的存在價值時，已經處於無可擺脫的弱勢。他們學術成就再高，也不容易得到肯定，因為許多審查機制都被主流派壟斷之中。以錢穆著述之豐，資格之老，在 1959 年中央研究院院士會議也遭受挫折，雖被提名而未獲多數通過。儘管錢穆自言「一笑置之」，[111] 但當時認為有人從中阻擾的，卻有的是。當時張君勱便代抱不平地說：「聞賓四去年在中央研究院尤被選為院士之望，竟為適之所反對而止。院士之銜，不足為榮；然偌大研究院中並經學、哲學而無之，此可能成為中國文化中心乎？可笑可笑！」[112]這種說法是否完全符合實情，姑勿深論，但其中流露出學術界邊緣人物的怨懟情緒，也許是很多主流派以外的知識分子所共有的。

掌握了這種學術界邊緣人物的心理，回看徐復觀對待胡適的態度，也許我們更容易得到同情性的理解。有些人怪責徐復觀罵胡適的詞句「充滿情緒」[113]，但卻很少追問這些情緒從何而來。本文已經指出，徐復觀對胡適不見得因為私人恩怨而開罵，他不可能不知道公開批評胡適必然換來反彈和惡評，（假如純粹為了私人的打算，有人會傻到得罪一個自己想拉攏和討好的大人物嗎？）但他都不顧後果而為之，為的只是想捍衛他所堅守的價值信念——一種不希望已經摧殘的文化傳統繼續被人作賤的卑微願心而已。

---

[111] 錢穆，〈致余英時[1959 年 5 月 6 日]〉，《錢賓四先生全集（53）素書樓餘瀋》（台北；聯經，1998 年），頁 414。

[112] 張君勱，〈致唐君毅[1953 年 7 月 31 日]〉（謝廷光藏本）。

[113] 張忠棟，〈為自由中國爭言論自由〉，《胡適五論》（台北：允晨，1987），頁 291。

胡適詮釋杜威的自由主義
——以新發現的杜威在中國演講殘稿爲案例

江勇振*

我在北京的「胡適檔案」裡發現的杜威的殘稿，是杜威在中國五大演講裡最重要的一個系列，亦即〈社會哲學與政治哲學〉(Social and Political Philosophy)。這批新發現的杜威的殘稿意義非凡。一方面，它們是目前世界上僅存的一份，連位在美國南伊利諾大學（Southern Illinois University）的「杜威研究中心」(Center for Dewey Studies) 都沒有。那是杜威用複寫紙在打字機上所打出來的原稿。另一方面，我們可以把它拿來與胡適的翻譯比對。從而進一步地檢視胡適如何翻譯與詮釋杜威的自由主義。

杜威這系列〈社會哲學與政治哲學〉的演講共有十六講，由胡適擔任翻譯。從 1919 年 9 月 20 日開講，每星期一次，時間在星期六下午四點，地點在北京大學法科大禮堂。杜威的這個系列的演講，現在在「胡適檔案」裡還殘存了八篇完整的講稿，即第一、二、三、四、十、十一、十二、十六講，剛好是一半。這些原稿，都是杜威自己用他帶到中國的他女兒的打字機打出來的。

我在進入本文的主題以前，必須先作一點正本清源的工作。這是因為杜威這系列〈社會哲學與政治哲學〉演講殘稿的發現，衍生出了翻譯學上一些非常有意義的問題。它們提供了一個罕有的個案，讓我們可以從事雙向翻譯的比較分析。在這批殘稿發現以前，杜威在華演講的英文原稿已經被認定是遺失了，因此夏威夷大學出版社在 1973 年出版了一本由中譯翻回英文的杜威在華演講，名為《杜威在華演講，1919-1920》(*John Dewey*

* 美國．德堡大學(DePauw University)歷史系教授

Lectures in China, 1919-1920）[1]。換句話說，杜威這系列〈社會哲學與政治哲學〉的演講現在有了三個版本。以公諸於世的時間先後來排列：一、胡適的譯本；二、《杜威在華演講，1919-1920》的英文回譯本；三、杜威的演講殘稿。

現在，我們有了這批杜威在華演講的殘稿，我們不但可以把它們拿來跟胡適當年所作的翻譯比對，從而管窺胡適如何從事翻譯工作、以及如何詮釋杜威。我們還可以作一種三重的比對，亦即比對杜威殘稿、胡適所作的第一輪的英翻中、由胡譯再翻回英文的第二輪翻譯——亦即在翻譯學上所謂的「回譯」（back translation）。這種雙向翻譯的比較分析，有它在翻譯學以及文化交流研究上重要的意義。趙文靜在英國所寫的博士論文：《翻譯的文化操控——胡適的改寫與新文化的建構》（*Cultural Manipulation of Translation Activities: Hu Shi's Rewritings and the Construction of A New Culture*）提出了一個重要的觀點[2]。她指出翻譯研究可以超越傳統意義下針對字句分析的翻譯研究。她引用翻譯即「改寫」的理論，強調翻譯是一種社會現象，是意識形態與文化操控下的產物。趙文靜所徵引的翻譯即改寫的理論，完全適用於分析胡適翻譯杜威〈社會哲學與政治哲學〉，也完全適用於分析《杜威在華演講》的英文回譯本。

毫無疑問地，這本從中譯本還原為英文的《杜威在華演講》，其可信度是相當值得懷疑的。試想：杜威在華演講的中譯本至少經過了兩道仲介的過程——第一道是胡適或其他人口譯，第二道是記錄者筆記。根據胡適在 1959 年所作的回憶，這個翻譯的程式如下：

> 杜威每次在演講以前，總是用他自己的打字機打出講稿的大要。然而，他會把講稿的大要給譯者，讓他在演講和翻譯以前先作好研究，想好適合的中文字眼。在北京，每次演講結束以後，我們總會把杜威的講稿大要交給記錄，讓他們在出版以前比對過一次。[3]

---

1 Robert Clopton and Tsuin-chen Ou, trs. and eds., *John Dewey Lectures in China, 1919-1920* (Honolulu: Hawaii University Press, 1973).

2 趙文靜，《翻譯的文化操控——胡適的改寫與新文化的建構》（上海：復旦大學出版社，2006 年）。

3 Hu Shih, "John Dewey in China," Charles A. Moore, ed., *Philosophy and Culture East and West* (Honolulu: Hawaii University Press, 1962), p. 765.

這種三重的合作關係，從傳統翻譯學的理論來說，可以說是翻譯上的大忌。從英翻中已經隔了一層，再經過第三者的記錄，其謬以千里的可能性幾乎不可勝計。用胡適自己在講稿發表的〈引言〉裡所說的話來說：「已經一道口譯，又經一道筆述，一定有許多不很恰當的地方。」[4]而《杜威在華演講》是從這些第三者所作的記錄再翻回英文的。這個問題是連《杜威在華演講》的編譯者自己都承認的。他們指出杜威的原意很可能在這個過程中被扭曲了。最值得注意的是，我在第二章已經指出，杜威在華演講的譯文，還有版本上的不同。就以〈社會哲學與政治哲學〉那一系列的演講來說，《杜威在華演講》的編譯者就指出了北京《晨報》跟《新青年》雜誌上的譯文不同。前者現在收在安徽教育出版社版的《胡適全集》裡，是筆名「毋忘」者——可能是孫伏園——所作的記錄；後者——這系列的前九講——是高一涵所作的記錄。前者比較簡略；後者比較詳細。

「毋忘」與高一涵的記錄，《杜威在華演講》的編譯者喜歡高一涵的。高一涵的翻譯，除了比較詳細以外，他們說所有熟悉杜威在該階段的筆調的人，都應該會覺得高一涵的記錄似乎更合乎杜威當時可能會用的口氣。再加上高一涵是一個學者，「毋忘」則身份不明，於是杜威〈社會哲學與政治哲學〉這一系列的演講，他們採用高一涵的記錄。值得指出的是，雖然《杜威在華演講》的編譯者喜歡高一涵的記錄。高一涵只記錄前九講，最後的七講是孫伏園，也就是「毋忘」所作的記錄。

有趣的是，《杜威在華演講》由中譯還原為英文，也是一種三重的合作關係。第一回合，由中譯直譯還原為英文，是由當時在夏威夷大學讀教育的台灣留學生 Lu Chung-ming 負責的。第二回合，則是把直譯出來的英文潤飾成為口語化的英文，負責這個工作的是羅伯．克洛普頓（Robert Clopton）。第三回合，是把克洛普頓的英譯本跟杜威在華演講的中譯本對照，務求其信實，負責的是當時香港新亞書院的院長吳俊昇（Ou Tsuin-chen）。最後的第四回合，則是由克洛普頓參考吳俊昇的建議，作最後的潤飾與定稿。

---

[4] 胡適，〈引言〉，高一涵記，〈杜威博士講演錄：社會哲學與政治哲學〉，《新青年》，7 卷 1 號（1919 年 12 月 1 日），頁 122。

有意味的是，《杜威在華演講》的編譯者所作的努力，其實違背了嚴復信達雅三字訣的精神。由於這本編譯者所追求的，是要力求恢復杜威在華演講可能的原貌。這也就是說，要以編譯者對杜威思想的瞭解，以信實為原則，作詮釋性的翻譯。於是，編譯者面對了一個兩難。如果中譯很可能誤解了杜威的原意，他們是遵從中譯譯回英文呢？還是作修正式的翻譯？為了符合杜威的學說，扭曲原文，恐怕還是有意的舉措呢！比如說，上引的高一涵的記錄明明是說：「單照習慣做事，並用不著學理的解釋。」由於所謂「單照習慣做事」者也，並不符合杜威「沒有疑難便不生問題」的學理，於是《杜威在華演講》把它還原成：「只要我們應付情況的方法能得到合理滿意的結果，我們並不需要學理來為它作辯解。」[5]

這本英文版的《杜威在華演講》，當然是超出了本文討論的範圍。然而，值得指出的是，編譯者在由中譯翻回英文時所作的取與否的判斷，不盡然都是正確的。比如說，在〈社會哲學與政治哲學〉第一講裡，根據高一涵的記錄，杜威說：「照這樣看來，思想既是一種可惡的討厭的東西，大家應該跟著制度習俗走就是，如何還有社會哲學和政治哲學發生呢？」[6]由於編譯者認為杜威應該不會說出「思想是一種可惡的討厭的東西」這樣的話，於是，他們略去「可惡的討厭的」這幾個字，把這段話還原成：「然而，雖然一般人寧可不去思考問題，但有時候他們無法避免不去作思考。要不是因為如此，我們就會一直遵循祖先所遺留下來的習慣、風俗、和制度，社會政治哲學也就不會產生了。」[7]

事實上，杜威是說了高一涵記錄裡所用的「可惡的討厭的」這個字，只是胡適的翻譯不夠精確，使得英文版的《杜威在華演講》編譯者認為杜威應該不會說那樣的話，而把它給略去了。胡適所譯的：「照這樣看來，思想**既是**一種可惡的討厭的東西，大家**應該**跟著制度習俗走就是，如何還有社會哲學和政治哲學發生呢？」語氣是完全錯了。在〈社會哲學與政治哲學〉的殘稿裡，杜威完全沒有我在此處用黑體字標示出來的「既是」、「應

---

5 Robert Clopton and Tsuin-chen Ou, trs. and eds., *John Dewey Lectures in China, 1919-1920*, p. 46.

6 高一涵記，〈杜威博士講演錄：社會哲學與政治哲學〉，《新青年》，7 卷 1 號，頁 122-123。

7 Robert Clopton and Tsuin-chen Ou, trs. and eds., *John Dewey Lectures in China, 1919-1920*, p. 46.

該」的條件關係。杜威是說：「思考當然是困難而且惹人厭的（obnoxious）一件事。跟著本能、習俗、和命令走要容易多了。人們只有在遇到困難，在老辦法失效，非得另想辦法突破困境不可的時候，才會被迫去作思考。所以，人們只有在他們既有的習俗和制度失效以後，才會對那些習俗和制度從事哲學的探討。」[8]

《杜威在華演講》的編譯者沒注意到「惹人厭」是杜威常用的一個字。其作為正面或負面的意涵，完全要看上下文才能決定。杜威在這裡的意思，只不過是要說明人們畏難趨易的本性。他在《思維術》（*How We Think*）裡就有一句類似的話：「深思熟慮總是煩人的（troublesome），因為那就必須要克服人們傾向於接受成見的惰性，就必須要去承受心靈上的擾亂與不安。總之，深思熟慮就意味著展緩判斷以待進一步的研究。懸而不決，是一件痛苦的事情。」[9]

「惹人厭」——或者用胡適所譯的「可惡的討厭的」——在杜威用字遣詞的習慣裡，可以完全不是負面的。比如說，他在《哲學的改造》的第六章談到實驗主義的真理論。他說實驗主義強調真理的檢證在於其所能獲得的成果：「徵驗（confirmation）、印證（corroboration）、證實（verification）的所在，就在於其有成績（works）、有結果（consequences）。」杜威說為甚麼實驗主義「惹人厭」（obnoxious）呢？原因就是因為這個理論新穎（novelty）。還有，這個真理論的陳述有瑕疵（defects）[10]。

這個「惹人厭」的例子，是一個值得令人省思的問題。胡適在翻譯的時候，把這個字所在的整個句子的語氣給翻錯了。因此，當這句話又從中文譯回英文以後，就被英文版的《杜威在華演講》編譯者認為不妥，而把它給「改寫」了。這個例子在在地說明了無論是翻譯也好，或者是「回譯」也好，都不只是文字上的翻譯，而毋寧是一種文化的詮釋。

無論如何，《杜威在華演講》編譯者對恢復杜威演講可能的原貌的努力固然值得敬佩。然而，他們的努力，一言以蔽之，其實等於是徒勞。這原因很簡單：如果胡適的翻譯根本就不信實，他們從杜威在華演講的記錄

---

8 無作者名〔John Dewey〕, "SPP [Social and Political Philosophy]," Lecture I, p. 2, 《胡適檔案》，E087-001:「作者不可辨識卷宗」。

9 John Dewey, *How We Think*, MW6.191.

10 John Dewey, *Reconstruction in Philosophy*, MW12.170.

還原成英文的努力，無論是如何得作到了信達雅的要求，都無補於原始稿已經失真的事實。

在杜威在華演講的殘稿發現以前，我們可以說從中譯還原翻回英文的《杜威在華演講》，具有聊備一格的意義，可供參考之用。然而，也正由於其可信度的問題，杜威學者一向就不注重這本從中譯還原成英文的《杜威在華演講》。現在我們很幸運地發現了杜威的〈社會哲學與政治哲學〉的殘稿，我們可以仔細地把它拿來與胡適的翻譯比對。一方面，我們可以藉此瞭解胡適的譯筆，另一方面，更可以用來檢視胡適如何詮釋杜威。

根據胡適自己的回憶，他早年從事翻譯，用的是意譯的方法。他在1933年2月28日致劉英士的一封信裡說：「在十二年前，翻譯的風氣與今日大不同，直譯的風氣還未開（《世界叢書》內徐炳昶先生譯的《你往何處去》要算是當日最大膽的譯本）。我們當時注重譯本的可讀性，往往不很嚴格的拘泥於原文的文字。」[11]

這種意譯的規範，胡適有兩片手寫的翻譯原則，現在還留存在北京的「胡適檔案」裡。這兩片胡適手稿的日期不容易斷定，但我認為不是重要的問題，因為其所表達的是胡適一生所信守的翻譯的哲學。這個翻譯的哲學，胡適用了一個原則來概括：「翻譯的原則，只有一條：細心體會作者的意思，而委屈傳達它。換言之，假使著者是中國人，他要說這句話應該怎樣說法？」胡適接著引申說：

> 依此標準，則無所謂「直譯」與「意譯」之區別；亦無「信、達、雅」三種區別。此種區別皆是歷史的遺痕。在初創翻譯之時代，不能兼顧到「達意」與「保來風格」兩種條件，所以譯者往往刪除細碎的枝葉，只留原意的大旨。三十年來，問題漸變。又加標點符號的通行，故我們在今日應該充分保存原文的細膩語句，應該充分顯出原文的文學風格。「信」在今日應有兩義：一、對於原意的忠實傳達；二、對於原文文字上的忠實傳達。「達」在今日也有兩義：

11 胡適致劉英士，1933年2月28日，《胡適全集》（合肥：安徽教育出版社，2003），卷24，頁154。

一、能傳達意義；二、能顯示原有的文學風格。故「信＝達」。不能達，雖信何益？讀原書豈不更妙？[12]

在另外一片胡適信手寫下來的翻譯規範裡，胡適又訂出了五項「拘謹的意譯，決不可直譯」的原則：「一、直譯可通，則直譯；二、直譯而不可解，則意譯；三、有時意譯而與原文字句形式相去太遠者，則註原文於下；四、譯者於原意範圍之內，有增減之餘地；五、譯者宜時時為讀者設想。有時不便改動原文，而猶懼讀者不瞭解時，可加註以解釋之。」[13]這一片箚記寫作的時間也是不明，但應該是在 1930 年代。它充分地顯示出胡適已經不再全然地反對直譯。「直譯可通，則直譯。」這對胡適而言，是一大讓步。

杜威〈社會哲學與政治哲學〉原稿的發現，就提供了我們一個很好的案例，來分析胡適如何用意譯的方式來翻譯杜威。毋庸贅言的，意譯最嚴重的缺點是不精準。然而，胡適翻譯杜威的自由主義的問題還不只是不精準。除了偶有的誤譯，以及簡單化、籠統、大而化之等等毛病以外，最值得我們去分析的，是杜威在演講裡引申他自由主義的精髓之處，往往就正是胡適最不加措意的所在。本文把新發現的杜威〈社會哲學與政治哲學〉殘稿，拿來跟胡適的翻譯作對比分析，目的就在於檢視胡適的自由主義。看他如何挪用杜威，並藉以釐清胡適與杜威自由主義的分野。

社會是由不同的利益團體與階級組成的。民主政治的基本假定是：社會上存在著不同的利益團體與階級。它們相互角力的結果，就會造成這些不同利益團體與階級的消長。換句話說，一定會有輸贏的結果。對輸的一方而言，就意味著妥協、挫敗、甚至拱手出讓利權。民主政治的訣竅，就在於如何尋出民主的方法，來平衡、調解、並規律這些不同的利益團體與階級。對於這些觀念，胡適不是自己有接受的困難，就是他認為中國的讀者有接受的困難，因此他對杜威這些論點的翻譯，不是籠統到錯譯的地步，就是乾脆不譯。杜威在第四講裡解釋社會衝突是群與群之間的衝突，而不是傳統社會哲學所說的個人與社會的衝突。胡適的譯文如下：

---

[12] 胡適，〈翻譯的原則〉，《胡適檔案》，242-2。
[13] 胡適，〈拘謹的意譯，決不可直譯〉，《胡適檔案》，242-2。

社會的衝突就是群與群的利益相衝突。一種人群在社會上占了特殊的獨尊的地位，社會上已經公認他的特別勢力，可以統治一切人群，因而漸漸的把其餘的人群利益認為個人的利益。這是甚麼緣故呢？因為占了勢力的人群把個人利益認做社會利益；所以把那沒有占勢力的人群所認為利益當作個人的利益，說他們的主張是反對社會的。其實這些利益都是社會的利益。所以我們與其說個人同社會衝突，自由權利同法律秩序衝突；不如說一部分自由太甚，權利太大，壓制其他的部分，所以起了衝突。

要知道新進的一部分並不是激烈太甚，不過想對於現在的制度法律改正一點。就是對於現在的法律秩序稍稍說幾句話，也不過是想補救他、修正他罷了。惟在當時，這種主張尚沒有占勢力，所以人都把他看作個人的利益，想把他打壓下去。照這樣說來，兩方的衝突都是為著社會的利益。[14]

胡適這段譯文最嚴重的錯誤在於說「占了特殊獨尊地位的人群」與「沒有占勢力的人群」所代表的，「都是社會的利益」；「兩方的衝突都是為著社會的利益。」杜威在原稿裡說得很清楚：

一組人群代表了統禦、詮釋法律的一群；另一組人群則是被壓抑、相對無聲的一群。前者有權威與習俗的力量作他們的後盾。就因為他們代表了成法、成俗、與紀綱，他們彷彿就代表了社會的要求、權威、與威儀。那相對地被壓制的一群，只要他們願意接受現狀、遵循傳統及其誡令，他們就會被認為是循規蹈矩的（behave socially）。然而，一旦他們振臂而起，一旦他們希望讓其他社會的利益得到更充分的表達，他們就彷彿好像一點都不懂得為社會的理想或公益而著想。他們就只好被迫用個人的名義去宣揚他們的主張，因為他們沒有任何被公眾所認可的社會理想可以作為他們的後盾。

---

14 高一涵記，〈杜威博士講演錄：社會哲學與政治哲學（三）〉，《新青年》，7卷2號，頁168-169。

其結果是：自私自利的人群，只因為他們的想法已經約定俗成、為社會所接受、有名望，就大可以披上社會以及道德外衣，來代表法律與秩序。反之，那些想要表達更寬廣、更公平的社會制度的人，反而被認為是目無法紀的人，被認為是私心自用，為了私欲而擾亂社會的人。這種為了矯正社會上不平等的現象——這不但影響了一大群人的利益，而且影響到群與群之間的關係——所激發出來的奮鬥，是造成人們以為這種衝突是個人與社會的衝突的主因，也是〔傳統〕社會哲學想要判定孰優孰劣的主因。[15]

杜威的意思非常明白。社會上的利益團體與階級之間的角力，從來就是不對等的。統治的利益集團或階級統治階級可以借捍衛社會秩序、維護善良道德為名，來保護他們的階級利益。而伸張社會正義的，反而常被打成是離經叛道的人。胡適的譯文最大的錯誤，不但在於他把這種團體與階級之間為了利益而產生的角力給消弭於無形，他而且說：「兩方的衝突都是為著社會的利益。」這句話不但完全違背了杜威的意思，而且是不知所云。試問：社會上可能會有一種那麼籠統的利益存在，可以籠統到讓不同的群體即使是互相衝突，還都是為了它而衝突嗎？等胡適把這個群與群衝突背後的利益因素給消弭於無形以後，他所謂的：「一部分自由太甚，權利太大，壓制其他的部分，所以起了衝突」云云，也就變成了一個非常抽象的衝突。

我們或許可以為胡適辯護，說胡適這一段譯文譯得不好，但是等到他翻譯杜威所舉出來的實例以後，他就抓到了要點了。我們可以拿來為胡適辯解的最好的例子，就是杜威所舉的西方歷史上的政教衝突。胡適的譯文說：

歐洲中世紀的政教戰爭，就是一邊是教徒的利益，一邊是國民的利益……仔細看起，歷史上社會衝突，並不是一邊是個人，一邊是社會；乃是這一部分以自己利益為中心的人群，和那一部分以自己利益為中心的人群在那裡衝突。[16]

15 無作者名〔John Dewey〕, "SPP [Social and Political Philosophy]," Lecture IV, pp. 1b-2,《胡適檔案》，E087-001:「作者不可辨識卷宗」。

16 高一涵記，〈杜威博士講演錄：社會哲學與政治哲學（三）〉，《新青年》，7卷2號，頁169。

換句話說，胡適瞭解政教衝突，乃是代表政與教的兩群「以自己利益為中心」所產生的衝突。然而，等我們讀到胡適對家庭世代衝突的譯文的時候，我們才能夠比較準確地瞭解他對「社會利益」的定義了：

> 家庭中一部分老的男的，占了特殊的地位，有特別的勢力，把少的女的一部分利益壓迫完了，少的女的便變為他們的附屬品。後來時代變了，子弟們也想說話，也想自由選擇職業，自由信仰宗教，自由選擇婚姻。家庭的長老看見他們這樣要求，都以為他們是反對家庭，也便是反對社會。他們都以為想保持社會的利益，非保持家庭的利益不可。想保持家庭利益，非壓制子弟們的要求不可。他們哪知道子弟們的要求也是代表一種社會的利益呢？子弟們想自由做事，自由信仰，自由結婚，無非希望造成平等的社會，得自由發展的機會。不過沒有經社會公認，所以人家都把他們當做社會的禍害。……歸綜一句話：歷史上所有的種種衝突，並不是個人同社會的衝突，乃是群與群的衝突。一群已被社會公認，一群未被社會公認。這種已被社會公認的群，不肯承認未被社會公認的群所要求的也是社會的利益，所以才有衝突發生。[17]

如果胡適瞭解不同社群之間存在著一群「壓迫」另一群、把後者當成「他們的附屬品」的現象，如果胡適瞭解社群與社群之間的衝突是「以自己利益為中心」的衝突，他為甚麼還能得出這樣的結論，說他們所要求的都是「社會的利益」呢？原因無它，就因為胡適心目中的「社會的利益」是一個籠統的「社會的利益」，是一個可以層層積纍，像雪球一樣，可以越滾越大，大到「最大多數人的最大的幸福」的「社會的利益」。

胡適這種「最大多數人的最大的幸福」的「社會的利益」觀，最淋灕盡致地表現在他在 1926 年所寫的〈我們對西洋文明的態度〉一文裡：

> 近世文明不從宗教下手，而結果自成一個新宗教；不從道德入門，而結果自成一派新道德。十五、十六世紀的歐洲國家簡直都是幾個海盜的國家……然而這班海盜和海盜帶來的商人開闢了無數

---

17 高一涵記，〈杜威博士講演錄：社會哲學與政治哲學（三）〉，《新青年》，7 卷 2 號，頁 170。

新地，開拓了人的眼界，抬高了人的想像力，同時又增加了歐洲的富力。工業革命接著起來，生產的方法根本改變了，生產的能力更發達了。二三百年間，物質上的享受逐漸增加，人類的同情心也逐漸擴大。這種擴大的同情心便是新宗教新道德的基礎。自己要爭自由，同時便想到別人的自由，所以不但自由須以不侵犯他人的自由為界限，並且還進一步要要求絕大多數人的自由。自己要享受幸福，同時便想到人的幸福，所以樂利主義（Utilitarianism）的哲學家便提出「最大多數的最大幸福」的標準來做人類社會的目的。[18]

胡適在這一段引文裡對近代西方文明的禮讚——他一生當中對近代西方文明最傾倒的禮讚——不是本文分析的主題。與我們在此處的討論切題的，是他「最大多數人的最大幸福」的「社會目的」、「社會的利益」的論點。這是胡適一生思想裡最具諷刺意義的一點。一輩子一再地用杜威的話教誨大家，說文明是一點一滴地造成的，是靠一個個的具體問題的研究與解決的胡適，到頭來用的卻是一個籠統的「最大多數人的最大幸福」的觀念。杜威在他的作品裡，多次對功利主義這個「最大多數人的最大幸福」的觀念作過批評。凡是瞭解胡適筆下的杜威的人，都可以想像杜威會如何來批評這個「最大多數人的最大幸福」的觀念。用胡適的話來說，杜威教導我們要去問一個「具體」的幸福，而不是一個「籠統」的幸福。從杜威的角度來看，「最大多數人的最大幸福」等於是一句空話，因為它沒說明任何東西。空話可以讓正反兩邊的人爭辯到口乾舌燥，但於事體的解決毫無幫助。杜威說得再鞭辟入裡也不過了：

籠統的觀念可以讓正反雙方完全不需要去作觀察與研究的工作，而爭辯到口乾舌燥。這些論辯沒有完全淪為空話，只是因為它們至少是有感而發的。當籠統的觀念沒有辦法透過對事實的觀察、而持續地被檢證和修正的時候，它等於只是一句「眾人皆曰可的話」（truism），屬於意見的範疇。這種意見的衝突只有論戰的意義，不像自然科學界的論辯，是找出問題以及從事進一步的觀察研究的機會。在思想的問題及其影響這方面，我們可以相當有把握地下一個

[18] 胡適，〈我們對西洋文明的態度〉，《胡適全集》，卷3，頁9-10。

斷論：意見、論戰可以當道，就是因為沒有研究的方法。研究方法是找出新事實以作為共信的基礎的唯一法門。[19]

用胡適自己夫子自道的話來，這「最大多數人的最大幸福」的功利主義的原則等於是胡適的「新宗教」。從留美的後期，胡適就已經皈依了他這個「新宗教」了。我在《舍我其誰：胡適，第一部：璞玉成璧，1891-1917》裡，提到 1915 年 6 月胡適轉學到哥倫比亞大學以前，在康乃爾大學開了一個「國際關係討論會」。在這個會議裡，胡適應了他崇拜的安吉爾的要求，作了一個演講：〈強權就是公理嗎？國際關係與倫理〉。胡適在這個演講裡的主旨就是要用「最大多數人的最大幸福」的功利主義的原則，來作為衡量法律或制度的標準。在胡適演講結束以後的討論裡，安吉爾就已經很委婉地批評了功利主義的觀點。他說：功利主義者的錯誤，在於假定道德就是己身利益的擴充。他同時也詰問說，這所謂的「己身的利益」指的是甚麼呢？[20]

然而，言者諄諄，聽者藐藐。胡適在為杜威翻譯的時候，仍然假借杜威來澆他自己「最大多數人的最大幸福」的功利主義的塊壘。杜威根本就沒用「最大多數人的最大幸福」的話，他就用他最喜歡說的「偷關漏稅」的方式，硬是把這句話給偷渡了進去。杜威的〈社會哲學與政治哲學〉十六講的原稿，現在只能找到八講。然而，在這八講的胡適的譯文裡，「最大多數人的最大幸福」這句話就出現了三次。第三次是在第十二講裡，可以不算，因為那是杜威闡述功利主義的地方。然而其他兩次就完全是胡適用誤譯杜威的方式來澆自己的塊壘。

第一次是在第二講裡，杜威說：實驗主義的社會政治哲學的理想是：「為了**公眾的利益**（general or public），我們要在公眾事務上引進一些比較有計劃的管理方法。」[21]這句話到了胡適的手裡，卻搖身一變地成為：「叫人照這方向走去，得到**最大最多**的幸福。」[22]第二次是在第十講裡，杜威

---

[19] John Dewey, “Freedom and Culture,” LW13.145.

[20] 江勇振，《舍我其誰：胡適，第一部，璞玉成璧，1891-1917》（臺北：聯經，2011），頁 423-426。

[21] 無作者名〔John Dewey〕, “SPP [Social and Political Philosophy],” Lecture X, p. 8,《胡適檔案》，E087-001:「作者不可辨識卷宗」。

[22] 高一涵記，〈杜威博士講演錄：社會哲學與政治哲學（二）〉，《新青年》，7 卷 1 號，頁 131。

說：「人類為建立民主政府所作的奮鬥，主要就是讓國家的運作是為**公眾**（public）的利益。這也就是說，其立法與行政是以**一般的民眾**（the public at large）的利益為依歸。」[23]胡適的譯文是：「總之政治的根本問題，是怎樣組成一個國家，能代表最普遍的**最大多數人的公共利益**。」[24]

誠然，如果我們為胡適辯解，我們可以說即使胡適這個「最大多數人的最大幸福」的觀念是籠統的，至少，這個「最大多數人的最大幸福」的演進可以是一點一滴地、靠一個個具體問題的研究與解決來進行的。問題是，這個「最大多數人的最大幸福」是無法層層積纍、像雪球一樣，越滾越大的。這是因為「最大多數人的最大幸福」是分殊的。我的「幸福」不但可能不是你的「幸福」，而且，你的「幸福」還可能危及到我的「幸福」。更有甚者，社會、政治、經濟上有勢力的階級，還可以用他們的「幸福」來規定整個社會的「幸福」。用今天流行的話來說，那「最大多數人的最大幸福」是因為階級、種族、性別等等因素而有其極難妥協的地方。

事實上，這些話杜威早就說過了。他用的批判的語言與概念，也許沒有我們今天用後殖民主義的語言來得強烈和鮮明。然而，這完全不影響他一針見血的批判的犀利：

> 自由主義哲學的另一大謬誤，在於它假定個人是己身利益最好的決斷者，而這一個個己身利益最好的決斷者加起來的總和，就是社會的利益。殊不知現代社會是多麼的複雜、多麼的遊移、多麼的多變。大多數的立法行政措施都無法以己身的利益作基礎來裁決的。大多數的人所效忠的對象，是他們所屬的群體、階級、國家、和黨派。在那種情況之下，所謂的己身的利益云云，不是變成對政治漠不關心，就是用假公濟私的方式來滿足個人的私利和野心。[25]

這是杜威對那「最大多數人的最大幸福」的功利主義的批判，是他在〈社會哲學與政治哲學〉第十二講裡所說的話。但是，胡適把它給漏譯了。

---

[23] 無作者名〔John Dewey〕, "SPP [Social and Political Philosophy]," Lecture II, pp. 6-7,《胡適檔案》，E087-001:「作者不可辨識卷宗」。

[24] 孫伏園記，〈杜威博士講演錄：社會哲學與政治哲學（十）〉，《新青年》，7卷4號，頁6。

[25] 無作者名〔John Dewey〕, "SPP [Social and Political Philosophy]," Lecture XII, p. 8,《胡適檔案》，E087-001:「作者不可辨識卷宗」。

事實上，胡適所漏譯的不只是這一段。杜威在第十二講裡，用了三整頁的篇幅來批判十九世紀以來功利主義哲學影響下的民主政治的缺失。這三整頁的批判，完全都被胡適給漏譯了。

在〈社會哲學與政治哲學〉第十二講裡，杜威講解了洛克以降的自由主義及其限制。然而，胡適只譯述了自由主義的政治哲學。其缺失的部分，胡適就讓它銷聲匿跡了。胡適在譯述完民主政治的一些基本「手續」——即制度，如：普通選舉、直接選舉、規定任職年限、以及修正選舉法等等——以後，就用很正面、意思是要大家珍惜得來不容易的歷史遺產的語氣來為這一講劃下句點：「人類知識經過多少困難，才能得到這樣一個是國家對於人民負責任、施用威權有限制的方法。所以這些手續，也是人類多少年來政治經驗的結晶！」[26]

杜威不是不珍惜這「人類多少年來政治經驗的結晶」，他要的是民主政治更上一層樓。民主政治的缺失，在於它承襲了傳統自由主義的個人主義哲學：

> 自由主義的一個大謬誤，在於它把政治組織當成是為純粹個人福利服務的機構，在於它把個人抽離出其與社會的紐帶關係，渾然忘卻了個人只有在這種社會的關係裡才能得到充分的發揮。因此，功利主義會把幸福的概念化約成為快樂，而且也只注重個人人身的安全與財產的保障。等自由主義能夠體會到國家是社會的工具以後，它就會發現快樂是來自於與他人的交往，同時個人的發揮要遠比安全更為重要。[27]

值得令人玩味的是，胡適所漏譯的杜威對傳統英美自由主義缺失的批判，是胡適自己在留美時期就已經接受了的。我在《璞玉成璧》裡，還特別提到了胡適在 1914 年 9 月 9 日的一則日記：

> 余又言今日西方政治學說之趨向，乃由放任主義（Laissez faire）而趨干涉主義；由個人主義而趨社會主義。不觀乎取締「托拉斯」

---

26 孫伏園記，〈杜威博士講演錄：社會哲學與政治哲學（十二）〉，《新青年》，7 卷 4 號，頁 15。

27 無作者名〔John Dewey〕, “SPP [Social and Political Philosophy],” Lecture XII, p. 6,《胡適檔案》，E087-001:「作者不可辨識卷宗」。

之政策乎？不觀乎取締婚姻之律令乎（今之所謂傳種改良法（eugenic laws），禁癲狂及有遺傳病者相婚娶，又令婚嫁者須得醫士證明其無惡疾）？不觀乎禁酒之令乎（此邦行禁酒令之省甚多）？不觀乎遺產稅乎？蓋西方今日已漸見十八世紀學者所持任天而治（放任主義）之弊。今方力求補救，奈何吾人猶拾人唾餘，而不深思明辨之也。[28]

胡適這個在留美時期就已經接受了的「干涉主義」的觀念，到了他在1926 年所寫的〈我們對西洋文明的態度〉，又冠以「新宗教」、「新道德」的美名作了更明確的發揮：

〔英美〕各國的「社會立法」的發達，工廠的視察，工廠衛生的改良，兒童工作與婦女工作的救濟，紅利分配制度的推行，縮短工作時間的實行，工人的保險，合作制之推行，最低工資（minimum wage）的運動，失業的救濟，級進制的（progressive）所得稅與遺產稅的實行……。[29]

這個「新宗教」、「新道德」所促成的「社會立法」，胡適在寫給徐志摩的信裡又稱之為「逐漸擴充享受自由、享受幸福」的「新自由主義」：

今世的歷史指出兩個不同的方法：一是蘇俄今日的方法，由無產階級專政，不容有產階級的存在；一是避免「階級鬥爭」的方法，採用三百年來「社會化」（socializing）的傾向，逐漸擴充享受自由、享受幸福的社會。這方法，我想叫他做「新自由主義」（New Liberalism）或「自由的社會主義」（Liberal Socialism）。[30]

毫無疑問地，胡適在這裡所說的「新自由主義」還是換湯不換藥的「最大多數人的最大幸福」的功利主義的理念。那麼，我們應該如何來解釋胡適為甚麼漏譯了杜威對傳統英美自由主義的批判呢？當然，我必須先強調一點：漏譯不一定表示是有意不譯。那可能意味著胡適在翻譯杜威的〈社

---

[28] 曹伯言整理，《胡適日記全集》（臺北：聯經，2004），冊 1，頁 492-493。
[29] 胡適，〈我們對西洋文明的態度〉，《胡適全集》，卷 3，頁 11。
[30] 胡適，〈歐游道中寄書〉，《胡適全集》，卷 3，頁 57。

會哲學與政治哲學〉的時候，因為自己還沒開竅，所以完全不知道自己其實有了遺珠之憾。

然而，漏譯也有難解的時候。第十二講裡，有一個出乎人意料之外的漏譯。更奇特的是，那漏譯的是他在杜威的原稿上劃雙線的地方，也就是他一生最喜歡用的關鍵詞之一：「歷史的方法」。用胡適的譯文來說，用研究的態度來從事社會改革「可以免掉許多無謂的衝突。」「這是完全用人的智慧，用科學的方法，來研究事實，把那些籠統把持、根本推翻的毛病都免掉了。」[31]就在這一段裡，他漏譯了杜威說的：「去追溯其原因和發現其結果，看它造成了甚麼具體的制度。再看這些具體的制度造成了甚麼結果？效果如何？又引生了甚麼樣的改革。簡言之，就是用歷史的方法。」[32]

言歸正傳，我們應該如何解釋胡適為甚麼漏譯了杜威對傳統英美自由主義的批判呢？最顯而易見的理由，當然可能是因為杜威對傳統英美自由主義的批判，也連帶著批判了胡適所服膺的「最大多數人的最大幸福」的功利主義的理念。胡適要不是都譯出來，就是乾脆都不譯。胡適顯然選擇了後者。

然而，我認為還有一個更深層的理由可以用來解釋胡適的漏譯。杜威在第十二講裡講解了自由主義政治哲學的三大要義。這三大要義，胡適翻成為：一、「國民是政府權威的來源」；二、「國家是為社會的，不是社會為國家的」；三、「不是人民對於國家負責任，乃是國家對於人民負責任」。[33]胡適譯到這裡就打住了。其實，杜威進一步地分析國家與社會的關係，抨擊了洛克以降的英美自由主義因為受到個人主義哲學理念的局限，只知保障個人的權益，而沒有善盡國家保障社會大眾利益的責任。

胡適漏譯杜威這一段的深層因素可以分兩點來說。第一、我認為胡適的用意是想凸顯出「人民」在民主體制裡至高無上的地位。杜威進一步的分析社會，特別是指出社會上存在著不同階級之間的矛盾。這對胡適來說

---

31 高一涵記，〈杜威博士講演錄：社會哲學與政治哲學（四）〉，《新青年》，7卷2號，頁173。

32 無作者名〔John Dewey〕, “SPP [Social and Political Philosophy],” Lecture IV, p. 12,《胡適檔案》，E087-001:「作者不可辨識卷宗」。

33 孫伏園記，〈杜威博士講演錄：社會哲學與政治哲學（十二）〉，《新青年》，7卷4號，頁15。

是偏離了主題。他說不定認為杜威所批判的問題中國並沒有。而凸顯出「人民」至高無上的地位正是中國之所需。最重要的是第二點。胡適心目中的「人民」或「社會」是一個整體。這個「整體」用他發表在《新青年》的〈不朽——我的宗教〉初版裡的話來說，是一個「有機的組織」。這個有機的組織：

> 全靠各部分各有特別的構造機能，同時又互相為用。若一部分離開獨立，那部分的生命便要大受損傷。即使能勉強存在，也須受重大的變化。最平常的例就是人的身體。人身的生命，全靠各種機能的作用。但各種機能也沒有獨立的生活，也都靠全體的生命。沒有各種機能，就沒有全體；沒有全體，也就沒有各種機能。這才叫做有機的組織。
>
> 社會的生命，無論是看縱剖面、是看橫截面，都是有機的組織。……從橫截面看來，社會的生活也是有機的。個人造成社會，社會造成個人。社會的生活全靠個人分工合作的生活。但個人的生活，無論如何不同，都脫離不了社會的影響。若沒有那樣這樣的社會，決不會有這樣那樣的我和你。若沒有無數的我和你，社會也決不是這個樣子。這是橫截面的社會有機體。[34]

從胡適社會有機論的角度來看社會，他是傾向於視社會為整體的。人身的各個器官、各個機能必須靠「整體」的配合才能順暢：「各種機能也沒有獨立的生活，也都靠全體的生命。沒有各種機能，就沒有全體；沒有全體，也就沒有各種機能。」同樣地，社會的運行也靠個人各司其職、各盡其分：「個人造成社會，社會造成個人。社會的生活全靠個人分工合作的生活。」問題是，這個社會有機論有其極其保守的一面，亦即，社會上的不公，可以解釋成為社會分工的自然結果。

我在上文已經強調過，社會是不同利益團體與階級的角力場。其結果一定是會有輸有贏，不可能大家都是贏家。最令人玩味的，是杜威在第四講裡提到了這個有輸有贏的論點，只是胡適把它給漏譯了。這個漏譯特別令人玩味，因為杜威所說的這一句話，是在一個很長的段落裡。在這一長

---

[34] 胡適，〈不朽——我的宗教〉，《新青年》，6卷2號，頁100-101。

段裡，杜威說明了用實驗主義的態度來取代傳統的社會哲學的好處。用胡適的譯文來說，那好處就是：「革新家也不居功，也不把自己當做社會仇敵，不過提出一種主張，叫社會上那去試驗試驗，看到底能行不能行罷了。」[35] 然而，杜威接著說的話，胡適卻漏譯了：

> 他〔實驗主義者的改革者〕所提出的假設是：如果改革可以促進整個社會的利益，即使某一個階級的利益會暫時因而受到損傷，一個階級之失，可以是整個社會之得。同時，這也算是還一些公道給那些到現在為止沒有受到社會重視、受苦受難的階級。[36]

這個漏譯絕對不是疏忽，而是有意的漏譯。因為這整個段落，胡適幾乎全部都譯了。而且他不是用他一般所用的譯述的方法，而是以胡適的標準來說相當信實的直譯。不但如此，杜威的這一長段，胡適讀得非常仔細，在原稿上劃滿了線。因此，杜威這一段話的漏譯絕對是有意的。

胡適不但不喜歡談社會上有不同利的益團體和階級，他同時相信「社會」是可以超越群體和階級的利益，而達到思想「一統」的境界的。他在杜威的第十六講裡有一段譯文：

> 一國的思想信仰，大致相同，固然是很好的事。但在這個變遷時代，一致的趨勢，只可說是將來逐漸發展的結果，決不能硬求一致的。何以是逐漸發展的結果呢？只要讓大家自由發揮思想，不合的逐漸淘汰，**將來自能趨於大致相同的地步**。[37]

我在杜威的原稿裡能找到最接近胡適這段譯文的話是：

> 在當前這個階段的世界，想要用壓制或者用灌輸思想的方式，來求得一致的思想是不可能的。意見不同是進步的先決條件。唯一真正的和諧（unity），是以容忍為基礎，透過思想的交流所取得的。思想的自由是社會生活的高峰。只有到了那個程度，個性才能發揮

---

35 胡適，〈不朽——我的宗教〉，《胡適全集》，卷 1，頁 663。

36 無作者名〔John Dewey〕, "SPP [Social and Political Philosophy]," Lecture IV, p. 13,《胡適檔案》，E087-001:「作者不可辨識卷宗」。

37 孫伏園記，〈杜威博士講演錄：社會哲學與政治哲學（十六）〉，《新青年》，8 卷 1 號，頁 19。

得淋漓盡致。只有在思想自由的情況之下，思想與情感的交流與妥協（give and take），才可能是**充分的**（full）、**百家爭鳴的**（varied）。[38]

我們對比我在這兩段引文裡用黑體字標明出來的關鍵詞，我們就可以發現兩者的分別有多大了！杜威說：「只有在思想自由的情況之下，思想與情感的交流與妥協，才可能是**充分的、百家爭鳴的**。」胡適說：「只要讓大家自由發揮思想，不合的逐漸淘汰，**將來自能趨於大致相同的地步**。」胡適在這裡所作的不但不是翻譯，而且也不是譯述，他甚至不是改寫，而根本就是自由發揮了。凡是略識杜威思想的人，都會知道杜威絕對不會說思想會有「大一統」的一天。我們與其說胡適在此處是誤譯，不如說是自己的社會有機體論的盲點在作怪。先入為主的成見之所以驚人，在這裡又再次得到一個引證。

當然，胡適的社會有機論還有它跟中國傳統吻合的所在。西方民主政治先假定社會是不同利益團體與階級的角力場。這與傳統中國的社會政治哲學的理想是相抵觸的。利益團體和階級，從傳統中國的社會政治哲學的角度看來，無異於結黨營私的夢魘。「私」與「公」在傳統中國社會政治哲學裡是兩個相對的概念。「私」的字義永遠是負面的，「公」的字義則永遠是正面的。只有在「化私為公」的情況之下，「私」才有「翻身」或「得救」（recuperate）的可能。從這個角度來看，胡適的社會有機論，大可以與傳統中國社會政治哲學裡「化私為公」的理想相輔相成，而使胡適相信不但社會上的各個份子能夠各盡其分地「分工合作」，而且能夠不分階級、黨派，取得「趨於大致相同」的思想信仰，讓大家同心協力地為「有機」的社會、「上下一心」的國家來奮鬥。

胡適與杜威自由主義的分野，這個社會有機體的盲點，就成為第一個促因。因為胡適有這個社會有機體的盲點，他無法真正體認到社會上有不同的利益團體和階級的意義究竟何在。不但如此，這不同的利益團體與階級之間的關係不是對等的，不是可以坐下來談就可以處理的，更不是訂定規則就可以解決的。弱勢團體與階級跟那有權勢的團體和階級談判，永遠都會是輸家。連胡適自己在〈我們對西洋文明的態度〉一文裡都會說：「向

---

[38] 無作者名〔John Dewey〕, “SPP [Social and Political Philosophy],” Lecture XVI, pp. 4-5,《胡適檔案》，E087-001:「作者不可辨識卷宗」。

資本家手裡要求公道的待遇，等於是『與虎謀皮』。」[39]這也是為甚麼胡適會希望由政府出面，用「社會立法」的方法來改善勞工待遇的途徑，以致於把中產階級所已經享受了的「自由」、「幸福」等等福利逐漸「擴充」給整個社會的其他份子。這是我在《璞玉成璧》裡所強調的，是胡適從留美時期就已經服膺的理念。

胡適相信政府可以用其力量來「擴充」民主的內涵，杜威則不然。杜威不認為這種涉及到民主政治最根本的原則的問題應該交給政府去處理。這固然是因為杜威不相信政府能夠「自動自發」地作出「民主」的決策。然而，最重要的是，這根本違反了杜威民主理念的真諦。杜威民主理念的可貴，在於他堅持民主不只是一個政治的概念，它還是一個社會的概念，同時還更是一個道德的概念。這樣的民主概念，杜威在年輕時期就已經形成。他 1888 年在密西根大學教書的時候就鄭重地指出：

> 說民主政治只不過是一種政府的形式，就好比說一個家只不過是磚塊和混凝土的幾何組合，或者說一個教堂是一個有著長條聽講板椅、講壇、和尖頂的建築。這些答案既是正確的，因為它們確實是如其描述；但它們也是錯誤的，因為它們不只是如此。……簡言之，民主是一個社會，亦即倫理的概念，其政治上的概念是建立在其倫理的概念之上的。民主政治是一種政府的形式，就正因為它是一種道德和精神上的社群結合形式。[40]

民主作為一種倫理道德概念的義涵，就說明了為甚麼貴族政治、開明專制、甚至專家政治都是反其道而行的：

> 即使人人都臻於社會至善的境界，如果這不是人民自己努力的結果，這個倫理的理想並沒有真正達成。……不管這個至善有多高或有多全，如果它是外鑠的，人類是無法心滿意足的。……誠然，一個人如果能在社會上找到適其所能的安身立命之所在，他就可以說是把自己發展到了極致的境界，然而，同樣重要的是（而這也是

[39] 胡適，〈我們對西洋文明的態度〉，《胡適全集》，卷 3，頁 11。
[40] John Dewey, "The Ethics of Democracy," EW1.240.

貴族政治所規避，民主政治所強調的)，去找到這個適其所能的安身立命之處的人必須是他自己。[41]

民主不能是「外鑠」的。這句話，一言以蔽之，道盡了杜威民主理念的真諦。對杜威來說，民主制度的意義不在於其形式，而在於其實現以後所能產生的社會、道德的實質。杜威在第十六講裡說：

> 言論自由雖然可貴，它畢竟只是手段，而不是目的。能夠把我們的想法付諸實現，知道我們的所作所為不只是製造出物質的產品，而是能使我們的思想生活更加豐富，能使我們得到成就感，這是很重要的。這個人生的理想就體現在藝術家與科學家的工作上。畫家與實驗室的研究人員，可以完全自由地根據她自己的興趣去探索、去體現她的想法。如果他有任何極限，那就完全只是因為他自己的無知或技術不夠成熟。她在創作或研究的過程中，又有新的靈感和感覺回過頭來給她新的刺激。她從創作與研究中學到新的思想技藝。她能夠從思想上得到成長、在情感上得到豐收，與之相比，作品和成果其實只是枝節。我們這個工業社會所必須去努力的，就是去找出方法，讓社會上所有的人都能享有到這些作為少數階級的科學家和藝術家現在已經享有的精神生活。只有在這樣的情況之下，真正自由的社會生活才算達成，真正的社會民主才算實現。[42]

這是一個多麼令人可以為之擊節讚嘆的理想！民主社會的極致，是每一個人——不論貧富智愚——都可以像藝術家、科學家一樣，「可以完全自由地根據她自己的興趣去探索、去體現她的想法。」

相對地，我們看胡適如何翻譯杜威這個民主的道德理念：

> 民治的根本觀念，便是對於教育有很大的信仰。這個信仰，便是認定大多數普通人都是可以教的。不知者可使他們知，不能者可使他們能。這是民治的根本觀念。[43]

---

41 John Dewey, "The Ethics of Democracy," EW1.243.

42 無作者名〔John Dewey〕, "SPP [Social and Political Philosophy]," Lecture XVI, pp. 5-6,《胡適檔案》，E087-001:「作者不可辨識卷宗」。

43 孫伏園記，〈杜威博士講演錄：社會哲學與政治哲學（十六）〉，《新青年》，杜威對民主作為一個道德的理念的崇高理想，不消說，完全沒在胡適的譯文裡表達出來。杜威的理想是「每一個人都可以像藝術家、科學家一樣，可以完全自由地根據她自己的興趣去探索、去體現她的想法。」胡適的譯文則是：「大多數普通人都是可以教的。不知者可使他們知，不能者可使他們能。」這兩者在境界上的高下，仿如天壤之別。「可以教」、「可使知」、「可使能」。這是多麼「父母官親民式」（paternalistic）的心態。

就像我在前文所強調的，杜威堅持民主不能是「外鑠」的，而必須是由每一個個人自己去追求的：

> 民主就意味著人格既是最先也是最終的目的。……它意味著說，不管一個人是多麼的猥瑣、孱弱，他的人格不能是由別人給予他的，不管這個別人有多睿智或多偉健。……從這個人格論的中心點出發，民主就意味著自由、平等、博愛。這絕對不是用來煽動群眾的字眼，而是人類迄未達到的最高倫理理想的象徵；人格具有永恆的價值，它是每一個人所都具有的。[44]

我們如果用「民有」、「民治」、「民享」的觀點來作比較的詮釋，我們就可以把胡適與杜威自由主義的分野更加明顯地對比出來。對杜威來說，「民治」是「民有」與「民享」的先決條件。沒有「民治」，「民有」與「民享」是得不到保證的。因此，對杜威來說，全民參與是民主政治一個不可妥協的原則。對胡適來說，「民治」只不過是手段，「民享」才是民主制度的鵠的。用他在〈我們對西洋文明的態度〉一文裡的話來說，是西方近代文明的「新宗教」與「新道德」——那「最大多數人的最大幸福。」

胡適的精英主義，是貫穿了他一輩子的政治思想的一個重要理路。我在《璞玉成璧》裡徵引了梅光迪在1916年回他的一封信：「欲良改社會，非由個人修其身，其道安由？足下所稱之"natural aristocrats"〔天然貴族〕，即弟之所謂humanists（人學主義家）也。此種人無論何時，只居社會中少數。不過一社會之良否，當視此種人之多寡。」[45]當然，這「天然

8卷1號，頁20。

44 John Dewey, "The Ethics of Democracy," p. 244.

45 梅光迪致胡適，〔1916年〕12月28日，《胡適遺稿及秘藏書信》（合肥：黃

貴族」之詞是梅光迪在回信裡的引言。我們不知道胡適在他原信中所說的為何，也不知道他使用這個名詞的脈絡。然而，這「天然貴族」的想法與胡適的基本社會哲學是合轍的。

比如說，胡適在 1926 年歐遊途中寫給徐志摩的信裡，談到了蘇俄的共產主義制度。胡適當時認為那是一種「政治的試驗」，而且堅持大家應該給與蘇俄「作這種政治試驗的權利」。當時反對蘇俄的「政治試驗」的言論，胡適認為只是「成見」。這些「成見」之一，就是說：「私有財產廢止之後，人類努力進步的動機就沒有了。」胡適不同意。他說：

> 無論在共產制或私產制之下，有天才的人總是要努力向上走的。……至於大多數的凡民，他們的不向上、不努力、不長進，真是「富貴不能淫，威武不能屈」的！私產、共產，於他們有何分別？[46]

這「大多數的凡民」在胡適的眼中真的很不堪，「他們的不向上、不努力、不長進」，已經到了「富貴不能淫，威武不能屈」的地步！到了 1930 年代的「獨裁與民主」的論戰裡，胡適乾脆就以「阿斗」來稱呼一般的老百姓了。胡適覺得不像獨裁政治下的阿斗只能畫「諾」，民主國家的阿斗在選舉的時候不但可以畫「諾」，也可以畫 "No"；平時不關心政治，選舉的時候才做個「臨時的諸葛亮」。[47]

胡適在此處所說的「臨時的諸葛亮」也者，自然是從「三個臭皮匠，賽過一個諸葛亮」這句俗話轉借過來的。問題是，並不是胡適所說的話就一定是對的。胡適在此處有濫用俗話之嫌。「三個臭皮匠，賽過一個諸葛亮」這句俗話，跟「阿斗」並不是能混用的俗話。我們會說「三個臭皮匠，賽過一個諸葛亮」，可是絕對不會說「三個阿斗，賽過一個諸葛亮」。原因很簡單，因為「阿斗」是一個完全沒有用的東西。在這種約定俗成的語義之下，就是一百個「阿斗」也永遠賽不過一個諸葛亮。換句話說，「阿斗」永遠不可能做個「臨時的諸葛亮」。同時，「民主國家的阿斗在選舉的時候不但可以畫『諾』，也可以畫 "No"。」這句話即使在胡適自己的論述裡，也永遠不可能讓他們成為「臨時的諸葛亮」的。這是因為胡適認為治國是

山書社，1994），冊 33，頁 464-465。

46 胡適，〈歐遊道中寄書〉，《胡適全集》，卷 3，頁 56。

47 胡適，〈答丁在君先生論民主與獨裁〉，《胡適全集》，卷 22，頁 232-235。

專家的事情，不是「阿斗」所能勝任的。然而，這不是本文的主題，必須另闢專文討論。

總之，「民享」既然是民主的目的，好人政府、專家政治既然是最科學最有效的方法，則「民治」就成為一個無關宏旨的枝節了。這也就是為甚麼我會在上節分析胡適的「好政府主義」的時候會說：對胡適而言，「民可使由之」，在民主政治的脈絡下，等於是「阿斗」之民，可以不預與治而卻得以坐而「享之」。

從這個角度看來，胡適對民主的看法是接近二十世紀美國民主現實主義者（democratic realists）。他們認為傳統民主政治的理想根本就是烏托邦的想法。光是以今天的社會人數龐雜的事實來說，城邦時期的雅典公民可以面對面論政的環境根本已經不存在。再加上選民不但是非理性的，他們同時對政治也缺乏興趣。補救之道，用拉斯韋爾（Harold Lasswell）的話來說，就是少數菁英必須擔起責任，毅然決然地說：「好！兄弟們！我們就一起來共商計議，找出好辦法。等我們找到以後，再設法看要如何替大眾作決定來接受。打著為公眾謀福利的旗子，不惜用盡各種曉諭、軟纏、哄騙、引誘的方法，以多數統治的形式為名，來役使這些大多數。」[48]

杜威絕對不可能接受這種民主現實主義者的論點。杜威有他對真正的民主社會的憧憬、有他那人人都應該享有藝術家與科學家的發展個性的機會的理念。他在第十六講的總結裡，又再度不厭其詳地發揮他這個崇高的理想：

> 每一個個人都是一個生活的中心；他有他的快樂與痛苦、想像與思考。這是民主的最根本的原則。……如果就個人而言，民主是意味著每一個人都應該像藝術家和科學家一樣，有機會去實現他們的心智能力能力，那同時也意味著說，他們能夠完全自由、一無限制地跟他人交往，就像朋友一樣。政治的民主為這種交流提供了一個機制，使其可以成為可能。教育、友愛（companionship）、打破階級與家庭的界限使其可以實現。[49]

---

48 Harold Lasswell, *Propaganda Technique in the World War I* (Cambridge: MIT Press, 1971), pp. 4-5。轉引自 Robert Westbrook, *John Dewey and American Democracy*, p. 284.

49 無作者名〔John Dewey〕, "SPP [Social and Political Philosophy]," Lecture XVI, p.

胡適的翻譯，則又重彈了他社會有機體的老調，把杜威妝點成彷佛他也是「社會共同體」的擁護者：

> 民治便是教育，便是繼續不斷的教育。出了學校，在民治社會中服務，處處都得著訓練，與在學校裡一樣。個人的見解逐漸推到全社會、全世界。結果教育收功之日，即全世界共同利害的見解成立之日，豈但一國一社會的幸福而已。
>
> 全世界共同利害見解的養成，便是精神的解放。這個觀念很為重要。到那時候，全人類都有此共同心理。我們為民主主義奮鬥的人，亦可略為安慰。因為結果不但為了社會經濟等等的制度，還替人類的精神大大解放。[50]

「教育收功之日，即全世界共同利害的見解成立之日。」胡適對杜威的誤譯，莫此為甚！胡適會繼續錯誤地詮釋杜威，甚至當著杜威的面錯誤地詮釋杜威。然而，這不在本文討論的範圍內。重點是，胡適與杜威在自由主義上的分野，並不是因為胡適隨著自己思想的成熟，而漸行漸遠的。早在杜威 1919 年訪問中國的時候，胡適就已經是一個不折不扣的民主現實主義者。這就充分地解釋了他在翻譯杜威的〈社會哲學與政治哲學〉的時候所作的挪用、誤譯、甚至漏譯。

6,《胡適檔案》，E087-001:「作者不可辨識卷宗」。

[50] 孫伏園記，〈杜威博士講演錄：社會哲學與政治哲學（十六）〉，《新青年》，8 卷 1 號，頁 20。

溯源與開展：再探自由主義者胡適的初期禪學史研究問題

江燦騰[*]

一、前言

雖然作為近代華人知識菁英中的著名自由主義者胡適（1891-1962），由於生平始終堅持其一貫理性與批判的實證性史學探索進路，來重構其非傳統式的中國禪宗初期史的各種新傳承問題，因而曾幾度造成巨大的學術爭議和深遠的學術影響。但，也正因為其實際的學術效應是如此明顯和重大[1]，所以在本文中，即明確主張：可作為戰後現代性宗教學術研究典範的薪火相傳最佳例證[2]，就是近八十六年來（1925-2011）從大陸到台灣胡適禪學研究的開展與爭辯史之相關歷程解說。

此因戰後台灣佛教學術的發展，基本上是延續戰前日本佛教學術的研究的學風和方法學而來。而這一現代的學術潮流是普遍被接受的，這與戰後受大陸佛教影響佛教界強烈的「去日本化佛教」趨勢恰好形成一種鮮明的正反比。儘管當時在來台的大陸傳統僧侶中，仍有部份人士對日本學界出現的「大乘非佛說」觀點，極力排斥和辯駁[3]，甚至出現利用中國佛教會

---

* 臺北城市科技大學通識教育中心兼任教授

1 例如筆者個人，除本文之外，另一本《晚明佛教改革史》(桂林：廣西師範大學出版社，2006)一書的撰寫，即是在回應胡適針對晚明禪僧的嚴厲批評，而重新探索的二十餘萬字專書。

2 龔雋在〈胡適與近代型態禪學史研究的誕生〉一文中提到：「如果我們要追述現代學術史意義上的禪學史研究，則不能不說是胡適開創了這一新的**研究典範**。」見龔雋，《中國禪學研究入門》（上海：復旦大學出版社，2009），頁 7-8。

3 闞正宗，《重讀台灣佛教：戰後台灣佛教（正篇）》（台北：大千出版社，2004），頁 140-152

的特殊威權對付同屬教內佛教知識僧侶的異議者（如留日僧圓明的被封殺事件即是著名的例子）[4]。但是不論贊成或反對的任何一方，都沒有人反對開始學習日文或大量在刊物上刊載譯自日文佛學書刊的近代研究論文。這種情況的大量出現，顯示當代佛教學術現代化的治學潮流，足以衝破任何傳統佛教思維的反智論者或保守論者。

然而，戰後偏安於台灣地區的佛教學術界，其學術研究的業績，雖有印順法師的傑出研究出現，但僅靠這種少數的例外，仍缺乏讓國際佛學界普遍性承認的崇高聲望和雄厚實力，加上當時來台的多數大學院校、或高等研究機構的人文社會學者，仍帶有「五四運動」以來濃厚的反迷信和反宗教的科學至上論學風，因此不但公立大學的校區嚴禁佛教僧尼入內活動，相關佛教現代化的學術研究，也不曾在正式的高等教育體系裡被普遍接納或承認。

唯一的例外，是由新擔任南港中央研究院的院長胡適博士，所展開的中古時代中國禪宗史的批判性研究，不只其學術論點曾透過新聞報導，廣泛地傳播於台灣社會的各界人士，連一些素來不滿胡適批判論點的台灣佛教僧侶和居士們，也開始藉此互相串連和大量撰文反駁胡適的否定性觀點，其中某些態度激烈者，甚至以譏嘲和辱罵之語，加諸胡適身上或其歷來之作為[5]。

其後，又由於胡適和日本著名的國際禪者鈴木大拙兩人，於 1953 年間在美國夏威夷大學的相關刊物上，曾有過針鋒相對的禪學辯論，更使反胡適者找到強有力的國際同情者，於是趁此機緣，鈴木大拙的多種禪學相關著作，也開始被大量翻譯和暢銷於台灣的知識階層之中，且風行台灣地

---

4 闞正宗，《重讀台灣佛教：戰後台灣佛教（正篇）》，頁 148-169。

5 樂觀法師曾特編輯，《闢胡說集》（緬甸：緬華佛教僧伽會，民國 49 年 6 月），在其〈引言〉有如下激烈批胡之語：「查胡適他原本是一個無宗教信仰者，在四十年前，他主張科學救國，與陳獨秀領導五四運動，打倒『孔家店』，破除迷信，即本此反宗教心理，現刻，他對《虛雲和尚年譜》居然公開提出異議，若說他沒有破壞佛教作用，其誰信歟？分明是假借『考據』之名，來作謗佛、謗法、謗僧勾當，向青年散播反宗教思想毒素，破壞人們的佛教信心，一經揭穿，無所遁形，……。（中略）衛護佛教，僧徒有責，我們這一群旅居緬甸、越南、香港、菲律賓、印度、星洲的僑僧，對祖國佛教自不能忘情，自從胡適掀起這個動人的風潮之後，全世界中國佛弟子的心靈都受到震動！覺得在當前唯物主義瘋狂之時，玄黃翻覆，群魔共舞的局勢情況之下，胡適來唱這個『反佛』調兒，未免不智，大家都有『親痛仇快』之感！」頁 1。

區多年，影響至為深遠[6]。因此，胡適和鈴大拙兩人，都對戰後台灣教界的禪學思想認知，曾發生了幾乎不相上下的衝擊和影響[7]。

---

6 當時，是：一、鈴木大拙著，李世傑譯，《禪佛教入門》（台北：協志工業社，1970），先行從日文本譯出。其後，則是以志文出版社的【新潮文庫】為中心，先後從英文原著中譯出的鈴木禪學作品，就有：二、鈴木大拙著，徐進夫譯，《禪天禪地》（台北：志文出版社，1971）。三、鈴木大拙著，劉大悲譯，《禪與生活》（台北：志文出版社，1974）。四、鈴木大拙著，孟祥森譯，《禪學隨筆》（台北：志文出版社，1974）。五、鈴木大拙、佛洛姆著，孟祥森譯，《禪與心理分析》（台北：志文出版社，1981）。六、鈴木大拙著，徐進夫譯，《歷史的發展》（台北：志文出版社，1986）。七、鈴木大拙著，徐進夫譯，《開悟第一》（台北：志文出版社，1988）。八、日文傳記，是秋月龍珉著，邱祖明譯，《禪宗泰斗的生平》（台北：天華出版社，1979）。九、禪藝方面，鈴木大拙著，劉大悲譯，《禪與藝術》（台北：天華出版社，1979）。十、鈴木大拙著，陶陸剛譯，《禪與日本文化》（台北：桂冠出版社，1992）。十一基佛類比方面，鈴木大拙著，徐進夫譯，《耶教與佛教的神祕教》（台北：志文出版社，1984）。十二、淨土著作方面，鈴木大拙、余萬居譯，《念佛人》（台北：天華出版社，1984）。

7 有關這方面的研究史回顧，有兩篇較完整的論文，可供參考：（一）莊美芳，〈胡適與鈴木論禪學案——從台灣學界的回應談起〉，1998 年 1 月撰，打字未刊稿，共十一頁。（二）邱敏捷，〈胡適與鈴木大拙〉，收錄於鄭志明主編，《兩岸當代禪學論文集》（嘉義：南華大學宗教文化研究中心，2000 年 5 月），頁 155–178。此外，邱敏捷在另一篇論文中，又提到說：「首先，陳之藩於 1969 年 12 月 9 日在中央副刊上發表〈圖畫式與邏輯式的〉（《中央副刊》，1969 年 12 月 9 日，第 9 版）；翌年底，楊君實也撰文〈胡適與鈴木大拙〉（《新時代》10 卷 12 期，1970 年 12 月，頁 41）。1972 年元月，英人韓巴壺天對「禪公案」的詮釋／。此外，針對鈴木大拙的禪學觀點有所批判，並就「禪公案」提出詮釋觀點的代表人物應首推巴壺天（1905–1987）。他與當時之釋印順有所交往，其在「禪公案」的論著對後輩晚學產生不少影響作用。巴氏認為「禪」是可以理解的，他不苟同鈴木大拙《禪的生活》（Living by Zen）所提「禪是非邏輯的、非理性的、完全超乎人們理解力範圍」的觀點。他指出：「自從日人鈴木大拙將禪宗用英文介紹到歐美以後，原是最冷門的東西，竟成為今日最熱門的學問。不過，禪宗公案是學術界公認為最難懂的語言，參究瑞福（Christmas Humphieys）蒐集鈴木大拙有關禪的七篇文章，編為《Studies in Zen》，由孟祥森譯，台北志文出版社以《禪學隨筆》列為新潮文庫之一發行問世。鈴木大拙的〈禪——答胡適博士〉，即係書中一篇。從此以後，鈴木大拙的禪學作品，自日文或英文本相繼譯成中文版。半載後，《幼獅月刊》特刊出「鈴木大拙與禪學研究專輯」，除了將上述的楊文載入外，又有邢光祖的〈鈴木大拙與胡適之〉。再過一個月，胡適用英文寫的〈中國的禪——它的歷史和方法〉由徐進夫譯出，刊在《幼獅月刊》總號 236 號。至此，胡適與鈴木大拙兩人所辯難的問題，才漸為國內學者所關注，陸陸續續地出現了回應性的文章。1973 年朱際鎰〈鈴木大拙答胡適博士文中有關禪非史家所可作客觀的和歷史性的考察之辨釋〉、1977 年錢穆〈評胡適與鈴木大拙討論禪〉、1985 年傅偉勳〈胡適、鈴木大拙、與禪宗真髓〉、1992 年馮耀明〈禪超越語言和邏輯嗎——從分析哲學觀點看鈴木大拙的禪論〉，以及夏國安〈禪可不可說——胡適與鈴木大拙禪學論辯讀後〉等數篇，均是回應胡適與鈴木大拙論辯而發。」見邱敏捷，〈巴壺天對「禪公案」的詮釋〉，《台大佛學研究》，所以，我們如今若要了解戰後台灣佛教學術現代化的發展，其主要的觀察線索就是從戰後胡適禪宗史研究的在台灣地區衝擊開始。不過，有關胡適的禪學研究，日本學者柳田聖山在 1974 年，就曾收集胡適生平關於禪學研究的相關論文、講詞、手稿、書信等，編成相當完整且深具參考價值的《胡適禪學案》，由台灣的正中書局出版[8]。

在同書中，附有柳田本人所撰一篇重要的研究論文〈胡適博士與中國初期禪宗史之研究〉，將胡適一生的禪學研究歷程、學術影響、和國際學界交流等重要事蹟，都作了細密而清楚的分析[9]。這是關於此一主題研究的極佳作品。可以說，透過《胡適禪學案》一書的資料和介紹的論文，即不難掌握了理解關於胡適禪學研究的詳細情形。

可是，在柳田的資料和論文中，仍遺漏不少相關資料。例如胡適和忽滑谷快天的著作關聯性，以及胡適禪學研究在中國學界和在戰後台灣學界的回應等，柳田都沒有作系統的交代。事實上，根據我的最新研究發現，最初東方禪學被介紹於西方知識圈的另一最大原動力，是日本近代著名曹洞宗禪學家忽滑谷快天（1867-1934），想效法新渡戶稻造的寫法，而改以佛教禪宗的角度來書寫時，雖也能於 1913 年在倫敦 Luzac & co 出版其英文的禪學專著：*The Religion of Samurai*（《武士的宗教》），但是未能獲得和新渡戶稻造（1862-1933）在此之前所寫《武士道》一書那樣的在西方成功刊行，或能被廣被西方學界所接受[10]。

期 16（台北：台灣大學文學院佛學研究中心，2008 年 12 月），頁 230-231。

8 對於柳田此書在當代研究的資料使用價值，其不可代替姓，可由大陸新銳學者龔雋的如下的相關比較後，仍肯定之評語看出：「胡適禪學研究的著述，柳田聖山所編之《胡適禪學案》是比較早系統收錄的，但是近年中國大陸在整理出版胡適文集時，發現了更多《胡適禪學案》所未曾收錄的有關資料，其中以姜義華主編的《胡適文集．中國佛教史》（北京：中華書局，1997）與《胡適全集》第九卷，由樓宇列整理的『哲學．宗教』卷中所收最為詳細，不過，這兩文集所收諸篇亦略有出入，應互為補充。此外，**關於胡適禪學英文佛學論文，仍以《胡適禪學案》收集較全，所以最好是將此三種資料結合參證。**」見龔雋和陳繼東合著，《中國禪學研究入門》，2003 年，頁 14。

9 柳田聖山，〈胡適博士與中國初期禪宗史之研究〉，載《胡適禪學案》（台北：中正書局，1974），頁 5-26。

10 見江燦騰，〈戰後台灣學界對於日本武士道精神文化研究的學術史概述〉，《漢學研究通訊》，卷 29 期 1（2010 年 2 月），頁 20-32。

但為何忽滑谷快天要效法新渡戶稻造的寫法呢？此因在此之前，東亞的日本武士道精神文化史的國際研究，是以新渡戶稻造於 1899 年出版的英文著作《武士道》為其開端，其書出版後，迅即風行世界各國，且歷久不衰。可是，這和其書是運用基督教化的變相武士道特殊筆法有關，又得力於明治時代皇軍在日俄戰爭的艱難戰爭獲勝之高度國際軍譽有關，所連當時的美國老羅斯福總統，都好奇地大量買來自讀和送人，一時傳為美談，並喧騰於國際間。所以，忽滑谷快天要效法的對象，就是新渡戶稻造的《武士道》於西方快速大成功的傳播範例，所以其禪學思想是和日本武士的禪修精神鍛練相掛鈎的，故其英文禪學著作，才會以《武士的宗教》（*The Religion of Samurai*）命名。事實上，忽滑谷快天的此書，是在鈴木大拙（1870-1966）的英文成名作《禪學隨筆》之前，於西洋出版的第一本東方禪學書。但因其在書中將禪宗開悟體驗的內涵，一再類比於西方當代哲學和基督教神祕主義體驗心境——這是明顯是仿新渡戶稻造先前已運用過的特殊筆法——所以，反而遭到包括瑞士著名的心理學家容格在內的嚴厲批評[11]，所以其學術的重要地位，後來即被另一日本禪學家鈴木大拙的相關英文禪學著作所取代。

但是，為何鈴木大拙的相關英文禪學著作，後來可以成功地取代忽滑谷快天的此書呢？我們可以兩者都涉及有關「開悟」的解釋為例，來說明為何有關「開悟」的解釋會成為鈴木初期英文禪學著作的主要內容。對於這一點，國際學界向來不曾注意。可是，這只要排比鈴木大拙的早期著作系譜和忽滑谷快天禪學著作（包括英文禪學著作 *The Religion of Samurai*）的內容，就知道兩者的差異，是有無批判意識的差異和英文表達方式的巨大差異。因而，當年的鈴木大拙，其實是因其能避開了忽滑谷快天英文禪學著作的類比方式，轉而強調獨特性和非邏輯性的多樣性「開悟」描述，所以才大獲成功。反之，忽滑谷快天是太過於採取先前新渡戶稻造在英文版《武士道》一書大獲成功的類比寫作方式，所以才未開創新局，反而招來西方學者如榮格之流的嚴厲批評[12]。

---

[11] 見（瑞士）容格著，楊儒賓譯，《東洋冥想的心理學——從易經到禪》（臺北：商鼎出版社，1993），頁 157-164。

[12] 見（瑞士）容格著，楊儒賓譯，《東洋冥想的心理學——從易經到禪》（臺北：商鼎出版社，1993），頁 157-164。可是，鈴木大拙在其一度曾非常成功的英文著作

為了彌補此一缺憾，所以之前，我曾撰文討論過此一重要的關鍵課題[13]。其後，柳田本人看到我的著述之後，也認同和幾度曾在其著作中引用[14]，並實際曾對日本曹洞宗的學者產生重估久被忘懷和屢遭學界貶抑的忽滑谷快天之國際禪學者的應有地位[15]。

亦即，是由於我論證胡適在研究出其確曾受忽滑谷快天的影響，才對神會的研究有突破。這也就是為何胡適雖較矢吹慶輝的發現敦煌的新禪學文獻為晚，卻能發現矢吹慶輝所沒看出的神會問題。其關鍵的轉折點，就是由於胡適從忽滑谷快天最重要的相關新書《禪學思想史》的論述資料線索和問題意識的提供，才能促其因而發現了神會與南北禪宗之爭的問題提示所致[16]。

其後，由於柳田在日本佛教界研究禪宗史的泰斗崇高地位，所以他兩度引述我關於忽滑谷快天對胡適影響的長段談話，又被日本學者山內舜雄在其著的《道元の近代化》〈第一章道元近代化過程〉中，分別照引。在同書中，山內舜雄接著又論述說：是該重估忽滑谷快天的應有崇高學術地位，乃至為其過世百年編全集以為紀念的時候了[17]。

此外，由於大陸著名學者葛兆光對我的討論忽滑谷快天與胡適的論點，也有部份質疑，又提到我應重視清末沈曾植的《海日樓箚叢》關於楞

《禪與日本文化》一書中，雖廣引有極力誘導傳統武士奮勇為主忘我「狂死」之嫌的《葉隱聞書》典故，也生動的將其和西班牙鬥牛士的勇於狂熱殉死相類比。但，此一不當的類比，隨後，也同樣在西方，遭到強烈的批判。反之，他用心英譯日本禪僧澤庵所談「禪劍一如」的名著《不動智》等書，因其與最高境界的武士道超越生死之念精神修養有關，所以迄今仍在西方享有盛譽和擁有不少讀者。而這與其在當代西方所面臨的沾染軍國主義禪學思想的強烈負面批判，恰成一鮮明的正反比。見 Victoria, Daizen. *Zen at War / Brian Daizen Victoria*. Lanham, Md.: Rowman & Littlefield Publishers, c2006, 2nd edition.

13 對於此問題，我曾發表〈胡適禪學研究在中國學界的發展與爭辯〉，收在我的《現代中國佛教史新論》（高雄：淨心文教基金會，1994）一書。本文就是對此前文的內容，所進行的修訂和和在資料上的最新大量增補。

14 柳田本人在晚年完全接受我的看法，特別在他的巨著《禪佛教研究——柳田聖山集第一卷》（東京：法藏館，1999），其長篇的〈作者解題〉的頁 674、680，兩度引述我的看法，並明白註明是根據我書中的看法。

15 此因滑谷快天的著作，在敦煌文獻發現後，似乎被大大的貶低其影響力。

16 對於我過去的此一論述的最新修訂，請參看我在本文以下所提供的新資料證據之補強和相關的最新說明。

17 山內舜雄，《道元の近代化》（東京：大藏出版社，2001），頁 54-55。

伽宗、法如碑和神會的資料[18]。所以，本文擬結合新資料和增補長篇新註，再改以今題發表，以回應葛兆光對我的討論的質疑和疏失，並就教於張雪松博士[19]和其他相關學者[20]的對我的各項重要的商榷之處。

二、初期的胡適禪學研究與忽滑谷快天相關的再檢討

正如我過去在論文中所提過的那樣，對於有關胡適一生在中國中古時期的禪學（禪宗史）研究之重大發現、或其之後所以能夠產生對國際學界如此長久的巨大影響，論其最重要的轉折點之所在，特別是在其初期的研究階段，是否曾受益於日本學者忽滑谷快天的著作，是一個頗值得探究的問題。但是幾乎都被歷來關於胡適此一領域的相關研究者所忽略了。就連博學如享譽國際學藉已久的柳田聖山博士，在論及有關於胡適一生禪學的學術史回顧中，也未曾對此作任何交代。

可是，就我的研究發現來說，若對胡適一生的禪學研究之相關學術史的探討，一旦忽略了忽滑谷快天的著作對其實質影響的關鍵部份，則將使胡適在其初期禪宗史料的發現，顯得相當突然。

此因，雖然胡適在 1925 年 1 月，已發表其第一篇禪學研究論文〈從譯本裡研究佛教的禪法〉[21]，但，此文其實只是根據《坐禪三昧經》的經文，來理解古代印度的「禪法」而已[22]，其全文並未涉及禪宗史的任何重要問題。但是，何以接著的下一年（1926），他會到巴黎國立圖書館和倫

---

18 葛兆光，〈序〉，載江燦騰著，《新視野下的台灣佛教近現代史》（北京：中國社會科學出版社，2006），頁 2。

19 見張雪松，〈兩岸佛學研究風格比較：以江燦騰與樓宇烈對胡適禪學研究評述為例〉，《哲學門》，總 17 輯，卷 9 期 1（北京：2008 年 9 月）。後全文收入《複印資料．宗教》2009 年第 4 期。http://www.rendabbs.com/redirect.php?tid=2349&goto=lastpost

20 見黃青萍，〈敦煌北宗文本的價值及其禪法——禪籍的歷史性與文本性〉，國立台灣師範大學／國文學系／96／博士論文，頁 21。

21 胡適，〈從譯本裡研究佛教的禪法〉，《胡適文存》，集 3 卷 4（台北：遠東圖書出版公司，1971），頁 275-92。

22 《坐禪三昧經》是鳩摩羅什所譯，上下兩卷，首尾一貫，敘述繁簡得宜，內容的充實整齊，堪稱南北朝的時期，諸禪經中第一。鳩摩羅什在本經中，綜合印度各種禪法，將其修證次第，作清楚地論釋，影響中國禪學發展的功能甚大。參考佐藤泰舜，〈坐禪三昧經解題〉，收在《國譯一切經印度撰述部．經集 4》（東京：大東出版社，1974 年 3 版），頁 167-273。

敦大英博物館去查敦煌的禪宗的資料？並且因而發現了他生平學術最重大收獲之一的神會資料？難道說，只是一件意外的收獲嗎？

根據胡適本人在 1927 年元月所發表的〈海外讀書雜記〉，可以知道，他是在前一年（1926）到歐洲參加會議和演講，並順道前往巴黎的國立圖書館和倫敦的大英博物館去尋找敦煌寫本中關於唐代禪宗史的原始資料。在此文的第三節「神會的語錄」中，胡適很清楚地，從一開始就作了如下的論斷：

> 在禪宗的歷史上，神會和尚（荷澤大師）是一個極重要的人物。六祖（惠能）死後，神會出來明目張膽地和舊派挑戰，一面攻擊舊派，一面建立他的新宗教，——「南宗」。那時舊派的勢焰薰天，仇恨神會，把他謫貶三次。御史盧奕說他「聚徒，疑萌不利」，初貶到弋陽，移到武當，又移到荊州。然而他奮鬥的結果居然得到最後的勝利。他死後近四十年，政府居然承認他為「正宗」，下敕立神會為禪門第七祖。（貞元十二年，西曆 796）從此以後，南宗便成了「正統」。
>
> 這樣一個重要的人物，後來研究禪宗史的人都往往忽略了他；卻是兩個無名的和尚（行思與懷讓），依靠後輩的勢力，成為禪宗的正統！這是歷史上一件最不公平的事。
>
> 神會的語錄與著作都散失了，世間流傳的只有《景德傳燈錄》（卷 30）載的一篇〈顯宗記〉，轉載在《全唐文》（卷 916）裡。……[23]

在其後的敘述中，胡適提到他是因看到〈顯宗記〉載有「西天二十八祖」的傳承說法，他認為此說太早，於是懷疑〈顯宗記〉不是神會的著作。

以這樣的問題點為契機，他到巴黎沒幾天，便發現了一卷無名的語錄，依據內容，他確定為神會的語錄殘卷。過了幾天，又發現一長卷語錄，其中一處稱「荷澤和尚」，六次自稱「神會」，所以他也斷定為神會的語錄。

---

[23] 胡適，〈海外讀書雜記〉，《胡適文存》，集 3 卷 4，頁 350-361。

接著他到了倫敦，發現了一破爛的寫本，後面題有「頓悟無生般若頌一卷」，並從字句發現與〈顯宗記〉類似，經拿兩者細校後，確定果然是〈顯宗記〉古本。而胡適對此殘卷的收獲有二，第一是〈顯宗記〉原題叫〈頓悟無生般若頌〉，第二是此卷無有「自世尊滅度後，西天二十八祖共傳無住之心，同說如來知見」二十四個字。因此胡適斷定原〈顯宗記〉所有的記載，是後人添加上去的。而此卷也可證明是神會的作品了[24]。

可是，我們如就以上〈海外讀書雜記〉的資料來看的話，我們會訝異：何以胡適對神會在禪宗史上的關鍵性地位，會看得那樣清楚？甚至可以說，當他對神會的生平都未見詳考之前，他已道盡了日後他對神會其人的主要評價內涵！為什麼他可以做到這一點？

由於有這樣的疑點在，我們必須再進一步考察，看看他是否另有參考的資料來源？首先，我們就中國當時的禪學論文來看。

在胡適發表〈海外讀書雜記〉之前，中國學者中，關於禪學的學術研究，已曾正式發表的[25]，有兩篇最具代表性，一篇是歐陽竟無（1871-1944）講、韓孟鈞記的〈心學大意〉：另一篇是蒙文通撰的〈中國禪學考〉，都是在 1924 年先後發表於「支那內學院」，以後收在《內學》第一輯[26]。這兩篇文章中，歐陽是純就印度禪法的各派內涵作分析，但不作歷史發展的考證。蒙文通則從各種傳統的中國禪宗文獻，來探討禪學的傳承問題，其中到達摩二十八祖的謬誤和評論，正是全文的探討核心。所以蒙文通的研究，實際上應是胡適到巴黎和倫敦求證「西天二十八祖」起於何時的原始

24 按：此卷是〈顯宗記〉的後半篇，而日本學者矢吹慶輝在 1915 年於大英博物館影印了前半篇。但確定此卷為神會作品，並加以校勘解說者，應歸功於胡適。可參考胡適，〈新校定的敦煌寫本神會和尚遺著 2 種〉，收在柳田聖山編，《胡適禪學案》（台北：正中書局，1974），第 2 部，頁 323-30。

25 沈增植的《海日樓箚叢》書稿，雖有相關的珍貴討論，但此時尚未出版，外界不易知曉。此因沈增植撰，錢仲聯輯錄的《海日樓箚叢．海日樓題跋（二）》，事實上，是直到 1962 年，才由北京的中華書局出版。並且，此書的文章是在清光緒年間所筆記的，沈增植(1850-1922)所摘數的一些傳統禪宗資料，以及所作的隨文短評，也有一定的見地，可能是清末中國學者中最敏銳的讀書家之一。但他的讀書筆記，有生之年，從未出版。胡適也從來沒有和他有過資料互通和相關意見的交換。所以，胡適並不知有此資料存在，也不能受到其影響。1962 年出版沈書時，胡適當年又過世，且自敦煌文獻發現之後，沈書的資料已過時，意義不大。

26 《內學內刊》，共 4 輯，台灣版是漢聲出版社於 1973 年影印發行。蒙文通的文章在該刊第 1 輯的頁 37-61。此文也被張曼濤主編的「現代佛教學術叢刊」，收在冊 4，《禪宗史實考辨》（台北：大乘文化出版社，1977），頁 95-114。

動機之一。學術史的研究，有所謂「內在理路」的發展，蒙文通的禪學研究，正扮演了這樣的功能。事實上不但胡適受影響，即以當時對中國佛教史最權威的學者湯用彤來說，在提到從達摩到惠能的禪法演變時，即註明：

> 古今禪學之別，已屬隋唐時代，茲不詳述。參看《內學》第一輯蒙文通〈中國禪學考〉第二段。[27]

可是胡適除到巴黎和倫敦找關於神會資料，以解決所謂「西天二十八祖」的傳承起於何時的問題之外，更慧眼獨具地，注意到神會的革命性地位就禪宗史的探討來說，胡適將神會的重要性從被淹沒的歷史塵灰中挖掘出來，可以視為相當了不起的貢獻。他個人也在日後認為是生平最原創性的學術成就之一[28]。可是，這在學術的發展上，卻屬「跳躍式」的突破。亦即，胡適將當時禪宗史研究的問題點，由「西天二十八祖」的傳承問題，轉為禪宗革命家本身的問題。然而，這兩者，在學術的思考層面上，又是差距極懸殊的，故很難視為理所當然的問題焦點之轉移。因為縱使胡適本人當初到巴黎和倫敦後，能立刻發現了一些神會的相關資料，可是就資料的實質內容來說，也不過是和一篇談禪宗思想，並連帶談及傳承世系的簡短文章罷了。任何學術的天才，都很難從〈顯宗記〉或敦煌殘卷的〈頓悟無生般若頌〉(二者內容相同)，發現神會的革命性角色和它有何關係。而胡適在此之前，對禪宗所知甚少，他的第一篇論文〈從譯本裡研究佛教的禪法〉，寫在去巴黎和倫敦的前一年，可以證明他的水準不高。也因此，對於他在〈海外讀書雜記〉裡，能那樣斷然且清楚地凸顯神會的歷史性角色，是令人心中不能無疑的。

既然胡適對神會的認識，令人產生有「跳躍式」的突如其來的感覺，我們又如何去解決這一團謎霧呢？

---

[27] 湯用彤，《漢魏兩晉南北朝佛教史》（台北：彌勒出版社，1982），頁 789。按此書係藍吉富以「長沙版」影印，收在「現代佛學大系」，冊 27。

[28] 此時間，是指 1957 年至 58 年之間，當時胡適正在從事美國哥倫比亞大學口述歷史計劃中的《胡適口述自傳》，由唐德剛策劃、錄音、整理。胡適的談話──可見於他在第十章第 2 節，談到「研究神會和尚始末」時，其中一段的開場白：「在中國思想史的研究工作上，我在 1930 年也還有 1 樁原始性的貢獻。那就是我對中古時期，我認為是中國禪宗佛教的真正開山宗師，神會和尚的 4 部手抄本的收集『與詮釋』」。可參看唐德剛中譯本，《胡適口述自傳》(台北：傳記文學出版社，1981)，頁 217-26。

我們先從胡適在《神會和尚遺集》中的幾段話來看：

> 民國十三年，我試作中國禪學史稿，寫到了惠能，我已很懷疑了；寫到了神會，我不能不擱筆了。我在《宋高僧傳》裡發現了神會和北宗奮鬥的記載，又在宗密的書裡發現了貞元十二年敕立神會為第七祖的記載，便決心要搜求關於神會的史料。但中國和日本所保存的禪宗材料不夠滿足我的希望。我當時因此得一感想：今日所存禪宗材料，至少有百分之八九十是北宋和尚道原、贊寧、契嵩以後的材料，往往經過種種妄改和偽造的手續故不可深信。我們若要作一部禪宗的信史，必須先搜求唐朝的原料，必不可輕信五代以後改造過的材料。
>
> 但是，我們向何處去尋唐朝的原料呢？當時我假定一個計劃，就是向敦煌的寫本裡去搜求。敦煌的寫本，上起南北朝，下訖宋初，包括西曆五百年到一千年的材料，正是我要尋求的時代。況且敦煌在唐朝並非僻遠的地方，兩京和各地禪宗大師的著作也許會流傳到那邊去。
>
> 恰好民國十五年我有機會到歐洲去，便帶了一些參考材料，準備去看倫敦巴黎兩地所藏的敦煌卷子。九月我在巴黎發現了三種神會的語錄，十一月中又在倫敦發現了神會的〈顯宗記〉。此外還有一些極重要的禪宗史料。我假定的計劃居然有這樣大的靈驗，已超過我出國之前的最大奢望了。
>
> 十六年歸國時，路過東京，見著高楠順次郎先生、常盤大定先生、矢吹慶輝先生，始知矢吹慶輝先生從倫敦影得敦煌本壇經，這也是禪宗史最重要的材料。
>
> 高楠、常盤、矢吹諸博士都勸我早日把神會的遺著整理出來，但我歸國之後，延擱了兩年多，始能把這神會遺集整理寫定；我另作了一篇神會傳，又把《景德傳燈錄》卷 28 所收神會一篇，附錄一卷，各寫兩份，一份寄與高楠博士，供他續刊大藏經之用，一份在國內付印，即此定本。[29]

[29] 胡適，〈自序〉，《神會和尚遺集》（上海：亞東圖書館出版，1930），頁 1-5。

從上述的說明中，我們首先看到胡適本人說他是因試作中國禪學史稿，寫到惠能，他開始懷疑，寫到神會就擱筆寫不下去了。由於胡適的這份草稿內容如何，誰也沒見過，所以無法瞭解他是如何探討的。但是，從他對惠能和神會的懷疑，以及他接著引述的資料順序，我們卻可以明白他的禪學知識來源是什麼？

因為在《景德傳燈錄》裡，對於神會的對抗北宗，只有如下的交代：

> ……唐景龍中卻歸曹谿。祖（惠能）滅後二十年間，曹谿宗旨沉廢於荊吳，嵩嶽漸門盛行於秦洛，乃入京。天寶四年方定兩宗，方著〈顯宗記〉行於世。[30]

假如沒有其他參考資料的話，誰也無法明白其中存在著神會和北宗之間的激烈對抗。〈顯宗記〉也只說明自宗的禪法和「西天二十八祖」的法系罷了，同樣沒有出現和北宗對抗的字樣。

可是胡適說他在〈宋高僧傳〉看到神會和北宗奮鬥的記載，又說在宗密的書裡發現了貞元十二年（796）敕立神會為第七祖的記載。這是屬實嗎？

分析到這裡，我們必須回頭再重提一下，即關於「西天二十八祖」的法系問題，是蒙文通曾質疑在先的，胡適接著問，也理所當然。因為像這樣的問題，並非輕易可以弄得清楚的。可是關於神會的對抗北宗這一重大禪宗問題，胡適的靈感是如何產生的？有無可能參考國外的研究成果呢？

胡適在 1927 年歸國時，路過東京，曾和當時一些著名的佛教學者像高楠順次郎、矢吹慶輝和常盤大定等，談起他在巴黎和倫敦的新發現。這三人之中，以矢吹慶輝對敦煌的古籍最熟，他曾於 1916 年和 1922 年兩度前往大英博物館搜集和影印大批資料回日本。除了著有劃時代的作品《三階教之研究》一書外，並將敦煌的古逸佛典附上解說，以《鳴沙遺韻》出版[31]。

---

[30] 參考藍吉富主編，《禪宗全書》（台北：文殊出版社，1988），冊 2，《景德傳燈錄》，卷 6，頁 103。

[31] 矢吹慶輝的《鳴沙餘韻》（東京：岩波書店，1933），在〈自序〉中，清楚地交代收集資料和成書的經過。不過，此書最初，是矢吹慶輝在 1930 年出版的。當時只

但是，上述三人（包括矢吹慶輝在內）對神會的革命性成就，無深刻認識，所以胡適的同道，不可能是他們[32]。真正稱得上中國禪宗史專家的忽滑谷快天（1867-1934），胡適經常參考他的著作，卻沒有拜訪，可以說相當令人訝異[33]。

因此，我們接著要問：忽滑谷快天有可能提供什麼資料。而要探明這個問題，我們可將其分為兩個步驟：

第一步，先找出忽滑谷快天的書中有何線索，足供胡適參考？

第二步，再求證胡適是否曾參考過忽滑谷快天的著作？

就第一個步驟來說，忽滑谷快天在他的《禪學思想史》（東京：玄黃社，1923 年出版）上卷支那部的第三篇第六章，已清晰地列出〈荷澤の神會と南北二宗の諍〉的標題。在此章的引用文獻中，關於南北二宗的對抗，以及神會的被流放，乃至後來的被德宗立為第七代祖師一事，忽滑谷快天是參考了《宋高僧傳》，卷 8、宗密（780-841）的《圓覺經大疏鈔》，卷 3 和宗密的〈禪門師資承襲圖〉。另外對於神會的〈顯宗記〉，則提到《景德傳燈錄》，卷 30 有載[34]。

假如比對胡適的那篇〈神會和尚遺集—自序〉，即可以看到不論在南北宗對抗的問題意識，或者引用相關資料的種類和資料出現的順序，都和忽滑谷快天的文章相符。所以就第一個步驟來說，是有可能的。接著，是要求證胡適是否引用過忽滑谷快天的著作。

雖然在〈海外讀書雜記〉一文中，胡適並未註明受忽滑谷快天的著作啟發，但是，我們通過精密的相關資料的檢視之後，即可清楚地知道在當初胡適開始研究中國禪宗史的這一早期階段，他其實仍不知道，要先去參考已收在《卍字續藏經》中關於圭峰宗密的重要論述，所以他自然也就無

有圖版 104 幅，而沒有解說。1932 年，他撰寫「解說」的部份，分上下兩卷，在 1933 年刊行。以後一再翻印，銷路甚佳。胡適在寫〈新校定的敦煌寫本神會和尚遺著 2 種〉時（1958 年 11 月），已見到《鳴沙餘韻》的第 78 版。

32 根據胡適的說法，矢吹最初並不知此卷為何人所作，後來讀了胡適的說明，才在「解說」中稍作介紹。但胡適仍指出他疏忽致誤之處。見柳田聖山編，《胡適禪學案》，頁 324-29。

33 胡適參考忽滑谷快天的著作情形，本文以下有詳述，可加以參考。

34 見藍吉富主編，《禪宗全書》，冊 2，《景德傳燈錄》，頁 629-30，有〈顯宗記〉全文。而忽滑谷快天的《禪學思想史》，上卷，則在頁 442-46，交代神會和南北宗之諍的各種資料。

從了解原出《全唐文》的神會〈顯宗記〉與《壇經‧頓漸品》的關係如何？亦即不清楚內在的詳細關聯。

而他後來知道要去參考這些資料，有很清楚的證據顯示，他是受到來自忽滑谷快天著作中的相關論述資料提示。

不過，我也必須坦白承認，我最初的推斷，只是根據從兩者之間的現有著述資料進行仔細比對的結果，而非能根據最原始的直接證據，即推論出胡適受曾到忽滑谷快天的著作影響。而其後當代學界的一些同道，則對於我的此一發現，依然有些存疑，而未完全被我說服[35]。

所以，我最近又根據友人王見川博士所提供的新資料線索，終於在《胡適日記全集之四：1923-1927》（台北：聯經出版公司，2005）中[36]，發現了當時胡適親撰的一些他曾閱讀過忽滑谷快天所剛出版的《禪宗思想史》中相關資料後的心得筆記和其他有關資料蒐集過程和種類的各種明確紀載。所以，我此處將這些胡適的日記資料，分別轉述如下，作為我的此一專題研究的最新補充：

1.胡適在其《日記全集之四：1923-1927》的 1926 年 8 月 31 日這天，曾記載說，他當天是先在英國倫敦的中國使館內的會客桌上，看到有一本罕見的中國長沙人朱海璛在上海所刊印的《壇經》滬刻版，並附有校錄，但他不知這位未署名的校錄者是誰，所以他就向英國倫敦的中國使館內的執事者，將此本罕見附有校錄資料的滬刻版《壇經》的借回去住處，先行抄了一些其中的相關校錄資料。這對正殷切遠渡重洋到海外來尋找各種《壇經》版本或相關校錄資料的胡適來說，當然如獲至寶，所以立刻在日記本上快速抄下各種他認為可供參考的有用資料。

2.根據他的當天日記，我們可以知道，他在那本有校錄資料的朱海璛所刊行的滬刻版《壇經》中，看到：（一）其中附的王維〈六祖能禪師碑銘〉，有提到是在五祖臨終之際，才授衣給六祖惠能，而此碑是王維撰於神會受謫之後，卻沒有提到有所謂西天「二十八祖」的說法，甚至也沒有

---

35 台灣學者黃青萍在其博士論文中，曾說我是用「推測」來推論忽滑谷快天對胡適關於神會研究的最初問題意識和資料線索之提供和相關影響。見黃青萍，〈敦煌北宗文本的價值及其禪法——禪籍的歷史性與文本性〉，國立台灣師範大學／國文學系／96／博士論文，頁 21。

36 龔雋也曾看到此一胡適日記的相關資料，但是他無我所持的問題意識，所以我和他的解釋差異甚大。見龔雋和陳繼東合著，《中國禪學研究入門》，頁 20-21。

記載「達摩的話」，但文中則已有「世界一華，祖宗六葉之語」。(二)、其次是，在另一唐代詩人劉禹錫所撰的〈大鑒第二碑〉中對於惠能的年歷大事記，雖與原《壇經》說法不符，胡適卻願考慮採信。

3.同年的 9 月 4 日，星期天，日記中的資料又提到：當天胡適本人又到 Bibliottheque Nationale 看敦煌卷子，並發現其中的《禪門祕要訣》全文，有提到「第一迦葉首傳燈，二十八代西天記。入此土，達摩為初祖，六代傳衣天下聞，後人得道何窮數？」但他在那天所發現的 3488 編號的殘缺文件，卻是關於「遠師」和「和尚（按：即神會）」的問答。胡適在日記中說，他看到後這一材料之後，「心疑是神會的作品」，又斷定是「八世紀的作品」。於是，他便根據此文獻，對神會當時所提倡的西天八代說，認為那是不能成立的。以後，胡適對於原《壇經》說法的各種質疑，便從此展開。

4.但是以後他又再對照新發現的 2634 編號的《傳法寶記》和 3346 編號的《楞伽師資記》，他高興地認為是「重大發現」。他日後所命北宗所代表的「楞伽宗」，就是由張些文獻的發現而展開的。

5.不過，他在同年九月 25 日，在日記上，明白記下：「到使館，收到家中寄來的(忽滑谷快天著)《禪學思想史》，……可與巴黎所見參看。……回寓後看《禪學思想史》，頗有所得。」首先就是幫他解開敦煌卷子 2104 編號的《禪門祕要訣》的作者是否為玄覺所作之問題。

胡適本人當時是傾向於否定的。但，忽滑谷快天的《禪學思想史》(上卷)，對胡適最大的作用是提供了唐代大禪學家圭峰宗密的相關著作資料和有關神會問題的研究線索，所以胡適才會在當天九月廿七號的日記上，清楚的寫下：「忽滑谷快天的《禪學思想史》不很高明，但頗有好材料，他用宗密的《圓覺大疏鈔》、《禪源諸詮集都序》、《禪門師資承襲圖》等書，皆極有用。……」(見原書，頁 478。) 由於這些資料是來自《卍續藏經》，所以胡適在 10 月 2 日，便到 Bibliottheque Nationale 去借讀其中的「宗密《圓覺大疏鈔》，始知他把禪宗分為七派。」(見原書，頁 485)。由此可知，忽滑谷快天的《禪學思想史》，上卷，對胡適最大的作用，就是提供宗密的相關資料。

然而，忽滑谷快天的《禪學思想史》，上卷是胡適從中國的家中寄來的，難道他事先都不知道其中的內容嗎？這是第一個疑問。其次是，雖然他當時曾一面參考，又一面批評說，「忽滑谷快天的《禪學思想史》不很高明」。

可是，胡適當時在很多方面的相關知識來源，例如有關禪思想史的長期演變和中印禪法的差異等知識，可以說都是他當年直接閱讀忽滑谷快天的《禪學思想史》書中資料之後，才獲悉的。並且，在同一年稍後撰寫的〈菩提達摩考〉裡，即清楚地註出參考忽滑谷快天的《禪學思想史》上卷和頁數[37]。接著在下一年（1928）撰寫的〈禪學古史考〉裡，同樣註明參考忽滑谷快天的《禪學思想史》上卷和頁數[38]。

可見胡適在初期的重要禪學論文中，確曾引用過忽滑谷快天的著作。因此，第二步驟的求證也有了著落。

既然第一、第二兩步驟都能獲得實證，則胡適在〈海外讀書雜記〉一文中，所以能如此明白地強調神會的歷史性地位，其知識來源也就可以解明了。

亦即忽滑谷快天的禪學史著作，為胡適提供了關於神會重要性的問題意識，然後胡適才會在巴黎和倫敦的敦煌殘卷中，猛翻有關神會的資料，並且能在其他神會資料未深入研究之前，先能論斷神會的重要性。

雖然胡適和忽滑谷快天之間的學問關聯，已在上述分析裡略有說明，但在胡適的心目中，對忽滑谷快天有何評價呢？根據胡適在 1934 年 12 月於北平師範大學演講〈中國禪學的發展〉時，在開場白的客套話之後，隨即如此描述：

> 〈中國禪學的發展〉這個題目，中國從來沒有人很清楚地研究過。日本有許多關於禪學的書，最重要的，要推忽滑谷快天所著的《中國禪學史》，因為就材料而言，中國禪學的發展〉這個題目，

---

[37] 胡適用括弧標出，寫著：「參看忽滑谷快天《禪學思想史》，上卷，頁 307，論『廓然無聖』之語，出於僧肇之〈涅槃無名論〉。」收在《胡適文存》，集 3 卷 4，頁 293-302。

[38] 此段胡適引用忽滑谷快天的內容，是由於印度禪法來源和《奧義書》(Upanishadas)、數論一派有關：而忽滑谷快天在該書的上卷，有介紹印度的各種「外道禪」（佛教以外的禪法），所以胡適連引 2 處，並標出該書出處為頁 39-52, 66-84。可見胡適對印度禪法的理解，是參考忽滑谷快天的解說而來。收在《胡適文存集》集 3 卷 4，頁 255-284。

> 中國從來沒有人很清楚地研究過。日本有許多關於禪學的書，最重要的，要推忽滑谷快天所著的《中國禪學史》，因為就材料而言，在東方堪稱為最完備詳細的。這書前幾年才出版。[39]

可見胡適在中、日兩國的佛教學者裡，唯一推崇的關於中國禪學史的著作，只有忽滑谷快天寫的了，並且稱它在材料上，是東方最完備詳細的。而事實上，胡適在那場演講裡，絕大部份的觀點都是出自忽滑谷快天的書內。就此而言，胡適在中國禪宗史的研究，所以能快速提升水準，除了他勤於發掘新史料外，會參考國際間禪學同道的最新研究成果，也是極重要的原因。

而以上雖有一些新發現，旨在找出近代中國禪學研究的學術發展途徑，並非對胡適個人的學術成就作批判。事實上胡適能前往巴黎和倫敦尋找新材料，在學術的突破上，已經超出原先忽滑谷快天的資料格局了。胡適在國際禪學研究，能夠佔有一席地位，也就是為了這個貢獻[40]。

三、戰後胡適與鈴木大拙對台灣禪學界的衝擊

（一）戰後來台之前胡適的禪宗史研究

根據日本學者柳田聖山的說法，1935 年，是胡適在戰後正式研究禪宗史的再出發之年，因「後來收編在《胡適手稿》第七集的〈宗密的神會略傳〉就是這年六月的執筆。」[41]這意味著神會的問題，再度成為他關心的課題。

可是在戰後到 1935 年之間，關於胡適的禪學研究，仍有一些值得一提。

---

[39] 胡適的此講稿，是經過二十年後，才由 De Martino 替他找出來，用做論文材料的一部份。胡適花了十元美金，請他多印一份，以留紀念。收文收在《胡適禪學案》，第三部，而此段引文是在該書的頁 459-60。

[40] 胡適的此一學術地位，可參考柳田的宏文，〈胡適博士與中國初期禪宗史之研究〉，載《胡適禪學案》，頁 526。日文原文，則在同書，頁 27-45。以下只標中譯頁數，日文頁數省略。

[41] 見柳田聖山，《胡適禪學案》（台北：正中書局，1975），頁 22。

胡適從 1935 年發表〈楞伽宗考〉之後，所中斷的禪宗史研究，直到 1946 年 6 月，出席夏威夷「第二屆東西哲學家會議」，與鈴木大拙討論禪學，才恢復了禪學問題的探討。

當時胡適所持的論點，是堅持「禪」的本質，並非不合邏輯，是帶有理性成份，是在我們智性之內所能瞭解的。理由是，「禪是中國佛教運動的一部份，而中國佛教是中國思想史的一部份，只有把禪宗放在歷史的確當地位中，才能確當的了解。」[42]

於是胡適在論文中，對中國禪宗史作了一些回顧後，接著指出禪宗的方法可分為三段。第一階段，是所謂的「不說破」原則。第二階段，是由九世紀和十世紀的禪師們，發明了變化無窮的偏頗方法，來回答問題，以便落實第一階段的不說破原則。第三階段，則是「行腳」，以探討適合自己開悟的方法[43]。

鈴木大拙則在〈禪：答胡適博士〉這篇文章中，回答胡適對他在大會上發表〈佛教哲學中的理性與直觀〉的內容質疑[44]。

由於鈴木大拙的論述，並不反駁胡適在禪宗史的見解，他承認胡適在這方面所知甚多，但他批評胡適對禪的本質則為門外漢，並不理解。

如此一來，胡適在禪宗史料的發現和禪宗史的探討，便被此次辯論遺落了。可是，它們卻是胡適禪宗史研究的核心部份。所以胡適後來的禪宗史研究，依然是屬於歷史學的進路。

在另一方面，胡適在上述對禪思想本質的理解，其實有其根源，一是來自忽滑谷快天的著作，此在 1934 年於北平師範大學演講〈中國禪學的發展〉時，已明白交代過了。

另一個參考資料，是來自朱熹的論禪家方法，此一部份，雖然亦曾受到鈴木大拙的批評[45]，但胡適並未氣餒，反而在 1952 年 7 月，完成了〈朱

---

[42] 胡適的文章為〈中國禪宗——其歷史與方法〉(Ch'an Buddhism in China, its History and Method)。此文現收在柳田聖山編，《胡適禪學案》，第 4 部，頁 668-89。而鈴木大拙所撰〈禪：答胡適博士〉，發發表於 1953 年 4 月號的《東西哲學》，卷 3 期 1，附有胡適論文全文。本文現在引用的段落，是孟祥森譯的《禪學隨筆》（台北：志文出版社，1974），鈴木論文前，由編者所作的胡適原文提綱內容的一部份。

[43] 見孟祥森譯，《禪學隨筆》，頁 150-54。

[44] 見鈴木大拙，〈禪：答胡適博士〉，孟祥森譯，前引書，頁 188。

[45] 鈴木大拙，〈禪：答胡適博士〉，孟祥森譯，前引書，頁 188。

子論禪家的方法〉初稿（收在《胡適手稿》，集 9，卷 1，上冊，頁 43-83）。因此，可以確定，鈴木的〈禪：答胡適博士〉一文，對胡適的基本認知態度，可以說沒有重大的影響。

由於胡適在 1952 年之前的研究方向大致已確定，在 1953 年重新再出發之後，仍汲汲於搜集、校訂和探討與神會有關的新出史料。

所以，我們所不能忽略的，就是繼續追蹤胡適到台灣後的一連串演講、著述和發表，使得他的禪學研究，逐漸在台灣學界產生鉅大的影響。

（二）返台就任中央研究院院長之後胡適對禪宗史的研究

胡適是 1958 年 4 月，離開滯留九年之久的美國，來到台灣南港任「中央研究院」的院長職務。直到 1962 年 2 月 4 日去世為止，他的禪學研究是很勤勉的。例如到台灣的當年十一月，他即撰成〈新校定的敦煌寫本神會和尚遺著兩種——校寫後記〉，發表在《歷史語言研究所集刊》第 29 本，內有胡適新考訂了神會的逝世是在 762 年 5 月 13 日，享年 93 歲，而生年是在 670 年，即唐高宗咸亨元年[46]。同時，胡適也在文中第四節，「總計三十多年來陸續出現的神會遺著」，其中屬於胡適發現的史料就佔一半，並且是首開風氣者。他還提到日本學者矢吹慶輝在 1930 年出版敦煌寫本圖版 104 幅，書名叫《鳴沙餘韻》（東京：岩波書店），但因未讀胡適的《神會和尚遺集》，所以目錄裡未標出卷名〈頓悟般若無生頌〉。

要到兩年後（1932），出版《鳴沙餘韻解說》（東京：岩波書店）時，才標出卷名，並引胡適的短跋[47]。可以清楚地看出他一擔任院長後，即開

---

[46] 按：胡適生前考訂的神會生年，在西元 670 年，逝世是在西元 762 年，故年齡是九十三歲。但大陸的溫玉成，在 1984 年第 2 號的《世界宗教研究》上，發表論文〈記新出土的荷澤大師神會塔銘〉（頁 78-79），提到唐代寶應寺遺址出土神會的塔銘原石——〈大唐東部荷澤寺故第七祖國師大德於龍門寶應寺龍崗腹建身塔銘并序〉，其中提到神會去世的日期，和胡適原先所懷疑的圭峰宗密的記載，完全相合。按宗密在《圓覺經大疏抄》的神會傳，是說他死於乾元元年(758)五月十三日，享年七十五歲。因此，胡適的新考定，仍被推翻。冉雲華教授撰〈宗密傳法世系的再檢討〉，發表於 1987 年第 1 期的《中華佛學學報》，頁 43-58，對此問題有精闢的探討。此文後來又收在《宗密》（台北：東大圖書公司，1988），作為〈附錄〉，頁 287-303。

[47] 有關矢吹慶輝的說法，見其所編的《鳴沙餘韻》（東京：岩波書店，1933），他在〈自序〉中，清楚地交代收集資料和成書的經過。不過，此書最初，是矢吹慶輝在 1930 年出版的。當時只有圖版 104 幅，而沒有解說。1932 年，他撰寫「解說」的

始總結他三十多年研究禪宗史的業績，並為自己的發現，作一學術史的定位。

而由於〈新校定的敦煌寫本神會和尚遺著兩種—校寫後記〉的發表，立刻引起日本京都大學人文科學研究所的入矢義高注意，寫信報告他在 1957 年發現了原題《南陽和尚問答雜徵義》的第三本《神會語錄》，原編輯人叫劉澄。

兩人互相通信的結果，胡適在 1960 年三月，撰出〈神會語錄的三個本子的比勘〉一文，作為當時任職於院內「歷史語言研究所」的甲骨文專家董作賓的 65 歲生日禮物。胡適在此文中的結論，再度總結他研究神會三十年來的意見說：

> 這個「南陽和尚」是一個了不起的人。在三十年前，我曾這樣介紹他：「南宗的急先鋒，北宗的毀滅者，新禪學的建立者，《壇經》的作者，——這是我們的神會。」在三十年後，我認識神會比較更清楚了，我還承認他是一個了不起的人：「中國佛教史上最成功的革命者，印度禪的毀滅者，中國禪的建立者，袈裟傳法的偽史的製造者，西天二十八祖偽史的最早製造者，《六祖壇經》的最早原料的作者，用假造歷史來做革命而有最大成功者，——這是我們的神會。[48]

由此可以看得出胡適的基本觀點，只有更加堅持和更詳細補充，而未作任何修改。

1960 年 3 月，胡適又完成了〈神會和尚的五更轉曲了〉一文，這是幾篇和入矢義高討論的筆記式短文組成的，也是作為向董作賓祝壽之用[49]。隔月（1960 年 4 月）又補了一篇〈校寫《五更轉》後記〉，連同之前的文章，構成論文〈神會和尚語錄的第三個敦煌寫本——《南陽和尚問答雜徵義：劉澄集》〉，載於《歷史語言研究所集刊外編》，第四本[50]。

部份，分上下兩卷，在 1933 年刊行。以後一再翻印，銷路甚佳。胡適在寫〈新校定的敦煌寫本神會和尚遺著 2 種〉時（1958 年 11 月），已見到《鳴沙餘韻》的第 78 版。不過，根據胡適的說法，矢吹氏最初並不知此卷為何人所作，是後來讀了胡適的說明，才在「解說」中稍作介紹。但胡適仍指出他疏忽致誤之處。見柳田聖山編，《胡適禪學案》，頁 324-29。

48 見柳田聖山，《胡適禪學案》，頁 354-55。

49 見柳田聖山，前引書，頁 359。

50 此文收在柳田聖山，前引書，331-94。

1961 年 8 月，胡適撰成〈跋裴休的唐故圭峰定慧禪師傳法碑〉初稿，是距他逝世之前半年的事。但此文生前未發展，直到 1962 年 12 月，也就是逝世十個月之後，才由黃彰健加上胡適生前手訂定的「後記及改寫未完稿」，以〈胡適先生遺稿〉的名義，登在《歷史語言研究所集刊》，第三十四本[51]。此一文的重點，是批評宗密的傳法世系依榜神會，有「偽造」的嫌疑。此一論斷，後來曾引起旅加佛教學者冉雲華的二次質疑[52]。

除了以上這些公開發表的學術論文之外，胡適實際上勤於翻閱各種藏經資料，並且錄下了許多值得參考的禪宗史料：從胡適過世後所出版的《胡適手稿》第七、八、九集的篇目和內容來看，共計數十篇之多，真是洋洋大觀。假如仔細比對閱讀，即瞭解其中的佛教資料，時間可概括從**東漢**到**晚明**[53]。

除禪宗資料外，連藏經版本、各種關於「閻羅王」的傳說和史料等等，都包括在內。他和入矢義高、柳田聖山的討論信件，也一併編入。因此，我們可以判斷禪宗史的研究，雖仍是他著力最多的部份，但關於佛教文化史的資料也用心在搜集，證明他的晚年時期，在整個研究構思上，是有意為《中國思想史》的下卷得以早日完成而在努力預備著[54]。

---

51 見胡適，〈跋裴休的唐故圭峰定慧禪師傳法碑〉，1962 年 12 月，以「遺稿」的形式，發表在《歷史語言所究集刊》，第 34 本，頁 1-27；《胡適禪學案》也收入此文，在頁 395-421。

52 按：冉然雲華的第 1 次質疑是在 1973 年在荷蘭《通報》發表〈宗密對禪學之解析〉(Tsung-Mi, his Analysis of Ch'an Buddhism)，在註 22 的說明中，質疑胡適的說法。此文後來由《道安法師七十歲紀念論文集》（台北：獅子吼月刊社，1975）收入，為中譯本，頁 109-31。批評胡適的部份，在頁 126-27。第 2 次質疑，即 1987 年發表的〈宗密傳去世系的再檢討〉。

53 東漢是指《胡適手稿》，集 8（台北：胡適紀念館，1970）的卷上，上冊，〈從「牟子理惑論」推論佛教初入中國的史跡〉一文，頁 1-12。晚明是指《胡適手稿》，集 8 卷 2 中冊，〈沈德符《野獲篇》2 七記明朝的「僧家考課」〉，頁 246-47；以及同書卷三下冊，〈《紫柏老人集》13〉，頁 567-70。

54 胡適在 1950 年底，即自己生日（十二月十七日）那天，曾作了如下的「生日決議案」：「……無論如何，應在有生之日還清一生中所欠的債務。……我的第一筆債是《中國哲學史》，上卷出版於民國八年，出版後一個月，我的大兒子出世，屈指算來已經三十三年之久，現在我要將未完的下卷寫完，改為《中國思想史》。（下略）」可見他的後來學術工作，是有著這樣的強烈使命感。見《胡適言論集》乙編，另一方面，隨著《胡適手稿》的相繼出版[55]，以及柳田聖山《胡適禪學案》的編成問世（1975 年出版），胡適的禪學影響力，也逐漸散發出來，構成了極堪注意的台灣佛教學術現象。不過，此一過程仍有一段醞釀期。

（三）胡適的禪學新論在戰後台灣造成的巨大衝擊與激烈回應

因為如就胡適的禪學在台灣激起的反應來看，最早的時間，應是在 1953 年元月於「台灣省立師範學院」（即今國立台灣師範大學）演講〈禪宗史的一個新看法〉那一次。

這是為紀念民初著名教育家蔡元培八十四歲誕辰（1867-1940）的一場演講[56]，在內容上和 1934 年在「北平師範大學」所講的那場〈中國禪學的發展〉，有極大的雷同性。

而其中關於新史料的發現部份，胡適也曾在稍早（1952 年 12 月）於台灣大學講演〈治學方法〉中提過了。

胡適當時還未任「中央研究院」的院長，但他早有盛譽，故雖僅來台作短期停留，仍深受學界和社會大眾的歡迎，而演講後，講稿即刊載於《中央日報》。

當時在北投辦佛教《人生》雜誌的東初法師（1907-1977），從報上讀到講稿，即於《人生》，卷 5 期 2（1953 年 2 月出版），以筆名「般若」，發表了一篇〈評胡適博士「禪宗史的一個新看法」〉。

他認為「胡適的新看法根本是錯誤的」，他的主要反對理由是：胡適不能憑《六祖壇經》的「宋本較唐本加了三千多字」，就說「惠能傳法恐怕也是千古的疑案」。又說：「要是否認了六祖的傳法，即等於推毀了整個禪宗史的生命，也就否認了整個以禪為中心的唐代文化。所以我（東初）說胡適的新看法根本是錯誤的。」[57]

頁 89-90。轉引沈衛威，《一代學人胡適傳》（台北：風雲時代出版公司，1990），頁 345-46。

[55] 按：《胡適手稿》的第 1 集是在 1966 年出版。至於本文所主要參考的，關於禪宗史料和研究的第 7, 8, 9 集，則是在 1970 年同一年出版的。

[56] 此演講題目的左邊隔 1 行小字，即有時間、地點和演講目的的簡短說明。見《胡適演講集》，上冊（台北：胡適紀念館，1970），頁 150-1171。柳田聖山，《胡適禪學案》亦收有此文，載頁 522-43。

[57] 以上見該期《人生》雜誌，頁 2。

東初法師是 1939 年後，自大陸來台的第一代著名僧侶，擅長佛教史[58]，但此文把胡適的講詞化約為《壇經》字數比較後的錯誤看法，所以對澄清史料正誤的作用不大。然而，東初本人，自此文之後，還先後發表多篇批評胡適禪學觀點的文章[59]，且時間延續到 1969 年以後。可以說是佛教界戰後在台灣，長期激烈反胡適禪宗史研究的先驅和代表性人物。

（四）胡適的反佛教心態及其對虛雲禪師的連番質疑

可是胡適在心態上是反佛教的，他曾在《胡適口述自傳》（英文原稿在 1957 年，由唐德剛開始錄音：中文稿，1979 年由唐德剛譯出，台北：傳記文學出版出版），對唐德剛表示：「佛教在全中國〔自東漢到北宋〕千年的傳播，對中國的國民生活是有害無益，而且為害至深且鉅」。

由於他把佛教東傳，視為中國文化史上的大不幸，所以他雖研究禪宗有若干貢獻，卻仍堅持一個立場：「那就是禪宗佛教裡百分之九十，甚或百分之九十五，都是一團胡說、偽造、詐騙、矯飾和裝腔作勢。」而「神會自己就是個大騙子和作偽專家。」因此，他縱使「有些或多或少的橫蠻理論」，但對所持嚴厲批評禪宗的態度，是「義無反顧的」[60]。——這是胡適來台灣任「中央研究院」院長之前，在美國發表的《自傳》內容之一[61]。赤裸裸地流露出他對禪宗史虛假作風的反應！

---

58 釋東初的佛教史著作如下：(1)《中日佛教交通史》（台北：東初出版社，1970 初版）。(2)《中印佛教交通史》（台北：東初出版社，1968 初版）。(3)《中國佛教近代史》，上下兩冊（台北：東初出版社，1974 初版）。以上三種是主要的佛教史著作，但以近代學院的學術標準衡之，這些著作較接近編著或譯寫，並且水準不一，可商榷之處甚多。

59 釋東初在 1953 年和 1969 年兩度批評胡適的禪學文章，收在《東初老人全集之四》（台北：東初出版社，1985 年初版），共有下列文章：(a)〈胡適博士談佛學〉，頁 130-35。(b)〈與朱鏡宙居士論佛法〉，頁 269-76。(c)〈論禪學之真義──兼論胡適博士「禪宗史的一個新看法」〉，頁 441-48。(d)〈再論禪學之真義〉，頁 449-68。(e)〈關於六祖壇經真偽問題〉，頁 469-78。

60 見唐德剛譯註，《胡適口述自傳》（台北：傳記文學雜誌社，1981 年初版），頁 256-57。

61 按唐德剛在「《胡適口述自傳》編譯說明」第 3 點提到：「胡氏口述的英文稿，按當初計劃，只是胡適英語口述自傳全稿的『前篇』或『卷上』；」因此，胡適個人晚年的治學態度，迄 1957 年為止，是強烈排佛教偽史料的。1957 年以後，亦無大改變。本文以下即有所討論。

既然研究者的心態是負面的，則研究結論也容易流於「破壞性」的層面居多（胡適在《口述自傳》中坦言如此）。其必將激起佛教界護教熱忱者的反駁，當不難瞭解。

可是，這終究是立足於史料和方法學的研究結論，要想說服或反駁胡適成功，也要基於同樣的條件才行，否則對胡適的研究是不可能造成改變作用的。例如胡適曾三次質疑岑學呂編的《虛雲和尚年譜》的正確性，就是如此[62]。

岑學呂編的《虛雲和尚年譜》初版，是「虛雲和尚法彙編印辦事處」於 1953 年春天在香港出版的。由於流通快速，當年秋天即照原書印行第二版。因此，初版和二版的內容是一樣的。有更改的是第三版，但這已是遭到胡適在美國提出質疑後，由「香港佛學書局」於 1957 年出的新版本。而「台灣印經處」是從「第三版」翻印流通的，時間在 1958 年 9 月[63]。

胡適是在 1955 年至 56 年左右，從美國的紐約寫信給住在加拿大的詹勵吾，指出《虛雲和尚年譜》有一些不可信之處。因初版的《年譜》中，曾提到虛雲的父親在福建任官的記錄，如：

> 「父玉堂……。道光初年，父以舉人出身，官福建。戊戌己亥間，任永春州知府。」（原書，頁 1）
>
> 「翌年，父擢泉州府知府。」（同上）
>
> 「道光二十四年，甲辰，五歲，予父調任彰州知府。」（原書，頁 3）
>
> 「道光二十七年，丁未，八歲，予父調任福寧府知府。」（原書，頁 2）
>
> 「道光三十年，庚戌，十一歲，父復回任泉州府。」（同上）

---

62 胡適質疑的時間和次數的資料，可參考如下來源：(1)第 1 次約在「民國四十四、五年之間」，胡適寫信給住加拿大的詹勵吾，指出初版(1953)的《虛雲和尚年譜》，關於其父蕭玉堂的為官記錄，查無記載，可能不可靠。此一資料，是胡適在 1959 年 12 月 5 日的《中央日報》上說的。(2)1959 年 12 月 9 日，胡適應雷震之邀，在《自由中國》雜誌，發表〈虛雲和尚年譜討論〉，載卷 20 期 12，頁 372-73，是第 2 次質疑。胡適的〈三勘虛雲和尚年譜〉，是《台灣風物》，卷 10 期 1（1960 年 3 月），頁 22-23。

63 此出版時間和版本，參考胡適，〈虛雲和尚年譜討論〉，前引書，頁 371。

「咸豐五年，乙卯，十六歲，父任廈門關二年，調回泉州府任。」（原書，頁 5）

胡適根據上述資料，前往「美國國會圖書館」查證所藏的福建省相關方志，是否有蕭玉堂其人的任官資料。當時館中所藏的新修府志中，可以找到虛雲提到他父親做過知府的三府之中的兩府資料，其中清楚地記載從道光二十年到咸豐五年的知府姓名、履歷、在任年歲，可是絕無知府蕭玉堂的記載。詹勵吾接到信後，鈔寄給香港的岑學呂，後來在出「第三版」時，即附有虛雲本人的親筆信，承認：「其中不無誤記之處」[64]。

但是，1959 年 12 月初，胡適在台任「中央研究院」院長已一年多，又接到張齡和蔡克棟的兩封信，都是討論虛雲的父親蕭玉堂是否在福建做過三府的「知府」或僅是「佐治」的問題。其中張齡在信上質疑胡適說：一、台灣印經處的 1958 年 9 月初版，「是照原版一字不易翻印的」。胡適的意見是根據何處出版的《年譜》而來？二、胡適說據此可以推論虛雲活了一百二十歲是不可信的，但他反問：「父親沒有做過知府和兒子年歲的多少有什麼連帶的關係？何以由前者即可以推斷後者的不確？這是根據什麼邏輯？」[65]

胡適接到信後，認為既然《虛雲和尚年譜》的記載，是信徒的信仰依據，「是人生最神聖的問題」，所以他致函給當時《中央日報》的社長胡健中，三日後（1959 年 12 月 5 日），全函刊登在該報上[66]。在信中，胡適的回答重點有二：

1.他根據的是初版；而張、蔡兩人隨信寄給胡適的台灣版《虛雲和尚年譜》，其實是修改後的「第三版」，故資料有異。

2.《虛雲和尚年譜》是根據虛雲本人的口述資料而編的，是唯一的線索，如其中關於父親的任官時間、職務都不實，《年譜》的虛雲年齡，當然令人也跟著起疑了。

這就是胡適治學的典型作風，他要求的是可以查證的歷史事實，是比較不易作假的。因此他以「拿證據來」的方式，要求《虛雲和尚年譜》

---

64 虛雲此封親筆函影印，直到 1987 年，台北的佛教出版社，發行《虛雲老和尚年譜法彙增訂本》，仍附在目錄之前。

65 參考 1959 年 12 月 5 日，胡適發表在《中央日報》上的信文資料。

66 參考 1959 年 12 月 5 日，胡適發表在《中央日報》上的信文資料。

的編者和口述者，對社會作一明白的交代。至於虛雲的禪修經驗，他則未過問。於是虛雲這位民國以來最著名的禪師，在胡適眼中，只成了問題史料的提供者。佛教徒關心的禪修經驗，對胡適而言，是要擺在客觀證據之後的。

這種情形，無異是 1949 年 6 月，在夏威夷和鈴木大拙論禪方式的翻版。也是他在《胡適口述自傳》中，所坦承的對禪宗史料作假持一貫嚴厲批判立場的延續。因之，他和以信仰取向為主的佛教界人士，會形成意見對立的緊張性，就不足為奇了。

可是，胡適的信，既公開刊登《中央日報》，他又以「中央研究院院長的學術領導人在台灣出現，學術的問題，就成了公眾注意的問題。例如當時的內政部長田炯錦，即將內政部擁有的《永春縣志》借胡適參考[67]。但該志卷 12「職官志」裡，未載湘鄉蕭玉堂的姓名。

於是胡適將此《永春縣志》的查證情形，連同登在《中央日報》的那封信，以〈虛雲和尚年譜討論〉為篇名，應《自由中國》雜誌的雷震的要求，發表在該刊的，卷 21 期 12[68]。可以說，此一問題也喚起知識界的注意。

當時任職「台灣省文獻委員會」的陳漢光，接著又提供胡適另一版本《福建通志》的資料。胡適借出查證後，寫了〈三勘虛雲和尚年譜〉，刊登在《台灣風物》，卷 10 期 1（1960 年元月出版）。

胡適在文中指出，根據清同治七年（1966）修的《福建通志．職官》的記載，都未發現虛雲的父親之名。同時泉州府的「同知」在康熙二十五年（1686）後就移駐廈門了。「泉州二守」的孩子，決不會生在「泉州府署」。這就證明《年譜》各版所載「予誕生於泉州府署」，並非事實[69]。總之，胡適對證據的考察興趣，是不曾衰減的！

（五）胡適禪宗史研究的教內同情者：圓明（楊鴻飛）與印順

另一方面，必須注意的，是胡適的這種處處講證據的治學方式，在佛教界同樣擁有一些同道。他們不一定完全贊同胡適對佛教的批判，但是不排斥以客觀態度來理解佛教的歷史或教義。而其中堅決遵循胡適禪

---

67 見胡適，〈虛雲和尚年譜討論〉，前引書，頁 373。
68 見胡適，〈虛雲和尚年譜討論〉，前引書，頁 373。
69 胡適，〈三勘虛和尚年譜〉，前引書，頁 23。

宗史研究路線的是楊鴻飛。他在 1969 年 5 月，投稿《中央日報》，質疑錢穆在演講中對胡適主張《六祖壇經》非惠能所作的批判[70]，因而引起台灣地區戰後罕見的關於《六祖壇經》作者究竟是誰？神會或惠能的熱烈筆戰。

但在檢討此一和胡適禪宗史研究有關的熱烈筆戰之前，應先理解楊鴻飛其人的思想背景。他原本是 1949 年後，因中共統治大陸，才到台灣的出家僧侶，法號圓明，是來台僧侶的才學之士。

他後來到日本留學，才還俗並恢復本名。但在還俗之前，他已曾因質疑傳統佛教的治學方式，而在佛教界掀起批判他的大風波。他的質疑立場，可自《覺生》，期 41 他所發表的〈獻給真正的佛教同胞們〉一文中看出[71]。例如他在文中大膽地宣稱：

> 我們過去都被前人所欺騙，以為現存的大小乘一切經典，皆是釋尊或釋尊的報法身金口所直宣。因而對經典中明明與事實，人情，正理相違背，講不通的地方，也都千方百計，……把它圓謊似的圓起來。……其中不知增進了多少世俗的傳說，神話，他教、私人的教權意識，非理攻擊他人等言論在內？反使正當教義，弄得神怪百出，偽話連篇，……尤其近代科學知識發達以來，自更多牴觸。……佛為大哲學之一，但並未言盡天下後世所有哲學。佛以耆那教婆羅門教為背景，產生自己哲學系統，與後人依佛教。產生法華、華嚴哲學系統，並無兩樣[72]。

他在文章中論「合時」的一段，更鼓勵佛教徒「不要為聖教量權威所迷，拾前人的牙慧」[73]。

圓明的這些話，是受近代佛教文獻學和歷史學研究風尚的影響，在講求宗教客觀性的同時，還帶有強烈批判傳統佛教的意味在內，難怪教內長

---

[70] 見張曼濤主編，《六祖壇經研究論集》（台北：大乘文化出版社，1976），收在「現代佛教學術叢刊」，第 1 冊，頁 195-204。

[71] 參考釋東初，〈以佛法立場談佛法〉，收在《東初老人全集之 4——佛法真義》，頁 155。

[72] 圓明（楊鴻飛），〈獻給真正的佛教同胞〉，轉引釋東初，〈以佛法立場談佛法〉，前引書，頁 156-57。

[73] 轉引釋東初，〈以佛法立場談佛法〉，前引書，頁 164。

老東初罵他是「天下第一號狂夫怪物」,「洪水猛獸又來了」[74]。東初甚至呼籲佛教界共同對付圓明，並做到下列四點：

1. 不要以佛法當人情，要一致起來撲滅這種洪水猛獸的邪見！
2. 一致請求中國佛教會宣佈圓明為佛教的判徒，是摧毀正法的魔子！
3. 一致要求佛教正信的刊物，拒絕刊載圓明的邪見言論！
4. 人人要勸請同道親友們不要看圓明的文章，其功德勝於造七級浮圖！[75]

其實從上述教界兩派相對立的治學心態，可以窺見客觀求知的風氣，逐漸在保守的佛學界中出現。當時代表這一治學方向的典型人物，恰好是後來以《中國禪宗史》(台北：正聞出版社，1971)一書，獲得日本大正大學博士學位的印順法師；而印順法師會撰寫《中國禪宗史》，卻是由楊鴻飛(圓明)和胡適激發的禪學辯論，所導致的[76]。因此，胡適的治學方式，實際上衝擊著處於變革中的台灣佛學界。這一點學術史的內在關聯性，是在展開討論前，必須先有所理解的。而印順的部份稍後會提到。

(六)1969 年在台灣展開的禪宗研究大辯論

1969 年在台灣展開的那場禪學大辯論，主要的文章，都被張曼濤收在《六祖壇經研究論集》，列為由他主編的「現代佛教學術叢刊」一百冊中的第一冊。而張曼濤本人也是參與辯論的一員[77]。他在首冊的〈本集編輯旨意〉中，曾作了相當清楚的說明。尤其在前二段對於胡適的研究業績和影響，極為客觀而深入，玆照錄如下：

> 《六祖壇經》在我國現代學術界曾引起一陣激烈評論的熱潮，評論的理由是:「《壇經》的作者究竟是誰？」為什麼學術界對《壇

[74] 釋東初，〈以佛法立場談佛法〉，前引書，頁 165。

[75] 釋東初，〈以佛法立場談佛法〉，前引書，頁 166。

[76] 見印順，《中國禪宗史・序》其中有 1 段提到：「前年(按：即 1969 年)《中央日報》有《壇經》為神會所造，或代表慧能的評辯，才引起我對禪史的注意」，頁 3。

[77] 張曼濤的文章有 2 篇登在《中央日報》的副刊上，一篇是〈關於六祖壇經之偈〉；一篇是〈惠能與壇經〉。其中後一篇，已收入《六祖壇經研究論集》，頁 245-51。他用筆名澹思發表。

經》會發生這麼大的興趣，原因是《壇經》不僅關係到中國思想史上一個轉換期的重要關鍵，同時也是佛教對現代思想界一個最具影響力的活水源頭。它代表了中國佛教一種特殊本質的所在，也表現了中國文化，或者說中國民族性中的一份奇特的生命智慧。像這樣一本重要的經典，當有人說，它的作者並不是一向所傳說的六祖惠能，那當然就要引起學術界與佛教界的軒然大波了。這便是近四十年來不斷繼續發生熱烈討論的由來，我們為保存此一代學術公案的真相，並為促進今後佛教各方面的研究，乃特彙集有關論述，暫成一輯。列為本叢刊之第一冊。

胡適先生是此一公案的始作俑者，雖然他的意見，並不為大多數的佛教有識之士所接受，但由於他的找出問題，卻無意中幫助佛教的研究，向前推展了一步，並且也因是引起了學術界對《壇經》廣泛的注意，設非胡先生的一再強調，則今天學術界恐怕對《壇經》尚未如此重視，故從推廣《壇經》予社會人士的認識而言，我們仍認胡適先生的探討厥為首功，故本集之編，為示來龍去脈及其重要性起見，乃將胡先生有關《壇經》之論述，列為各篇之首。[78]

從張曼濤的說明，可以看出 1969 年的《六祖壇經》辯論，正反雙方，都是接著胡適研究的問題點而展開的。這一先驅性的地位，是無人可以取代的！但這場辯論的展開，已在胡適逝世後的第七年了。張曼濤的編輯說明，則更在胡適死後的第十四年。所以雙方諍辯的情形，胡適本人是一無所知的。這只能任由他自己的作品來說話作答。

（七）錢穆與楊鴻飛的連番交手

就引發辯論的導火線來看，是錢穆首先挑起的，他是在當年的三月，應邀在台灣的「善導寺」作一場演講[79]，題目是〈六祖壇經大義—惠能真

[78] 見《六祖壇經研究論集》，〈本集編輯旨意〉，頁 1-2。

[79] 善導寺原為日本寺院，創建於 1925 年。戰後由台北市政府接管。1948 年 12 月，由國大代表李子寬和孫立人夫人張清揚女士取得管理權，自此成為台北市佛教的重要道場。1949 年後，主要是來台高僧相繼入主本寺，卻因教權與利益不容易擺平，導致寺內管理風波不斷。幸好都會區地理的優越性，容易招徠信徒，故其重要性能長

修真悟的故事〉[80]，內容是肯定惠能在禪學的偉大革新貢獻，強調能擺脫前代的義學負擔，自悟本心，且有十六年的實修經驗，所以是實際可靠的偉大禪學思想家，可以和南宋的朱熹相提並論[81]。

錢穆的這場演講，並未直接提到胡適或他的神會研究結論，但錢穆長期以來，即質疑胡適否定《壇經》作者為惠能的看法[82]，所以在演講中他極力肯定惠能和《壇經》的關係，其實就隱含批評胡適論點的作用在內。

不過，最先對錢穆講詞內容提出質疑的，並非楊鴻飛，而是王禮卿和澹思（張曼濤筆名）在《中央日報》投書，對錢穆所作的〈六祖偈〉解法和引用文句，提出異議[83]。錢穆獲悉後，去信解釋講詞中「心中無一物」，係疏忽所致，應為「本來無一物」才對；至於其內的惠能思想解釋，他認為「與本講旨，渺不相關也」[84]。所以王、澹兩人的質疑，並不構成和錢穆本人進一步的諍辯。

又因此問題，和胡適的研究，無太大關連，此處可以不再討論。要注意的，是接王、澹兩人之後，楊鴻飛對錢穆講詞提出的質疑，因為那是就胡適的研究角度所延伸的問題。

楊鴻飛在〈關於六祖壇經〉一文[85]，對錢穆的質疑，主要有下列意見：

1.他認為錢穆在講詞中，所推崇的「惠能」，並非歷史上真正惠能的原貌，而是經過後世所謂「南禪」人格化的惠能。換句話說，《壇經》中的

期維持。近年來，因社會變遷快，本土化增強，各地發展差距縮小，加上佛教組織多元化，善導寺的影響力，已有日趨式微之勢。錢穆在 1959 年 3 月，應邀到寺中演講時，善導寺仍在優勢階段，故活動很能引起社會注目。

80 此講稿全文，已收在張曼濤主編，《六祖壇經研究論集》，頁 183-93。

81 錢穆，〈六祖壇經大義——惠能真修真悟的故事〉，張曼濤主編，前引書，頁 184-85。

82 可參考錢穆，〈神會與壇經〉一文，原載《東方雜誌》，卷 41 號 14（1945 年 7 月，重慶出版）。現已收在《六祖壇經研究論集》，頁 81-108。

83 王禮卿的〈六祖之偈〉一文，收在《六祖壇經研究論集》，頁 193。澹思（張曼濤）的部份，他的文章有 2 篇登在《中央日報》的副刊上，一篇是〈關於六祖壇經之偈〉；一篇是〈惠能與壇經〉。其中後一篇，已收入《六祖壇經研究論集》，頁 245-51。他是用筆名澹思發表。

84 據錢穆在〈關於六祖之偈〉的回信中，提到他演講後，寺中悟一法師曾提醒他，六祖原偈似是「本來」兩字，他雖隨口應是，實則未改講詞記錄，所以出錯。見《六祖壇經研究論集》，頁 194。

85 載《六祖壇經研究論集》，頁 195-204。

「惠能」，是神會在滑台大雲寺及洛陽荷澤寺定南宗的宗旨之後，假托出來的權威，是被編造過或塑造過的。

2.他反對錢穆所說的，惠能提高僧眾地位和擴大僧眾數量。他認為，就「提高僧眾」言，應歸之「南禪或南禪者」。至於「僧眾之數量」，則「南禪者」亦不曾「擴大」。而這一點，正是神會力改印度舊習的貢獻。

3.他反對錢穆說，禪宗頓悟心法，是因惠能一字不識，才能自本心中悟出的。事實上依教奉行，契理忘言，才是真相。

4.認為《壇經》的作者和新禪學的建立者，是如胡適所說的為神會。他知道日本鈴木大拙在《禪思想史研究第二》第五篇曾討論《六祖壇經》，而不以胡適的看法為然[86]；羅香林在〈壇經之筆受者問題〉一文，亦反駁胡適的看法[87]。

但他認為基本上還是胡適的看法較正確。接著，他又作了一些補充：（a）神會的著作和語錄，從未提及《壇經》，而《壇經》中十之八九，神會的語錄或著作中都可發現。（b）神會之前，並無嚴格的祖師崇拜，六祖以上的祖師單傳世系和袈裟為證之說，皆源自神會。（c）獨孤及在「南禪」正盛時，仍為文稱：「能公退而老曹溪，其嗣無聞焉。」可見惠能南返後並無大作為[88]。

錢穆在《中央日報》讀到楊鴻飛的質疑後，也為文〈略述有關六祖壇經之真偽問題〉[89]，在《中央日報》上答辯。錢穆認為楊鴻飛專據胡適之前說，認定《壇經》是神會自由捏造，但他十分反對胡適的此一創說。

他並提到自己曾撰長文〈神會與壇經〉，質疑過胡說。後來又撰〈讀六祖壇經〉的短文[90]，就版本問題辨明實際上竄入《壇經》的資料，宗寶更多於神會或神會之徒。接著，他又提出下列補充意見：

---

[86] 鈴木大拙的《禪思想研究第 2》，我手頭無書，不能核覆楊鴻飛的看法。但鈴木不以胡適的看法為然，早已在 1953 年 4 月的〈禪：答胡適博士〉一文中，明白表示過了。

[87] 羅香林，〈壇經之筆受者問題〉，原載《無盡燈》，期 6（1960 年 9 月）。後來收在《六祖壇經研究論集》，頁 269-76。

[88] 見《六祖壇經研究論集》，頁 198-202。

[89] 見《六祖壇經研究論集》，頁 205-13。

[90] 見《六祖壇經研究論集》，頁 155-63。

1.胡適對《壇經》的考據，忽略了對其中思想本身的創造性，有合情合理的認識。因此考據的結果，變成不近情理的觀點。

2.胡適過去所舉的幾條證據，他分析後都不能成立。這是胡適對思想無深刻體會，因此雖喜考據，其實包含太多主觀意見。

3.依胡適的考據結果，很難重建新的合理的中國禪宗思想史，從而將其思想價值也降低了[91]。

楊鴻飛對錢穆之文，再以〈「壇經之真偽問題」讀後〉[92]，商榷錢穆的上述觀點，他說：

1.錢穆的精誠衛道心過重，是信仰重於研究的衛道。別人以學者態度作研究，力求發掘真相，何嘗不是一種可以接受的衛道方式。

2.錢穆以「近情近理」來批評考據，其實「近情近理」可能是一種表面的認知，離真相有距離。

3.神會是《壇經》的作者，一樣可以凸顯其思想的偉大性。神會所以在《壇經》中以惠能作主角，只是如「挾天子以臨諸侯」。實際上其中思想，都是神會語錄或著作中現有的東西，創造自無困難。

錢穆原本在前文發表時，已聲明如無新看法，將不再參與討論。但讀到楊鴻飛的再質疑，他只好再發表一篇〈再論關於壇經真偽問題〉，為自己的立場答辯[93]：

1.錢穆認為過於重視考據，過於忽視思想，是當時學界的一種偏陷。而他是尊重思想家和思想境界的。

2.《神會語錄》有許多部份和《壇經》相同，正如緒山、龍溪思想多與陽明相同，不能因此即認定後者思想是前者所造。

3.就外在證據言，後世禪宗流行，是南方勝過北方，且重視《壇經》而忽略《神會語錄》，可見《壇經》的思想和《神會語錄》終究有別。

4.他認為楊鴻飛所倡言神會以立知見、立言說，來證明神會之能立。恰好相反，此種知見、言說，違反南禪教法，正是《壇經》所戒，也是無相在指斥神會的地方[94]。

---

91 見《六祖壇經研究論集》，頁 208-13。

92 楊鴻飛此文，收在《六祖壇經研究論集》，頁 215-24。

93 錢穆此文，收在《六祖壇經研究論集》，225-33。

94 見《六祖壇經研究論集》，頁 228-29。

楊鴻飛自不甘示弱，亦撰文〈「再論壇經問題」讀後〉[95]，以反駁錢穆的看法。他的論點如下：

1.錢穆批評考據是偏陷，但學術要進步，須有原則性的公是公非，若帶主觀感情，即失去此是非原則了。

2.錢穆所說的師徒著作有雷同處，決不能認為前者錄用後者。實際上並不適合《壇經》與神會之間的狀況。因惠能南返，據獨孤及的說法，並無大弘宗風之事。而神會在滑台和荷澤定南方宗旨時，若有《壇經》，即不須捏造傳衣為信的故事。即就《神會語錄》引用的經典來看，各種經籍名稱一一列出，何以不列其內容幾十同八九的《壇經》呢？再說，《壇經》已有西天二十八祖，神會如何忘了這一家譜，反而以〈壇經序〉來敷衍呢？何況惠能未到北方，卻在《壇經》提到北宗的說法，並加以批評，豈非無的放矢？今查同時及稍後的禪宗史料，也一概未提惠能曾說了《壇經》。如《壇經》內容屬實，其他各派亦有《壇經》傳承，如何在韋處厚撰文時，仍只神會門下尚作傳承的依據？同時弘忍所傳乃是《伽楞經》呢？凡此種種，皆證明《壇經》是神會或其門下一派所作。

3.錢穆認為《壇經》流傳後世，神會自己的《語錄》卻被埋沒，是兩者思想有別，故後人對之態度有不同。其實是因神會既編《壇經》，自然須得掩沒自己的作品。並非思想有不同所致。

4.錢穆所指神會立知見、立言說，是反《壇經》立場一事，實是誤讀古書。因這是後人竄入，以批評神會。錢穆也瞭解此點。實際上，神會的「立知見、立言說」，是指「如來知見」、「佛知見」、「空寂之知見」、「無住無相之知見」、「無念之無見」、「般若之知見」，和頓教解脫禪完全相應，是不能以「知解宗徒」批評他的。

5.錢穆指無相批評神會，其實是斷章取義，把意義弄反了。因無相提到神會的說法內容，如上點所述，並無批評之意[96]。

---

95 見《六祖壇經研究論集》，頁 235-44。

96 見《六祖壇經研究論集》，頁 240-42。

對於楊鴻飛的第三次反駁，錢穆未再回應，兩人的辯論即告終結。但，楊、錢辯論甫告結束，對此辯論中所持觀點，再提出檢討的文章，仍相繼出現。彼等有何評論意見呢？是值得再作探討的。

（八）澹思（張曼濤）在錢、楊交手後的批評及其謬誤

澹思在兩人辯論告一段落時，投稿《中央日報》，發表〈惠能與壇經〉一文[97]。在開頭部份，曾就雙方的辯論，作如下的觀感評論：

> 關於《壇經》的真偽問題，《中副》已刊載了楊鴻飛和錢穆先生往返討論數篇文字，楊先生順胡適博士的考據路子，錢先生則順思想的解釋法，而辯駁此一真偽問題。究竟誰屬《壇經》的真正作者，按理，辯論到此，應該有一較清楚的眉目了，讓讀者們應該可以從二氏的辯論中，可以獲得一較客觀的印象，或代下判斷了。可是細細分析一下兩位辯論的文字，結果印象還是模糊的，也好像公說公有理，婆說婆有理，兩者都有其道理似的。而在氣勢上，又似乎楊先生順胡適的路子，特別有力。錢先生只憑著《壇經》本身的內容和惠能的生平對看，堅持其解釋，應屬惠能所作無疑。此從現代人處處講「拿證據來」看，似乎要比胡適博士這個路子的說法，力弱多了。這樣的辯論下去，恐怕終難解決《壇經》的真偽問題。[98]

澹思此一評論，實際上點出了兩個難題，其一，辯論的結果，仍無法確定何者較正確？其二，錢穆為史學專家，但只憑《壇經》和惠能生平對看，仍無強有力證明《壇經》是惠能所作。可見胡適的「考據」也不是那麼不堪一擊的！

然而，學界要如何解決上述的難題呢？

從後來的發展看，是印順法師的系統研究，大致解決此一難題。但，澹思在同文中的一些建議意見，也值得重視。他的意見有四點：

1.禪宗和禪宗歷史應該可以分開看作兩回事，不可混為一談。

---

97 見《六祖壇經研究論集》，頁 245-51。

98 澹思，前引書，頁 245。

2.楊鴻飛順胡適的路子，否定《壇經》係惠能的思想後，進一步連惠能的影響力也否定了。但他批評惠能的求法過程，仍是取材《壇經》；何以在取材時就相信，在批評時就懷疑其真實性呢？可見楊鴻飛在資料引證時，並不客觀，原則也不夠分明。

3.楊鴻飛引獨孤及的話，說：「能公退而老曹溪，其嗣無聞焉。」可是弘忍何以列他為十一大弟子之一呢？如無過人之處，何以文中稱他為「能公」呢？

4.《全唐文》，卷 17，唐中宗有一篇詔文，是請惠能上京的，詔文中提到：「朕請安、秀二師，宮中供養，萬機之暇，每究一乘。二師並推讓云，南方有能禪師，密受忍大師衣法，可就彼問。今遣內侍薛簡，馳詔迎請，願師慈念，速赴上京。」如此一詔文是假，則胡適的許多理論都可以站得住，否則胡適的立論就大多站不住腳了，因為詔文裡提到的惠能，和胡適的看法正好相反[99]。

澹思的這四條意見中，以第四條他指出有詔請惠能的新史料最重要。但，這條史料並非他的新發現，這是日本學者宇井伯壽在《禪宗史研究》裡提到的[100]。澹思不知道胡適在覆柳田聖山的長函裡，已經批評過宇井引的這條詔文，是偽造的；因為此詔是出於宋代以後修的《六祖壇經》，若比勘〈曹溪大師別傳〉裡的「高宗」神龍元年正月十五日召惠能的詔書，就知道此時「高宗」已死了二十二年了。這是比宇井引的那條史料更早的版本，卻正可說明是偽造的史料。

所以胡適相當不滿宇井的引證方式[101]。從而也可以反駁澹思在同文中提到的一些「推想」。澹思那段文字是這樣的：

> ……就《壇經》問題的本身說，似乎也不須再多作討論，因為中日學者對這問題的探討文字，已不下數十萬言。在中國有過錢穆先生的〈神會與壇經〉，羅香林先生的〈壇經之筆受者問題〉。在日本則有宇井伯壽先生的〈壇經考〉、〈荷澤宗的盛衰〉，鈴木大拙先

[99] 澹思，前引書，頁 250-51。

[100] 見宇井伯壽，《禪宗史研究》（東京：岩波書店，1939），頁 196、200。

[101] 見胡適，〈與柳田聖山論禪宗史綱領的信〉，收在《胡適手稿》，集 7，卷上，上冊，頁 29-71。批評宇井的部份，在頁 32-34。《胡適禪學案》，批評的部份，在頁 618-20。

生的〈關於六祖壇經——惠能及惠能禪〉、山崎宏先生的〈荷澤神會禪師考〉。此外，還有關口真大、柳田聖山、入矢義高諸氏都曾討論這個問題。在這些文字中，除了錢先生的〈神會與壇經〉[102]，大多我都看過，日本的學者們對這個問題，大都花了很大的工夫，不是單憑己見或想像而立論的。他們既重視考據，也重視思想，決不疏忽那一邊。而在這些專家的學者中，幾乎有一個共同一致的看法，那就是不完全附和胡適先生的意見，他們決不想像《壇經》完全出於神會之手。他們祇認為敦煌本的《壇經》，必經過神會或神會一系的人的改竄，改竄當然不是作者，或《壇經》的原型。且據宇井伯壽的看法，《壇經》除了神會一系的敦煌本外，必還有其他的本子。(他的〈壇經考〉，主要的是根據惠昕本，和大乘寺本與敦煌本對勘立論。)同時，他又認為即使以敦煌本為最古本，為各本的所依，也不能就以敦煌本可以直接認識惠能。這使得他的意見，無形中代表了肯定惠能存在地位的正統。我不知道胡適先生在世時有沒有看過他這篇文字，(也不知道他是否能看懂日文？)就胡先生後來發表有關神會和尚的遺著，沒有直接答覆日本學者們的相反意見看，可能他是未曾看過或未注意到的。雖然在民國五十七年十二月中央研究院重刊的《神會和尚遺集》208頁後面附載的單頁上，胡先生題了宇井氏的《禪宗史研究．五、荷澤宗之盛衰》，山崎宏的〈荷澤神會考〉幾行字，但推想，他只是作為備忘，並未找來好好細讀一番，否則何以不見胡先生提出反駁呢？要不然就是胡先生已經接受了日本學者的若干意見，而不欲再作申辯。[103]

澹思的這一段說明和後面的推測，頗值得商榷。茲說明如下：

1.澹思說他將日本學界關於《壇經》問題的討論文章，幾已讀遍。可是，在楊鴻飛和錢穆的辯論後，他並未提出什麼有力的看法，來反駁胡適。

[102] 錢穆的這篇文章，是根據錢穆在〈略述有關六祖壇經之真偽問題〉一文的提示，才從《東方雜誌》中找出的。錢穆並曾去函張曼濤，表示此文已重加修訂。參考《六祖壇經研究論集》，頁108, 205。

[103] 澹思的此段文字，見《六祖壇經研究論集》，頁246-48。

反而在第四點建議中，引了一條宇井伯壽用過的假史料，正好是胡適本人親自批評過的[104]。(158) 由此證明，他是白讀了那些文章。

2.猜測胡適是否能讀日文，完全不必要，也是輕率的意見。首先，在澹思提到日本禪宗研究的學者，像鈴木大拙對惠能的看法，常在英文著作出現，而胡適早已和他交手過了[105]。至於入矢、柳田兩人，則屬和胡適論學的同道，胡適豈有不知他們的看法？此參看《胡適手稿》，集 7 上和集 8 下的通信即知。至於宇井伯壽在《禪宗史研究》第五章論荷澤宗的盛衰，胡適在覆柳田聖山的長文中，特別標出第 196 頁和第 200 頁，然後不客氣地說：「也都是信口妄語，全無歷史根據！」[106]

3.胡適一直沒有採納日本學者的研究意見，因他還在找更多的證據。例如在 1959 年 5 月 30 日寫給入矢義高的信，即提到「晚唐入唐的日本諸大師將來的目標」，「除了神會的諸原件（包括《壇經》）之外，幾乎沒有別一位禪學大師的文件」，所以他「更覺得神會的歷史重要性」[107]，並還託入矢義高在日本發動學界大索日本京都各寺院珍藏的古本資料[108]。胡適的此一企圖是否成功？那是那一回事，但他未如澹思所推測，是接受了日本學者的若干意見，而不欲再申辯，則是極明白了。

假如說，張曼濤以「澹思」發表上述看法時，《胡適手稿》的資料尚未出版[109]，但編「現代佛教學術叢刊」的《六祖壇集研究論集》時（1976 年 10 月），則應過目了。可見他的意見，是不足為據的。

---

[104] 見胡適，〈與柳田聖山論禪宗史綱領的信〉，收在《胡適手稿》，集 7，卷上，上冊，頁 29-71。批評宇井的部份，在頁 32-34。《胡適禪學案》，批評的部份，在頁 618-20。

[105] 胡適的文章為〈中國禪宗——其歷史與方法〉(Ch'an Buddhism in China, its History and Method)。此文現收在柳田聖山編，《胡適禪學案》，第 4 部，頁 668-89。而鈴木大拙所撰〈禪：答胡適博士〉，發發表於 1953 年 4 月號的《東西哲學》，卷 3 期 1，附有胡適論文全文。本文現在引用的段落，是孟祥森譯的《禪學隨筆》（台北：志文出版社，1974），鈴木論文前，由編者所作的胡適原文提綱內容的一部份。

[106] 見胡適，〈與柳田聖山論禪宗史綱領的信〉，收在《胡適手稿》，集 7，卷上，上冊，頁 29-71。批評宇井的部份，在頁 32-34。《胡適禪學案》，批評的部份，在頁 618-20。

[107] 見《胡適手稿》，集 8，卷 3 下冊，頁 443。

[108] 同前引書，頁 444。

[109] 按《胡適手稿》，集 8，載胡適和入矢義高的往來書信，是在 1970 年 6 月出版的。而張曼濤（澹思）的文章，是在前一年（1969）六月發表於《中央日報》的。

不過，張曼濤的說明，已牽涉到日本學者的研究成果問題，後來的學者無法不加以正視。例如印順的研究，就是由此一立場展開的！

（九）胡適禪宗史研究大辯論後的新結晶

印順在《中國禪宗史》（台北：正聞出版社，1971）的〈序〉中提到：「依八、九世紀的禪門文獻，從事禪史的研究，中國與日本學者，都已有了不少的貢獻。」「前年《中央日報》有《壇經》為神會所造，或代表惠能的諍辯。才引起我對禪史的注意。讀了胡適的《神會和尚遺集》，及《胡適文存》、《胡適手稿》中有關禪宗史的部份。日本學者的作品，僅見到宇井伯壽的《中國禪宗史研究》三卷；關口真大的《達摩大師之研究》、《達摩論之研究》、《中國禪學思想史》；柳田聖山的《中國初期禪宗史書之研究》：對新資料的搜集，處理，對我的研究，幫助很大！」[110]在同書第六章〈壇經之成立及其演變〉的第一節〈壇經的主體部份〉，印順除略提胡適、宇井伯壽、關口真大和柳田聖山的看法之外，又作了如下的聲明：

> 《壇經》到底是否惠能所說，法海所集記？還是神會（及門下）所造，或部份是牛頭六祖所說呢？我不想逐一批評，而願直率地表示自己研究的結論。[111]

從以上的二段引述資料裡，可以發現印順的《中國禪宗史》，是因 1969 年，《中央日報》上那場《壇經》作者是誰的辯論，所引起的。換句話說，那場因胡適禪學研究論點所激起的評辯，並未在錢、楊休兵之後，即告終結，反而構成了印順做更大規模研究的導火線。

但是，印順的〈序〉言和第六章第一節的那段聲明，又顯示了下列的兩項事實：

1.印順的研究，不但參考了胡適的相關著作，連張曼濤（澹思）在文中提到的那些日本學者的相關著作，也大部份搜集過目，並坦承對自己的研究，幫助甚大。雖然他提到關口真大的著作時，弄錯了二部書的書名，即將《達摩之研究》，誤為《達摩論之研究》，將《禪宗思想史》，誤為《中

---

[110] 印順，《中國禪宗史・序》，頁 4。
[111] 印順，前引書，頁 237-38。

國禪學思想史》，但基本上，他較之錢穆或羅香林等中國學者，更能善加利用日本學界的研究成果。

因此，就此點來說，印順的禪宗史研究，雖然是批駁胡適的[112]，卻能在資料上和研究方向上，跟國際學者同步或交流。所以他是過去的中國學者中，除胡適之外，相當難得的新潮禪宗史研究學者。

2.由於印順宣稱：他不對各家的看法，一一提出批評，而直率地提出自己的研究意見。這在現代學術研究的方法上，是可商榷的。可能出現的弊端如下：（a）是否本身的研究，都屬前人未見的創見呢？假若不是，即有重複、沿襲的可能。（b）學術經驗，基本上是累積和銜接的，不交代他人對同一主題的看法和努力，即等於否定前人的努力。

例如在柳田聖山的《初期禪宗史書之研究》，不但在書中詳注日本學界資料的出處，連對中國學界有貢獻見解者，亦詳加摘引和交代：胡適的資料，固然引註相當多[113]；羅香林在〈舊唐書僧神秀傳疏證〉一文的看法，亦明白在書中交代[114]。反之，印順除胡適的資料和看法之外，未提中國其他學者的任何研究意見。因此可說是一種方法學的缺失[115]。

我如此批評，絕無忽視他個人敏銳的分析力，以及對史料的高度組織力；我也了解他並非現代學院訓練出身的研究者。但在學術史的探討立場，指出他的方法學缺失的一面，是有必要的。否則即違反了治學的基本原則，無法就事論事了。

---

[112] 印順在《中國禪宗史》的第五、六、七章裡，主要在澄清惠能、《壇經》和神會的三角關係，究竟歷史真相如何。此探討，除了澄清一向被誤解或模糊的關鍵點之外，較之過去的任何中國學者，更能將觸角伸張，解析和論證，也更細密和更嚴謹。雖然如此，書中反駁胡適的意圖，還是很明顯的。此從印順在《中國禪宗史》完成之後，又撰〈神會與壇經——評胡適禪宗史的一個重要問題〉，載《南洋佛教》，期23、26-28（1971 年 3 月、6-8 月），可以看出來。此長文，張曼濤收在《六祖壇經研究論集》，頁 109-42。

[113] 柳田聖山，《初期禪宗史書の研究》（京都：禪文化研究所，1967），《索引——文獻》，頁 46。

[114] 見柳田聖山，前引書，頁 116-17。

[115] 聖嚴法師在〈中國禪宗史〉一文中，首先就此方法學的缺失，提出坦率的批評。原文載《華學月刊》，期 13（1973 年 1 月）。後來收入聖嚴法師的《從東洋到西洋文集》（台北：中國佛教文化館，1979），頁 425-38。批評的地方，在頁 437-38。

印順在《中國禪宗史》一書中的主要研究著點，是想重新理解「有關達摩到會昌年間」，「從印度禪到中華禪的演化歷程」[116]。他在書中第三章敘述「牛頭宗的興起」，指出「牛頭禪」的老莊化，是「曹溪禪」從印度禪逐漸衍變為中國禪的關鍵[117]。這個意見，是和胡適的視神會為轉變的關鍵，為相對立的看法。關於這一點，雖然柳田聖山、宇井伯壽、關口真大，都在書中討論過一些[118]。關口真大的著墨尤其多。但關口真大、吉岡義豐和福井康順三人，在〈日本大正大學博士論文審查報告書〉中[119]，仍稱讚此章為「本論文之中發揮得最惹人注目也最具特色」[120]。

同報告中，對於《壇經》和惠能的研究評價，有如下的二段話：

(a)「為了表明曹溪惠能所確立的禪宗狀況，先把惠能的行歷詳予考證，更將後來發達成為中國禪宗基本思想——《壇經》，試行精密的考察。但是，關於惠能行歷方面的檢討，比之上來各章，則多有承認舊有傳燈說的傾向；對於被稱為惠能所撰的《金剛般若解義》二卷的存在未予留意。惟就《壇經》而言，對看作神會所作之說與是牛頭宗第六祖撰述之說，試行反駁，另一方面指出了《壇經》之中的『原始主體部份』與附篇所加部份，並加以區別，此一論列，提示了獨特的方法。」

(b)「論者就敦煌本古《壇經》之中對神會門下『壇經傳』及『南方宗旨』的補充部份加以判別，推定『壇經』主體部份的一種方法，如『惠能云』和『六祖云』，『我』和『吾』等用語的異同等應該綿密的注意，其考察的方法確實微密。」[121]

---

[116] 印順，《中國禪宗史・序》，頁 4。

[117] 印順，《中國禪宗史》，頁 85-128。

[118] 聖嚴在〈中國禪宗史〉，前引書，頁 428，最先指出這點。但他未提到宇井伯壽也探討牛頭宗。其實宇井才是開山者。見氏著《禪宗史研究》，頁 91-134。

[119] 此報告文，由關世謙中譯，改名為〈《中國禪宗史》要義〉，收在藍吉富編，《印順導師的思想學問》（台北：正聞出版社，1985 初版），頁 333-40。

[120] 關世謙，〈《中國禪宗史》要義〉，前引書，頁 335。

[121] 關世謙，〈《中國禪宗史》要義〉，前引書，頁 338-39。

以上的評價，可以說除「考究新資料」的部份，尚待加強外，對作者印順的立論嚴謹而周密的優點，作了相當肯定的稱許。〈審查報告書〉最後的結語是這樣的：

> 本論文對舊有的中國禪宗史將可以促成其根本而全面的更新。於是，本論文的問世對於學術界貢獻了一部而卓越的精心創作。[122]

這也是本世紀以來，唯一以禪宗史研究，獲頒日本博士學位和擁有如此高評價的國人著作。可以說，由胡適發掘新史料和提出新問題開始，經過了將近半個世紀，才有了如此卓越的研究成果。播種者胡適和收穫者印順，都各自扮演了重要的角色。

（十）印順再次對胡適的禪宗史觀點進行評破

不過，印順在《中國禪宗史》一書完成後，又針對《壇經》和神會的問題，再發表一篇考據更精詳的分析文章，叫〈神會與壇經-評胡適禪宗史的一個重要問題〉，集中全力評破胡適的原有論點！

關於印順的這篇文章，有些觀點，在前一節的結束之前，已引用過了。我們大體上，可以將全文的方法和立場說明如下：(a) 此文之作，是楊鴻飛引胡適的研究意見，以駁錢穆所引起的。(b) 因胡適用考據提出研究意見，如不同意他的看法，也同樣要用考據方法加以檢證才行。(c) 胡適雖然「筆下刻薄」、「結論不足取」，但「並不以胡適論斷錯誤而輕視，覺得在禪宗史的某一環節上，胡適是有了良好的貢獻」！(d) 考證的結果，只發現胡適關於「《壇經》傳宗」的部份偽造說法可以成立。但《壇經》的基本思想，是不同於神會的。所以胡適將神會視為《壇經》的真正作者，是不能成立的。

張曼濤對印順此文的評價甚高，除將其選入《六祖壇經研究論集》之外，並聲稱「此篇」是「最佳的批駁胡適先生對禪宗史的錯誤觀點」，因它「最有力而最有份量，不以衛教姿態表現」；而其他佛教界的文章，數量雖多，「但真有力而不涉及感情以學術立場就事論事者，則甚少」。基於

[122] 關世謙，〈《中國禪宗史》要義〉，前引書，頁 340。

這個理由，對於參與《中央日報》那場禪宗史辯論的其他文章[123]，此處即省略不談。

就胡適禪學問題的探討，到此應該暫告一段落了。其後雖也有其他的佛教學者，陸續撰寫如下列等（略目）的研究論文：

1.幻生，〈禪學隨筆讀後〉，收在《滄海文集》（台北：正聞出版社，1991），頁 227-34。

2.幻生，〈關於《圓覺經》問題－讀《胡適禪學案》有感之一〉，收在《滄海文集》，頁 245-54。

3.幻生，〈宗密荷澤法統辨〉，收在《滄海文集》，頁 255-77。

4.楊曾文，〈敦博本壇經及其學術價值〉，收在《佛光山國際禪學會議實錄》（高雄：佛光出版社，1990），頁 157-58。

5.游祥洲，〈論印順法師對壇經之研究〉，收在《佛光山國際禪學會議實錄》，頁 190-205。

6.傅偉勳，〈壇經惠能頓悟禪教深層義蘊試探〉，收在《佛光山國際禪學會議實錄》，頁 206-25。

7.楊惠南，《惠能》（台北：東大圖書公司，1993）。

四、當代海峽兩岸相關研究的近況概述

但是，就解決胡適禪學研究的問題來說，上述著作的作用，仍不出本篇之前所探討的。即以楊曾文所提的《敦博本壇經》來說[124]，和原先《敦煌本壇經》在內容上是一致的，唯一的優點是錯字較少、文字較無脫落。

---

[123] 收在《六祖壇經研究論集》的文章，還有蔡念生的〈談六祖壇經真偽問題〉，華嚴關主的〈禪史禪學與參禪——結束討論禪宗史學的爭論〉，是參與《中央日報》討論的。未收入的文章，包括登在其他刊物的，數量相當多，茲列舉如下：(1)野禪，〈世談壇經真偽商榷〉，載《現代國家》，卷 54（1969 年 7 月）。(2)趙國偉，〈評胡適對禪學史學觀念的錯誤〉，載《海潮音》，卷 50 期 7（1969 年 7 月）。(3)趙亮杰，〈壇經真偽乎？抑作者真偽乎？〉，載《獅子吼》，卷 8 期 7（1969 年 7 月）。(4)詹勵吾，〈揭破神會和尚與六祖壇經所謂真偽的謎〉，載《慧炬月刊》，卷 73-74（1969 年 10、11 月）。(5)半痴，〈評胡適遺著禪宗史的一個新看法〉，載《學粹》，卷 12 期 2（1970 年 2 月）。(6)褚柏思，〈神會和尚與法寶壇經〉，載《海潮音》，卷 52 期 8（1971 年 8 月）。(7)楊君實，〈胡適與鈴木大拙（禪學研究）〉，載《新時代》，卷 10 期 12（1970 年 12 月）。

[124] 楊曾文《敦煌新本六祖壇經》（上海：上海古籍出版社，1995）出版。

但在研究的作用上，並不能有大突破的參考效果。所以不用再一一詳細介紹[125]。

1.龔雋在〈胡適與近代型態禪學史研究的誕生〉一文中提到：「如果我們要追述現代學術史意義上的禪學史研究，則不能不說是胡適開創了這一新的**研究典範**。於是整個近代以來作為現代學術的禪學研究都必需從胡適的禪學研究說起、無論是新材料的發現、禪史新問題的提出、以及對於禪學史的方法論等方面，胡適都起到了開立風氣、樹創新規的『**示範**』作用。」[126]

但是戰後台灣志文出版社的新潮文庫，雖有大量的鈴木大拙所出版英文版《禪學隨筆》的中譯本出版，也往往提及忽滑谷快天的早期英文禪學著作 *The Religion of The Samurai* 的書名。可是也僅此而已，並沒有後續的相關研究。

至於忽滑谷快天的大多數禪學著作，除了與胡適有關的《禪學思想史》在海峽兩岸分別出現中譯本之外，可以說只在台灣佛教學者討論日治時期的台灣佛教學者如林秋梧、林德林、李添春等時，會一併討論其師忽滑谷快天的禪學思想。但僅限於出現在《南瀛佛教》或《中道》上的部分文章而已[127]，此外並無任何進一步的涉及[128]。

忽滑谷快天的《禪學思想史》，當代的大陸版是由朱謙之中譯，上海古籍出版社出版，此譯本未譯出原書的印度禪部份；在當代的台灣版譯本，是譯者郭敏俊，公分五冊，由於 2003 年在台北大千的出版社出版。不過，由於忽滑谷快天的早期英文禪學著作 *The Religion of The Samurai*，

---

125 例如在楊曾文《敦煌新本六祖壇經》後，有有周紹良的《敦煌寫本壇經原本》（北京：文物出版社，1997）出版。鄧文寬、榮新江的《敦博本禪籍錄校》（南京：江蘇古籍出版社，1998）出版。李申、方廣錩的《敦煌壇經合校簡注》（太原：山西古籍出版社，1999）出版。但在研究的作用上，並不能有大突破的參考效果。

126 見龔雋，陳繼東，《中國禪學研究入門》（上海：復旦大學出版社，2009），頁 7-8。

127 曾景來的翻譯，主要是登在台灣佛教會館所出版的《中道》各期。忽滑谷快天的原書出版資料為：《禪學批判論》附「大梵天王問佛決疑經に就て」1 冊，明治 38 年東京鴻盟社（駒大 108-28）。

128 釋慧嚴雖有下列論文發表：（一）〈忽滑谷快天對台灣禪學思想的影響〉，此文先發表於《第六次儒佛會通論文集》（華梵大學、民國 91 年 7 月），後再作補充發表於《人文關懷與社會發展、人文篇》（高雄復文圖書出版社、2003 年），最後收於《台灣佛教史論文集》（春暉出版社、2003 年 1 月）。（二）〈林秋梧（証峰師）的佛學思想探源——〉，為華梵大學所舉辦的【第七屆儒佛會通暨文化哲學】會議論文。其最新版，收在慧嚴法師，《台灣與閩日佛教交流史》（高雄：春暉出版社，2008），頁 549-578。但仍無涉及其與胡適有關的《禪學思想史》之相關討論。

實際上是西方知識界，在了解新渡戶稻造的英文版《武士道》之後、以及鈴木大拙所出版的英文版《禪學隨筆》各書之前，最重要的禪學思想著作，並起其後也對鈴木大拙、忽滑谷快天其後的禪學想史研究、乃至對胡適受忽滑谷快天其後的禪學想史研究的影響，都被二位大陸學者的新著所忽略了：一是周裕鍇，《禪宗語言研究入門》（上海：復旦大學出版社，2009）。二是龔雋、陳繼東，《中國禪學研究入門》（上海：復旦大學出版社，2009）。我認為是不妥的。

2.國內學者對於鈴木大拙的最新研究，可考參考林鎮國，〈禪學在北美的發展與重估：以鈴木禪與京都禪為主要考察範圍〉[129]和蔡昌雄的〈當代禪宗哲學詮釋體系的辯證發展——以「開悟經驗」的論述為焦點〉一文。特別是蔡昌雄的全文，其要旨是「在針對禪學詮釋體系的代表性論述進行梳理，以初步釐清當代禪宗哲學辯證發展的思想線索。研究焦點放在各詮釋體系對禪宗『開悟經驗』的不同論述上，以『開悟經驗是否可能』的認識論問題，以及「開悟經驗以何種方式進行理解」的方法論問題，來評析各個詮釋體系以及體系間辯證發展的關係。本文闡述的當代禪宗哲學包括鈴木大拙禪學西傳迄今的發展，觀點則跨越日美兩大學術圈。實際分析針對『鈴木禪學』、『京都禪學』、『批判禪學』及『整合禪學』四個主要詮釋體系進行評論。」[130]但是，此一論點，仍是有爭論的[131]。

3.大陸人民大學佛教與宗教學理論研究所的張雪松博士，雖於近年來在北京大學的權威刊物《哲學門》上撰寫專論，探討〈兩岸佛學研究風格比較：以江燦騰與樓宇烈對胡適禪學研究評述為例〉，並提到說：他是「選取江燦騰先生的《當代台灣人間佛教思想家：以印順導師為中心的薪火相傳研究論文集》（臺北：新文豐出版公司，2001 年），與樓宇烈先生的《中國佛教與人文精神》（北京：宗教文化出版社，2003 年），特別是兩位先生在他們這兩部論文集中對胡適禪學研究的評述，進行一番比較，闡釋兩岸佛教學者在佛學研究方法上的異同」[132]。

---

[129] 林鎮國，〈禪學在北美的發展與重估：以鈴木禪與京都禪為主要考察範圍〉，國科會專案研究計畫成果，編號：892411H004019.pdf，頁 3-5。

[130] 蔡昌雄，〈當代禪宗哲學詮釋體系的辯證發展——以「開悟經驗」的論述為焦點〉，《新世紀宗教研究》，卷 6 期 3（台中縣：宗博出版社，2008 年 3 月），頁 1-40。

[131] 相關批評，可見見龔雋，陳繼東，《中國禪學研究入門》，頁 34-48。

[132] 見張雪松，〈兩岸佛學研究風格比較：以江燦騰與樓宇烈對胡適禪學研究評述為

其後，龔雋和陳繼東合著的《中國禪學研究入門》一書，也受張雪松的此文論點之影響，同樣認為「樓宇烈在《北京大學學報》1987 年第三其上所發表的《胡適禪宗史研究評議》一文，該文在柳田著作的基礎上，進一步補充了胡適日記和在北大圖書館所藏胡適藏書中的題跋等資料，來說明他禪學研究的貢獻」[133]。

至於與我相關的部分，他則說「江燦騰也在柳田的基礎上，先後發表了〈胡適禪學研究開展與爭辯—第一階段（1925-1935）的分析〉與〈戰後台灣禪宗史研究的爭辯與開展——從胡適到印順導師〉（見《中國禪學》第二卷，北京：中華書局，2003）兩文，分別從日本禪學者忽滑谷快天對胡適的影響，或是的禪學思想研究在中國所引發的論辯（包括早期大陸以及 60 年代台灣）等兩方面，補充了柳田禪學研究中所疏略掉的問題。」然後，他對樓宇烈和我的相關研究，作出如下的論斷：「此外，和與佛學界仍然陸續有關於胡適禪學研究的評論性文章，但大抵不出上述所列著作品的範圍，故不一一舉列。」[134]

並且，根據張雪松本人的看法，他之所以要撰述此一〈兩岸佛學研究風格比較：以江燦騰與樓宇烈對胡適禪學研究評述為例〉專文動機，是要說明：「（前略）樓先生和江先生，足以分別代表海峽兩岸一流的佛學研究者。（所以他）本文選擇這兩位先生進行比較，還在於兩人所表現出來的差異性，更能夠突出海峽兩岸佛學研究風氣的不同。」[135]

又說他：「之所以突出兩位先生關於胡適禪學研究的述評來進行比較，一方面是由於他們二位均在這一領域發表了十分重要而且彼此不同的見解；另一方面，也是由於胡適禪學研究，在近代佛學研究的學術史上佔據了十分顯赫的位置，兩位先生各自獨立進行佛學研究，前後『不約而同』地選擇了這樣一個研究問題，就可見這個問題對兩岸佛學研究的重要性

例〉，《哲學門》，總 17 輯，第九卷第一期（北京：2008 年 9 月）。後全文收入《複印資料·宗教》2009 年第 4 期。http://www.rendabbs.com/redirect.php?tid=2349&goto=lastpost

133 見龔雋，陳繼東，《中國禪學研究入門》，頁 9。

134 見龔雋，陳繼東，《中國禪學研究入門》，頁 9。

135 張雪松，〈兩岸佛學研究風格比較：以江燦騰與樓宇烈對胡適禪學研究評述為例〉《哲學門》第九卷第一期。後全文收入《複印資料·宗教》2009 年第 4 期。http://www.rendabbs.com/redirect.php?tid=2349&goto=lastpost。

了。胡適的禪學研究在海內外產生了巨大的影響，至今仍是值得我們關注的學術史問題。」[136]

可見，大陸方面，已逐漸將我和北大哲學系的資深教授樓宇烈兩者相提並論。所以，我才要在本文中，又結合大批新資料和增補長篇新註，再改以今題發表，以回應葛兆光對我的討論的質疑和疏失，並就教於張雪松博士和其他相關學者的對我的各項重要的商榷之處。

五、結論

1、胡適的禪學研究，是近代中國學人中，研究時間持續最久的。由於時間久，才能不斷地向學界傳遞訊息，影響面也相對增大。

2、胡適的禪學研究，是伴隨著新史料的發現。而且他將此史料發現的學術效應，迅速推廣到國際學術界。不但開拓了新的研究視野，也使他在神會的研究問題與「楞伽宗」的確立問題上，據有先驅性的國際地位。這在中國學人中，是沒有第二人可相比的。因此，他在本文中，可**作為戰後現代性宗教學術研究典範的薪火相傳最佳例證，應是無可爭議**的[137]。

3、胡適的研究方法學，是以文獻的考據為主，用禪宗史的各種史料相對比，以揭穿其中隱含的「作偽」成份。所以他是用找證據的方式，大膽地向傳統的禪宗史料挑戰。因此他自己承認:「破壞面居多」。雖然如此，如果沒有此一來自胡適的嚴厲質疑，中國禪宗史的研究，可能沒有今天這樣的面貌和水平。他實際上促使中國禪宗史研究，產生了一個新的反省，是一種必要的刺激品。這大概屬於開風氣大師的主要功用吧！

4、胡適是善於發現問題和勇於提出質疑的。假使沒有這一特質，他的學術影響面，不會如此大和如此強。縱使他錯解了，或常被批評為「大膽」和「武斷」，可是批評者仍然在他的問題意識籠罩之下。換言之，胡

136 張雪松，〈兩岸佛學研究風格比較：以江燦騰與樓宇烈對胡適禪學研究評述為例〉《哲學門》第九卷第一期。後全文收入《複印資料．宗教》2009 年第 4 期。http://www.rendabbs.com/redirect.php?tid=2349&goto=lastpost。

137 所以，龔雋在〈胡適與近代型態禪學史研究的誕生〉一文中也同樣提到：「如果我們要追述現代學術史意義上的禪學史研究，則不能不說是胡適開創了這一新的**研究典範**。」見龔雋，《中國禪學研究入門》，頁 7-8。

適的論斷，不管正確與否，都使別人有文章可作。若無胡適的論斷在先，中國禪學研究，在中國學人間，將寂寞多矣！

5、雖然印順在證據的解讀上，超越胡適。但我們必須將印順視為後期的禪學研究者，是在胡適去世多年後，運用各種新史料和新研究意見，來提昇自己的研究水平。就這一點來說，他實受惠於胡適的先前貢獻。若非胡適發現新史料和提出新觀點，日本學界不會有如此多的回應和研究成果，同樣地也使印、冉失去了就此一主題發言的機會。因此，胡適的研究和印、冉之間，形成一種批判式薪傳作用。

6、胡適之後，中國學者之間，已罕有新禪宗史料的重要發現。《敦博本壇經》，雖有校勘上的功能，但它在國際學界大量的史料發現和豐富研究成果的對比之下，顯得發現時間稍晚，作用較小。因此，就國際禪學界來說，中國學界能發揮影響力的人，也就不多了。

7、印順可能是唯一的例外，但若無日本學者的既有史料整理，他也無從進行如《中國禪宗史》一書的深度研究。此種中日學界的大環境差異，令人思之，倍加感慨！

8、戰後在台灣有一些不滿胡適批判論點的台灣佛教僧侶和居士們，雖曾此互相串連和大量撰文反駁胡適的否定性觀點，其中某些態度激烈者，甚至以譏嘲和辱罵之語，加諸胡適身上或其歷來之作為[138]。

9、但是，根據以上的說明，我們已可認為：就胡適（1891-1962）的中古禪學研究來說，的確可以被視為民國以來現代性宗教學術研究的跨世紀典範傳承者，所以其影響力，迄今仍活力十足，傳承不絕。

---

138 樂觀曾特編輯，《闢胡說集》（緬甸：緬華佛教僧伽會，民國 49 年 6 月），頁 1。

名同實異：胡適的「整理國故」與大陸當代「國學熱」比較

雷頤*

一

在新文化運動達到頂點、新思潮最為高漲的一九一九年，胡適卻突然提出了要「整理國故」的號召。此論一出，便引起爭論。有人熱烈響應，並身體力行，使「整理國故」運動取得了至今仍令人讚歎、堪稱豐碩的學術成就。這對文化的積累和學術的進步，無疑有著不容否定的巨大意義。

一九一九年年末，經過群情激昂的「五四運動」之後，「新思潮」「新文化」取得了摧枯拉朽般的巨大勝利。在這種情況下，胡適發表了重要的《新思潮的意義》一文[1]，試圖對新思潮的目的、內容和意義作一概括性的說明和總結。胡適開篇即提出了「研究問題」「輸入學理」「整理國故」「再造文明」作為新思潮和新文化運動的綱領。在這一綱領中，「整理國故」是以「再造文明」為根本目的的新文化運動的重要內容和步驟。在被稱為「全盤」、「徹底」反傳統的新文化運動的諸位思想先進中，胡適卻又首先提出要「整理國故」，的確有些出人意外。但在胡適而言，這卻是「順理成章」的。

胡適認為，「新思潮的根本意義只是一種新態度。這種新態度可叫做『評判的態度』。」「評判的態度，簡單說來，只是凡事要重新分別一個好與不好。」也就是尼采所說的「重新評價一切價值」。他認為，這種「評判的態度」主要是對制度風俗、聖賢遺訓和社會公認的行為與信仰這三方

---

* 北京中國社會科學院近代史研究所研究員

1 〈新思潮的意義〉，《新青年》，第7卷第1號（1919年12月）。

面作以理性為標準的重新評估。這三方面的重新評估，與中國舊有的學術自然有著千絲萬縷的聯繫。因此，「我們對於舊有的學術思想有三種態度。第一，反對盲從；第二，反對調和；第三，主張整理國故。」這三項中，「積極的只有一個主張，一就是『整理國故』。整理就是亂七八糟裏面尋出一個條理脈絡來；從無頭無腦裏面尋出一個前因後果來；從胡說謬解裏面尋出一個真意義來；從武斷迷信裏面尋出一個真價值來。」之所以如此，是因為古代的學術思想向來「沒有條理，沒有頭緒，沒有系統」，「少有歷史進化的眼光」，不講究學術淵源和思想的前因後果，「大都是以訛傳訛的謬說」，「有種種武斷的成見」和「可笑的迷信」。針對這些，他提出了整理國故的四個具體步驟：第一步是「條理系統的整理」，第二步是「尋出每種學術思想怎樣發生，發生之後有什麼影響效果」，第三步是「要用科學的方法，作精確的考證，把古人的意義弄得明白清楚」，第四步是「綜合前三步的研究，各家都還他一個本來面目，各家都還他一個真價值」。所謂各家的「本來面目」和「真價值」，主要是針對幾千年「獨尊儒術」所形成的以三綱五常為體統的儒學教條，剝去其被視為「萬古不易」的神聖之光，而對從前被視為異端邪說因而不被重視的各種思想和學說作一客觀評價，闡發其中的合理因素，「如罵楊朱墨翟為禽獸，卻尊孔丘為德配天地、道冠古今！」對於「保存國粹」的主張，胡適作出激烈批評：

> 現在有許多人自己不懂得國粹是什麼東西，卻偏要高談『保存國粹』……現在許多國粹黨，有幾個不是這樣糊塗懵懂的？這種人如何配談國粹？若要知道什麼是國粹，什麼是國渣，先須要用評判的態度，科學的精神，去做一番整理國故的工夫。[2]

幾年後他寫道：

> 中國的一切過去的文化歷史，都是我們的『國故』；研究這一切過去的歷史文化的學問，就是『國故學』，省稱為『國學』。『國故』這個名詞，最為妥當；因為他是一個中立的名詞，不含褒貶的

---

2 〈《國學季刊》發刊宣言〉，《胡適文存》第 2 集第 1 卷。

意義。『國故』包含『國粹』；但他又包含『國渣』。我們若不瞭解『國渣』，如何懂得『國粹』？[3]

這些可說是胡適提倡「整理國故」的本意，也可說是「整理國故」的綱領。亦即要通過「整理國故」分清傳統文化中的精粹與糟粕，去蕪取菁，再造新的文明。這一思路有存有去，有舍有取，重視傳統，卻意在創新，相當平穩。因此，人們不應指責這是復古、守舊，是對新文化運動的背叛；更不應以「全盤、激烈、徹底反傳統」的「文化激進主義」來批評胡適。

但是，胡適在不同時候，針對不同問題，對這一題目的側重與說法卻又有所不同，甚至彼此矛盾。正是這些不同，引起不同的理解和後果，也引來了有時甚至是互相反對的種種批評。

其實就在寫這篇文章的前幾個月，他在給毛子水的一封專論「國故學」的信中對學術研究報「有用無用」的態度提出批評，認為這是應當摒除的「狹義的功利觀念」，主張為學術而學術，「存一個『為真理而求真理』的態度」，為了強調此點，他提出了一個著名的論斷：「學問是平等的，發明一個字的古義，與發現一顆恒星，都是一大功績。」[4]他在給胡朴安的信中也說：「我不認為中國學術與民族主義有密切的關係。若以民族主義或任何主義來研究學術，則必有誇大或忌諱的弊病。我們整理國故，只是研究歷史而已，只是為學術而作工夫，所謂實事求是是也。從無發揚民族精神感情的作用。」[5]但他自己在《新思潮的意義》一文中實際並未遵循為學術而學術這種價值中立的原則，而是以打倒儒學、「再造文明」作為「整理國故」的目的，具有明確的現實的「功利觀點」。把發現恒星這種「宇宙之大」與發明一個字的古義這種「蒼蠅之微」等量齊觀，顯然失衡，不夠恰當。但由於胡適當年的巨大聲望，這一觀點當時頗有影響，確有誘人遠離社會脫離實際，在「故紙堆」裏討生活之弊；如果過份強調，在當時的情況下確也容易引發「復古」的傾向。

在胡適的宣導下，從二十年代初起，「整理國故」開始流行起來。胡適身體力行，不遺餘力。他投入巨大精力進行國學研究，寫下一篇篇扎實

---

3 〈《國學季刊》發刊宣言〉，《胡適文存》第 2 集第 1 卷。

4 〈論國故學——答毛子水〉，《胡適文存》第 1 集第 2 卷。

5 轉引自耿雲志編，《胡適年譜》（成都市：四川人民出版社，1989），頁 167-168。

深入的研究論文、書評、序、跋；創辦《國學季刊》，併發「宣言」；推動古史討論，擬出「最低限度的國學書目」，向廣大青年大力推薦……整理國故無疑取得了巨大的學術成就。但同時，這一運動也確有如上所說的負面影響，不僅引起了他人尖銳的批評，也引起了他自己的警覺，又多次撰文提醒青年不要「鑽故紙堆」，頗為矛盾。

一九二七年，針對對整理國故是「復舊」的批評，他寫了《整理國故與打鬼》一文對整理國故運動作了進一步的辯護和解釋。他說之所以要整理國故「只為了我十分相信『爛紙堆』裏有無數老鬼，能吃人，能迷人，害人的厲害勝過柏斯德（Pasteur）發現的種種病菌，只為了我自己自信，雖然不能殺菌，卻頗能『捉妖』『打鬼』。」「我所以要整理國故，只是要人明白這些東西原來『也不過如此』！本來『不過如此』，我所以還他一個『不過如此』。」也就是說，其目的並非「為真理而真理」「為學術而學術」的「純學術」，更不是發思古之幽思的懷舊復古，而是「化黑暗為光明，化神奇為臭腐，化玄妙為平常，化神聖為凡庸：這才是『重新估定一切價值』。他的功用可以解放人心，可以保護人們不受鬼怪迷惑。」[6]是對傳統批判的繼續與深入。

儘管如此，胡適還是很清楚，這一運動實際很容易將人引入「故紙堆」而難以自拔，所以在一九二八年夏，他又寫下了《治學的方法與材料》一文，對清代學者的治學的考證學方法大加推崇的同時，卻格外強調「材料」，即研究對象的重要性。他認為清代學者的治學「方法」雖然與西方學者的方法一樣「科學」，但卻只以「故紙堆」作為研究的「材料」，所以對國計民生無大作用，也是中國近代科學落後的一個重要原因。「故紙的材料終久限死了科學的方法，故這三百年的學術也只不過是文字的學術，三百年的光明也只不過是故紙堆的火焰而已！」我們考證學的方法儘管精密，只因為始終不接近實物的材料，只因為始終不曾走上實驗的大路上去，所以我們三百年最高的成績終不過幾部古典的整理，於人生有何益處？於國家的治亂安危有何裨補？雖然做學問的人不應該用太狹義的實利主義來評判學術的價值，然而學問若完全拋棄了功用的標準，便會走上很荒謬的路上去，變成枉費精力的廢物。同時還以自責的態度寫道：

---

6 〈整理國故與打鬼〉，《胡適文存》第3集第2卷。

> 所以我們要希望一班有志做學問的青年人及早回頭想想，單學一個方法是不夠的。最要緊的是你用什麼材料。現在一少年人跟著我們向故紙堆去亂鑽，這是最可悲歎的現狀。我們希望他們及早回頭，多學一點自然科學的知識與技術，那條路是活路，這條故紙堆的路是死路。三百年的第一流聰明才智消磨在這故紙堆裏，還沒有什麼好成績，我們應該換條路走走了。[7]

一方面反對「狹義的功利觀念」、提出整理國故要堅持「為真理而真理」「為學術而學術」的為學之道，另一方面又以對傳統文化進行「捉妖」「打鬼」、進而「再造文明」作為整理國故的綱領和旗幟；一方面力倡「整理國故」，另一方面又唯恐青年人因此而「鑽故紙堆」，所以用「廢物」、「死路」等驚人之語提醒青年應「換條路」，走自然科學與技術的「活路」。這種自相矛盾與其說是胡適的思想混亂所致，勿寧說是客觀環境使然。在一個安定、正常、合理的社會中，學術與政治相對隔離，「為學術而學術」的態度對文化的積累意義殊深，無疑也是為學的正途和常態，本不成其為「問題」。這是胡適所追求、嚮往的，因而情不自禁屢屢提倡。但在正處社會轉型的近代中國，新舊思想的衝突格外尖銳、激烈，整理國故的確又極易為守舊者所利用，為舊勢力張目，這是胡適所堅決反對的，所以不得不對此又充滿警惕，意識到在這種情境下很難做到「為學術而學術」。在近代中國，「學術」實難擺脫「政治」的糾纏。在這新舊交替的關鍵時刻，他又希望能以學術來「解放人心」，以深入的學術研究為基礎，將新文化運動中迸發出的雖啟人心智但確有些失之浮躁的思想火花經過深化和段造，作為民族新文明的基質沉澱下來。

二

「民主」與「科學」是新文化運動兩個最著名的口號，也是這一運動的綱領，胡適的提倡「整理國故」，則與他對「科學」的理解有著密切的關係。一方面，他提出要用現代的「科學方法」來整理國故；另一方面，他想通過整理國故來說明中國文化傳統中的「科學方法」，為「科學」在

7　〈治學的方法與材料〉，《胡適文存》第 3 集第 2 卷。

中國尋根，並藉此證明「科學」並非是與中國傳統文化完全不相容的「泊來品」，因此，提倡、宣傳「科學」也擄有傳統的合法性。更重要的是，他始終相信社會、人文學科和自然科學之間有著共同的「方法」，要藉整理國故來證明此點，同時，這也是「打通」二者的一種積極努力。

胡適的科學觀，是以屬於經驗論（Experimentalism）哲學傳統的「實用主義」（Pragmaticism）為基礎的。他將“Experimentalism”譯為極富自然科學意味的「實驗主義」，表明在他的心目中，這種哲學是與自然科學類似的一種「科學」的哲學。他在《實驗主義》一文中說這種哲學的特點就是注重實驗的方法，所謂「實驗的方法就是科學家在試驗室裏用的方法」。他強調科學試驗室的態度和歷史的態度是實驗主義的兩個根本觀念，「這兩個基本觀念都是十九世紀科學的影響。所以我們可以說：實驗主義不過是科學方法在哲學上的應用。」這種哲學，實際是一種解決具體問題的「思維術」（思想方法），即他所推崇的「用已知的事物作根據，由此推測出別種事物或真理的作用」的「杜威所說的思想」。他對杜威所說思想方法的五步說作了具體的分析說明，這五步是（一）疑難的境地；（二）指定疑難之點究竟在什麼地方；（三）假定種種解決疑難的方法；（四）把每種假定所涵的結果，一一想出來，看哪一個假定能夠解決這個困難；（五）證實這種解決使人信用，或證明這種解決的謬誤，使人不信用。「值得注意的是，他在解釋的過程中，反復舉清儒畢沅、王念孫等朴學大師對《墨子》一書的考訂為例，來說明這「五步」的「科學」正確，也就是說，他實際認為這兩者間有某種相通之處[8]。他認為科學的方法、精神、態度可從「懷疑」、「事實」、「證據」和「真理」這四方面來說明，在他對這四個方面的闡釋中，科學的本質還是實驗主義解決具體問題的試驗室的態度和方法[9]。由此，他發出了多研究問題、少談主義的號召，在《新思潮的意義》一文中，他在提出要「整理國故」的同時對「主義」卻大加批判：「這兩三年新思潮運動的歷史應該給我們一種很有益的教訓。什麼教訓呢？就是：這兩三年來新思潮運動的最大成績差不多全是研究問題的結果。」「十部『純粹理性的批判』，不如一點評判的態度；十篇『贏餘價值論』，不如

8 〈實驗主義〉，《新青年》，第 6 卷第 3 號（1919 年 4 月）。

9 〈科學的人生觀——民國十九年在蘇州青年會講〉，《胡適哲學思想資料選》（上）（上海市：華東師範大學出版社，1981），頁 322。

一點研究的興趣；十種『全民政治論』，不如一點獨立思想的習慣。」顯然，他的「整理國故」與「研究問題」也有內在的相通之處。在他的心目中，清代漢學便可說是只研究「問題」、不過問「主義」的典範。

當然，在這方面他的論述也有自相矛盾之處。他堅決反對「主義」，但大力提倡的「實驗主義」本身實際也是一種主義；對清代漢學的方法推崇備至，但卻又有嚴厲的批判：「這三百年之中，幾乎只有經師，而無思想家；只有校史者，而無史家；只有校注，而無著作。」「清朝的學者只是天天一針一針的學繡，始終不肯繡鴛鴦。所以他們儘管辛苦殷勤的做去，而在社會的生活思想上幾乎全不發生影響。」[10]當西方的科學技術突飛猛進的時候，「我們的學術界還在爛紙堆裏翻我們的筋斗」，所以「我們的三百年最高的成績終不過幾部古書的整理，于人生有何益處？」[11]但是，他並不因此而否認「清儒」具有「科學方法」和「科學精神」，認為不同的後果是由不同的研究對象造成的，強調「清代的『樸學』確有『科學』的精神」。在他的心目中，科學的本質就是科學的方法的精神，這是比實際的科學研究和結果還重要的。但是，歐洲科學已經發達了好幾百年，但直到晚近才有較為完滿的「科學方法論」的提出：

> 這都是因為高談方法的哲學家和發明方法的科學家向來不很接近，所以高談方法的人至多不過得到一點科學的精神和科學的趨勢；所以創造科學方法和實用科學方法的人，也只顧他自己研究試驗的應用，不能用哲學綜合的眼光把科學方法的各方面詳細表示出來，使人瞭解。哲學家沒有科學的經驗，決不能講圓滿的科學方法論。科學家沒有哲學的興趣，也不能講圓滿的科學方法論。[12]

因此，「整理國故」在胡適看來也是哲學和科學互相結合闡發、總結和提升科學方法論和科學精神的一種途徑。

他認為，宋明理學中即含有某些科學精神的因素，如程朱提倡「格物致知」的「即物而窮其理」「便是歸納的精神」；「即凡天下之物，莫不因其已知之理而益窮之，以求至乎其極」「是很偉大的希望」，「科學的目的，也不

---

10 〈《國學季刊》發刊宣言〉。

11 〈治學的方法與材料〉。

12 〈清代學者的治學方法〉，《胡適文存》第 1 集第 2 卷。

過如此」，「的確含有科學的基礎」。但是，由於「科學的工具器械不夠用」、反對實用、「丟掉了具體的物理，去求那『一旦豁然貫通』的大徹大悟，決沒有科學」。而且，由於沒有「假設」和「實驗」這兩個「科學方法」的「重要部分」，「這種格物如何能有科學的發明？」對陸王心學，胡適認為也有一定的科學精神和意義。他認為，由於陸王一派主張「心外無物」，所以他們對「物」的定義，即「意所在之事謂之物」的範圍可大到無窮，比程朱一派實以「聖賢之書」作為「格致」對象的「天下之物」的範圍要廣得多。另外他還認為陸王提倡「《六經》為我注腳」和「夫學貴得之心，求之於心而非也，雖其言之出於孔子，不敢以為是也」等是一種「獨立自由的精神」，而「這種獨立自由的精神便是學問革新的動機」。他得出的結論是：「程朱的格物論注重『即物而窮其理』，是很有歸納的精神的。可惜他們存一種被動的態度，要想『不役其知』，以求那豁然貫通的最後一步。那一方面，陸王的學說主張真理即在心中，抬高個人的思想，用良知的標準來解脫『傳注』的束縛。這種自動的精神很可以補救程朱一派的被動的格物法。程朱的歸納手續，經過陸王一派的解放，是中國學術史的一大轉機。解放後的思想，重新又採取程朱的歸納精神，重新經過一番『樸學』的訓練，於是有清代學者的科學方法的出現，這又是中國學術史的一大轉機。」他不厭其詳地以音韻、訓詁、校勘為例，細緻分析漢學中的科學精神。他寫道：「淺學的人只覺得漢學家斤斤的爭辯一字兩字的校勘，以為『支離破碎』，毫無趣味。其實漢學家的工夫，無論如何瑣碎，卻有一點不瑣碎的元素，就是那點科學的精神。」最後，他將清儒的方法概括為「（1）大膽的假設，（2）小心的求證」[13]。「大膽的假設、小心的求證」是胡適對「科學方法」最為簡約的概括，後來他多次說明此點，以至成為「胡氏科學方法」的代名詞。由此可見清儒的「漢學方法」在他心目中的地位之高。所以他多次表示，自己對中國古代小說的種種考證的目的是「要讀者學得一點科學精神，一點科學態度，一點科學方法」[14]。在晚年他依然堅持認為西方的科學思想和科學發展史與中國古代的學術「方法都是一樣的」，他不研究物理化學等自然科學而考證中國古代小說是「想用偷關漏稅的方法來提倡一種科學的治學方法」。「我對於小說

13　〈清代學者的治學方法〉。

14　〈介紹我自己的思想〉，《胡適選集》（天津市：天津人民出版社，1991），頁285。

材料，看做同化學問題的藥品材料一樣，都是材料。」[15]很明顯，他始終認為在各門學科間有一種最基本、最簡單、一成不變的共同的「科學」方法。

另外，他之所以要不憚煩難地從國學中一點點地整理、發現「科學精神」「科學方法」，是因為他想證明「如果正確地解釋儒學，將並不意味著儒學與現代科學思想相反。我不但認為儒學將為現代科學思想的培養、產生提供肥沃的土壤，而且儒學的許多傳統是非常有利於現代科學的精神與態度的。」[16]這段文字寫於 1933 年，但在 50 年代末，即他生命的晚期他甚至認為：

> 我有意未提中國哲學中的科學內容，不僅是由於一個明顯的原因，即這一內容與西方最近四個世紀的科學成就相比是微不足道的，還因為我認為，在科學的歷史發展中，科學精神或意識態度及科學方法要比天文學家，曆法學家，化學家，物理學家或園藝學家的任何實際的或經驗的結果都要重要得多。[17]

依此看來，中國的「清儒」對科學的貢獻和作用要比西方近代科學家重要得多。這一結論是否正確、是否得當並不重要，重要的是從貫穿胡適幾十年的有關論述中，不難看出他的主要目的是要為「科學」在中國尋根，想論證中國傳統也有「科學」，想為中國傳統與現代文化「接軌」。

三

對胡適提倡的整理國故，中國共產黨從整體上持批判態度。

1922 年，中共機關刊物《嚮導》發表文章批評說：「文化運動發生什麼結果呢？他不過把那些以救國為己任的學生們趕回課堂，使那些五四運

---

15 〈治學方法〉（第一講），《胡適選集》，頁 388。

16 Hu Shih, “Confucianism and Modern Scientific Thinking,” in Albert Eustace Haydon, ed., *Modern Trends in World-Religions* (Chicago: University of Chicago Press, 1934), pp. 46-51.轉引自周明之著、雷頤譯《胡適與中國現代知識份子的選擇》，廣西師範大學 2005 年版第 208 頁。

17 Hu Shih, “The Scientific Spirit and Method in Chinese Philosophy,” in Charles A. Moore, ed., *The Chinese Mind: Essentials of Chinese Philosophy and Culture* (Honolulu: University of Hawaii Press, 1967), pp. 104-131. Emphasis in original.轉引自《胡適與中國現代知識份子的選擇》，頁 207。

動中的領袖們學著做新詩，做白話文的出版物，出洋留學，到研究室去研究文學、哲學、科學去了，整理國故去了。」[18]1924 年，共青團中央機關刊物《中國青年》發表文章提醒青年：「中國國勢已經危急的了不得，而這般老學究們還在那裡提倡『國故』，這簡直是昏庸已極的事情」，「實在代表了一種反動黑暗的勢力」[19]。陳獨秀、瞿秋白、郭沫若、成仿吾等人都撰文批判整理國故。

1949 年大陸鼎革，政權新舊交替。但這次「新舊交替」與往常的任何一次都不一樣之處在於，這並不僅僅是一次簡簡單單的政權更迭，而是政治體制、經濟制度、社會結構、意識形態等方方面面徹底的「革命」。按照當時意識形態的邏輯，一定的社會基礎一定要有相應的「上層建築」與之配套，一個「全新」的社會必須要有「全新」的上層建築。所以就有了隨之而來的「知識份子的思想改造」、「拔白旗，插紅旗」、「批判白專道路」、「興無滅資」等一系列針對「資產階級知識份子」——即所有知識份子，因為當時所有讀書人都是「舊學校」培養出來的。在這個嚴密的邏輯體系中，不承認任何學術、乃至自然科學的獨立性（當時的主導觀點是「科學也有階級性」)，認為從金文甲古、詞章考據到遺傳學、相對論等等都具有政治性，是分為「無產階級的」和「資產階級的」。自然科學、社會科學和人文學科都要用「辯證唯物主義」和「歷史唯物主義」批判、取代一切舊的學術傳統，對「舊知識份子」影響殊深的國學自然首當其衝。

對《紅樓夢考證》的批判引發的「胡適思想批判」成為建國後對知識份子進行非常嚴格的「思想改造」的重要內容。國學因而長期被視為「資產階級」、「封建階級」的上層建築和意識形態而被嚴厲批判。在 1950 年代的「胡適思想批判」運動中，「整理國故」受到種種政治性指責和批判。文學史專家李長之在批判文章中說：「胡適為什麼要整理國故？這並不像有些人所抱有的那樣天真想法，以為這是他在不談政治之後的學術工作，仿佛他的政治立場雖然反動，而學術工作還是有價值等等。必須指出，他的整理國故工作恰恰和他的反動政治立場相聯繫著，或者說正是體現了他

[18] 國燾，〈知識階級在政治上的地位及其責任〉，《嚮導》，期 12（1922 年 12 月 6 日）。

[19] 〈受「國故毒」的學生聽著〉，《中國青年》，期 24（1924 年 3 月 29 日）。

的反動政治立場的」，「他的整理國故、考證紅樓夢的目的是為了抵抗馬克思革命理論的傳播，是為了阻撓中國人民革命的進行。這哪裡是『為學術而學術』呢？當然，事實上也從來沒有『為學術而學術』那樣的超階級的東西存在過。」他在文章的最後作了自我檢討：

> 我曾聽過胡適的課，我曾長期間信仰過胡適，也曾附和過他的主張。……不久我也搞起「國故」來了，在一九三七寫了《道教徒的詩人李白及其痛苦》一書，不但在內容上把李白曲解為尼采式的超人，充分顯示了個人主義的觀點，而且那時正是日本帝國主義發動全面侵略的前夕，就客觀作用上說這類的書又是引導青年逃避當前最嚴重的現實鬥爭的。[20]

還有批判文章認為胡適的目的既不同於顧炎武為保存漢族的文物制度、反抗滿清統治，又不同於章太炎以此作為革命武器，他是帝國主義的代言人，根本沒有民族觀念；同時他又是反動統治階級的御用學者，他曾因文字而升官，決不會因文字而得禍，更用不到逃避現實。他的目的，只是為了販賣資產階級最反動最腐朽的實驗主義，來替帝國主義服務而已！「如其沒有正確的立場、觀點與方法，考證也不免誤入歧途。俞平伯、周汝昌等的紅樓夢研究就是最明顯的例子。」[21]「胡適的『整理國故』，其目的就在破壞馬克思主義的傳播和歪曲中國人民對古典文學遺產的認識」，「另一反動目的是要借此把實用主義的毒素散佈到青年的頭腦中去，變成反馬克思主義的『本領』」。「今天，我們清算胡適的治學方法，也就是要端正我們自己的治學態度。再不能株守漢學殘壘、安於支離破碎，對馬克思主義採取深閉固拒的態度了。我們應當認識，只有運用辯證唯物主義的武器，才能夠深入研究事物的本質和其規律性，形式邏輯於此是無能為力的。」[22]

---

[20] 李長之，〈胡適的思想面貌和國故整理〉，《胡適思想批判》，第一輯（北京市：生活讀書新知三聯書店，1955），頁 215-225。

[21] 吳文祺，〈批判胡適派的考證方法〉，收入中國作家協會上海分會編輯，《胡適思想批判資料集刊》（上海市：新文藝出版社，1955），頁 279-281。

[22] 金應熙，〈胡適的治學方法和其反動本質〉，《胡適思想批判》，第三輯，頁 259、266。

此後，國學與其他「非馬克思主義科學」一樣，受到越來越激烈的批判。到「文革」期間，中外文化都作為「封、資、修」被「徹底打倒」[23]。在局外人難以想像的巨大壓力之下，國學終於銷聲匿跡，幾成絕學。

四

「文革」結束，各項學術研究漸次恢復，「國學」作為一種與社會現實的關係相對薄弱的「純學術」，侷限在學者的象牙塔中，並未成為社會熱點。但近年卻突然「走紅」，以至形成了一股引人注目的「國學熱」。「國學」而成「熱」，殊為不易，其後有更為複雜深刻的背景與因素，其中最重要的作用是國家力量的直接推動。如果沒有國家權力的大力提倡、支持，「國學」最多只能成為「知識界」研究的熱點，很難成為今日鋪天蓋地、席捲全國的熱潮。

國家對「傳統」、「國學」的明確宣導、支持是從 1989 的之後開始的。從 1989 年下半年開始，國學、或傳統文化，就作為對剛剛發生的「風波」作出反應的「政治正確」的意識形態提了出來：

> 所以在資產階級自由化氾濫的時候，有些『精英』便改穿了西裝來徹底否定傳統文化，他們因為已經吃了牛奶和麵包，便反過來痛罵母親的乳汁是多麼骯髒，卻不想想這種乳汁曾經給他們多大的營養。傳統文化這一次所受的劫難是相當深重的，因為『精英』們已決心把它完全搞臭。[24]

高等院校是「八九風波」的「重災區」，國家教委針對高校教師和學生在 1991 年專門創辦了「政治理論刊物」《高校理論戰線》，時任國家教委主任的何東昌發表了《社會主義的一條重要戰線——寫在《高校理論戰線》出

---

23 摩爾根的遺傳學理論在 1950 年代、愛因斯坦的相對論在「文革」期間分別受到激烈批判。所謂「封、資、修」指「封建主義、資本主義、修正主義」，國學、幾乎所有傳統文化都屬「封建主義」。

24 金開誠，〈接受傳統文化的薰陶，增強愛國議思想感情〉，《群言》，期 12（1989 年）。

版之際》作為該刊「創刊詞」。就在在「創刊號」上，報導了「前不久」由國家教委社會科學發展研究中心和由北京高校部分教師組成的「民族文化與社會主義現代化建設」研究課題組聯合組織召開了「如何正確對待中國傳統文化」學術座談會，「與會者就近幾年來民族文化虛無主義思潮的表現、根源、危害以及如何正確對待民族文化和外來文化，如何建設社會主義新文化等問題進行了熱烈的討論」。「與會許多同志認為，近幾年來，在理論界、學術界、文化界和社會上重新氾濫起一股以『反傳統』為時髦，乃至全盤否定民族文化和全盤肯定西方文化和民族文化虛無主義思潮。這股思潮給社會主義精神文明建設和文化建設帶來了十分惡劣的影響，應該認真加以清理和批判。」他們認為這：「近幾年氾濫的民族文化虛無主義涉及到政治、經濟、文化、心理、社會等各個領域」；「不少同志在聯繫近幾年民族文化虛無主義氾濫的實際情況指出，民族文化虛無主義在理論界和社會上，尤其在經世未久，對傳統文化缺乏瞭解的青年學生中造成了思想混亂，對其危害絕不可低估。」他們還認為「民族文化虛無主義」產生的原因有四個方面：「是『全盤西化』論的組成部分」，「是歪曲我國經濟體制改革的一種產物」，「是國外某些言論的再版」，「是走極端的片面性思維方式的表現」。他們進一步說道：「民族虛無主義與歷史虛無主義是資產階級自由化反對共產黨、反對社會主義的理論依據，給青年人造成的心靈創傷比直接的政治結論更嚴重，所以我們應該花更大的力氣清除其影響」，「要深層次地解決青年的思想問題，應首先向民族虛無主義和歷史虛無主義開刀」。「這次民族虛無主義和歷史虛無主義思潮與資產階級自由化思潮緊密聯繫，它不是一切都不要，而是不要傳統，不要社會主義，不要黨的領導，而要西化，要資本主義」，所以「否定傳統的危害性越看越嚴重，對其嚴重性要給予足夠的重視」。張岱年在發言中說：「民族文化虛無主義思想是民族自卑心理的表現，也是嚮往資本主義的一種表現。」張豈之在發言中說：「今天非常需要澄清民族文化虛無主義的影響，這是一個很嚴肅的任務。」「實踐證明，歷史與民族文化是進行愛國主義教育最有效的理論武器，比講多少道理都有效，是民族凝聚力的強大源泉。」李文海認為：「民族文化虛無主義與歷史虛無主義是資產階級自由化反對共產黨、反對社會主義的理論依據，給青年人造成的心靈創傷比直接的政治結論更嚴重，所以我們應該花更大的力氣清除其影響，目前這方面的努力很不夠。」「要深層次地解決青年的思想問題，應首先向民族虛無主義和歷史虛無主義開刀。」[25]

因此，北京大學於 1992 年初成立了「中國傳統文化研究中心」，1993 年 8 月 16 日《人民日報》第三版史無前例地以整整一版的篇幅發表了〈國學，在燕園又悄然興起〉的長篇報導，提倡國學，提出：「北大的領導和眾多的教師認為，社會主義精神文明建設與物質文明建設是車之兩輪、鳥之雙翼，缺其一就會翻車，就不能騰飛。精神文明建設離不開我國的文化傳統。所謂『有中國特色』，一個重要含義就是中國的文化傳統。北大學者認為，中國傳統文化是中華民族偉大智慧和創造力的結晶。它在漫長的歷史過程中凝聚了中華各族人民，支配中國人的生活方式，今天也仍然滲透在現實生活之中，對中國人的思想、行為起著潛在的支配作用。深入地探討中國傳統文化，對繁榮社會主義新文化，提高中國人的自尊心、自信心，增強民族凝聚力等等，都是一項基礎性工程。他們認為，把對中國傳統文化的研究尊為『國學』，並無不當。」《人民日報》在此文的「編者按」中特意指出：中國傳統文化即「國學」，「研究國學、弘揚中華民族優秀傳統文化，是社會主義精神文明建設的一項基礎性工作」[26]。僅僅兩天之後，8 月 18 日的《人民日報》又在頭版發表了〈久違了，「國學」！〉的短評，盛讚國學研究對社會主義精神文明建設的重要意義：「社會主義精神文明建設離不開我國優秀的文化傳統」，「所謂『有中國特色』，一個重要含義就是中國的文化傳統」[27]。

1993 年 11 月 14 日，中央電視臺「東方時空‧焦點時刻」節目又以「國學熱的啟示」為題，對「國學熱」作了詳細介紹、宣傳。12 月 1 日，《人

---

[25] 張岱年、季羡林、張豈之、李文海等，《批判民族文化虛無主義建設社會主義新文化——如何正確對待中國傳統文化發言摘編》；任青、史革新，〈《如何正確對待中國傳統文化》學術座談會綜述〉，《高校理論戰線》，期 1（1991 年）（創刊號）。《創刊號》發表的全是政治性「大批判」文章：如〈正確認識和處理現階段社會主義社會中的階級和階級鬥爭——論反對資產階級自由化的歷史經驗〉，〈高度重視意識形態領域的鬥爭——二論反對資產階級自由化的歷史經驗〉，〈全面地理解和執行黨的基本路線——三論反對資產階級自由化的歷史經驗〉，〈正確開展反對錯誤傾向的鬥爭——四論反對資產階級自由化的歷史經驗〉，〈毛澤東同志的光輝形象不容抹煞〉，〈人權觀是有階級性的〉，〈對美國「和平演變」戰略的歷史考察〉等。

[26] 畢全忠，〈國學，在燕園又悄然興起〉，《人民日報》，1993 年 8 月 16 日。

[27] 文哲，〈久違了，「國學」！〉，《人民日報》，1993 年 8 月 18 日。

民日報》發表了題為〈高屋建瓴，啟迪後人〉的「側記」，報導了季羨林先生在北大就東方文化和國學作的一次報告，這是北京大學團委和學生社團舉辦的「國學月」的一個重要項目。1994 年 2 月 16 日的《人民日報》發表了季羨林先生的〈國學漫談〉一文，明確告訴人們「國學決不是『發思古之幽情』」，而是有強烈的現實意義，其現實意義主要表現在建設有中國特色的社會主義的」特色「上、」它的光輝也照到了國外去「和」激發我們整個中華民族的愛國熱情」這三個方面。他尤其強調：「探討和分析中國愛國主義的來龍去脈，弘揚愛國主義思想，激發愛國主義熱情，是我們今天『國學』的重要任務。」[28]

據北大方面報導說：北大「中國傳統文化研究中心」的工作得到了國家教委和中央的重視和支持，時任國務院副總理李嵐清在與北大教師座談時，針對的「國學熱」發言說：「弘揚中國優秀傳統文化是社會主義精神文明建設的一項急迫任務，北大在這方面做了大量工作，應該肯定。」「拍攝傳統文化的電視片集，編寫傳統美德的書籍，都很有現實意義，有助於幫助下一代樹立正確的人生觀。」[29]

《人民日報》如此頻密地宣傳、提倡國學，國家領導人明確支持「國學熱」，與此相呼應，《光明日報》、《中國青年報》和中央電視臺等均以前所未有的篇幅多次宣揚「國學熱」，報導有關研究狀況，並不斷發表」「國學／中國文化／東方文明」「將主導二十一世紀、拯救全人類的宏文。」「國家級」媒體的宣傳無疑具有強烈的導向意義，「國學」迅速熱遍全國。一些報紙開設了「國學」專版，一些大學相繼成立國學班或國學院，一些中小學在當地教育主管部門的支持下開始讀經，政府開始祭孔，央視的「百家講壇」事實上變成「國學」的「獨家講壇」……。

1994 年 8 月，中共中央發佈《愛國主義教育實施綱要》提出：

> 中華民族是富有愛國主義光榮傳統的偉大民族。愛國主義是動員和鼓舞中國人民團結奮鬥的一面旗幟，是推動我國社會歷史前進的巨大力量，是各族人民共同的精神支柱。現在，我國人民在建設

---

28 季羨林，〈國學漫談〉，《人民日報》，1994 年 2 月 16 日。

29 趙為民，〈中國傳統文化研究中心學術活動贏得國內外好評〉，《北京大學學報》（社科版），1994 年第 4 期。

有中國特色社會主義理論和黨的基本路線指引下，大力發展社會主義市場經濟，努力建設富強、民主、文明的社會主義現代化國家。在新的歷史條件下，繼承和發揚愛國主義傳統，對於振奮民族精神，凝聚全民族力量，團結全國各族人民，自力更生，艱苦創業，為中華民族的振興而奮鬥，具有十分重要的現實意義。各級黨委和人民政府，各有關部門和人民團體，必須高度重視這項工作，並結合各自的工作特點積極開展愛國主義教育。

愛國主義教育的主要內容包括「中華民族悠久歷史教育」和「中華民族優秀傳統文化教育」，並要各地建立「愛國主義教育基地」。

2002 年中共「十六大」政治報告中強調：「在五千多年的發展中，中華民族形成了以愛國主義為核心的團結統一、愛好和平、勤勞勇敢、自強不息的偉大民族精神。」「必須把弘揚和培育民族精神作為文化建設極為重要的任務，納入國民教育全過程，納入精神文明建設全過程，使全體人民始終保持昂揚向上的精神狀態。」

2004 年 2 月，發佈《中共中央國務院關於進一步加強和改進未成年人思想道德建設的若干意見》，提出未成年人思想道德建設的主要任務是：

從增強愛國情感做起，弘揚和培育以愛國主義為核心的偉大民族精神。深入進行中華民族優良傳統教育和中國革命傳統教育、中國歷史特別是近現代史教育，引導廣大未成年人認識中華民族的歷史和傳統，瞭解近代以來中華民族的深重災難和中國人民進行的英勇鬥爭，從小樹立民族自尊心、自信心和自豪感。

隨後中宣部、教育部制定了《中小學開展弘揚和培育民族精神教育實施綱要》，明確說道：

面對世界範圍各種思想文化的相互激蕩，西方敵對勢力對我實行『西化』、『分化』和爭奪下一代的圖謀，面對全面建設小康社會的宏偉目標和實現中華民族偉大復興的歷史重任，面對日益開放的環境和發展社會主義市場經濟的新要求，在中小學開展弘揚和培育民族精神教育，不斷增強廣大青少年對民族優秀文化的認同和自信，振奮民族精神，凝聚民族力量，是一項十分緊迫的任務。……

> 愛國主義是民族精神的核心。中小學開展弘揚和培育民族精神教育必須高揚愛國主義旗幟，宣導一切有利於民族團結、祖國統一、人心凝聚的思想和精神，宣導一切有利於國家富強、社會進步、人民幸福的思想和精神，宣導一切用誠實勞動創造美好生活的思想和精神。引導學生樹立以熱愛祖國、報效人民為最大光榮，以損害國家和人民利益、民族尊嚴為最大恥辱的觀念。……
>
> 愛國主義同社會主義是緊密結合的。瞭解新中國成立以來，特別是改革開放以來社會主義現代化建設取得的偉大成就和全面建設小康社會的宏偉目標，認識社會主義中國的歷史性進步和光明前途。

中華民族是一個具有優良傳統的民族，瞭解五千年歷史中孕育的優秀傳統美德，而「中國共產黨是民族精神的繼承者和創造者」。要求：

> 各學科有機滲透民族精神教育，把弘揚和培育民族精神教育納入中小學教育全過程，貫穿在學校教育教學的各個環節、各個方面。中小學德育課程和語文、歷史等人文社會科學課程，要充實體現民族精神的豐富內涵。數學、物理、化學、生物、科學等理科課程應結合教學內容，豐富中國科學家的科學成就和民族精神的內容。藝術（音樂、美術）課應包含經典民樂、民歌、民族戲劇欣賞和中國畫、書法藝術欣賞的內容。體育課應適量增加中國武術等內容。

同時決定：「建立『中小學弘揚和培育民族精神月』制度。為把開展弘揚和培育民族精神教育引向深入，在做好經常性宣傳教育工作的基礎上，決定從 2004 年開始，每年 9 月為『中小學弘揚和培育民族精神月』。」要求：

> 各級黨委和政府要提高認識，本著求真務實的精神，把弘揚和培育民族精神作為貫徹《中共中央國務院關於進一步加強和改進未成年人思想道德建設的若干意見》的一項重要任務，擺上重要日程，切實加強領導，給予必要的財力、物力和人力支持。各級宣傳、教育等部門要根據本《綱要》精神，結合當地實際，制定具體實施辦法，深入學校瞭解情況，研究問題，總結經驗，指導工作。教育部門要設立中小學德育工作專項經費。宣傳、教育部門要主動與各

有關部門和群眾團體密切配合，充分發揮工會、共青團、婦聯等群眾團體的優勢，組織開展豐富多彩的教育活動，共同做好中小學弘揚和培育民族精神教育工作。

2005年6月，中宣部、中央文明辦、教育部、民政部、文化部五部門聯合發出《關於運用傳統節日弘揚民族文化的優秀傳統的意見》：

為深入貫徹落實黨的十六大和十六屆三中、四中全會精神，大力弘揚和培育以愛國主義為核心的民族精神，傳統中華民族的優秀傳統，推動社會主義文化的發展繁榮，現就運用傳統節日弘揚民族文化的優秀傳統，提出如下意見：……對於進一步增強中華民族的凝聚力和認同感、推進祖國統一和民族振興，對於不斷發展壯大中華文化、維護國家文化利益和文化安全，具有十分重要的意義。……傳統節日中所蘊含的民族文化的優秀傳統，是對青少年進行思想道德教育的寶貴資源。教育行政部門要研究制定把傳統節日教育納入國民教育體系的具體措施和辦法，把傳統節日教育納入學校教學活動之中，推動民族文化的優秀傳統進課堂、進教材。

值得注意的是，此「意見」將弘揚傳統文化與「維護國家文化利益和文化安全」聯繫起來[30]。

在這種方針指引下，國學與「中國特色社會主義」、「增強民族凝聚力」、「思想教育」緊密聯繫起來。有關文章不可勝數。如：

堅持古今貫通的原則。也就是說宣揚愛國主義既要進行系統的中國優秀傳統文化的教學，力求重點突出，取材恰當，通俗易懂；與此同時又要注意突出時代特徵，大力宣揚改革、開放時期湧現出來的愛國主義典型事蹟，使青年學生們明白當今新時代的愛國主義也就是愛有中國特色的社會主義。[31]

我們加強愛國主義教育一定要挖掘傳統文化有關愛國的主張和思想中的合理成分與合理內容，並同四項基本原則結合起來。其

---

30 以上有關文件均引自「百度搜索」的「百度文庫」。

31 易啟洪等，〈中國傳統文化與高校的愛國主義教育〉，《江西農業大學學報》，卷19期5（1997年12月）。

> 實，四項基本原則就是現代愛國主義教育最基礎、也是最根本的內涵。[32]

「國學熱」成為學校「思想政治教育」的重要內容[33]。

近年來，國學又與「國家文化安全」聯繫起來：

> 不論各家怎麼說，國學是中華民族的傳統文化這一範疇是一致的。傳統文化是中華民族的根基，是中華民族共同認同的基礎，傳統文化彰顯出來的民族主體品格是時代精神的載體，是中華民族今天能夠實現偉大復興的主體條件。中華傳統文化的傳承與弘揚是國家文化安全的核心，『國學熱』的興起有利於繁榮中華文化，提升中華文化的整體實力，固本強根，切實維護我國國家文化安全。[34]

承認、強調「維護國家文化安全」始終是提倡「國學」和「國學熱」的深層動因。今天，我們對「國學」的討論與定位仍然不能脫離「國家文化安全」的視角[35]。

五

以上引述表明，自 1989 年下半年起，主流意識形態做出重要調整，在馬克思列主義、毛澤東思想、科學社會主義之外，以強調「民族傳統優秀文化」增添了濃重的「民族主義」，開始更多地從傳統文化中汲取政治理論資源，其話語具有日漸濃厚的「民族文化」色彩。這種大幅度調整，肇因於深刻的「合法性」危機。

---

32 崔乃林、黃寶先，〈傳統文化與愛國主義教育〉，《山東省青年管理幹部學院學報》，2001 年第 3 期。

33 張永，〈「國學熱」對高校思想政治工作的啟示〉，《中國市場．學術論叢》，2007 年第 3 期；任靜，〈「國學熱」—高校思想政治教育工作的新啟示〉，《學理論》，2010 年第 25 期；王芸，〈「國學熱」現象給學校思想政治教育帶來的思考〉，《銅陵學院學報》，2007 年第 1 期。

34 蘇娟，〈近年來國家文化安全熱點問題分析〉，《江南社會學院學報》，卷 11 期 4（2009 年 12 月）。

35 陳斐，〈國學與國家文化安全〉，《文化藝術研究》，2011 年第 2 期。

「合法性」(Legitimacy,又譯作「正統性」、「正確性」、「正當性」或「合理性」),政治學中國家權力來源的「合法性」並非指符合法律條文,不在於統治者自己宣稱統治的合法性,而是指一整套全社會、包括統治者和絕大多數被統治者認可、認同的道理、規則和行為標準體系,即統治者權力的被廣大社會成員發自內心的認同的問題。公權力是為維持社會秩序的「必要之惡」,但公權力若僅依靠強制力量並不能維持社會的持續安定,因此任何公權力必須製造出一套詮釋系統把國家形態與社會結構概念化、合理化,使社會所有成員都相信那樣的結構形式與內容是合理的,即統治者的統治權力是應當的、正當的,或命定的。馬克斯・韋伯認為,被統治者服從統治者的支配有暴力、經濟等因素,但是:「除了這些以外,通常還需要一個更深層的要素—對正當性的信仰。」每個權力體系「都會試圖建立並培育人們對其正當性的信仰」[36]。伊斯頓認為統治者獲得被統治者支持有三條途徑:

> 那種不直接與具體的物質報酬、滿足或是強制相連接的支持,可以通過下面三種反應產生:第一,努力在成員中灌輸對於整個體制及在其中任職者的一種牢固的合法感;第二,乞求共同利益的象徵物;第三,培養和加強成員對政治共同體的認同程度。[37]

簡言之,即哈貝馬斯在合法性問題上的著名論斷:「合法性意味著某種政治秩序被認可的價值。」[38]

在「合法性」重建中,國學/傳統文化(《人民日報》認為中國傳統文化即「國學」)的迅速復興顯示了在全能體制國家中國家權力對文化的高度掌控。在重倡傳統文化中「國學」成為前導,被納入民族振興、愛國主義、中國特色社會主義、增強民族凝聚力、國家文化安全的話語系統。這種將國學/傳統文化編碼織入國家意識形態的過程,同時顯現出權力與

---

36 〔德〕馬克斯・韋伯著、閻克文譯,《經濟與社會》第一卷(上海:上海人民出版社,2010),頁 319。

37 〔美〕大衛・伊斯頓著、王浦劬等譯,《政治生活的系統分析》(北京市:華夏出版社,1999 年),頁 39。

38 〔德〕哈貝馬斯著、張博樹譯,《交往與社會進化》(重慶:重慶出版社,1989),頁 188-189。

文化間的複雜關係，一方面反映出國家權力對「傳統文化」的控制、利用，一方面反映國家權力對「傳統文化」的需要，甚至越來越倚重。

當然，如前所述，「國學」早就成為中國現代學術中的重要一支，因此一直有學者無論外在環境有利或不利的情況下孜孜矻矻，潛心學術，做出了令人敬重的學術成就，許多學者因此備受迫害，甚至有人為此付出了自己的生命[39]。因此，當國家對國學從嚴禁到大力提倡、支持時，無論其初衷如何，國學研究在近幾年確實取得了豐碩的學術成果[40]。進一步說，清代考據學的繁盛確有學術的內在理路，但與清朝統治者外在的文化政策也大有關係，無疑不能因批評其文化政策而否定清代樸學家的學術成就（胡適正是想從清代樸學中為科學在中國「尋根」)。著名的當代科學哲學家庫恩（T. Kuhn）認為，科學的進步就是「範式」(Paradigm）的更迭。而且，舊「範式」的衰退與新「範式」的湧現與當時的社會環境和社會心理有著極密切的關係。也就是說，科學的進步與發展並不是一個封閉的邏輯體系，而是與社會實踐緊密相關的開放系統，因而要受社會的巨大影響[41]。自然科學尚且如此，社會科學的發展受社會、時代的影響當然更大、更為深刻。國學研究的學術發展，證明瞭庫恩此論；同樣，庫恩此論，也可以說明國學研究學術進展的外部作用。

以上研究表明，九十餘年前胡適提倡「整理國故」，其主旨是想為現代「科學」在中國「尋根」，證明中國並非自外於世界普世價值，或者說，是為中國文化與世界文化「接軌」而努力。九十年後的「國學熱」，其主旨是強調、證明中國文明、文化的「特殊性」，成為拒絕、批判「普適價值」的重要元素。同為「國學」，二者指向正相反對，「能指」(signifier）相同，但「所指（signified）完全相反。

---

39 在「改革開放」前因研究國學受迫害者數不勝數，例如著名目錄、版本學家王重民因此被迫害致死。見劉修業：〈王重民教授生平及學術活動年表〉，《圖書館學研究》，1985 年第 5 期。

40 由於本文主旨並非研究當前國學學術狀況，且國學研究成果至為豐碩，非一篇文章所能概括，恕不在此詳述。

41 〔美〕湯瑪斯·庫恩著，金吾倫、胡新和等譯：《科學革命的結構》，（北京：北京大學出版社，2003），第一、五、九、十章。

關於胡適國家政治體制思想的考察
——爲紀念適之先生誕生120周年而作

萬昌華*

作為中國二十世紀上半葉最重要的思想家與學者之一，胡適對當代中國所產生影響是多方面的。除了人們所熟知的其最先揭櫫文學革命的大旗之外，他改變中國思想文化問題的言說範式，以及試圖開展中國文藝復興、嘗試對中華文明進行「再造」的努力，也都有學者專門著述考察並加以肯定過[1]。然而，他的另一重要思想——憲政主義國家政治體制思想，作為一個單獨的論題，還未有人進行過全面系統而深入的考察。筆者在〈論孔孟的國家政治體制思想〉一文中指出過，孔子孟子作為入世的思想家而言他們的國家政治體制思想是其其他一切思想的基礎[2]。胡適的思想亦然。在實際上，政治思想是自己其他思想的基礎，此點胡適本人生前也曾經間接地「自道」過。比如，他 1948 年 10 月 5 日在為武昌公教人員作的演講〈自由主義與中國〉中就強調指出，「中國歷代自由最大的失敗，就是只注意思想言論學術的自由，忽略了政治的自由」，所以中國才脫不去專制的政治枷鎖。很明顯，他這句話的言外之意是說對於政治制度重要性的認識，在中國是「世人皆昧，唯我獨醒」。

在未進行全面系統而深入考察的情況之下，人們對胡適國家政治體制思想的認識與評價是有偏差的。舉例，林毓生先生在〈平心靜氣論胡適〉

---

* 泰山學院歷史與社會發展學院教授

1 可參見余英時：《中國近代思想史上的胡適》，台灣聯經出版事業公司 1994 年版；格里德：《胡適與中國的文藝復興》，魯奇譯，江蘇人民出版社 1989 年版；羅志田：《再造文明之夢——胡適傳》，四川人民出版社 1995 年版。

2 萬昌華：〈論孔孟的國家政治體制思想〉，《齊魯學刊》2007 年第 2 期。

一文中說胡適的思想中諸多「尷尬與混淆」，文中所舉的所謂的三個「尷尬與混淆」事例中，第一個就是胡適關於「民主憲政只是一種幼稚的政治制度，最適宜於訓練一個缺乏政治經驗的民族」的話語[3]。張振國博士則在〈胡適與張君勱的憲政思想比較〉一文中認為，雖然胡適和張君勱二人終其一生都是堅定的憲政主義者，但是胡適卻不像張君勱，「沒有提出具體的政治設計方案。」[4]另外，也有學者在提及胡適關於政治問題的想法時認為他「太天真」[5]。本人認為，以上諸學者關於胡適國家政治體制思想的看法都值得商榷，都有與實際不符之處。就林毓生先生而言，他是忘記了胡適的如上話語是針對的當時中國的當權者說中國人素質低下不能實行憲政這一歷史，就張振國博士而言，他是不瞭解胡適「在他心目中，世界上最好的政治就是美國政治，世界上最民主的國家就是美國」[6]，胡適「夢寐以求的（是在中國建立）美英式的自由政治體制」這一事實[7]。一種思想與主張的價值與合理性，決不能完全以馬上就物化了，亦即，不能完全以暫時的成敗來「論英雄」。眾所周知，台灣後來的實例已經表明了胡適的思想與主張並不天真。總之，從聯繫的視角與把握本質的方法來看胡適的政治體制思想的話，其既不尷尬與混淆，又具體而清楚全面，一以貫之，其中不乏堅持真理的難能堅毅與針對具體事情的深刻洞見，並且具有不可比擬的可實踐與可操作性。人們不能因他該方面的主張與思想由於種種客觀原因一時的未被實踐和物化，就自覺不自覺地隨著某些主流意識形態的論調而人云亦云地對之妄加指責。

那麼，胡適國家政治體制思想的最主要構成是什麼呢？主要是兩大部分。一是其一以貫之的憲政主義政治主張，二是他對未來中國中央與地方政府式樣、行政結構及其運行機制的設想。其中，前一部分的主要內容是講如何運用憲法法治、民主選舉制度及反對黨制度等去建立民主憲政的國

---

[3] 林毓生：〈平心靜氣論胡適〉，《讀書》1999 年第 9 期。

[4] 張振國：〈胡適與張君勱的憲政思想比較〉，《西北政法學院學報》2007 年第 5 期。

[5] 歐陽哲生：《自由主義之累——胡適思想的現代闡釋》，上海人民出版社 1993 年版，第 264 頁。

[6] 季羨林：〈站在胡適之先生墓前〉，歐陽哲生編：《追憶胡適》，社會科學文獻出版社 2000 年版，第 218 頁。

[7] 胡明：〈胡適在風雨飄搖的舊北大〉，《炎黃春秋》2000 年第 1 期。

家，後一部分的內容則主要是講未來中國的國家權力結構應是議會民主制的、聯邦制的、高度地方自治的，政府與領導人的任期與權限等都要有明確的限制。下面，我們就試對胡適國家政治體制思想的如上兩大方面，以及其上述國家政治體制思想的形成成因與當代價值，作一考察與分析。

一、胡適一以貫之的憲政主義訴求

何為憲政？按照美國當代知名政治學學者斯科特．戈登的話說，憲政就是「通過政治權力的多元分配從而控制國家的強制力量的政治制度。」[8] 另外，也有學者直接指出過，憲政主義也就是自由主義[9]。筆者認為，雖然側重點不同，以上對於憲政和憲政主義的言說都正確。運用這些定義來考察胡適的國家政治體制思想的話，它們大體上能涵蓋其的一生。除了自美國留學歸來的不長一段時間之外，胡適對於在中國建立憲政主義國家政治體制的訴求，可以說是立場堅定、旗幟鮮明、矢志不渝，終生對之都是孜孜追求的。在此，我們不妨以他的與丁文江等創辦「努力會」（後改稱努力社）與出版《努力週報》、力倡「好政府主義」，在《新月》雜誌上發表為國人爭人權與約法前提下的法治的系列文章，創辦「獨立評論社」並出版《獨立評論》週刊、開展民主建國的討論，國民黨在大陸的政權就要被中國人民解放軍用武力推翻前夕的 1948 年，其發表一系列以自由主義為題的演說與文章，以及他晚年仍力爭言論自由、仍主張在台灣建立反對黨的幾個歷史事件為重點，對之作一考察。

胡適與丁文江、王徵、蔣夢麟等人創建「努力會」是在 1921 年 5 月 21 日[10]，出版《努力週報》是在次年。當時的中國仍處在北洋軍閥政府的統治之下。《努力週報》於 1922 年 5 月 7 日創刊到 1923 年 10 月停刊，在一年多的時間裡共出 75 期。其中，從 1922 年 6 月到 1923 年 4 月，《努力週報》的時評「這一周」皆為胡適所作。我們前面提及，憲政的最根本之處是講控制國家的強制力量，胡適在此期間的言論與主張就是如此。

---

8 斯科特·戈登：《控制國家——西方憲政的歷史》，應奇等譯，江蘇人民出版社 2001 年版，第 462 頁。

9 王人博：《中國近代的憲政思潮》，法律出版社 2003 年版，第 237 頁。

10 耿雲志：《胡適年譜》，四川人民出版社，1989 年版，第 95 頁。

自 1921 年 8 月 5 日起，作為「努力會」成員的胡適曾南下在安徽安慶第一中學、上海國語專修學校（8 月 14 日），以及回北京在中國大學（10 月 22 日）以〈好政府主義〉為題，發表一系列演講，這些演講稿後來刊登於同年 11 月 17 日和 18 日《晨報》的副刊上。近代西方民主憲政國家一般的政治觀念都認為國家是一種公器，是人民手中為自己謀求福利的工具，胡適在上述關於好政府主義的系列演講中也是這樣認為的。其中講到，「好政府主義的基本觀念是一種政治的工具主義。（1）政治的組織是人類發明的最大工具……政府的存在是由於這種工具的需要。（2）這種工具是一種有組織、有公共目的的權力。法律制度都是這種權力的表現。（3）這種工具，若用的得當，可發生絕大的效果，可以促進社會全體的進步」；對於這種工具主義政府觀的進一步引申，是「（1）從此可以得一個批判政府的標準：政府是社會用來謀最大多數的最大幸福的工具，故凡能盡此職務的是好政府，不能盡此職務的是壞政府。妨礙或摧殘社會的是惡政府。（2）從此可得一個民治（人民參政）的原理：工具是須時時修理的……凡憲法、公法、議會等等都是根據這個原理的。（3）從此可得一個革命的原理：工具不良，修好他。修不好，另換一件。政府不良，監督他，修正他；他不受監督，不受修正時，換掉他。」[11]

1922 年《努力週報》獲准出版之後，胡適曾進一步公開闡明，他的好政府主義就是要求建立「憲政的政府」。1922 年 5 月 11 日夜，他在原來演講的基礎上寫成了《我們的政治主張》一文。14 日，該文作為宣言的形式加上蔡元培等 15 人的共同簽名之後在《努力週報》第二號上刊出。其中指出，「『好政府』的至少涵義——我們所謂『好政府』，在消極的方面是要有正當的機關可以監督防止一切營私舞弊的不法官吏。在積極的方面是兩點：（一）充分運用政治的機關為社會全體謀充分的福利。（二）充分容納人的自由，愛護個性的發展」；對於政治改革的原則，「第一，我們要求一個『憲政的政府』，因為這是使政治上軌道的第一步。第二，我們要求一個『公開的政府』，包括財政的公開與公開考試式的用人等等；因為我們深信『公開』（Publicity）是打破一切黑幕的唯一武器。第三，我們要求一種『有計劃的政治』」[12]。

---

11 《胡適的日記》（上），中華書局 1985 年版，第 173-175 頁。

12 胡明主編：《胡適精品集》（四），光明日報出版社 1998 年版，第 19-20 頁。

1927 年 4 月，國民政府在南京重組。1928 年 6 月革命軍進入北京，國民政府在當月 15 日發表全國統一的宣言，從此南京國民政府成為中國唯一的合法政府。但南京國民政府建立之後也不是實行的憲政體制，而是一黨專政、以黨代政的黨國體制。1928 年 2 月 3 日至 7 日，中國國民黨二屆四中全會在南京召開，會議通過了「改組國民政府」等議案。規定國民政府接受中國國民黨中央執行委員會指導、監督，掌理全國政務，政府委員由國民黨中央委員會選舉。同年 9 月，國民黨二屆五中全會在南京召開，又宣稱全國進入訓政時期，由國民政府執行訓政職責。對於這種體制，一直主張憲政的胡適當然不能認同，於當時，他主要以《新月》雜誌為陣地，對之進行了猛烈的抨擊。

由於孫中山是國民黨的精神領袖，又是中國實行一黨專政與訓政的「始作俑」者，因此，胡適這一時期實行的是「斬首」戰法，在幾篇文章中都對之進行了「討伐」。

他在〈我們什麼時候才有憲法？——對於《建國方略》的疑問〉一文中指出，「我在〈人權與約法〉(《新月》二卷二號）裡，曾說：『中山先生的建國大綱雖沒有明說約法，但我們研究他民國十三年以前的言論，知道他絕不會相信統治這樣一個大國可以不用一個根本大法的。』這句話，我說錯了。民國十三年的孫中山先生已不是十三年以前的中山了。他的《建國大綱》簡直是完全取消了他以前所主張的『約法之治』了。……試看他公佈《建國大綱》的宣言說：『辛亥之役，汲汲於制定臨時約法，以為可以奠民國之基礎，而不知乃適得其反……未經軍政訓政兩時期，臨時約法決不能發生效力。』……他在《建國大綱》裡，說的更明白：『夫中國人民知識程度之不足，固無可隱諱者也。且加以數千年專制之毒深中乎人心，誠有比於美國之黑奴及外來人民知識尤為低下也。(第六章)』他又說：『我中國人民久處於專制之下，奴心已深，牢不可破。不有一度之訓政時期，以洗除其舊染之污，奚能享民國主人之權利？(第六章)』他又說：『是故民國之主人者（國民），實等於出生之嬰兒耳。革命黨者，即產此嬰兒之母也。既產之矣，則當保養之，教育之，方盡革命之責也。此革命方略之所以有訓政時期者，為保養教育此主人成年而後還之政也。(第六章)』綜合上文的幾段話，我們可以明白中山先生的主張訓政，只是因為他根本不信任中國人民參政的能力。」[13]胡適接著指出，這種議論出於「中山先生之筆下，實在使我們詫異」，因為，就是在同一書的第五章中，孫已說過「夫維新變法，國之大事也，多有不能前知者，必待行之成之而後乃能知之也」的話，要知道，「參政的能力也是這樣的。」[14]

胡適在該文章中寫道，「我們姑且讓一步，姑且承認共和是要訓練的。但我們要問，憲法與訓練有什麼不能相容之點？為什麼訓政時期不可以有憲法？為什麼憲法之下不能訓政？在我們淺學的人看來，憲政之下正可以做訓導人民的工作；而沒有憲法或約法，則訓政只是專制，決不能訓練人民走上民主的路。」[15]以上這段話中，胡適為強調自己的觀點在「沒有憲法或約法，則訓政只是專制，決不能訓練人民走上民主的路」一句話的每一字下都加了著重號。

胡適在該文章中接著寫道，「我們實在不懂這樣一部約法或憲法何以不能和訓政同時存在。我們必須明白，憲法的大功用不但在於規定人民的權利，更重要的是規定政府各機關的權限。立一個根本大法，使政府的各機關不得逾越他們的法定權限，使他們不得侵犯人民的權利，——這才是民主政治的訓練。程度幼稚的民族，人民固然需要訓練，政府也需要訓練。人民需要『入塾讀書』，然而蔣介石先生，馮玉祥先生，以至於許多長衫同志和小同志，生平不曾夢見過共和政體是什麼樣子的，也不可不早日『入塾讀書』罷？」[16]以上這段話中，胡適為強調自己的觀點在每一個字之下加了著重號的部分是「立一個根本大法，使政府的各機關不得逾越他們的法定權限，使他們不得侵犯人民的權利，——這才是民主政治的訓練。程度幼稚的民族，人民固然需要訓練，政府也需要訓練。」

胡適在該文章中接著指出，「人民需要訓練是憲法之下的公民生活。政府與黨部諸公需要的訓練是憲法之下的法治生活。『先知先覺』的政府諸公必須自己先用憲法來訓練自己，制裁自己，然後可以希望訓練國民走上共和的大路。不然，則口口聲聲說『訓政』，而自己所作所為皆不足為訓，小民雖愚，豈易欺哉？……故中山先生的根本大錯在於誤認憲法不能

---

[13] 歐陽哲生編：《胡適文集》，北京大學出版社 1998 年版，第 534-536 頁。
[14] 歐陽哲生編：《胡適文集》，北京大學出版社 1998 年版，第 536 頁。
[15] 歐陽哲生編：《胡適文集》，北京大學出版社 1998 年版，第 537 頁。
[16] 歐陽哲生編：《胡適文集》，北京大學出版社 1998 年版，第 538 頁。

與訓政同時並立。他這一根本成見使他不能明白民國十幾年來的政治歷史。他以為臨時約法的失敗是『由於未經軍政訓政兩時期，而即入於憲政。』這是歷史的事實嗎？民國元年以來，何嘗有『入於憲政』的時期？自從二年以來，哪一年不是在軍政的時期？臨時約法何嘗行過？」[17]以上這段話中，胡適為強調自己的觀點在每一個字之下加上著重號的部分是「人民需要訓練是憲法之下的公民生活。政府與黨部諸公需要的訓練是憲法之下的法治生活」，與「中山先生的根本大錯在於誤認憲法不能與訓政同時並立。他這一根本成見使他不能明白民國十幾年來的政治歷史」等。

胡適在該文章的最後強調指出，「中國今日之當行憲政，猶幼童之當入塾讀書也。我們不信無憲法可以訓政；無憲法的訓政只是專制。我們深信只有實行憲政的政府才配訓政。」[18]在這裡，胡適的「中國今日之當行憲政，猶幼童之當入塾讀書也」一語是反用的孫中山《建國方略》一書第六章中的一句話。

胡適以上的〈我們什麼時候才有憲法？——對於《建國方略》的疑問〉一文發表於 1929 年 6 月 10 日的《新月》雜誌第 2 卷第 4 號上。此號實際上延期出版。此前，他還曾在 1929 年 4 月 10 日的《新月》第 2 卷第 2 號上發表〈人權與約法〉一文，在《吳淞月刊》1929 年第 2 期上發表〈知難，行亦不易——孫中山先生的「行易知難說」述評〉。不久，他又曾將〈知難，行亦不易——孫中山先生的「行易知難說」述評〉一文在《新月》雜誌第 2 卷第 4 號上重新發表[19]。與前文相同，這兩篇文章也對孫中山違悖憲政的有關言論及國民黨的訓政等作為，進行抨擊，同時闡述了他自己的憲政主義政治主張。

在〈人權與約法〉一文中，胡適借安徽大學的一個學長因為語言上頂撞了蔣主席而隨被拘禁等事闡發自己的觀點與主張說，「法治只是要政府官吏的一切行為都不得逾越法律規定的權限。法治只認得法律，不認得人。在法治之下，國民政府的主席與唐山一百五十二旅的軍官都同樣的不得逾越法律規定的權限」；「在今日如果真要保障人權，如果真要確立法治的基礎，第一件（事是）應該制定一個中華民國的憲法。至少，至少，也

---

[17] 歐陽哲生編：《胡適文集》，北京大學出版社 1998 年版，第 538-539 頁。
[18] 歐陽哲生編：《胡適文集》，北京大學出版社 1998 年版，第 539 頁。
[19] 歐陽哲生編：《胡適文集》，北京大學出版社 1998 年版，第 600 頁。

應該制定所謂的訓政時期的約法」;「我們的口號是：快快制定約法以確定法治的基礎！快快制定約法以保障人權！」[20]

〈人權與約法〉一文發表之後有人曾就有關問題與之進行討論，胡適在回答有關問題時曾在〈〈人權與約法〉的討論〉中直接對孫中山違悖憲政原則的有關論述進行批評。其中明確指出：「中山先生的根本大錯誤在於認訓政與憲法不可同時並立。……中山先生不是憲法學者，故他對於『憲政』的性質頗多誤解。如《大綱》第廿五條說：『憲法頒佈之日，即為憲政告成之時。』憲法頒佈之日只是憲政的起點，豈可算作憲政的告成？憲法是憲政的一種工具，有了這種工具，政府與人民都受憲法的限制，政府依據憲法統治國家，人民依據憲法得著保障。有逾越法定範圍的，人民可以起訴，監察院可以糾彈，司法院可以控訴。憲法有疑問，隨時應有解釋的機關。憲法若不能適應新的情勢或新的需要，應有修正的機關與手續。——凡此種種，皆須靠人民與輿論時時留心監督，時時出力護持，如守財虜的保護其財產，如情人的保護其愛情，偶一鬆懈，便讓有力者負之而走了。故憲法可成於一旦，而憲政永永無『告成』之時。故中山先生之憲政論，我們不能不認為智者千慮之一失了。」[21]

本來，胡適在〈我們什麼時候才有憲法？——對於《建國方略》的疑問〉一文中對孫中山的「知難行易」說原來還有肯定之意來的。其中有說人民是嬰兒「這種議論，出於主張『知難行易』的中山先生之筆下，實在使我們詫異」這樣一句話[22]。像他在〈我們什麼時候才有憲法？——對於《建國方略》的疑問〉一文中承認自己原來說孫中山是主張約法之治的，是自己錯了一樣，在〈知難，行亦不易——孫中山先生的「行易知難說」述評〉一文中，胡適也實際上是在承認自己以前的認為錯了，因之對之進行了徹底批判。

他〈知難，行亦不易——孫中山先生的「行易知難說」述評〉一文中關於憲政問題所闡述的三個觀點尤其值得人們注意。這三個觀點是：一、他認為「知」、「行」不能分得太明。尤其是政治上的問題，知與行在很大程度上是二者合一的；二、他指出了「行易知難說」與民主憲政的極端不

[20] 歐陽哲生編：《胡適文集》，北京大學出版社 1998 年版，第 527-528 頁。
[21] 歐陽哲生編：《胡適文集》，北京大學出版社 1998 年版，第 531 頁。
[22] 歐陽哲生編：《胡適文集》，北京大學出版社 1998 年版，第 536 頁。

相兼容性。亦即，他指出了「行易知難說」的政治危害性；三、講究專家治國。他在文章中明確講到了治國是一件複雜的技術，政治是一門無止境的學問。

關於第一點。胡適在該文章中明確指出，「行易知難說的根本錯誤在於把『知』『行』分的太分明。中山的本意只要教人尊重先知先覺，教人服從領袖者，但他的說話很多語病，不知不覺地把『知』『行』分做兩件事。這是很不幸的。因為絕大部分的知識是不能同『行』分立的。尤其是社會科學的知識。這絕大部分的知識都是從實際經驗（行）上得來：知一點，行一點；行一點，更知一點，——越行越知，越知越行，方才有這點子知識。……政治學者研究的對象只是歷史，制度，事實，——都是『行』的成績。行的成績便是知，知的作用便是幫助行，指導行，改善行。政治家雖然重在實行，但一個制度或政策的施行，都應該服從專家的指示，根據實際的利弊，隨時修正改革，這修正補救便是越行越知，越知越行，便是知行不能分開。」[23]

關於第二點。胡適在該文章中展開指出，「中山先生志在領導革命，故倡知難行易之說，……他不曾料到這樣分別知行的結果有兩大危險：第一，許多青年同志便只認得行易，而不覺得知難。於是有打倒智識階級的喊聲，有輕視學問的風氣。……第二，一班當權執政的人也就借『行易知難』的招牌，以為知識之事已有先總理擔任做了，政治社會的精義都已經包羅在《三民主義》、《建國方略》等書之中了，中國人民只有服從，更無疑義，更無批評辯論的餘地了。於是他們揹著『訓政』的招牌，背著『共信』的名義，鉗制一切言論出版的自由，不容有絲毫異己的議論。知難既有先總理任之，行易又有黨國大同志任之，輿論自然可以取消了。」[24]

關於第三點。亦即治國是一件複雜的技術，政治是一門無止境的學問的問題。胡適在該文章中則是有幾處對之進行了較為詳細的論述。

除了我們前面已引用他說話語中的「政治家雖然重在實行，但一個制度或政策的施行，都應該服從專家的指示，根據實際的利弊，隨時修正改

[23] 歐陽哲生編：《胡適文集》，北京大學出版社 1998 年版，第 597-598 頁。
[24] 歐陽哲生編：《胡適文集》，北京大學出版社 1998 年版，第 598 頁。

革」之句之外，胡適在本文章中的一處還寫道，「治國是一件最複雜最繁難又最重要的技術，……政治的設施往往關係幾千萬人幾萬萬人的利害，……古人把『良醫』和『良相』相提並論，其實一個庸醫害人有限，而一個壞政策可以造孽無窮。醫生以人命為重，故應該小心翼翼地開刀開方；政府以人民為重，故應該小心翼翼地治國。古人所說『知之非艱，行之維艱』，正是為政治說的，不是叫人不行，只是叫人不要把行字看的太容易，叫人不可魯莽糊塗地胡作胡為害人誤國。」[25]他在該文章中的另一處則寫道，「民生國計是最複雜的問題，利弊不是一人一時看得出的，故政治是無止境的學問，處處是行，刻刻是知，越行方才越知，越知方才可以行的越好。……現在的人都把這些事看的太容易了，故紈絝子弟可以辦交通，頑固書生可以辦考試，當火頭出身的可以辦一省的財政，舊式的官僚可以管一國的衛生。今日最大的危險是當國的人不明白他們幹的事是一件絕大繁難的事。以一班沒有現代學術訓練的人，統治一個沒有現代物質基礎的大國家，天下的事有比這個更繁難的嗎？要把這件大事辦的好，沒有別的法子，只有充分請教專家，充分運用科學。然而『行易』之說可以作一班不學無術的軍人政客的護身符！此說不修正，專家政治決不會實現。」[26]在以上所引的兩段話語中，胡適為強調自己的觀點而加了著重號的，是「正是為政治說的，不是叫人不行，只是叫人不要把行字看的太容易，叫人不可魯莽糊塗地胡作胡為害人誤國」、「政治是無止境的學問」、「『行易』之說可以作一班不學無術的軍人政客的護身符！此說不修正，專家政治決不會實現」等處。

《獨立評論》週刊 1932 年 5 月 22 日創刊。胡適任主編。主要編輯人有丁文江、傅斯年、翁文灝等 10 餘人。為表明自己的獨立立場，該刊頭兩年經費由獨立評論社社員自行集資。1936 年底因著論反對日本策劃「華北政權特殊化」一度被迫停刊。1937 年 4 月復刊。同年 7 月 18 日終刊。共出 244 期。翻閱該週刊可知，與其他的作者均有某種程度的不一樣，胡適該時期自始至終也都是徹底的憲政主義者，無論是未來國家政治設置的設計上，還是在設想國家真正完成統一的方式方法上。

---

[25] 歐陽哲生編：《胡適文集》，北京大學出版社 1998 年版，第 599 頁。
[26] 歐陽哲生編：《胡適文集》，北京大學出版社 1998 年版，第 599-600 頁。

在 1933 年底至 1935 的兩年多時間裏，胡適在《獨立評論》週刊上發表了一系列有關憲政的政論。如〈建國與專制〉(載《獨立評論》第 81 號)、〈再論建國與專制〉(載《獨立評論》第 85 號)、〈汪蔣通電裏提起的自由〉(載《獨立評論》第 131 號)、〈從民主與獨裁的討論裏求得一個共同政治信仰〉(載《獨立評論》第 141 號)、〈中國無獨裁的必要與可能〉(載《獨立評論》第 130 號)、〈答丁在君先生論民主與獨裁〉(載《獨立評論》第 133 號)、〈政制改革的大路〉(載《獨立評論》第 163 號) 等。今天看來，胡適當年寫下的這些文字也還「活著」，對於今天我們的「政治文明」建設也還有啟迪與借鑒的價值。比如，他對民族國家的理解與闡釋，對於國家統一的方式，以及對於政治改革路徑與方法的設想等等。

胡適〈建國與專制〉一文的寫作起因於時任清華大學歷史系教授的蔣廷黻於 1933 年 12 月 10 日在《獨立評論》第 80 期上發表〈革命與專制〉一文。蔣廷黻的文章根據歐洲中世紀以來的歷史立論，認為當時的中國所以未完成建立民族國家的任務，是沒有像英國那樣經歷頓頭(即都鐸王朝)專制，沒有像法國那樣經歷布彭(即波旁王朝)專制，沒有像俄國那樣經歷羅馬羅夫(即諾曼諾夫王朝)專制。對於蔣的這一觀點，胡適在〈建國與專制〉一文中進行了無情的詰問與批評。其中寫道：「我們讀了他的歷史引證，又回想到他的標題，不能不推想到三個問題：(1) 專制是否建國的必要條件？(2) 中國經過了幾千年的專制，為什麼還沒有做到建國的歷史使命，還沒有造成一個民族國家？我們還可以進一步追問：(3) 中國的舊式專制既然沒有做到建國，我們今後建國是否還得經過一度的新式專制？」[27]接下來，胡適在該文章中正面闡述自己的觀點說：一、專制未必是建國的必要階段與條件；二、專制也不一定就一定會造成民族國家。

胡適在該文章中對其第一點認為的展開是，「我的觀察和蔣先生的認識有一個根本的不同。蔣先生所舉的英法俄三國的歷史，在我看來，只是那三個國家的建國史，而建國的範圍很廣，原因很複雜，我們不能單指『專制』一項做建國的原因或條件。……英國民族國家的造成，並不全靠君主之力。英國語的新文學的產生與傳播，英文翻譯的聖經與祈禱書的流行，牛津與劍橋兩大學的努力，倫敦的成為英國政治經濟文化的中心，紡織業

[27] 胡明主編：《胡適精品集》第 11 冊，光明日報出版社 1998 年版，第 323 頁。

的長足的發展，中級社會的興起，這些都是造成英國民族國家的重要因子。這種種因子大都不是在這一個朝代發生的，他們的起源往往都遠在頓頭朝之前」[28]。

胡適在該文章中對其第二點認為的展開是，「照廣義的說法，中國不能不說是早已形成的民族國家。我們現在感覺欠缺的，只是這個中國民族國家還夠不上近代民族國家的鞏固性與統一性」，而這全是專制君主之過：「『我們的專制君主並沒有遺留可作新政權中心的階級。其實中國專制政體的歷史使命就是摧殘皇室以外一切可作政權中心的階級和制度。』歐洲各國都是新從封建時代出來，舊日的統治階級還存在，尤其是統治階級的最下層，——武士的階級，——所以政權的轉移是逐漸由舊統治階級歸那新興的中等社會的領袖階級，更逐漸移到那更廣大的民眾。我們的封建時代崩潰太早了，兩千年來就沒有一個統治階級。科舉的制度發達以後，連『士族』都不固定了。我們又沒有像英國那樣的『家子遺產制』，遺產總是諸子均分，所以世家大族沒有維持到幾代而不衰微的。這是中國的社會結構太平民化的結果……因為今日中國社會本無『可作新政權中心的階級』，所以我們的建國（建立一個在現代世界裏站得住的國家）事業比歐美日本苦難無數倍。但這是一個政權中心的問題，而不是民族國家的問題。」[29]

胡適在該文章的最後進一步強調了兩點，「第一，建國固然要統一政權，但統一政權不一定要獨裁專制。第二，我們今日要談『建國』，不但是要建設一個民族的國家。中國自從兩漢以來，已可以算是一個民族國家了。我們所謂『建國』，只是要使這個中國民族國家在現代世界裏站得住腳。」[30]

胡適的〈再論建國與專制〉是他前一文章〈建國與專制〉的姊妹篇。其在該文章中主要講了這樣兩個問題：一、專制，還有訓政等的提法不是什麼新鮮的提法，早在 20 年前就有人提出過；二、民主憲政在缺乏民主政治經驗的民族中也應該能夠實行。

胡適在該文章中指出，蔣廷黻所提出的要專制問題早在此前 20 多年之前梁啟超在《新民叢報》上，以及思黃在中國同盟會的機關報《民報》

---

[28] 胡明主編：《胡適精品集》第 11 冊，光明日報出版社 1998 年版，第 324 頁。
[29] 胡明主編：《胡適精品集》第 11 冊，光明日報出版社 1998 年版，第 325-327 頁。
[30] 胡明主編：《胡適精品集》第 11 冊，光明日報出版社 1998 年版，第 327 頁。

上就都提出過，並不新鮮，但是後來梁啟超承認是自己錯了。他在該文中寫道，梁啟超後來說過「『吾蓋誤矣！』……當年反對革命而主張開明專制的人，早已放棄了他的主張。現在夢想一種新式專制的人，多數是在早一個時期曾經贊成革命，或者竟是實行革命的人。這個政治思想的分野的驟變，也是時代變遷的一種結果。在二十多年前，民主憲政是最令人歆羡的政治制度。十幾年來，人心大變了：議會政治成了資本主義的副產，專制與獨裁忽然大時髦了。有些學者，雖然不全是羨慕蘇俄與義大利的專制政治的成績，至少也是感覺到中國過去二十年的空名共和的滑稽，和中國將來試行民主憲政的無望，所以也不免對於那不曾試過的開明專制抱著無窮的期望。還有些人，更是明白的要想模仿蘇俄的一階級專政，或者義大利的一黨專政。他們心目中的開明專制已不像二十多年前《新民叢報》時代那樣簡單了。現在人所謂專制，至少有三個方式：一是領袖的獨裁，二是一黨的專政，三是一階級的專政。（最近美國總統的獨裁，是由國會暫時授予總統特權，其期限有定，其權力也有限，那是吾國今日主張獨裁專制者所不肖採取的。）其間也有混合的方式：如國民黨的民主集權的口號是第二式；如藍衣社的擁戴社長制則是領袖獨裁而不廢一黨專政；如共產黨則是要一階級專政，而專政者仍是那個階級中的一個有組織的黨。」[31]胡適在文中明確表明自己的態度說，「我個人是反對這種種專制的。」[32]

胡適在該文章中闡述自己「民主憲政在缺乏民主政治經驗的民族中也應該能夠實行」的觀點時是這樣說的：「我觀察近幾十年的世界政治，感覺到民主憲政只是一種幼稚的政治制度，最適宜於訓練一個缺乏政治經驗的民族。向來崇拜議會式的民主政治的人，說那是人類政治天才的最高發明；向來攻擊議會政治的人，又說他是資本制度的附屬品：這都是不合歷史事實的評判。我們看慣了英美國會與地方議會裏的人物，都不能不承認那種制度是很幼稚的，那種人才也大都是很平凡的。……有許多幼稚的民族很早就有民主政治，正不足奇怪。民主政治的好處在於不甚需要出類拔萃的人才；在於可以逐漸推廣政權，有伸縮的餘地；在於『集思廣益』，

[31] 胡明主編：《胡適精品集》第 11 冊，光明日報出版社 1998 年版，第 330-331 頁。
[32] 胡明主編：《胡適精品集》第 11 冊，光明日報出版社 1998 年版，第 331 頁。

使許多阿斗把他們的平凡常識湊起來也可以勉強對付；在於給多數平庸的人有個參加政治的機會，可以訓練他們愛護自己的權利。……在我們這樣缺乏人才的國家，最好的政治訓練是一種可以逐漸推廣政權的民主憲政。中國的阿斗固然應該受訓練，中國的諸葛亮也應該多受一點訓練。而我們看看世界的政治制度，只有民主憲政是最幼稚的政治學校，最適宜於收容我們這種幼稚阿斗。」[33]

對於胡適的民主憲政是「一種幼稚的政治制度」之說，不但是如我們前已提及的林毓生先生現在有不同看法，在當時，陳之邁、丁文江等學者也表示過不同的意見。因此，胡適當時曾在〈從民主與獨裁的討論裡求得一個共同政治信仰〉一文中解釋說，陳之邁先生「頗嫌我把民主政治看得太容易，太幼稚。其實我的本意正是和他一樣，要人『對於民主政治不可陳義太高，太重理想』，所以我說民主憲政只是一種幼稚的政治，是適宜於訓練一個缺乏政治經驗的民族。許多太崇高民主政治的人，只因為把民主憲政看做太高不可攀的『理智的政治』了，所以不承認我們能試行民治，所以主張必須有一個過渡的時期，或是訓政，或是開明專制，或是獨裁，這真是王荊公的詩說的，『擾擾墮輪迴，只緣疑這個』了！」[34]

由於是最要好的朋友，因此，當丁文江對其的民主憲政是「一種幼稚的政治制度」之說也持不同觀點時，胡適當時曾發表〈答丁在君先生論民主與獨裁〉一文，對之進行了激烈批評。胡適在文章〈答丁在君先生論民主與獨裁〉中一開頭就直接講了，他對丁「很感覺失望」。文章接著指出，丁文江「對於英美的民主政治實在不很瞭解，所以他不能瞭解我說的民治是幼稚園政治的話。民主政治的好處正在他能使那大多數『看體育新聞，讀偵探小說』的人每『逢時逢節』都得到選舉場裏想想一兩分鐘的國家大事。平常人的政治興趣不過爾爾。平常人的政治能力也不過爾爾。然而從歷史上來看，這班阿斗用他們『看體育新聞，讀偵探小說』的餘閒來參加政治，也不見得怎樣太糊塗。即如英國，那些包辦『騙人的利器』的人們，當真能欺騙民眾於永久，豈真能長期把持政權了嗎？倫敦的報紙，除了『每日前鋒』（*Herald*）外，可以說全是保守黨的。在幾年之前，『前鋒』報（工

---

[33] 胡明主編：《胡適精品集》第 11 冊，光明日報出版社 1998 年版，第 333-334 頁。
[34] 劉軍寧主編：《北大傳統與近代中國》，中國人事出版社 1998 年版，第 244-245 頁。

黨報）的銷路小極了，直到最近幾年中，他們才採取『讀者保險』計畫，才能與其他通行的大報競爭。然而英國在這幾十年中，保守黨是否永執政權？工黨何以也能兩度大勝利？自由黨的得政權以及後來的瓦解，——更奇怪了！——卻正和他們的黨費的盈絀成反比例！美國的全國財政當然是操在共和黨的手裏，然而我留學以來，不過二十四年，已看見民主黨三度執政了。看見這班看體育新聞、讀偵探小說、看便宜電影、聽 Jazz 音樂的阿斗，也不是永久可欺騙的啊！……英美的民主政治雖然使威爾斯羅素諸人不滿意，卻正可證明我的意見是不錯的。英美國家知道絕大多數的阿斗是不配干預政治，也不愛干預政治的，所以充分容許他們去看棒球，看賽馬，看 Cricket，看電影，只要他們『逢時逢節』來畫個諾，投個票，做個臨時諸葛亮，就行了。這正是幼稚園的政治，這種『政治經驗』是不難學的。（請注意：我不曾說過：『民主政治是要根據於普選。』我明明說過：『民主政治的好處在於……可以逐漸推廣政權，有伸縮的餘地。』英國的民權，從古以來，只是跟著時代逐漸推廣，普選是昨日的事。所以說普選『然後算是民主政治』要不合歷史也不合邏輯的。）」[35]

胡適在〈答丁在君先生論民主與獨裁〉一文中除較詳細闡述自己的民主憲政是「一種幼稚的政治制度」說之外，還對與英美國家的民主政黨在本質上完全不同的專政政黨的實質進行了揭露，稱它們是「專制魔王的招牌」。

胡適在該文章中寫道，「獨裁政治的要點在於長期專政，在於不讓那絕大多數阿斗來畫諾投票。然而在二十世紀裡，那是不容易辦到的，因為阿斗曾鼓噪造反的。所以現代的專制魔王想出一個好法子來，叫一小部分的阿斗來掛一個專政的招牌，他們卻在那招牌之下來獨裁。俄國的二百萬共產黨，義大利的四百萬法西斯黨，即是那長期專政的工具。這樣的政治與民主政治大不同之點在於過度利用那班專政阿斗的『權力欲』，在於用種種『騙人的利器』哄得那班平日『看體育新聞，讀偵探小說』的阿斗人人自以為是專政的主人；不但『逢時逢節』去做畫諾投票的事，並且天天以『幹部』自居，天天血脈奮張的擁護獨裁，壓迫異己，誅夷反動。」[36]

---

[35] 劉軍寧主編：《北大傳統與近代中國》，中國人事出版社 1998 年版，第 247-248 頁。
[36] 劉軍寧主編：《北大傳統與近代中國》，中國人事出版社 1998 年版，第 248 頁。

對於該政黨理論，胡適以後在 1947 年 7 月發表的〈兩種根本不同的政黨〉一文中又有進一步的深化展開與「發明」。在〈兩種根本不同的政黨〉一文中，胡適把世界上的政黨主要分成了作為民主政治工具的英、美、西歐式的「甲式政黨」，與蘇俄、德、義式的「乙式政黨」。乙式政黨在組織形式、目的與在一國中所處的地位上與甲式政黨迥異。胡適在該文章中指出，「乙式政黨的黨員必須服從黨的紀律。黨員沒有自由，……有嚴密的特務偵查機關，他們的作用不但是偵查防範黨外的人，還須監視黨員的言論、思想、行動。黨員必須服從黨的命令，思想言論必須依照黨的路線」；「乙式政黨的目的是一黨專政。未取政權之時，他們不恤用任何方法取得政權；既得政權之後，他們不恤用任何方法鞏固政權，霸住政權。乙式政黨本身是少數黨，但因為組織的嚴密堅強，往往能利用政治的特殊權威，壓服大多數人民，以少數黨統治全國」；「乙式政黨絕對不承認，也不容許反對黨的存在。一切反對力量，都是反動，都必須徹底肅清劗除，才可以鞏固一黨永久專政的權力。」[37]在這裡有必要明確指出的是，胡適關於專政政黨是專制魔王的招牌以及黨有甲式政黨與乙式政黨明確二分的理論，它們既是對當代專制政治及當代世界政治類型分野的正確描述，又是幫助廣大人民正確認識專政黨這種政黨真面目、以防人們染上斯德哥爾摩綜合症的利器與良藥，其在世界當代民主憲政學說發展史上都是佔有一席之地的。

1948 年的下半年曾經是又一個可供在中國歷史舞臺上角力的政治軍事人物作出自己正確抉擇的時期。在此歷史的關節點上，國共內戰的烽煙雖然已經大規模地燃起了，但胡適這時仍秉持自由主義的信念，還想的是作為國民黨的一方應進行真正政治改革，作為中共一方則要放棄武力「解放全中國」的設想。

1948 年的 8 月 1 日，胡適有針對性地寫了〈自由主義是什麼〉一文，明確提出要「和平改革」，不要「暴力革命」的流血犧牲。其中寫道，「自由主義的政治的意義是強調的擁護民主：一個國家的統治權必須操在多數人民的手裏」；自由主義在這兩百年的演進史上還有一個「特殊的、空前的政治意義，就是容忍反對黨，保障少數人的權利」；東方的自由主義運

[37] Http://groups.tianya.cn/tribe/showArticle.jsp?groupld=5993&articleld=624091

動沒抓住政治自由的這一特殊重要性，所以導致一直沒有走上建設民主政治的道路，而西方不同，他們的貢獻恰恰就在這一點上，他們覺悟到了只有民主的政治才能保障人民的基本自由；雖然人們在爭取自由時不可能完全避免流血，但在西方自 1832 年英國的政治革新以來都是不流血的和平革新，所以「現代的自由主義正應該有『和平改革』的含義。因為在民主政治已上了軌道的國家裡，自由與容忍鋪下了和平改革的大路，自由主義者也就不覺得有暴力革命的必要了。」[38]

9 月 4 日，胡適又在北平廣播電臺播講了〈自由主義〉一文。第二天，該文又在北平的《世界日報》上發表。文中進一步強調了自由主義的第一個意義是自由，第二個意義是民主，第三個意義是容忍，第四個意義是和平的漸進的改革。

與當時許多人「西方先進中國古已有之」的顢頇言論迥異，胡適在〈自由主義〉一文中明確指出，信仰自由、思想自由、言論自由及出版自由，「這些自由都不是天生的，不是上帝賜給我們的。是一些先進民族用長期的奮鬥努力爭出來的」[39]；尤其在民主政治的建設上「西方的自由主義絕大貢獻正在這一點，他們覺悟到只有民主的政治才能夠保障人民的基本自由，所以自由主義的政治意義是強調的擁護民主。一個國家的統治權必須放在多數人民手裡，近代民主政治制度是安格羅撒克遜民族的貢獻居多，代議制度是英國人的貢獻，成文而可以修改的憲法是英美人的創制，無記名投票是澳洲人的發明，這就是政治的自由主義應該包含的意義。我們古代也曾有『天視自我民視，天聽自我民聽』,『民為邦本』、『民為貴，社稷次之，君為輕』的民主思想……但，我們始終沒有法可以解決君主專制的問題，始終沒有建立一個制度來限制君主的專制大權，世界只有安格羅撒克遜民族在七百年中逐漸發展出好幾種民主政治的方式與制度，這些制度可以用在小國，也可以用在大國。」[40]

胡適在〈自由主義〉一文中講到容忍與和平改革等問題時則寫道，「在近代民主國家裏，容忍反對黨，保障少數人的權利，久已成了當然的政治作風，這是近代自由主義裏最可愛慕而又最基本的一個方面」;「和平改革

---

[38] 曹伯言等：《胡適年譜》，安徽教育出版社 1989 年版，第 108 頁。

[39] 劉軍寧主編：《北大傳統與近代中國》，中國人事出版社 1998 年版，第 66 頁。

[40] 劉軍寧主編：《北大傳統與近代中國》，中國人事出版社 1998 年版，第 68 頁。

有兩個意義，第一是和平的轉移政權，第二就是用立法的方法，一步一步的做具體改革，一點一滴的求進步。容忍反對黨。尊重少數人權利，正是和平的政治社會改革的唯一基礎。反對黨的對立，第一是為政府樹立最嚴格的批評監督機關，第二是使人民可以有選擇的機會，使國家可以用法定的和平方式來轉移政權，嚴格的批評監督，和平的改換政權，都是現代民主國家做到和平革新的大路。」[41]

他在〈自由主義〉一文的最後強調，「我很坦白地說，自由主義為了尊重自由與容忍，當然反對暴力革命，與暴力革命必然引起來的暴力專制政治。」[42]

提倡容忍與和平改革，反對專制與暴力，胡適在北平廣播電臺播講了〈自由主義〉一文之後又曾在隨後的近兩個月時間裡不斷發表演講，不斷地進行「鼓吹」。1948 年 9 月 27 日，胡適在南京公餘學術演講會上發表了〈當前中國文化問題〉的演講，最後曾動情高呼：當前面臨的選擇是自由與非自由的選擇，是容忍與不容忍的選擇，「我雖老朽，我願意接受有自由的世界，我要選擇容忍的世界」[43]。10 月 4 日，他應武漢大學校長周蘇生邀請在該校作了〈兩個世界的兩種文化〉的演講，指出有暴力的改革必然要走上「專制集權的路」，意指蘇聯共產黨的革命結果，並暗示中國共產黨得勢必然走上這條路[44]。

本文前已提及，1948 年 10 月 5 日，他為武昌的公教人員演講，題目是〈自由主義與中國〉，其中指出「中國歷代自由最大的失敗，就是只注意思想言論學術的自由，忽略了政治的自由」，所以中國才脫不去專制的政治枷鎖。10 月 19 日，胡適又曾應浙江大學校長竺可楨之邀在該校發表了題目還是〈自由主義與中國〉的演講。他在該演講中強調政治自由的同時，進一步指出了政治自由與容忍精神要相互配合的重要性。

推開去講來的話，胡適 1948 年下半年的如上所作所為，也不能簡單的用「天真」二字來概括。因為，很多情況下行動家愚蠢所導致的錯誤不應該單獨去由思想家負責，更何況，歷史的走向從來都不是唯一的、都有

---

41 劉軍寧主編：《北大傳統與近代中國》，中國人事出版社 1998 年版，第 69-70 頁。
42 劉軍寧主編：《北大傳統與近代中國》，中國人事出版社 1998 年版，第 70 頁。
43 耿雲志：《胡適年譜》，四川人民出版社，1989 年版，第 373 頁。
44 沈衛威：《無地自由——胡適傳》，上海文藝出版社 1994 年版，第 323 頁。

可選擇性呢。正因如此，我是非常贊成對該問題的這個提法的：「只可惜，此時正打內戰，國共雙方有誰來聽他的？……高山流水，誰是知音？」[45]

前已提及，胡適在〈自由主義〉一文中曾經講到，容忍反對黨、嚴格的批評監督、和平的改換政權，是建成現代民主國家的大路。通過進一步的考察我們可以看到，胡適他的這一觀點與主張不是形成於寫作該文章的當時，而是在此之前很早；他這一觀點提倡最力的時期也不是在當時，而是在 1950 年代、在他的再次旅居美國與回台灣定居時期。

除了在《新月》時期就公開反對國民黨的一黨訓政之外，胡適最早在 1930 年 10 月 12 日，就在託董顯光帶給宋子文的信中提出了政府的「監察審計機關皆宜容納反對黨。」[46]1935 年 8 月 5 日，胡適在〈政制改革的大路〉一文中進一步指出，「今日收拾人心的方法，除了一致禦侮之外，莫如廢除黨治，公開政權，實行憲政。在憲政之下，黨內如有不能合作的領袖，他們盡可以自由分化，另組政黨。如此，則黨內派別的紛歧，首領的不合作，都不了而自了了。這是政制改革的大路。」[47]1948 年 4 月 8 日，胡適在蔣介石的官邸則曾當面「向他建議，國民黨最好分化作兩三個政黨。」[48]

胡適離開大陸之後最早表述自己反對黨主張的文字，是他 1949 年 4 月 14 日在赴美國輪船上寫就的〈陳獨秀最後對民主政治的見解——《論文與書信》序言〉。該文章後來發表在台灣的《自由中國》雜誌上。胡適在其中寫道，「我覺得他（陳獨秀）的最後思想——特別是他對於民主自由的見解，是他『深思熟慮了六七年』的結論，很值得我們大家仔細想想」，「獨秀的最大覺悟是他承認『民主政治的真實內容』有一套最基本的條款——一套最基本的自由權利——都是大眾所需要的，並不是資產階級所獨霸而大眾所不需要的」；對於民主政治的真實內容，陳獨秀在最後寫的〈我的根本意見〉一文中「看的更透徹了，所以能用一句話綜括起來：民主政治只是公民（有產的與無產的，政府與反對黨），都有集會、結社、言論、出版、罷工之自由。他更申說一句：特別重要的是反對黨派之自由。

[45] 沈衛威：《無地自由——胡適傳》，上海文藝出版社 1994 年版，第 323 頁。
[46] 《胡適的日記》（手稿本），臺北遠流出版公司 1990 年版，第 10 冊。
[47] 胡明主編：《胡適精品集》第 12 冊，光明日報出版社 1998 年版，第 372 頁。
[48] 《胡適的日記》（手稿本），臺北遠流出版公司 1990 年版，第 16 冊。

在這十三個字的短短一句話裡，獨秀抓住了近代民主政治的生死關頭。近代民主政治與獨裁政治的基本區別就在這裡，承認反對黨之自由，才有近代民主政治，獨裁制度就是不容許反對黨派之自由。」[49]本來就是堅定的反對黨提倡者，很明顯，胡適這裡完全是在拿陳獨秀做由頭「重新來過」的說自己的事。並且，其中還不乏有給當時的台灣當政者上緊箍咒、逼其進行政治改革的味道：你們如果不能容忍反對黨的話，那麼就是獨裁。

尤其在五六十年代台灣實行戒嚴政治的特殊時期裡，胡適還仍然一直堅持了自己關於反對黨的政治主張與信念，還一直想法設法去限制當時台灣最高領導人的影響與權力，實在難能可貴。筆者有時候就想，此種情況為什麼能夠出現在同是華人聚居的台灣？難道真的是上蒼對我國寶島的獨特眷顧？！下面就僅舉胡適作該方面努力的幾個實例。

1951 年 5 月 30 日至 31 日，胡適寫的交《自由中國》同人杭立武帶呈蔣介石的信中，勸蔣要使「國民黨自由分化，分成幾個獨立的新政黨」，而第一件事是要蔣介石辭去國民黨總裁[50]。在歷史上，當年美國開國之時所謂的「華盛頓黨」黨人也曾分化為聯邦黨人與反聯邦黨人，很明顯，他這裡是在教蔣介石學習當年的美國。此點，大致是如旅美歷史學家唐德剛後來所指出的，「在五十年代的初期，台灣的問題，在胡氏看來，便是缺少個『反對黨』。最好的解決辦法，自然是國民黨效法華盛頓當年的大陸黨，『一分為二』，要不然那就得另外組織一個真正的反對黨。」[51]

1952 年 9 月 14 日，胡適又曾寫長信給蔣介石，勸其在即將召開的國民黨大會期間實行民主政治的改革。信中向蔣直言：「1、民主政治必須建立在多個政黨並立的基礎之上……。2、國民黨應廢止總裁制。3、國民黨可以自由分化，成為獨立的幾個政黨。4、國民黨誠心培植言論自由。言論自由不是憲法上的一句空話，必須由政府與當國的黨明白表示願意容忍一切具體政策的批評，並須表示，無論是孫中山、蔣介石、無論是三民主義五權憲法，都可以作批評的對象（今日憲法的種種弊病，都由於國民黨當日不容許我們批評孫中山的幾個政治主張，例如國民大會制，五權憲法）。」[52]

---

[49] 轉引自沈衛威：《無地自由——胡適傳》，上海文藝出版社 1994 年版，第 373-374 頁。
[50] 沈衛威：《無地自由——胡適傳》，上海文藝出版社 1994 年版，第 376 頁。
[51] 唐德剛：《胡適雜憶》，吉林文史出版社 1994 年版，第 31 頁。
[52] 《胡適的日記》（手稿本），臺北遠流出版公司 1990 年版，第 17 冊。

直到生命的後期，胡適也還堅持了自己民主政黨政治的主張，而未講任何違悖自己原來初衷的無原則話語。比如，1960 年 3 月 16 日，當雷震就反對黨之事向胡適請教時，胡適說只有民、青兩黨同國民黨民主派及台灣人合組反對黨，如果組織了，他首先表示贊成[53]。同年 6 月 30 日，當雷震、夏濤聲告知胡適反對黨要在 9 月份成立、並要胡適做新成立政黨黨魁時，胡適雖然不同意做黨魁，但仍表示，「如果你們將來組織成一個像樣的反對黨，我可以正式公開的贊成。」[54]7 月 2 日，胡適在雷震、夏濤聲等為其舉行的出國開會踐行晚宴上仍表示，可以不用反對黨這個名詞，但他還是一貫的主張在野黨。他個人贊成組織在野黨，並且希望在野黨強大，能夠發展制衡作用，以和平方法，爭取選民的支持，使政治發生新陳代謝[55]。9 月 4 日雷震案發生，當時胡適在美國參加「中美學術合作會議」還未歸來。同一天，當陳誠去電告訴雷震被傳訊一事時，胡適曾當即回電予以批評說，「今晨此間新聞廣播雷震等被捕之消息，且說明雷是主持反對黨運動的人。鄙意政府此舉不甚明智。……在西方人士心目中，批評政府與謀成立反對黨與叛亂罪名絕對無關。雷儆寰愛國反共，適所深知，一旦加以叛亂罪名，恐將騰笑世界。」[56]

二、胡適對國家中央與地方政府式樣、行政結構及其運行機制的設想

雖然相對於宏觀憲政主義政治思想而言胡適對國家中央與地方政府式樣、行政結構及其運行機制的設想不那樣的細密繁富，但我們如果細緻考察一番的話就會發現，其的這方面思想也是成體系的，並且也是能夠一以貫之的。其中，最鮮明之處是他政府分權、限權、議會制衡與主權的思想，以及他主張在中央與地方關係上實行聯邦制與地方自治的思想。

胡適關於政府分權、限權、議會制衡與主權的思想。

---

[53] 沈衛威：《無地自由——胡適傳》，上海文藝出版社 1994 年版，第 436 頁。

[54] 胡頌平：《胡適之先生年譜長編初稿》第 9 冊，臺北聯經出版事業公司 1990 年版，第 3306 頁。

[55] 沈衛威：《無地自由——胡適傳》，上海文藝出版社 1994 年版，第 437-438 頁。

[56] 胡頌平：《胡適之先生年譜長編初稿》第 9 冊，臺北聯經出版事業公司 1990 年版，第 3335 頁。

根據其的日記，胡適早在 1928 年 12 月就明確提出過政府分權的問題。他看出了當時行政院為政府的實體機構，而「國民政府」則流於虛名。因此，他希望將來的政府中應健全立法、監察、考試三權機構，且趨向獨立，認為這樣才能使政府成為民主法治的政府。如有學者所指出的，「胡適在寫作〈人權與約法〉，即陳德徵提案未提出之前，已看清了國民黨政府機構中，立法、監察、考試三權的虛無，故他才敢大膽的向當局呼籲儘快有人權與約法的保障。」[57]

1929 年 7 月 2 日，在應邀與宋子文的會談中，胡適曾進一步闡述自己的政府設置主張說，「（一）召集約法會議，制定約法。（二）約法修正之前，可修正國民政府組織法。原則：（1）以行政院為政府。（2）司法院獨立，改為大理院。（3）立法院獨立。（4）考試院獨立。（5）監察院獨立。（三）組織法修正後，即改組政府及四院。原則：（1）淘汰最不適宜的人選。（2）充分實行專家政治。（3）充分容納異己人才；如監察院宜用無黨派或左派人才。（4）實行文官保障。」[58]

關於議會。由於主張分權與限權的政府與政治，因此，胡適主張議會在國家政治生活中發揮重要作用。比如，1930 年 10 月 11 日，胡適接受北京大學之聘北上之後作為將被聘任的「北方擴大會議」約法起草委員會的委員，在去天津與原北京政府總檢察長羅文榦（鈞任）等人討論未來約法制定問題時，主張「（1）約法為憲法之預備，絕不是訓政的約法，只是一種有限制的憲政時代的根本大法。（2）約法第一部分應規定人權，根本原則為『有法律、有制裁，無法律，無制裁』。……（4）（約法）第四部分為政府組織，我主張有一個議會。……我初意主張（對議會負責的）內閣制」[59]。再比如，民國初期的國會曾在當時的實際政治生活中發揮過實際的政治決策與權力制衡作用，不像後來的此類機構只是擺設與花瓶而已，因此，曾引來了後來胡適的幾次回溯嚮往。1929 年 4 月 26 日，當馬君武說民國初年「當日有國會時，我們只見其惡，現在回想起來，無論國會怎樣腐敗，總比沒有國會好。究竟解決於國會會場，總比解決於戰場好得多了」時，胡適曾進一步指出，「當日袁世凱能出錢買議員，便是怕議員的

---

[57] 沈衛威：《無地自由——胡適傳》，上海文藝出版社 1994 年版，第 160 頁。
[58] 《胡適的日記》（手稿本），臺北遠流出版公司 1990 年版，第 8 冊。
[59] 《胡適的日記》（手稿本），臺北遠流出版公司 1990 年版，第 10 冊。

一票；曹錕肯出錢買一票，也只是看重那一票。他們至少還承認那一票所代表的權力。這便是民治的起點。現在的政治才是無法無天的政治了。」[60]另據唐德剛後來回憶，直到 1950 年代，胡適對民國初年中國所出現的真正的民主議會政治局面都給予嘉許。在胡適看來，「那時的北京政府已具備了民主政治的基本結構，而掌握結構的成員，如民初的國會議員，也都是『了不起的人物』。中國失去那一個大好時機……真是國運也夫。」[61]

胡適的主張在中央與地方關係上實行聯邦制與地方自治的思想。

相對於其中央政府限權、分權的思想，胡適關於中央與地方關係方面的思想更豐富。並且，其所論述該方面問題的時間也同樣的長久。

早在《努力週報》時期，胡適就提出了中國必須通過立法來劃分中央與地方的權限，來確保地方自治的實行。他在《這一周》（二十）中曾寫道，「我們主張直截了當的責成國會從速制定省自治的制度，劃分中央與地方的權限，作為各省後來制定省憲的概括標準。」[62]不久，他又曾借梁啟超等人提出的「聯省自治」概念說自己的事，來闡述自己中國要學習美國、實行地方上各省自願聯合而不是武力吞併基礎上的國家聯邦制的主張。胡適在《努力週報》第 15 期（1922 年 8 月 13 日出版）上發表的〈吳佩孚與聯省自治〉一文中指出，「『聯省自治』這個名詞雖然不免有語病，但他在內容上實在不過是一種聯邦或聯省的國家；無論聯邦與聯省，並不妨害國家的統一。約法或憲法上盡可以仍舊說『中華民國永遠為統一民主國』，因為統一民主國盡可以包含聯邦式的統一民主國。假使我們能做到像美國那樣的聯邦式的統一，難道我們還不能滿足嗎？然而吳氏卻要抬出『破壞國家，違背約法』的大罪名來責備人，我們真不懂了。……吳氏說的『集權於國，分權於民』的統一，只是紙上的名詞，事實上是沒有那麼回事的」；「我們要勸告吳氏：現在的爭點並不是那紙上的『集權於國，分權於民』，乃是『哪幾部分的權限應該歸中央，哪幾部分的權限應該歸各省』。當年的費府會議（美國費城制憲會議），哈米頓（漢密爾頓）和佛蘭克林（富蘭克林）們做的事業，也只不過解決了這一個問題。現在吳氏既然期望國會議員做中國的哈米頓和佛蘭克林，

60　《胡適的日記》（手稿本），臺北遠流出版公司 1990 年版，第 8 冊。
61　唐德剛：《胡適雜憶》，吉林文史出版社 1994 年版，第 31 頁。
62　胡明主編：《胡適精品集》第 4 冊，光明日報出版社 1998 年版，第 125 頁。

正應該期望他們早早解決這個問題，明定中央與各省的權限，使將來的中央政府確為各省公認為不可少的總機關，使將來的各省確為一個統一的國家的自治省份而不致侵犯中央的權限，不致居服從中央之名而實行割據的分裂！」[63]

自由主義的漸進改良立場決定了他的不主張在社會革新上訴諸暴力與激進，對政治問題不主張「根本解決」。因此，胡適以上文章發表之後立即遭到了他的朋友、當時的中共總書記陳獨秀的批評。如有學者所指出的，陳在政治問題上是「根本解決派」[64]。

為回答陳的批評，胡適曾著文進一步闡明自己支持「聯省自治」的立場，並表明自己所以持該立場的深層原因。其在《努力週報》第 19 期（1922 年 9 月 10 日出版）上發表的〈聯省自治與軍閥割據——答陳獨秀〉一文中指出，中國「不適宜」建立「單一的國家組織」；「今日只是督軍總司令的權大，而地方的權極小。這兩件事決不可混作一件事」，「軍閥的權限所以大到這個地步，是因為地方沒有權」；「增加地方的實權；使地方能充分發展他的潛勢力，來和軍閥作戰，來推翻軍閥。這是省治自治的意義，這是聯邦運動的作用」，「制裁軍閥與倒軍閥的一個重要武器在於增加地方權限，在於根據於省自治的聯邦制」，「打倒軍閥割據的第一步是建設在省自治上面的聯邦的統一國家。」[65]

如果說《努力週報》時期胡適在發表自己的國家聯邦制觀點時受限於論戰的形式還不甚清晰的話，那麼，他 1930 年時有關的兩次論述則是最清楚不過的了。一次是我們前已提及過的日期，他在接受北京大學之聘北上之後的該年 10 月 11 日，另一次是同年同月的 12 日。1930 年 10 月 11 日，他在與原北京政府總檢察長羅文榦討論未來約法時曾指出，約法「第二部分為中央與地方的關係，應規定聯邦式的統一國家。」[66]同月 12 日，胡適則在託董顯光帶給宋子文的信中進一步展開指出，「對東北、西北，宜有根本方針，宜認清『統一』之性質。統一應是協商的，而非征服的；應是側重地方分治的，而非驟然中央集權的。總之，應明

---

[63] 胡明主編：《胡適精品集》第 4 冊，光明日報出版社 1998 年版，第 136-138 頁。
[64] 沈衛威：《無地自由——胡適傳》，上海文藝出版社 1994 年版，第 126 頁。
[65] 胡明主編：《胡適精品集》第 4 冊，光明日報出版社 1998 年版，第 73-76 頁。
[66] 《胡適的日記》（手稿本）第 10 冊。

白認定『聯邦式的統一國家』的原則。涵義為：(1) 凡政權統一之區域，皆認為自治區域。(2) 中央列舉其權限，此外皆由自治區自主。(3) 凡屬於中央權限內之事項，皆歸還中央。(4) 各自治區域合組聯邦統一國家。」[67]

對於以上政治協商的而非武力征服的建立聯邦式的統一國家的主張，胡適以後也沒有放棄。而是一貫堅持。比如，其在《獨立評論》時期所發表的〈武力統一論——跋蔣廷黻、吳景超兩先生的論文〉(載《獨立評論》第 85 號)、〈政治統一的途徑〉(載《獨立評論》第 86 號)、〈再論無為的政治〉(載《獨立評論》第 89 號) 及〈政治統一的意義〉(載《獨立評論》第 123 號) 等文章中都反對武力統一，而主張建立中央與各省，以及與每個公民之間互相聯貫的國家制度。其中寫道，「『以裁兵求統一』，看起來像是消極的，其實是積極的」；「凡夢想『武力統一』的人，大概都是對於別的統一方法都抱悲觀了」；「古人說的好：『時移則事異，事異則備變』。舊制度已崩壞了。我們就應該研究新的需要，建立新的制度去替代那無法挽回的舊制度」；「其實省界是人人有的，並不限於中國人。美國國會的議員，哪一個不替他的選舉區爭權利？不過他們的國家有較好的制度，所以他一旦做了部長，他決不能把他的貴部變成他的同鄉會館」；「現在我要請大家注意的只是要一個聯貫中央與各省的國家機關，要建立一個象徵全國全民族的機關，各省要搗亂，就請到國會裏來大家一塊兒搗亂。各省要建設，就請到國會裡來大家一塊兒建設。……現在最奇怪的現狀是把黨放在國家上面。這樣如何能養成『公忠』？國會是代表全國的議會，是一個有形的國家象徵，人民參加國會的選舉，就是直接對那個高於一切的國家盡義務。現在全國……沒有一個國家可以使人民有參加干預的機會，人民又從何處去報效他的『公忠』呢？」[68]

胡適的聯邦與地方自治思想在《獨立評論》時期又有進一步的充實，明確提出了應實行地方民主議會制度。比如，他曾在《獨立評論》第 28 號 (1932 年 11 月 27 日出版) 上發表〈統一的路〉一文，其中寫道：「現在統一的最大障礙是在各地割據的局面之上沒有一個代表全國和全省人

67 《胡適的日記》(手稿本) 第 10 冊。

68 胡明主編：《胡適精品集》第 12 冊，光明日報出版社 1998 年版第 281-301 頁。

民的機關，……挽救的方法只有在各割據防區之上建立全省民意機關，在各省割據區域之上建立全國民意機關。只有國會和省議會一類的民意機關可以超越一切割據的區域，造成一個統一國家的最高統治權的基礎。也只有這一類的民意機關可以領導民眾在法律的規道內逐漸造成制裁割據軍閥的勢力。」[69]

另外，1948 年 10 月 21 日，胡適還曾以天津市民治促進會理事長的名義給立法院寫信，要求立法院根據憲法從速制定市或直轄市自治通則，以便各市或直轄市據以制定市或直轄市自治法[70]。

三、胡適國家政治體制思想成因的分析

綜上所述，胡適國家政治體制思想的基本內涵是：堅決反對任何形式的專制與獨裁，一生都主張在國家治理上實行憲法法治、民主議會制、民主政黨政治、中央權力上施行分權限權與各權力間制衡制、地方上施行聯邦式的高度自治與地方議會民主制。胡適關於國家政治體制的思想，並不像林毓生先生與張振國博士等所認為的那樣，而是既具體、自成體系，又不「尷尬與混淆」。並且他的上述一系列想法與主張也不天真。儘管歷史研究不全是搞假設，但歷史研究中也不可以完全排除假設。必須承認，他的諸多政治體制主張在當時中國的歷史條件之下也是有變成現實的可能性的。之所以未成為現實，除了當時中國一些當政者與政治家應負主要責任之外，外國干涉勢力的責任我們也應該看清。

另外必須看到，胡適國家政治體制思想中的許多觀點與主張至今也仍然有著巨大的現實價值。尤其對於我們今天的憲政體制建設，有著直接的指導與啟迪意義。

有學者在分析胡適新文學思想的成因時認為是「大河之旁必有大城」[71]。我們在此要指出的是，胡適國家政治體制思想的形成也是如此。他的國家政治體制思想也離不開當時他生活於其中的那個時代，特別是他的青年時

---

69 轉引自歐陽哲生:《自由主義之累——胡適思想的現代闡釋》，上海人民出版社 1993 年版，第 269 頁。

70 耿雲志：《胡適年譜》，四川人民出版社 1989 年版，第 374 頁。

71 沈衛威：《無地自由——胡適傳》，上海文藝出版社 1994 年版，第 28 頁。

期。他不但經歷了中國那時推倒專制帝制、建立共和民國的實際歷史變遷，同時也受到過當時如火如荼的民主憲政政治思想的洗禮。此點，本文前面引用的他的話語中，他自己實際上也已經提到過了，即所謂的「二十多年前，民主立憲是最令人歆羨的政治制度」是也[72]。

然而，事情還不僅僅如此。也是在同一文章中，胡適曾經指出，「十幾年來，人心大變：議會政治成了資本主義的副產品，專政與獨裁忽然大時髦了」。為什麼會出現這種局面？為什麼唯獨胡適等當時中國的少數一批人能夠一以貫之的堅持憲政主義，堅決反對任何形式的專制獨裁？筆者認為，就胡適個人而言，他的所以能夠一以貫之的堅持憲政主義，堅持限權、分權與地方自治的政治主張，另外的原因是一、源自於他對美國憲政體制的親身感受與全面正確瞭解；二、源自於他的追求「不做自了漢」基礎之上的勇於對真理的堅持與對社會的負責。

本文在一開始時曾提及，著名學者季羨林在〈站在胡適之先生墓前〉一文中說過，「在他（胡適）心目中，世界上最好的政治就是美國政治，世界上最民主的國家就是美國」。這裡需要指出的是，胡適的如上認識是與他青年時代就對美國的政治制度有了深入全面的瞭解分不開的。

有學者言，「在感受美國精神的過程中，最使胡適徹骨透心的還是美國的政治。」[73]此論甚是。胡適留學期間在美國趕上了兩次總統大選，一次是在康乃爾大學，另一次是在哥倫比亞大學。那可是青年胡適在國內時從來不曾見過的人人可以參與的真正的民主選舉國家領導人的活動啊！美國的這兩次總統大選，當年的胡適作為熱愛政治的中國留學生都曾積極參與其中。前一次大選之年時胡適在康乃爾大學，參加總統競選的美國政治家是伍德．威爾遜、托虎托與西奧多．羅斯福，分別代表民主黨、共和黨和進步黨（自共和黨中分出）。大選之年胡適選了該校政治系教授山姆．奧茲的專題課《美國政府和政黨》。奧茲教授與美國許多大學中教授的授課方式一樣，重實踐，要求學生全身心投入現實政治，在實踐中求真知。紐約當時出版的三份報紙《紐約時報》、《紐約論壇報》和《紐約晚報》分

---

72 劉軍寧主編：《北大傳統與近代中國》，中國人事出版社 1998 年版，第 239 頁。
73 沈衛威：《無地自由——胡適傳》，上海文藝出版社 1994 年版，第 14 頁。

別支持威爾遜、托虎托與西奧多·羅斯福，因此，他要求學生看三份報紙、注視大選的經過，同時認定一個候選人作為自己支持的對象。並將三份報紙的讀後札記和聯邦 48 個州競選中的奇聞軼事作一比較研究，一併上交，作為期終作業。此外，奧茲教授還要求學生參與綺色佳一帶的一個政治集會。對於老師的要求，胡適一一照辦了。他選了西奧多·羅斯福作為支持的對象，曾佩戴了一枚象徵支持西奧多·羅斯福的大角野牛像徽章樂此不疲地「東奔西跑」。

第二次美國總統大選時，胡適已經轉學至哥倫比亞大學研究院攻讀博士學位了。這次他的支持對象換成了威爾遜，又佩戴上了支持威爾遜的襟章。為了期待威爾遜獲勝的消息，他曾在紐約時代廣場等到午夜，然後步行 10 餘里返校。威爾遜大選獲勝的消息傳來之後，他又曾加入狂歡的慶祝勝利遊行隊伍，激動得熱淚盈眶。

胡適在哥倫比亞大學留學期間親歷了美國婦女爭取選舉權的運動。他對其中的一件事印象頗深，即美國的總統並不能左右地方上的具體政治事務。胡適在自己的日記中對於此事是這樣記載的：「紐吉色省乃美總統威爾遜氏之本省。威氏於前月宣言贊成本省婦女參政問題。選舉期屆，復親回鄉投票。其內閣中人之屬於此省者亦皆宣言贊成此案。然此案卒未能通過。以一國元首之贊助，而不能使其鄉人附從之，此亦可見西方人士獨立思想之高，不輕易為位高爵尊者所聳動也。」[74]

對於整個留學期間的一直熱心學習和參與美國實際政治，胡適自己曾有過總結性的表述：「余每居一地，輒視其地之政治社會事業如吾鄉吾邑之政治社會事業。以故每逢其地有政治活動，社會改良事業，輒喜與聞之。不獨與聞之也，又將投身其中，研究其利害是非，自附於吾所以為近是之一派，與之同其得失喜懼。」[75]他為何如此的熱心學習和參與美國的實際政治呢？原因很簡單：胡適是一位一般人難以理解的愛管「閒事」的人，是一位無比熱心的愛國者。亦即，「胡適個人對於美國的政治運動的興趣

---

[74] 《胡適作品集》第 36 冊《胡適留學日記》（三），臺北遠流出版公司 1986 年版，第 216-217 頁。

[75] 《胡適作品集》第 37 冊《胡適留學日記》（四），臺北遠流出版公司 1986 年版，第 144 頁。

可謂『醉翁之意不在酒』。他主要是試圖獲得一種合乎自己個性的政治教益，以便在日後有益於自己的祖國。」[76]

有諺曰：開頭好了是一個人成功事業的一半。此話甚有道理。這也同樣適宜於我們拿來揭示胡適憲政主義國家政治體制思想形成的原因。應該看到，少年胡適從內地不開放的鄉村來到濱海的大都會上海，他進的第一所洋式學堂梅溪學堂，該校對其一生的人生價值取向與做人方式方法都是有影響的。梅溪學堂為胡適父親胡傳的老同學張煥綸所創辦，他教人的宗旨是「千萬不要做個自了漢」[77]。也是在這所學校裏，胡適憑自己的學識指出老師講課中的失誤得到愛才老師的「越級提拔」，在幾個小時裡連升了三級。成功學上有這樣的一個觀點，人最初的得手與成功對其以後的人生有重要影響，有時甚至是決定性的影響。胡適這裡的因「鳴放」而一下連升了三級，也應該算是他少年時代一個不小的成功吧。如有學者所指出的，就是這一生之中的最初「鳴放」使胡適感到了自己對命運的把握、價值的實現，「他後來立身社會，有話則說，當鳴不讓，甚至主張『寧鳴而死，不默而生』，此事可以為最初的感念和智慧的啟迪。」[78]

言別人所不敢言不能言，寧鳴而死，勇敢無畏，胡適一生中都是如此。其中最顯著的事例是在《努力週報》時期。當時北京政府通過了「取締新思想」的議案，國、共兩黨的人都認為胡適會三十六計跑為上，以躲避與北京政府的衝突來，但胡適卻是正告邵力子、張國燾諸人說，「三十六計，跑為上策，這種心理從不曾到過我的腦子裡。中國的事所以糟到這步田地，這種卑劣的心理未嘗不是一個大原因。我們看看租界上許多說風涼話高談主義的人，許多從那裡『跑』來的偉人小政客，就可以曉得這種卑劣心理造的禍和種的孽了。我是不跑的，生平不知趨炎附勢，生平也不知道躲避危險。封報館、坐監獄，在負責任的輿論家眼裏，算不得危險。然而『跑』尤其『跑』到租界裏面去唱高調，那是恥辱：那是絕不幹的。」[79]絕不跑，繼續與北京政府鬥爭，胡適當時是這樣說的，也是這樣做的。曹

---

[76] 沈衛威：《無地自由——胡適傳》，上海文藝出版社 1994 年版，第 20 頁。

[77] 歐陽哲生：《自由主義之累——胡適思想的現代闡釋》，上海人民出版社 1993 年版，第 13 頁。

[78] 沈衛威：《無地自由——胡適傳》，上海文藝出版社 1994 年版，第 9 頁。

[79] 轉引自歐陽哲生：《自由主義之累——胡適思想的現代闡釋》，上海人民出版社 1993 年版，第 251-252 頁。

錕賄選的醜聞傳出之後，胡適曾又在《努力週報》上發表了〈賄買國會的問題〉、〈這個國會配制憲嗎？〉、〈司法獨立之破壞〉等予以揭露和針砭的文章。

需要進一步指出的是，他勇敢無畏最難能可貴的是對於真理、對於自己認定正確的觀點和主張的一貫堅持。永不動搖。用胡適自己的話講來就是不為時髦所動，不媚眾。由此所想到的是，我們的所謂知識份子中偏偏就是懂「氣象學」的多，跟權力風、權威風或者庸眾風的多。像筆者原來所多次指出過的，本來一個人也已經有了正確的認識與主張了，但外部條件一變，他就會改變自己原來的主張與立場，跟著別人瞎嚷嚷。胡適與之不同。上世紀四十年代著名文學家沈從文在致胡適的信中有這樣的話語，「二十年中死的死去，變的變質，能守住本來立場的，老將中竟只剩先生一人」[80]。很明顯，沈從文這裡的意思是說在二十年裏胡適都是一個能堅持自己立場的人。實際上胡適還不但如此。如我們前邊所述，他在關於國家政治體制的觀點與主張上，終生都是一致的。沒有變化、沒有退化。有的只是深化、具體化與要害突出化。

進一步推開去，胡適當年關於中國文化的兩次典型觀點表述更能體現他敢於言別人所不敢言，以及一直勇於任事的品格與人生風貌。一次是在1928年6月24日，另一次是在他生命歷程即將走完的1961年11月6日。其在前一次時這樣寫道：要使中國真正文明富強必須有一番心理的建設，這「就是我們必須自己要認錯，我們必須承認我們自己百事不如人，不但物質上不如人，不但機械上不如人，並且政治社會道德都不如人。……我們到今天還不肯低頭去學人家治人富國的組織與方法。」[81]

胡適第二次典型表述自己關於中國文化的觀點之時當時的台灣已經大體上如同今天的大陸。在國民黨當局的提倡與大力支持下，台灣中國文化熱當時已經熱的不能再熱了，但胡適在臺北舉行的亞東區科學教育會議開幕式上還是作了題為〈科學發展所需要的社會改革〉（Social Changes Necessary for Growth of Science）的25分鐘的英文講演。胡適在該演講中仍然明確指出：「我們應當丟掉一個深深的生了根的偏見，那就是以為西

---

80 《胡適來往書信選》中冊，中華書局1979年版，第575頁。

81 胡適：〈請大家來照照鏡子〉，《胡適文存》（三），黃山書社1996年版，第24頁。

方的物質的、唯物的文明雖然無疑的占了先，我們東方人還可以憑我們的優越的精神文明自傲。我們也許必須丟掉這種沒理由的自傲，必須學習承認東方文明中所含的精神成分實在很少。」[82]很明顯，他當時表述的該觀點中，也是包括其政治的主張在內的。

四、胡適國家政治體制思想的當代價值

由於篇幅等等的客觀原因，關於胡適國家政治體制思想當代價值的問題在此就不多加展開了，提及的只是如下三點：

第一、胡適的民主政治可以訓練缺少政治經驗的民族的提法，對於我們今天的政治文明建設最有啟迪。尤其是其中講到了民主政治是一種能伸縮、可以逐步擴張的政治，這用形象的話講來就是「可以讓一部分人先民主起來」，然後，再在更多的人群、地方、領域和全社會逐步展開推廣，並逐步提高民主政治的層級，這很有實踐性、可行性與可操作性；

第二、胡適的民主憲政是一從低級到高級逐步完善、可以發展的政治過程的思想，對於我們今天的政治文明建設有啟迪。在此方面，胡適講到了對於憲政，人人都必須愛惜她、保衛她、想法子像愛護愛情一樣完善與發展她，這也完全符合世界近代各政治文明先進國家憲政發展的歷程實際；

第三、胡適的民主憲政應該是專家政治的思想，對於我們今天的政治文明建設也有啟迪。在本文的上述論述中我們已經揭示了，胡適曾幾次涉及過該問題。在實際上，胡適的這一思想也就是美國當代政治學家哈羅德·拉斯韋爾等人所言說的民主精英政治。即民主精英政治下的精英是人民能夠控制的精英，是由人民選出的精英來為治，或者由人民選出的政治人物約請精英來組成政府為治。拉斯韋爾在《政治學：誰得到什麼？什麼時候和如何得到？》（*Politics: Who Gets What, When, How*, 1936 年）一書中認為，即使一個少數人擔任領導的社會，仍然可以是民主的；

---

82 《胡適作品集》第 25 冊《胡適演講集》（二），臺北遠流出版公司 1986 年版，第 138-139 頁。

問題的關鍵在於民眾如何對精英實行有效控制；必須建立精英對大眾的「責任制度」。

本文寫作結束之時，筆者想到了胡適青年時期（1915 年）日記中的一段話：「傳教士的真正價值在於外國傳教士就像一個歸國留學生一樣，他總是帶回一種新的觀點，一種批判的精神。這樣的觀點和精神是一個對事物之既存秩序逐漸習以為常，漠然無動於衷的民族所缺乏的，也是任何改革運動所絕對必須的」。對於胡適以上的這段話，羅志田先生認為這是胡適的「夫子自道」[83]。本人對羅先生的這一觀點表示贊成。但同時需要指出的是，再強調一遍，如本文一開始時所已經揭示過的，在以傳布新觀點與批判精神的傳教士自居的胡適那裡，其所傳播的其他的新觀點與批判精神，終其一生都是以他的憲政主義國家政治體制思想為核心的；其的憲政主義國家政治體制思想，如果我們懂得珍視的話會使我們的民族受得大益，尤其對今天大陸上正在進行「政治文明」建設的人們而言。

[83] 羅志田：《再造文明的嘗試——胡適傳（1891-1929）》，中華書局 2006 年版，第 1 頁。

新生活的觀念及實現：以五四時期胡適及《新生活》雜誌為討論中心[*]

陸發春[**]

1918 年 2 月 23 日，北京大學教授胡適給在安徽績溪上莊的母親寫信：「自從昨天起，我每日早晨喝『豆乳精』一瓶。此物即是豆腐漿，近年由學者考驗，知豆腐漿之功用，等於牛乳。有大學生物學講師李石曾先生發起一個豆食廠，每日所出豆漿，製造極乾淨。我所吃即此廠所造的。」[1]26 日，胡適又告訴母親，在北京的美國友人威爾遜夫婦招待他吃了西餐，其中的冰乳（即冰激淩）最好吃，「我對他們說，等我的家眷來了，要請威爾遜夫人教他做冰乳。威爾遜一口答應了。」[2]這是兩封反映胡適迎納營養衛生、西式美味生活的家書。作為新文化派代表性人物的胡適、李大釗、高一涵等，在提倡新文化精神層面思想主張的同時，高度重視新生活在現實社會的實現。那麼，胡適等新文化人物，基於新文化與新生活關係理論，提出了那些新生活的觀念？對新生活在社會中的實現有何主張？本文以胡適及《新生活》週刊為中心，即此二個層面略作探討。

---

* 本文在參加「胡適與自由主義：紀念胡適先生 120 歲誕辰國際學術研討會」報告時，承蒙評議人中研院近史所兼任研究員、國史館館長呂芳上先生惠賜建議，特此感謝。

** 安徽大學歷史系教授、安徽大學胡適研究中心秘書長（安徽　合肥　230039）

1 胡適致母親信（1918 年 2 月 23 日），陸發春編《胡適家書》，合肥：安徽人民出版社，1996 年版，第 97 頁。

2 胡適致母親信（1918 年 2 月 26 日），陸發春編《胡適家書》，第 101 頁。

一、新文化與新生活的觀念

1919年8月，北京大學出版部主任李辛白利用「老百姓」印刷所，設立《新生活》報社，主持印刷《新生活》週刊[3]，總發行處在上海五馬路棋盤街亞東圖書館。該刊宗旨：

> 希望四萬萬同胞睡到五更半夜，摸一摸心，想一想，打算一打算，在這歐戰告終、皇帝將絕種的新世界新潮流中，何以謀個人的生活、社會的生活、國家的生活。本報內容不顧全什麼門類，哪一期有什麼，哪一期就登什麼。總之，無益的事不記，無益的話不說。本報定價極廉，希望各省各縣諸君酌量定購，分寄到內地去，送送朋友，也是一種特別的禮物，越能傳到農村越好。[4]

即面向大眾百姓，探討百姓、社會、國家的新生活。這是新文化派繼《新青年》、《新潮》以及論政性質的《每週評論》被禁刊後，又一個以面向社會大眾為鮮明特色的新文化刊物。李辛白、胡適、李大釗、蔡元培、高一涵、陳獨秀、傅斯年、湯爾和、劉半農等都在該刊發表文章，發表文章數量較多的有李辛白、李大釗、高一涵。《新生活》也是新文化派在「五四」事件之後主辦的闡釋新文化與新生活關係的重要媒體。

（一）新生活要有新文化的觀念

「哪樣的生活可以叫做新生活呢？我想來想去，只有一句話。新生活就是有意思的生活。」在胡適看來，大眾要明白什麼樣的生活是新生活，首先要清楚自己過的是「有意思」的生活。格於《新生活》雜誌是面向大

---

3 李辛白（1875～1951），原名修隆，字夔樞，號水破山人，安徽無為縣人。早年留學日本，參加同盟會，1908年在上海參與創辦《安徽白話報》，民初在北京政府教育部任僉事，1917年進北京大學，先任庶務主任，後任出版部主任。可參閱馬俊如《新文化運動的一員驍將》（《安徽著名歷史人物叢書．文苑英華》，安徽人民出版社，1991年版）、馬俊如等《李辛白：創辦白話報的愛國志士》》（《炎黃春秋》2003年第7期》）；童毅之等《略論李辛白對新文化運動的貢獻》（《安徽廣播電視大學學報》2004年04期）。

4 〈本版啟事〉，《新生活》第1期，1919年8月24日。

眾說大眾都明白的白話體例要求，胡適在應李辛白邀約為雜誌所寫的發刊文《新生活》中，以民間生活中的張三李四王三哥一群人酗酒賭博糊塗生活故事為事例，提出「凡是自己說不出『為什麼這樣做』的事，都是沒有意思的生活。反過來說，凡是自己說得出『為什麼這樣做』的事，都可以說是有意思的生活」。在胡適看來，生活的「為什麼」，就是生活的意思。而人同畜牲的分別，就在這個「為什麼」上。「你到萬牲園裏去看那白熊一天到晚擺來擺去不肯歇，那就是沒有意思的生活。我們做了人，應該不要學那些畜牲的生活。畜牲的生活只是糊塗，只是胡混，只是不曉得自己為什麼如此做。一個人做的事應該件件回得出一個『為什麼』。」人的生活是有選擇的，要幹這個，為什麼不幹那個？「回答得出，方才可算是一個人的生活」。在胡適看來，能夠想到提問並能回答「為什麼」三個字是很不容易的事。社會生活中的人，要想到為什麼不把辮子剪了？為什麼不把大姑娘的小腳放了？為什麼大嫂子臉上搽那麼多的脂粉？為什麼出棺材要用那麼多叫化子？為什麼娶媳婦也要用那麼多叫化子？為什麼罵人要罵他的爹媽？為什麼這個？為什麼那個？胡適說「你試辦一兩天，你就會覺得這三個字的趣味真是無窮無盡」[5]。

「我們希望中國人都能做這種有意思的新生活。其實這種新生活並不十分難，只消時時刻刻問自己為什麼這樣做，為什麼不那樣做，就可以漸漸的做到我們所說的新生活了。」[6]胡適以「為什麼」作為大眾構建新生活的最基本的一個觀念，既與本年早前所寫的《差不多先生傳》文脈相承，

---

5 適之：《新生活》，《新生活》第 1 期，1919 年 8 月 24 日。胡適是《新生活》雜誌的第一篇文章作者，又是該刊最早提出新文化的新生活觀念之人。其後傅斯年等即據胡適文作進一步引申討論。另據胡適〈大眾語在哪兒〉文所述：「在民國八年的八月裏，我的朋友李辛白先生來對我說：『你們辦的報是為大學中學的學生看的，你們說的話是老百姓看不懂的。我現在要辦個報給老百姓看，名字就叫做《新生活》。今天來找你，是要你給我的報做一篇短文章。老實說，這一篇是借你的名字來做廣告的。』」胡適作此短文頗不易，「刪了又刪，改了又改」，但李辛白一年後告訴胡適，「這一年之中，恐怕還只有你那篇文章是老百姓看得懂的！」（天津《大公報》1934 年 9 月 8 日）李以胡適《新生活》作為該報創刊的打頭文章，亦反映胡適在《新生活》週刊創刊中的重要性。該文 1920 年被收入發行量甚大的《胡適文存》一集卷四，可見胡適的珍視。他在 1934 年 1 月 25 日的日記中寫道：「我的文章傳播最廣的要算那篇《新生活》，是我為李辛白的小報做的，現在小學中學的新（教）科書裏都選此篇。」（《胡適日記全編·6》，合肥：安徽教育出版社，2001 年，第 300~301 頁）

6 適之：《新生活》，《新生活》第 1 期，1919 年 8 月 24 日。

又把根據中國無數大眾摹描的人人皆曉、處處聞名的「中國全國人的代表」[7]「差不多先生」糊塗失敗生活的關節點予以明確指正。新文化在社會思想文化理論層面的「重新估定一切價值」，被胡適置換為大眾社會生活領域中的「為什麼」予以討論和界定。

新文化是相對舊文化來說的，新生活也是一定歷史時空下在新舊比較中重新確立。五四運動爆發半載之後，新文化人物也有了一定的時空省思新舊之間的差異性。「什麼叫舊生活？是枯燥的，是退化的。什麼叫新生活？是豐富的，是進步的。」在蔡元培看來，過著舊生活樣式的人，「是一部分不作工又不求學的人」，他們終日把吃喝嫖賭作消遣，物質上一點沒有生產，精神上也一點沒有長進。「又有一部分人的代表，是那些整日作苦工，沒有機會求學，身體上疲勞得了不得，所作的工是事半功倍。精神上得過且過。豈不全是枯燥的麼？」不做工的人，體力是逐漸衰退的；不求學的人，心力又逐漸萎靡了。一代傳一代，更衰退，更萎靡，其結果即是社會人群的全面退化。「新生活是每一個人，每日有一定的工作，又有一定的時候求學。所以製品日日增加，知識也日日增加。還不是豐富的麼？工是越練越熟的，熟了，出產必能加多。而且『熟能生巧』就能增出新工作來。學是有一部分，講現在作工的道理，懂了這個道理，工作必能改良。又有一部分講別種的工。從簡單的工，改到複雜的工。從容易工，改到繁雜的工。從出產較少的工，改到出產較多的工。而且有一種學問，雖然與工作沒有直接的關係，但是學了以後，眼光一日一日的遠大起來，心地一日一日的平和起來，生活上無形中增進許多幸福。這還不是進步的麼？」[8]新生活狀態下的人群大眾，是用勞動給社會創造物品財富，以勞心求學增加知識豐富社會精神，蔡元培把社會物品的豐富、知識的進步作為衡量新生活世態面相的標準。

（二）人的生活要有基本的「新」原則

胡適宣導新生活是有意思的人的生活，而非畜生式的生活。但是，細化的人的生活原則又有哪些呢？在高一涵看來，北京街頭把身子當作馬牛

---

7 胡適：《差不多先生傳》，歐陽哲生編《胡適文集》第 11 冊，北京：北京大學出版社，1998 年，第 7 頁。

8 孑民：〈我的新生活觀〉，《新生活》第 20 期，1920 年 1 月 4 日。

替人家走路的可憐的人力車夫；胡同裏陪笑陪睡把清清白白的身體去聽人家輕薄的妓女；頂著人皮說著鬼話，沒有人氣的算命測字、扶乩者；魚行裏邊那些靠掌櫃吃飯，為著三兩百塊錢，便把自己的人格良心，跑到爪哇國去的小夥計；政治上不打臉的強盜，拿人家汗血供自己快樂的財主等，這些人要麼過的是牛馬一樣的生活，或者是強盜的生活，都不是人的生活。而人的生活起碼要有四個原則，首先是不喪失人格，胡同裏妓女的生活就是喪失了人格。其次要有自由的意識，不能像奴隸只聽主人指揮，自己一點兒意思也不能有。這樣的人簡直可說是「物」，不能叫「人」，他們的生活當然不是人的生活。第三是要有意識，即要有生活的自覺性，不是過「活貓碰到死老鼠」、「碰運氣」的生活。「這種沒有計劃和不用人力去做的生活，一味糊裏糊塗的聽天由命，連那些螞蟻蜜蜂都不如，怎能算是人的生活呢？」第四是要自己做應該做的事體。人生在世，應該做我們應該做的生活，不要去依靠別人，也不要去搶人家的汗血圖自己的快活。

> 吃飯不做事的人，便是廢物，搶人家的汗血工勞圖自己的快活，便是強盜。既已叫做人，可就不能做廢物，也不可做強盜，只有一個天天做事的工人。我們如果不做人家馬牛，不做人家玩物，不做人家爪牙，不做人家奴隸，不去碰運氣，不做廢物，不做強盜，成天的做有意識的事體，這才算是過人的生活。[9]

同樣是討論人的生活基本原則，在李大釗看來，「愛的生活才是人的生活」。為什麼這樣說呢？《新生活》雜誌封面圖案，畫有連環式的雙十字，寫著博愛、自由、平等、犧牲八個字。李大釗認為，《新生活》雜誌標示的這四大精神，不僅是建立中華民國的基礎，也是社會新生活的基礎。「我們相信人間的關係只是一個『愛』字。我們相信我能夠愛人，人必愛我，故愛人即所以愛我。愛自己的家，愛自己的國。愛力愈大，所愛愈博。充博愛的精神，應該愛世界的人類都像愛自己的同胞一般，斷斷不可把這個愛字關在一個小的範圍內。總該知道愛的生活才是人的生活。」也只有博愛的生活才能派生出自由、平等、犧牲。首先，真實的自由，都

9　一涵：〈怎樣才算是過人的生活〉，《新生活》第 3 期，1919 年 10 月 30 日再發行本。

是建立在愛字上的。「人間共同生活的關係是以愛為基礎，那麼人類相互之間，自然要各尊重各的個性。各自的個性，不受外界的侵害束縛，便是自由。」而博愛的生活，「是無差別的生活，是平等的生活。在愛的水準線上，人人都立於平等的地位沒有階級懸異的關係」。犧牲的精神和法則，也是基於「愛」字。「實行這個愛字，必須有犧牲的精神，愛人道，便該為人道犧牲。愛真理便該為真理犧牲。愛自由，便該為自由犧牲。愛平等就該為平等犧牲。愛共和，便該為共和犧牲。愛的方法便是犧牲，犧牲的精神便是愛。」「有一種美景物美境域在我們眼前，我們不可把他拿來做我們的犧牲。因為犧牲了他，絕不是愛了他。我們當真愛他，應該把我們自己犧牲給他，他的美善，才真能為我們所享受，所獲得。愛的法則，即是犧牲的法則。」[10]李大釗以博愛為人的生活基本原則，據此把西方社會的自由、平等、犧牲觀念納入中國大眾新生活的視閾予以解讀，為新文化的新生活觀注入了一種新解。

（三）大衆性與新生活

對新文化派人物來說，新生活是勞動的大眾百姓生活，也是勞動的人們人人該有的生活。早在 1918 年，陳獨秀就發表文章探討人生的真義。提出「（一）人生在世，個人是生滅無常的，社會是真實存在的。（二）社會的文明幸福，是個人造成的，也是個人應該享受的。（三）社會是個人集成的，除去個人，便沒有社會；所以個人的意志和快樂，是應該尊重的」[11]。《新青年》時期陳獨秀、胡適等人的社會文明視野和幸福生活的人群範疇，從未脫離社會大眾。傅斯年認為，以胡適「新生活就是有意思的生活」為準則，社會生活世態常見的車夫張三因窮病而死，靠給大官提尿壺當馬弁後來發了財娶了幾房太太最後家庭爭吵氣死的李四，他們的生活都不是有意思有趣味的生活，都是不能要的生活。「做起官來，可以賣國，發起財來，可以多討小老婆，當起兵來，可以殺人。諸位想想，這樣生活究竟有什麼趣味？如果說不出於什麼趣味，我奉勸休要這般夢想了，休要買彩票，換鈔票，巴結有錢有勢的人，休要改了勞動的本行，去幹大

---

10 守常：〈雙十字上的新生活〉，《新生活》第 8 期，1919 年 10 月 12 日。
11 陳獨秀：〈人生真義〉，《新青年》第 4 卷第 2 號，1918 年 2 月 15 日。

碗酒，大塊肉，眼前紅紅綠綠的營生了。」傅斯年主張新生活是勞力的人應該公平享受一份的生活。

> 人的才力雖然不一樣，但是大致不遠，絕不像人和狗的相差。社會上的人雖然不能一般一樣，也斷不該像人和狗的相差。世界是大家的世界，所以大家都該公公平平的佔據一份。這一份應該不多不少，恰夠一個人用的。蔬食能夠清潔，布衣能夠常洗，有病能夠治病，有兒女能夠上小學堂，這就是我們應當有的一份。我們用勞力換得這一份來決不多要了，就是不要喝酒吃煙的錢，熨熨貼貼的過活，就是『新生活』。我們若是要這一份以外的，就和搶人家一樣的犯罪。若是社會不給我們這一份，就等於他被人搶了，自然要訴冤去呢！[12]

傅斯年主張凡是勞力的人都要享受一份公平的有趣的新生活，蔡元培則強調那些勞力做工、勞心求學的人，還要努力建立一個新生活的世界：「有一個團體裏面，都是日日作工，日日求學，便是一個新生活的團體。全世界的人，都是日日作工，日日求學，那就是新生活的世界了。」[13]

二、新生活的社會實現

《新生活》雜誌創刊於「五四」爆發後，新文化運動烈烈轟轟進行之中。因此，新生活觀念的提出，得著一個新的歷史時空。恰如羅家倫所說，「自從五四運動以來，中國民眾的勢力，不能不說是一天一天的發展。許多的束縛，以前不敢打破的，現在敢打破了；許多的要求，以前不敢提出的，現在敢提出了。諸如此類，不勝枚舉」[14]。例如，1919 年中華民國成立八年紀念日，北京學生散發的傳單公開地說：

---

12 孟真：〈新生活是大家都有一份的〉，《新生活》第 2 期，1919 年 9 月 30 日再發行本。

13 子民：〈我的新生活觀〉，《新生活》第 20 期，1920 年 1 月 4 日。

14 羅家倫：《回憶〈新潮〉和五四運動》，《五四運動回憶錄（續）》，北京：中國社會科學出版社，1979 年，第 181 頁。

今日是國慶日，就是我們國民出頭的日子，從前是專制，現在是共和，國慶日就是紀念專制改共和那一天。國慶好比一個店鋪，專制好比一個人開的店鋪，國民不過是皇帝的夥計，聽他使喚的，共和好比一個合股的公司，國民就是股東，個個都有份的，從總統總理總長次長督軍省長一直到縣知事，都變成我們的夥計了。我們這家共和公司，開張已經八年了，今天我們國民才曉得這個道理，自此以後，我們要擺出股東的架子來，管管公司裏的事才好，我們今天多吃幾個紀念麵包，做個紀念。[15]

提倡新生活，是新文化派的主張，也是趨新的民眾對社會生活的要求。

（一）實現新生活要反對舊道德、打破軍閥勢力

我們中國人，從前的舊生活，是靜的生活，停止的生活，退後的生活，說尖刻些，簡直可叫做向死的生活，你看社會上那沉沉的暮氣，沒有一點活潑的生機，就可以證明我的話錯不了，政治的改革，沒有一點成功，漸漸的衰落了，都莫非是這個原因。我們要改——要大家一齊改——把我們舊生活變一個樣子——變成動的生活，活潑的生活，向前的生活。今天國慶日，就是我們改造舊生活一個大吉祥的日子，因為今天是我們新國家的生活日，大家都知道的，我們約定把我們的新生活從今天做起，哈哈——我們歡歡喜喜的祝我們的新生活喲。[16]

這是雜誌主辦者以記者名義記錄下 1919 年中華民國國慶日北京上街參加典禮學生散發給市民的另一傳單中的話，很明顯，李辛白作了加工。但是，新生活由現實社會哪裡啟動，確是一個值得好好考究的社會問題。在高一涵看來，舊道德是新生活的最大仇敵：「我們成天的在這裡講新生活，卻成天的在這舊生活中過日子。不說別的，單說幾件小事，便知舊生活的勢力非常之大。」這種勢力在大眾社會生活的舊習慣裏到處可見，例如老百姓生兒子的心理，是把生下的兒子當做承宗接後、老來侍疾的工具，是用

[15] 薑素（即李辛白）：〈記事．國慶日的北京〉，《新生活》第 9 期，1919 年 10 月 19 日。
[16] 薑素：〈記事．國慶日的北京〉，《新生活》第 9 期，1919 年 10 月 19 日。

放高利債生子息得利錢的辦法對待孩子，「要是在注重新生活社會裏邊，做父母的便要籌備兒子的將來，使他怎樣做事業。父母的眼光總是對著將來看，父母的心中總是為兒子自身設想，預備將來在社會上成一個有用的人，把他的才能貢獻到社會上去」。其他諸如不講衛生、妄自尊老類舊習，高一涵稱這是國人「回顧」的道德，「中國社會上幾乎沒有一處不被他佔據住，舉也不勝舉了。我們要想做新生活，第一件要事，非將這種道德的觀念根本打破不可！有這種回顧的道德存在，便是新生活的仇敵！」[17]

舊習慣舊道德往往存在於民間大眾的社會生活中，不是一時可以剷除的。如果把社會生活問題看作是社會運行過程中社會系統失調，造成社會人群正常生活受到很大影響，那麼找出這種阻礙，通過社會群體力量加以改造，就顯得非常重要。新文化派發現，阻礙大眾追求新生活的是從國家到地方的軍閥勢力。「借武力來搜刮金錢，擴張權勢，做出種種罪惡而不知悛改，這豈不是現今的軍閥麼？軍閥一天存在，就是新生活最大的仇敵，我們想把這新生活發展起來，應該立定主義去打破那軍閥。」他們從軍閥勢力在近代中國的由來及其滋長得勢分析入手，進而提出「現在軍閥的勢力總算是達到極點。所發生的惡影響，說也說不盡。那最妨害我們新生活之發展的，就莫過於兩件事。一、一般人民受強暴的蹂躪。二、社會上增加許多不道德的習慣行為」。所以國人要想「發展我們的新生活，就應該大家團結起來，無論什麼問題，我們憑著良心，自己去討論，自己去解決。不要利用那軍閥，不要依附那軍閥。他那強暴的蹂躪，我們是要反對的」。新生活與軍閥，「這是兩個絕對不能並容的東西」[18]

（二）新生活是現實社會的諸多方面改良

新生活是面向大眾的物質生活改善，「物質上不受牽制，精神上才能獨立。教育家為社會傳播光明的種子，當然要有相當的物質維持他們的生存。不然，饑寒所驅，必至改業或兼業他務。久而久之，將喪失獨立的人格。精神界的權威，也保持不住了」[19]。李大釗無疑是對「新生活如何在

[17] 一涵：〈新生活的仇敵〉，《新生活》第 15 期，1919 年 11 月 30 日。
[18] 相因：〈軍閥與新生活〉，《新生活》第 19 期，1919 年 12 月 28 日。
[19] 孤松（即李大釗）：〈物質和精神〉，《新生活》19 期，1919 年 12 月 28 日。

現實社會的改良方面做些什麼」貢獻很多思考的一位撰稿人[20]。《新生活》早前發表的李大釗文章，強調大眾物質生活的重要性[21]。他甚至反觀自身，由生活的神聖性，為北大教職員索薪風潮辯護[22]。其後寫的《由經濟上解釋中國近代思想變動的原因》，無疑是物質變動與思想文化變遷關係理論上的總結之作。

經濟基礎的變動固然能促進社會思想的變化，但現實的物質生活領域確有許多要改良的事。「要追隨世界各國的新文明，適合世界的新潮流，免去不開化國、野蠻國的惡名詞，那麼，應該從速改良我們日常的生活。」例如住宅建築，

> 不必照從前的一定格式——五間二弄，七間二弄，連進三層……等。應該因地、因實而制宜。怎樣得用，怎樣經濟，怎樣好看，怎樣堅實，就照怎樣做。墨守成法，依樣葫蘆，這是進化史上的大障礙物，要求進步的人或國家，是不應該這樣的。……建築住宅，除得用、經濟、好看、堅實四條件外，下列二條，也是很要緊的：(1) 強光線。宜多開窗，並利用玻璃明瓦等。(2) 通空氣，窗戶宜多宜大，分間不可過小。[23]

室內裝飾要注意美觀和清潔，藉以陶冶性情，純潔心境；室外佈置能開花的果樹蔬菜，美觀實用。

---

[20] 羅章龍說：「北京大學講義課主任李辛白（安徽人）曾出版小型刊物《新生活》，介紹新思想，宣導民主、科學、犧牲精神，由北大師生共同撰稿，李先生寫的文章最多，有六十多篇。這個刊物雖小，但涉及許多當時的重大社會問題，因而很有影響。這個刊物也常是李先生和我談話的題目。」（羅章龍：《亢齋回憶錄——記和守常同志在一起的日子》，《回憶李大釗》，北京：人民出版社，1980 年，第 30 頁）證之《新生活》雜誌李大釗發文統計，羅所憶準確。

[21] 如李大釗說：「什麼愛咧，什麼共和咧，什麼社會改造咧，口頭上的話你們只管去說，吾儕小民，只是吃飯要緊。」〈麵包運動〉，《新生活》第 8 期，1919 年 10 月 12 日。

[22] 李大釗在〈生活神聖〉一文中寫道：「此次教職員因薪水問題罷業，許多人還是拿冠冕堂皇的話來責備他們，就是他們自己，也有些人覺著因為吃飯問題罷業不好意思的。我以為倒是光明磊落的要求生活權，是一件很體面很正當的事。不要套些假面具，把生活神聖的光華遮蓋了。」《新生活》第 19 期，1919 年 12 月 28 日。

[23] 李宗武：〈生活改良〉，《新生活》第 29 期，1920 年 3 月 14 日。

晚清以來，西風東漸，國人對西方的認識漸進深入。如果說，中華民國的成立，是國人對西方政治制度的迎時接受，那麼改良舊習俗和禮俗，迎納進步的新的社會習俗和禮俗，是國人在共和政體下必須跨出的歷史心理門檻。《新生活》週刊在此視閾發表了不少文章進行討論。李大釗認為起碼有直接能想到的、重要的 20 項北京市民應該要求的新生活內容；李宗武提出 19 項生活改良的內容。週刊所討論的社會生活改良的內容十分廣泛，涉及市民生活、社會習慣、社會風俗禮俗、社會事業、社會教育等眾多領域[24]。大體說來，有以下幾類：

一是市民生活方面，提出市政要興辦價廉清潔的平民浴所、設立平民食堂，方便小食店賃居，免除勞工們露天飲食之苦；改善公共衛生，胡同、街口、巷裏的屎尿，嚴加取締；改造臭氣薰天的廁所，添設清潔設備；糞夫團體應由警廳加以編制，配備機器設備及一切衛生設施；改善下水溝，講究公眾衛生；電燈電話設備應勤加修理，以防危險；電燈價格太貴、電光不足，要維護市民對於電燈公司的正當要求；電話司機人不勤敏，不親切，應改用女工；政府和自治團體可仿照歐美各國的辦法，組織公眾遊戲場，設置各種遊戲器具，任人自由入場，即公園一律免費開放，每個公園裏設一極大的運動場；街旁的樹木，應該多栽；灑街多用水車；修造市營電車，方便百姓；試辦消費公社；送報人配腳踏車，改變送報遲緩現象；城市的汽車在行人擁擠或街道狹隘的地方橫走亂衝很危險，要限制汽車的速度，加重汽車使用稅、登記汽車所有者姓名、地址、車牌號，編成表薄，聽公民自由領取，以便路上看見某汽車有不法違章事情，可以告發或用郵片直接詰責，即實行人民警察，以補官吏員警所不及；妨害衛生及清淨的工廠，不許設在住宅區附近，理想的是文化區域、工業區域、政治區域分開；公立醫院太少，應該多設；嚴格監督城市中的傭工介紹所，注意女工住居的清潔，防止勒索女工的事情發生。

---

24 詳見守常〈北京市民應該要求的新生活〉，《新生活》週刊第 5 期；陳獨秀〈祝窩窩頭會〉，《新生活》第 20 期；樊樹芬〈公眾遊戲場的必要〉，《新生活》第 21 期；李宗武〈生活改良〉，《新生活》第 29 期；曹配言〈閱書報所宜多設〉，《新生活》第 23 期；呂聰民〈女子怎麼才能解放？〉，《新生活》第 31 期；汪柢純〈訃文的改良〉、〈宴會的改良〉，牟謨〈婦女念書比男子更要緊〉，《新生活》第 32 期；牟謨〈家庭革命〉、柯尚惠〈衣服的改革〉，《新生活》第 33 期；孫召伯〈女子體育上應當解放的幾件事〉，《新生活》第 48 期。

二是改良生活習慣和社會習慣，提出不要隨意痰唾，拿飯店桌布等擦鼻涕等；車夫辮子難看、汗臭要改良；要經濟時間，制定生活時間表；改變中國人吃東西，往往喜歡吃十二分飽的飲食習慣；禁止煙酒；生活的服飾要革新，男子以學生服或西服為宜，女子所著的裙不宜過長，老人和兒童的衣服以寬大為主，提倡穿短衣，衣服以衛生、便利操作為原則；衣料上改變中國衣服材料大都用棉織物或絲織物的習慣，提倡用毛織物，因為毛織物比絲綿織物實用；改變國人不洗澡的習慣，仿照日本辦法，鄉間應該設立浴室，城市的浴室宜簡單，價格要便宜；改良宴會，不浪費眾人時間；一個人最好只用一個名字；北京天橋的茶棚不賣女座，婦女渴了想不著一口茶，海軍部東西轅門不准婦女通行，都要改良；複雜家庭要打破，婆媳矛盾、兄弟鬩牆、妯娌紛爭、姑嫂嫉妒等惡事出現，都是因複雜家庭造成的；改良盛行的賭風。

三是教育與文化生活改良、婦女解放。要使一般的人，都有求學的機會，不論貧富貴賤，都受一種同等的教育，即實行平民教育；興辦勞工教育機關，如夜校、半日學校等；興辦貧民學校，幼年兒童送入貧民學校或孤兒院，由校或院給他衣食，教養成人，使能自營生業；婦女念書和受教育，比男子更要緊些；男女共學，免收學費，不限年齡；男女學校本來是一樣，男校要開放，女校也要開放，方才平等；多辦市立圖書館，如通俗圖書館，圖書館開放免費；街道設立閱書報所，由商家或熱心社會事業的人辦理；用教育平等、交際自由、女子參政實現女子解放；用家庭革命實現男女平等、自由戀愛和婚姻自由。

四是社會習俗和禮俗的改良。訃告文辭要改良，刪除不必要的浮詞、偽話；不做進香、拜佛、燒錠、做道場、破地獄、看風水、算命、排八字揀好日、求藥籤等有損無益、耗費金錢和時間的事；提倡社會平等，實行平等主義，打破使用婢僕的惡習；改良婚喪禮儀，婚喪禮儀講求真誠，刪除無謂客套語；提倡婚姻改革，打破早婚；改良社會禮儀，廢止虛禮，無謂的訪問、通信、宴會及一切無謂的客氣，應該廢止；改革女子舊惡習，禁止纏足以及抹胸、纏腰、穿耳、塗脂粉、挽髮過長。

五是經濟生活等其他類改良。例如，提出家庭經濟生活都要有經費預算；農村開展家庭養殖，每家可養三四隻雞、二三隻豬，把沒用的植物飼兎，灶間桌下的飯屑糕末飼雞；改良住宅建築，室內室外要裝飾佈置，提倡適用、經濟、好看、堅實；設立貧民工廠，把中年乞丐等送入貧民工廠中，貧民工廠應該公立，或對私立的加以嚴格監督，以防資本家借慈善為名從中取利；衰老的人，送入恤老院；興辦社會慈善。

首先，這些社會改良主張，目標清晰，試圖在社會生活和習俗變遷層面扮演重要的引導者角色。由其論理思路，可以看出提倡者已經把新的價值觀念嵌入社會生活領域。其次，緊密聯繫群眾生活。比較可貴的是，新文化派討論的社會改良所涉人群範圍，不限於城鎮市民，也能把目光投向農村社會。在《新生活》週刊的通信欄中，登載有不少反映農村社會風俗和農民生活內容的報導信文。例如，浪濳介紹廣東的農民生活，「農民不能得相當的知識，相當的娛樂，是另外的話。他們終歲勞苦，每天從天亮直做到天黑還沒有止，然而饑渴凍餓尚有時不能免」。「我們那邊農民租富翁田地來種植，叫做『主人翁田』。『主人翁田』的租價，大概是收成的一半。譬如此田地每田可收三石，那就要除開一石半交給田主，剩下的一石半才是農民自得的。所以年成好些農民還可以靠耕植自活，若是年成不好，恐怕辛辛苦苦耕植了一年，還不夠供田主的租價。所謂富家翁遂乘這個機會，把穀米堆積在倉裏，慢慢的『待善價而沽著』。農民沒有食只待餓，沒有穿只待凍了。向有錢的人借錢用，結果明年收穫的時候，除將所得的穀還人外，仍是『一無所存』，這就是叫做我們那邊的『農民的生活』。」[25]怪君在介紹安徽歙縣農民田間辛苦耕種的生活場景後指出：「他們有一個極壞的習慣，就是好賭……把血汗所換出來的銅錢，輸得一個乾淨。於是要借債了賣田了。弄到後來，稀飯都沒有吃……所以看見那樣子，實在令人難過，我很希望現在熱心教育同改良社會的人對於此事注意一點。那麼這一般可憐的同胞也要快樂些了。」[26]第三，週刊在欄目設置上著重生活改良的輿論強化，以新文化派人物帶有新生活觀念的講演，作為刊物打頭的立論基點，輔以生活中的科學常識欄介紹，編輯者再以簡短的「瑣碎話」議論大眾生活改良的一些具體內容。如「北京是中國堂堂的中央都會，不應當有許多沒有路燈的黑胡同，不應當尿屎遍地，不應當沒有電車。」「交通日便，社交日繁，一個人最好只用一個名字，以便朋友記

---

[25] 浪濳：〈我們那邊的「農民的生活」〉，《新生活》第 19 期，1919 年 12 月 28 日。
[26] 怪君：〈歙縣「農民的生活」〉，《新生活》第 30 期，1920 年 3 月 21 日。

憶。我現在常常看見還有人，在名片上刻著名某、字某、號某有號某，別號某某。真是無意思極了」[27]。可謂針對時弊、有的放矢。第四，辦刊者注意社會生活改良輿論的大眾參與。由第四期開始，週刊向讀者徵文，內容有「遊記」、「工廠等處參觀記」、「通信」等，如通信欄要求投稿者「注重人民生活狀況及各地特美特惡的風俗習慣」[28]。也就是說，辦刊者把社會生活需要改良的輿論視野投向社會大眾，通過讀者來信反映的社會生活真相，瞭解中國社會的現狀，進一步提出明確清楚的社會生活改良主張。由此，新文化派把社會生活改良實現的出發原點，由辦刊者的小眾，聯絡上傳播對象的讀者大眾，為他們所倡導的新生活的實現，打開一個新的通道。「全國看的人，實在不在少數，就是其轉移社會的力量，非常大。」[29]

三、結語

晚清以降，中國傳統社會時勢之下，不由自主地發生社會變遷，社會生活改良呼聲隨之而來。就胡適提倡新生活觀念的歷史而言，他在上海求新學的幾年，受西學影響，已經在《競業旬報》上發表文章，提出中國社會生活改良問題。如他在《競業旬報》上發表的〈論毀除神佛〉、〈飲食上的衛生〉等。1917 年歸國，胡適發現「七年沒見面的中國還是七年前的老相識」，有志在思想文化上改造中國，但在他的視域中，並未忘記社會生活的改良。在〈歸國雜感〉中，胡適發現「我回中國所見的怪現狀，最普通的是『時間不值錢』」，「我在北京、上海看那些小店鋪裏和窮人家裏的種種不衛生，真是一種黑暗世界。至於道路的不潔淨，瘟疫的流行，更不消說了」[30]。胡適回國後，主要精力放在白話文學的提倡、思想文化的社會啟蒙上，對社會生活的改良，他亦不忘懷。母親去世後寫的訃帖「革除了三種陋俗」，「改的祭禮有兩種」，對喪服也改了。他進而提出喪禮改良的五種「意見」[31]。他在《新生活》週刊的創刊號上，公開提出社會大眾

---

27 〈瑣碎話〉，《新生活》第 3 期，1919 年 10 月 30 日再版刊。
28 〈本報徵文〉，《新生活》第 4 期，1919 年 9 月 14 日。
29 〈通信〉，《新生活》第 22 期，1920 年 1 月 18 日。
30 胡適：〈歸國雜感〉，《新青年》第 4 卷 1 號，1918 年 1 月 15 日。
31 胡適：〈我對於喪禮的改革〉，《新青年》第 6 卷 6 號，1919 年 11 月 1 日。

生活要構建在自省「為什麼」之上的「有意思」的新生活，實際即為大眾生活改良在觀念層面提出了新的價值觀。

胡適新文化運動時期提倡新生活要有新觀念，與他此時期主要思想主張雖有側重，比肩連袂。例如，胡適在此時期大力提倡實驗主義的進化觀，表現在社會生活改良方面，他主張

> 社會的習俗，本來是革不盡的，而也不能夠革盡的，但是改革一次，雖不能達完全目的，至少也可改革一部分的弊習。譬如辛亥革命，本是一個大改革，以現在的政治社會情況看，固不能說是完全成功，而社會的弊習，——如北京的男風，官廳家的公門……等等——附帶革除的，實在不少。所以在實際上說，總算是進化的多了。[32]

看到社會生活改良的長期性、持續性，也看到社會革命對社會生活改良的進化意義，這與他主張的社會改造要一點一滴進化是一致的。再如，胡適提倡青年要過「非個人主義的」新生活，「就是『社會』的新生活」，反對有志青年去過「避世的新村生活」。其理論基礎一是杜威真的個人主義（個性主義）觀，二是他所主張的「個人是社會上無數勢力造成的。改造社會須從改造這些造成社會，造成個人的種種勢力做起。改造社會即是改造個人」[33]。胡適反對把改造個人與改造社會分為兩截。同樣據此原理，胡適在個人與社會生活改良的關係上，主張要明確個人與社會有著非常緊密的關係，個人就是社會的出產品。個人在物質上、精神上絕大部分是社會的，但是個人成分「雖僅佔有千分之一，而這千分之一的個人，就是社會進化的原因。人類的一切發明，都是由個人一點一點改良而成功的。惟有個人可以改良社會，社會的進化全靠個人」[34]。胡適把社會生活的改良，新生活的實現，置於社會進化與個人改良社會相互一體的理解之中得出解語。

胡適、李辛白、李大釗、高一涵、蔡元培、陳獨秀等新文化派代表人物，以社會大眾百姓為對象，倡導樹立新文化價值觀念基礎之上的新的生

---

32 胡適：〈學生與社會〉，《共進》增刊第 11 號，1922 年 3 月 10 日。

33 胡適：〈非個人主義的新生活〉，《胡適全集》第 1 卷，合肥：安徽教育出版社，2003 年，第 707~717 頁。

34 胡適：〈學生與社會〉，《共進》增刊第 11 號，1922 年 3 月 10 日。

活觀。他們主張新生活是追求有意義有趣味的人的生活，人的生活有著基本的原則，是建立在人格自尊、自由意志之上，有著生活自覺性，做自己應該做的事，追求愛的生活，享受自由平等，肯於為真理而犧牲。新的生活是勞動的大眾生活，人人公平地享有。而新生活的實現，既要反對阻礙人們追求新生活的舊道德和社會習慣，打破軍閥統治勢力，又要在調查瞭解中國社會生活現狀的基礎上，通過現實社會生活改良逐漸地實現。

對 20 世紀初葉興起的新文化運動，學者們雖然有很多不同的解讀，但大體都認為其基本內容有三，一是提倡民主和科學，倡導個性解放和婦女解放；二是批判孔子學說，反對舊倫理舊道德，提倡新倫理新道德；三是倡導文學革命，提倡白話文和新文學。無可諱言，這些表述中，關於胡適、陳獨秀、蔡元培、李大釗等新文化派對「新文化與新生活關係理論的探討」很少提及，甚至認為新文化派只注重精神文化層面的啟蒙，脫離社會大眾生活。事實上，從本文的以上論述可以看到，新文化運動時期，新文化派以《新生活》週刊為重要輿論陣地[35]，提倡新生活觀，試圖引領大眾實現社會生活的改良，其大眾社會生活層面的社會改良主張和思想成果自應納入新文化派對時代的貢獻之列。需要強調的是，新文化派對新文化與新生活關係理論的探討，是新文化運動歷史撰述應該包含的一項重要內容，不應被學界歷史書寫遺漏。

---

[35] 關於《新生活》週刊的影響，五四參加者章廷謙（川島）回憶說：「當時北大師生所創辦的雜誌，像《新青年》、《新潮》，是早就知名的，《每週評論》在我到北大時已被封禁，但是還有《新生活》、《少年中國》，吸引力都是很大的。特別是《新生活》週刊……封面印著長井字形的一個方框，井邊四周寫有『博愛、平等、自由、犧牲』個字。『博愛、平等、自由』，是早就聽說過的，『犧牲』，就如破曉時的號角一樣，是第一遭聽到的聲音。」川島：〈五四回憶〉，《文藝報》1959 年第 8 期。

胡適對「知識分子思想改造」的回應（1949-1952）*

潘光哲**

一

一九四九年六月十八日晚上，人在美國的胡適（1891-1962），看見了老友陳垣（1880-1971）從「解放」了的北京寫給他的公開信的英文譯本，覺得這封信裡都是「下流的幼稚話」，讓他「不快」之至。不過，那真的是陳垣的親筆信嗎？這個問題，便一直困擾著胡適。原先他半信半疑：「此信大概真是他寫的？」[1]，幾經思考周折，隔了半年左右，胡適對於陳垣這封信的真偽問題，終於給出了答案，並對處在「鐵幕」之下的中國知識分子的處境，做出的第一次公開表態（後詳）。

回溯一九四〇年代末期共產主義怒濤席捲中國大地的時候，胡適屢屢公開聲言：「只有自由可以解放我們民族的精神，只有民主政治可以團結全民的力量來解決全民族的困難，只有自由民主可以給我們培養成一個有人味的文明社會」，竭力呼求「我們必須選擇我們的方向」[2]。只是，胡適

---

* 本文初稿發表時，承蒙評論人許文堂教授教正，並先後得到江燦騰、王震邦、劉季倫教授等先進之評騭，謹此特致謝悃；文責自仍由作者自負。本文為行政院國家科學委員會專題研究計畫:「胡適與蔣介石」(計畫編號:NSC-99-2410-H-001-064-MY2）補助成果之一，亦特此銘謝。

** 台北：中央研究院近代史研究所副研究員。

1 胡適，「1949 年 6 月 19 日日記」，《胡適的日記（手稿本）》（台北：遠流出版事業股份有限公司，1990），冊 16，無頁碼（曹伯言〔整理〕，《胡適日記全集》〔台北：聯經出版事業股份有限公司，2004〕，冊 8，頁 416-417；以下徵引本書，逕註為《胡適日記全集》）。

2 《我們必須選擇我們的方向》（台北：由自由中國社，1949），頁 13-17。

要走的方向，顯然不是陳垣的選擇，也更不是其他許多和陳垣一樣，與胡適有著深厚友誼的朋友的選擇，胡適對他們做出選擇後的命運，實是感嘆無已。本文之作，即以胡適最初如何解釋探討處在「鐵幕」之下的中國知識分子的處境[3]，進而瞭解晚年胡適如何在意識形態衝突之間做出自我選擇和解釋，並企圖將之轉化為（共產主義）意識形態批判／鬥爭的思想資源[4]，應能有助於開展「晚年胡適」的研究[5]；描摹述說胡適的思想追尋，對理解在世界冷戰格局之下而問世的大批判／清算時代及其文化思想氣氛（cultural and intellectual atmosphere）[6]，當也可以提供具體的觀察事例。

---

3 胡適在 1952 年 11 月來台訪問，對於「知識分子思想改造」的回應論說，脈絡／意義多重，且他的相關論說始終不斷，自應細膩處理，故本文約略以 1952 年為斷限。

4 前此對於胡適的反共論說之研究最稱精湛者，當推：周質平，〈胡適的反共思想〉，收入：周質平、Willard J. Peterson（編），《國史浮海開新錄：余英時教授榮退論文集》（台北：聯經出版事業公司，2002），頁 507-536；本文擬以胡適對「知識分子思想改造」的回應解釋，進行更為細膩的研究；關於中共推動的「知識分子思想改造」運動的研究文獻浩繁，筆者所見，頗受益於以下的成果：黃平，〈有目的之行動與未預期之後果——中國知識分子在五十年代的經歷探源〉，《中國社會科學季刊》，期 9（香港：1994 年秋季卷），頁 37-50、崔曉麟，《重塑與思考：1951 年前後高校知識份子思想改造運動研究》（北京：中共黨史出版社，2005）；餘例不詳舉。

5 關於「晚年胡適」的研究，可以參見：雷頤，〈胡適晚年政治思想述要〉，收入：氏著，《雷頤自選集》（桂林：廣西師範大學出版社，2000），頁 185-199（他引用胡適於 1951 年 5 月 31 日寫給蔣介石的信，做為分析胡適晚年政治思想的材料之一）；另可參考：楊金榮，《角色與命運：胡適晚年的自由主義困境》（北京：生活・讀書・新知三聯書店，2003）。

6 自從 1980 與 1990 年代之交世界冷戰格局大致結束之後，因資料大量公開，除了從國際政治角度來理解冷戰的政治過程／意義湧現許多著作之外，冷戰的文化史（cultural history of the cold war）研究，也蔚為大觀，筆者涉讀所及，如分析「極權主義」（totalitarianism）這個詞彙如何在冷戰格局下問世而成為意識形態鬥爭的專有名辭（Abbott Gleason, *Totalitarianism: The Inner History of the Cold War*〔New York: Oxford University Press, 1995〕）；如探討美國對蘇聯東歐等共產國家各式各樣的宣傳（甚至包括好比可口可樂的廣告）如何形構了「自由世界」的形象認知（Walter L. Hixson, *Parting the Curtain: Propaganda, Culture, and the Cold War*〔New York: St. Martin's Press, 1996〕）；乃至於宣傳推銷「美國式的生活方式」，目的也是為了保護「民主的資本主義」，打擊共產主義（Laura A. Belmonte, *Selling the American Way: U. S. Propaganda and the Cold War*〔Philadelphia, PA: University of Pennsylvania Press, 2008〕）；體育競賽也可以做為展現「美國式的生活方式」之優越所在，進而轉化為與共產主義進行鬥爭的動力（Russ Crawford, *The Use of Sports to Promote the American Way of Life during the Cold War: Cultural Propaganda, 1945-1963*〔Lewiston, NY: Edwin Mellen Press, 2008〕）；相關的論文集：Peter J. Kuznick and James Gilbert edited, *Rethinking Cold War Culture*（Washington & London: Smithsonian Institution

二

胡適自從看見了老友陳垣寫給他的公開信的英文譯本開始，對於這封信究竟是不是陳垣的親筆信，就深感困擾。胡適原先半信半疑：「此信大概真是他寫的？」[7]；再度細讀，他「更信此信不是偽造的（？）」加上了「可憐！」的惋歎批註[8]。及至看到了這封信的中文原本，胡適益發相信與嘆息：

> 此信不是假造的，此公七十歲了，竟醜態畢露如此，甚可憐惜！[9]

幾天後，胡適還在思考這封信的真偽問題，並開始懷疑它可能是偽造的[10]。他也和另一位老友蔣廷黻（1896-1965）討論這個問題，共同得到了一個初步的結論：

> 廷黻與我均疑陳援庵的公開信是他先寫了一信，共產黨用作底子，留下了一小部份作「幌子」(如第一節)，另由一個黨內作者偽造其餘部分。[11]

隔了半年左右，胡適終於對於這個初步的結論，做出了詳密的論證，判斷這封信大約是陳垣受命寫成底稿，再由「共產黨的文人」擴充改寫而成的；他要以這件事來證明：在中共的統治之下，「決沒有自由，決沒有言論的自由，也決沒有不說話的自由」[12]。他主動將稿子寄給雷震

Press, 2001）涵蓋面尤為廣泛；不詳述。

7 胡適，「1949年6月19日日記」，《胡適的日記（手稿本）》，冊16，無頁碼（《胡適日記全集》，冊8，頁416-417）。

8 胡適，「1949年6月20日日記」，《胡適的日記（手稿本）》，冊16，無頁碼（《胡適日記全集》，冊8，頁417）。

9 胡適，「1949年6月21日日記」，《胡適的日記（手稿本）》，冊16，無頁碼（《胡適日記全集》，冊8，頁417）。

10 胡適，「1949年6月24日日記」：「我今天細想，陳垣先生大概不至於『學習』的那麼快，如信中提及『蕭軍批評』，此是最近幾個月前發生的事件，作偽的人未免作的太過火了！」，《胡適的日記（手稿本）》，冊16，無頁碼（《胡適日記全集》，冊8，頁418）。

11 胡適，「1949年6月25日日記」，《胡適的日記（手稿本）》，冊16，無頁碼（《胡適日記全集》，冊8，頁418-419）。

12 胡適，〈共產黨統治下決沒有自由——跋所謂「陳垣給胡適的一封公開信」〉，《自

（1897-1979），發表在《自由中國》[13]，要把他對於陳垣這封公開信的回應，公諸於世。

這篇文章，應該是胡適對於處在「鐵幕」之下的中國知識分子的處境，做出的第一次公開表態。回溯胡適和陳垣之間，曾經討論過面對中共力量持續擴大的因應之道[14]。然而，獨木難支，紅潮難遏，胡適的努力竟以失敗告終；胡適那些許多和陳垣一樣有著深厚友誼的朋友，願意做出的選擇，更與胡適道分兩途，胡適只有尊重他們的選擇，卻對他們做出選擇後的命運，徒呼負負，只能關注無已。胡適對待王毓銓（1910-2002）夫婦的行止，便是一例。當王毓銓夫婦在一九五〇年要回中國，胡適勸他們不要回去，但是他們「有家事關係，不能不回去」[15]，胡適便請他們吃飯送行[16]。

由中國》，卷 2 期 3（台北：1950 年 2 月 1 日），《我們必須選擇我們的方向》，頁 61；但是，胡適的判斷，不完全正確，依據陳垣之孫陳智超的綜合論證，陳垣寫給胡適的公開信，「無論是寫信的動機還是信件的內容，都完全是他本人的意思，可以確認是他寫的信」，見：陳智超，〈胡適與陳垣〉，收入：李又寧（主編），《胡適和他的朋友》，集 3（紐約：天外出版社，1997），頁 121-135；抑且，陳垣對於中共佔領北京之後的正面感受，也曾公諸世眾，非僅對胡適一人而發，如在香港《華商日報》（1949 年 4 月 1 日）即發表〈陳垣書告在港友人〉，也約略表達類似的意念，參見：陸發春，〈陳垣《給胡適之一封公開信》歷史之謎的澄清〉，《胡適研究》，輯 3（合肥：安徽教育出版社，2001），頁 406-407。

13 〈胡適致雷震（1950 年 1 月 9 日）〉，萬麗鵑（編註），潘光哲（校閱），《萬山不許一溪奔——胡適雷震來往書信選集》（台北：中央研究院近代史研究所，2001），頁 9。

14 如陳垣的公開信裡說：「記得去年我們曾談過幾回，關於北平的將來，中國的將來，你曾對我說：『共產黨來了，決無自由』。並且舉克蘭欽可的《我選擇自由》一書為證」（陳智超〔編注〕，《陳垣來往書信集（增訂本）》〔北京：生活・讀書・新知三聯書店，2010〕，頁 222），按，胡適，「1946 年 4 月 24 日日記」：「讀 Krarchenko's *I Chose Freedom*，很受震動！此君原是蘇俄駐美採辦委員會的金類專家；一九四四年他偷跑了，來到紐約避禍，向報界談話，請求輿論的保護。此書是他的《自傳》，描寫蘇俄的內部慘酷情形，甚有力量」，見：《胡適的日記（手稿本）》，冊 15，無頁碼（《胡適日記全集》，冊 8，頁 226），可見陳垣與胡適之間必有此番談話；至於讓胡適「很受震動」的 Krarchenko 的 *I Chose Freedom* 一書問世的背景與脈絡，並及是書在 1940 年代末期至 1950 年代初期在中國與台灣（乃至於全世界）的情況，其實錯綜複雜（參考：Gary Kern, *The Kravchenko Case: One Man's War on Stalin*〔New York: Enigma Books, 2007〕），對冷戰期間的世界政治鬥爭格局，也是影響深遠（參考：John V. Fleming, *The Anti-Communist Manifestos: Four Books That Shaped the Cold War*〔New York: W. W. Norton & Company, 2009〕, pp. 179-265）；本文不擬詳論。

15 王春瑜回憶，王毓銓在北京大學的畢業論文即是胡適指導的，因為王毓銓在 1920 年代中學時期曾經加入共青團，他會選擇返回中國，也許是「老共青團的政治情結又如，胡適嘗致函趙元任（1892-1982）夫婦（1949 年 5 月 22 日），報告他從香港《大公報》看到關於北平（北京）三所大學在中共控制之後的校務新聞[17]：

> 香港《大公報》五月十日登出北平三大學（北大、清華、師大）已組成校務委員會，北大是湯用彤主席，另常務八人，其中學生代表一人，助教代表一人，餘六人為許德珩、錢端升、曾昭掄、袁翰青、向達、聞家駟。
>
> 清大葉企孫主席，餘常務八人中，教授六人為陳岱孫、張奚若、吳晗、錢偉長、周培源、費孝通。
>
> 兩校常務七人中，除主席外，色彩皆甚濃厚。
>
> 周枚蓀已辭法學院長，端升代他。鄭華熾辭教務長，曾昭掄代他。
>
> 你們收到 Nova、培雲的信嗎？武漢大學怎樣了？鯁生怎樣了？請告我一點消息。[18]

凡此表述，俱可想見胡適對這班友朋的關注情懷。特別是胡適在一九四八年年初與這封信上提到的武漢大學校長周鯁生（1889-1971）曾有爭論，胡適擔心極權主義的蘇聯「變成了一個很可怕的侵略勢力」的影響，周鯁生則不同意胡適的見解。雙方縱有論爭，友誼不變[19]。胡適關注滯留在中國的周鯁生的命運，理有應然[20]。

使然」，而且胡適還對王毓銓說，當王回國之後，「第一件要做的事，就是批判我，否則你難以立足」，見：王春瑜，〈胡適之與王毓銓：懷念王毓銓先生〉，《博覽群書》，2003 年期 4，頁 44-45。

16 胡適，「1950 年 1 月 8 日日記」；後來胡適從王重民（1903-1975）的信裡知道了王毓銓夫婦回中國後的點滴情況，見：胡適，「1950 年 9 月 25 日日記」，均見：《胡適的日記（手稿本）》，冊 16，無頁碼（《胡適日記全集》，冊 8，頁 467、520-521）。

17 這則新聞是胡適的剪報，見：胡適，「1950 年 5 月 14 日日記」，《胡適的日記（手稿本）》，冊 16，無頁碼（《胡適日記全集》，冊 8，頁 487-488）。

18 〈胡適致趙元任夫婦（1949 年 5 月 22 日）〉，胡頌平（編著），《胡適之先生年譜長編初稿》（台北：聯經出版事業公司，1984），冊 6，頁 2094；鯁生是周鯁生，武漢大學校長；至於「Nova、培雲」，分別是趙元任的女兒趙新那（1923-）及女婿黃培雲（1917-2012），1949 年時他們都決定留在武漢大學任教，見：趙新那、黃培雲（編），《趙元任年譜》（北京：商務印書館，1998），頁 308。

19 胡適與周鯁生之間的爭論，及引發的相關爭論，參見：智效民，〈一九四八年的爭

三

個人的命運變幻，是和整個大局勢的變動結合在一起的。對一九四九、五〇年之際的胡適而言，要因應和理解這場變動，得努力的事，真是千頭萬緒[21]。一方面是採取現實行動，另一方面是對於這場大變動的歷史根源提出理論和解釋，進而指導因應的方針。

在現實行動方面，他和有著同樣選擇的朋友，既然「眼看到共產黨的武力踏到的地方，立刻罩下了一層十分嚴密的鐵幕」，他們「不能坐視這種可怕的鐵幕普遍到全中國」，因此，他們要以「自由中國運動」為起點，企圖力挽狂瀾[22]。以胡適為名義上的發行人，創刊於一九四九年十一月二十日的《自由中國》半月刊，便是最具體的成果表現。《自由中國》創刊號打著胡適的招牌，除了他撰寫的〈「自由中國」的宗旨〉之外，還登出他的舊稿〈民主與極權的衝突〉[23]，「古為今用」，把闡述第二次世界大戰期間同盟國與軸心國的對抗的意義，轉而用以對抗「共產黨鐵幕之下剝奪

論與胡適對蘇聯的認識過程〉，《思與言》，卷 47 期 2（台北：2009 年 6 月），頁 157-190。

[20] 後來胡適又告訴趙元任夫婦從香港《大公報》看到周鯁生擔任「中南軍政委員會」委員的事，見：〈胡適致趙元任夫婦（1949 年 12 月 23 日）〉，《胡適之先生年譜長編初稿》，冊 6，頁 2108。

[21] 即如胡適給趙元任夫婦的信謂：「『我能做』什麼，我現在還不很明白。也許寫文章，也許是演講，也許是兩項都來。此事請元任替我想想……」，見：〈胡適致趙元任夫婦（1949 年 8 月 16 日）〉，《胡適之先生年譜長編初稿》，冊 6，頁 2098-2099。

[22] 胡適，〈「自由中國」的宗旨〉，《自由中國》，卷 1 期 1（台北：1949 年 11 月 20 日），頁 2。

[23] 胡適，〈民主與極權的衝突〉，《自由中國》，卷 1 期 1，頁 5-8；按，此文原題“The Conflict of Ideologies”（收入：周質平〔主編〕，《胡適英文文存》〔台北：遠流出版事業股份有限公司，1995〕，冊 2，頁 885-896），是他在 1941 年 7 月 8 日發表的講演（見：胡適，「1941 年 7 月 8 日日記」：「下午在 Detroit Hill Auditorium 講演，題為“The Conflict of Ideologies”，聽者約有兩三千人，有不少老年學者。我費了四個星期想這問題，費了四天寫這文字，故成績很好」，《胡適的日記（手稿本）》，冊 15，無頁碼〔《胡適日記全集》，冊 8，頁 105〕）；後由張萬里譯出，題名為〈民主與反民主的觀念體系的衝突〉，刊於《正論》，新 3 期（北平：1948 年 3 月 1 日），頁 3-8；刊於《自由中國》之〈民主與極權的衝突〉與原文和張萬里的譯文，刪易甚多，頗有出入（至於是誰將此文改題為〈民主與極權的衝突〉並進行刪易，不詳）。

一切自由的極權政治」。雜誌甫上市，即甚受歡迎，負責《自由中國》實際編務的雷震，欣慰地說這番好景「其原因當歸發行人之大名也」[24]。

在理論和解釋方面，胡適也投注相當的精神力氣。他既從老朋友陳獨秀（1879-1942）的晚年政治意見裡找尋理論靈感[25]，在萬里蒼海之上「勉強趕成了一篇『述』獨秀的文字」[26]，聲言陳獨秀的這句話：「特別重要的是反對黨派之自由」，「抓住了近代民主的生死關頭。近代民主政治與獨裁政制的基本區別就在這裡。承認反對黨派之自由，才有近代民主政治。獨裁制度就是不容許反對黨派的自由」[27]，這個論說也得到同道的呼應與進一步的闡釋[28]。此外，胡適還「很想對國家的困厄與世界的危機，得一個自己認為比較滿意的解釋」[29]，他既向美國人解釋，中國是怎麼從所謂的世界四強或五強的地位而淪為蘇聯的衛星國的，並呼籲美國應該為非共與反共的中國（non-Communist and anti-Communist China）提供協助，進而向美國獻策，提出無黨派色彩的中國政策（non-partisan China policy）[30]。

---

24 雷震，「1949 年 11 月 20 日日記」，傅正（主編），《雷震全集》（台北：桂冠圖書公司，1989），冊 31，頁 336。

25 胡適在什麼時候讀到《陳獨秀最後論文和書信》？據目前掌握的資料判斷，何之瑜於 1948 年 1 月 7 日即已致函胡適言及《獨秀叢著》的纂輯事宜（中國社會科學院近代史研究所中華民國史研究室〔編〕，《胡適來往書信選》〔香港：中華書局，1983〕，下冊，頁 298-301），故他可能於 1948 年 1 月即有機會讀此書；但觀胡適，「1949 年 2 月 23 日日記」：「讀《陳獨秀最後論文和書信》，深喜他晚年大有進步，已不是『托派』了，已走上自由民主的路了」（《胡適的日記（手稿本）》，冊 16，無頁碼〔《胡適日記全集》，冊 8，頁 387〕），筆者揣測，胡適在此時才開始閱讀《陳獨秀最後論文和書信》。

26 〈胡適致雷震等（1949 年 4 月 16 日）〉，《萬山不許一溪奔——胡適雷震來往書信選集》，頁 1；按，此文即：胡適，〈《陳獨秀的最後見解》序言〉，收入：《陳獨秀的最後見解》（台北：自由中國社，1950）；胡適自記此文於 1949 年 4 月 14 日夜完成於太平洋船上（胡適於 1949 年 4 月 6 日由上海搭 President Cleveland 號輪船赴美，21 日抵舊金山）。

27 胡適，〈《陳獨秀的最後見解》序言〉，《陳獨秀的最後見解》，頁 1-11。

28 如雷震的〈反對黨之自由及如何確保〉即引述陳獨秀特別強調的「反對黨派之自由」，並加以闡述，見：雷震，〈反對黨之自由及如何確保〉，《自由中國》，卷 2 期 7（台北：1950 年 4 月 1 日），頁 15。

29 〈胡適致沈怡（1950 年 6 月 9 日）〉，收入：耿雲志、歐陽哲生（編），《胡適書信集》（北京：北京大學出版社，1996），下冊，頁 1196；胡適在本函裡說自己於 1949 年 4 月到美國後的十三個月裡，不斷搜集資料，「很想對國家的困厄與世界的危機，得一個自己認為比較滿意的解釋」。

30 Hu Shih, “China in Distress”，周質平（主編），《胡適未刊英文遺稿》（台北：聯經出版事業公司，2001），頁 574-584（此文撰述繫年，參見本文附錄：胡適“China

胡適更為深思熟慮與樂觀的思想成果，便是費了他「四十天的功夫」的《史達林策略下的中國》（"China in Stalin's Grand Strategy"）[31]，要使人知道，「中國的崩潰……是經過廿五年苦鬥以後的失敗」[32]，他在這篇文章裡再三指陳中共革命的成功主要是「史達林策略」（Stalin's grand strategy）下的結果，而與中國本身的問題沒有多少關聯[33]，所以這篇文章一開始就說：「近日的世界共產黨以不可抗拒的武力來征服大陸中國」，「我相信是暫時的」[34]。

胡適的這番論說，既對退守台灣的蔣介石（1887-1975）產生影響[35]；當他不斷向（美國）公眾表達意見的時候，也提出同樣的歷史論據[36]。有趣的是，胡適的歷史敘述，居然與時代風向相呼應，一九四九年十二月中旬美國蓋洛普民意調查（Gallup Poll）顯示，六分之五的美國人相信中共革命領袖「接受來自莫斯科的指令」[37]。共產中國不會長存久在

in Distress"繫年考）。

31 Hu Shih, "China in Stalin's Grand Strategy"，《胡適英文文存》，冊 3，頁 1207-1238；英文與中譯對照本見：胡適（著），聶華苓（譯），《史達林策略下的中國》（台北：胡適紀念館，1967），頁 1-48；本文原題"How Stalin's Strategy of Conquest Succeeds in China After 25 # Years' Chinese Resistance"，後經刊載此文的 *Foreign Affairs* 的編者 Hamilton Fish Armstrong 建議改題為"China in Stalin's Grand Strategy"，見：胡適，「1950 年 8 月 15 日日記」：「寫完我的一篇英文文字"How Stalin's Strategy of Conquest Succeeds in China After 25 # Years' Chinese Resistance"，此文費了我四十天的功夫，甚不值得」，見：《胡適的日記（手稿本）》，冊 16，無頁碼（《胡適日記全集》，冊 8，頁 507）。

32 〈胡適致傅斯年夫婦（1950 年 9 月 6 日）〉，收入：《胡適書信集》，下冊，頁 1197。

33 劉季倫，〈在圍剿中的胡適〉，收入：第六屆中華民國史專題討論會秘書處（主編），《20 世紀台灣歷史與人物——第六屆中華民國史專題論文集》（台北：國史館，2002），頁 1345。

34 胡適（著），聶華苓（譯），《史達林策略下的中國》，頁 1。

35 參見：黃克武，〈胡適、蔣介石 1950 年代「反共抗俄論」的形成——1949 年後蔣介石與胡適在思想上的一段交涉〉，收入：耿雲志、宋廣波（主編），《紀念胡適先生誕辰 120 周年國際學術研討會專輯》，《胡適研究論叢》，輯 2（北京：社科文獻出版社，2012），頁 65-74。

36 如：Hu Shih, "Communism in China"，《胡適未刊英文遺稿》，頁 352-371；這是 1951 年 4 月 12 日在 New York 的 National Institute of Social Sciences 的演講；直到 1954 年，胡適仍論述道，中華民國在中國大陸上的挫敗（defeat），不是共產主義意識形態上的勝利，而只是中共得到蘇聯支持並得到其他條件配合，從而在軍事上取得的勝利，只是一種軍事佔領（a military conquest）而已，見：Hu Shih, "Communist Propaganda and the Fall of China", *Columbia Law Review*, Vol. 54, No. 5（May, 1954）, pp. 780-786，《胡適英文文存》，冊 3，頁 1457-1465。

37 Abbott Gleason, *Totalitarianism: The Inner History of the Cold War*, p. 92。

的類似主張，一直見諸於他的筆與口[38]。隨後，約略在一九五〇年下半年的時分，他更開始思索「返本開新」的可能性，想從中國傳統思想與文化的思想資源裡尋求因應／批判共產主義的可能途徑。他開始陸續申論，共產主義無法摧毀傳統中國文化與思想裡的素質[39]，傳統中國的文化形態（the Chinese cultural-pattern）裡還是蘊藏著可以長期抵抗共產主義意識形態及其實踐的合理成份[40]，更清楚顯示胡適因應新局面所做的思想努力[41]。

這些論述與思考，都是胡適身為一個「無可救藥的樂觀主義者」（The Incurable Optimist）[42]在一九四九、五〇年之際，企圖力挽狂瀾的具體表徵。

---

38 如胡適認為，中國人民雖然生活在鐵幕裡，受難於鐵索（the iron yoke）之下，但他們在精神和感情上都是反共的，見：Hu Shih, "The Free World Needs a Free China"，《胡適未刊英文遺稿》，頁 341；他去 Alabama 的 Marshall 空軍大學（Air War College at the Air University）演說"China & The West"，還是以「這三年的中共統治使中國人民嘗到了空前的暴政的滋味，所以我們可以說，現時的人民絕大多數是反共的」做為「樂觀的根據」之一，見：胡適，「1952 年 5 月 5 日日記」，《胡適的日記（手稿本）》，冊 17，無頁碼（《胡適日記全集》，冊 8，頁 758）。

39 Hu Shih, "Survival Value of Chinese Thought & Culture: What World Communism Cannot Destroy in China?"（胡適紀念館館藏號：HS-US01-035-006、HS-US01-035-005）；這是胡適於 1950 年 12 月 4 日在美國加州大學的講演，參見：《胡適之先生年譜長編初稿》，冊 6，頁 2154。

40 Hu Shih, "Communism, Democracy and Culture Pattern"，《胡適未刊英文遺稿》，頁 661-672；周質平解說本文為「1950 年代所寫的講稿」；按，本文當為胡適於 1950 年 12 月 28 日參加 American Political Science Association 年會圓桌討論的文稿，見：胡適，「1950 年 12 月 28 日日記」：「到 Washington。American Political Science Association 今年年會（Dec. 27-29）有"Theory"部的一個圓桌討論，題為"Communism, Democracy & Culture Pattern"，主持的人為 Prof. Benjamin E. Lippincott & Prof. John D. Lewis，他們要我預備一篇論文，專講亞洲或中國……」，《胡適的日記（手稿本）》，冊 16，無頁碼（《胡適日記全集》，冊 8，頁 550）。

41 又如，胡適認為處於共黨軍事統治之下，中國面臨的文化危機，過去兩千五百年來中國哲學裡的真正神聖的懷疑傳統（the truly sacred tradition of Doubt）仍會發揮作用，傳承下來，見：Hu Shih,"The Important Role of Doubt in Chinese Thought"，《胡適未刊英文遺稿》，頁 626-650；按，本文應為 1951 年作品，胡適在 1952 年 1 月 1 日日記裡說：「回想去年的成績，實在太壞，我很慚愧。長文只寫了三篇：1. "The Important Role of Doubt in China Thought"…」，見：《胡適的日記（手稿本）》，冊 17，無頁碼（《胡適日記全集》，冊 8，頁 663）。

42 胡適回憶，丁文江（1887-1936）便是如此稱呼他的；蔣碩傑亦謂一些外國記者也這樣稱呼他，參見：《胡適之先生年譜長編初稿》，冊 10，頁 3427、冊 6，頁 2053-2054；胡適也自稱是「不可救藥的樂觀主義者」，胡適，〈東亞的命運〉，《自由中國》，

四

胡適這個時分在美國的這些行動和言論，應當是會引起方甫建政的中華人民共和國政府注意的。陳垣給胡適的公開信，勸他應該「轉向人民，翻然覺悟」[43]，既有英譯稿[44]，亦見諸海外的《華僑日報》[45]，應即是具有高度政治意味的動作。胡適的回應，也有同樣的意涵。正是在這樣的脈絡下，胡適滯留中國的次子胡思杜（1921-1957）[46]於一九五〇年九月廿三日發表了〈對我父親——胡適的批判〉，無疑是對胡適發動一場「大義滅親」的「文字戰爭」。胡適當天便從英文報紙上知道了這件事[47]，他的反應是：

兒子思杜留在北平，昨天忽然變成了「新聞人物」！此當是共產黨已得我發表長文的消息之後的反攻[48]。當他從朋友那裡分別得到刊在不同報紙上的這篇文章原稿後，他更認為，這是「奉令發表」的文章[49]。就和陳垣的公開信勸胡適應該「翻然覺悟」一樣，胡思杜這篇與父親「劃分敵我」措辭嚴厲的文章，也代中共說出了「招降」的話來：只要那些「違反人民

卷8期1（台北：1953年1月1日），頁4。

43 陳智超（編注），《陳垣來往書信集（增訂本）》，頁225。

44 胡適紀錄說這封公開信的英文譯本見於共黨所出的《遠東通訊》(*Far Eastern Bulletin*)，見：胡適，「1949年6月19日日記」，《胡適的日記（手稿本）》，冊16，無頁碼（《胡適日記全集》，冊8，頁416-417）。

45 胡適所見陳垣公開信的中文原本，即刊於6月15日的《華僑日報》，見：胡適，「1949年6月21日日記」，《胡適的日記（手稿本）》，冊16，無頁碼（《胡適日記全集》，冊8，頁417）。

46 關於胡思杜在1949年後滯留中國的整體情況的述說，參見：沈衛威，〈胡適小兒子思杜之死〉，收入：歐陽哲生（選編），《解析胡適》（北京：社會科學文獻出版社，2000），頁409-418。

47 胡適在1950年9月23日的日記是一則剪報："CHINESE EX-ENVOY DENOUNCED BY SON"，《胡適的日記（手稿本）》，冊16，無頁碼（《胡適日記全集》，冊8，頁514-516）。

48 胡適，「1950年9月24日日記」，《胡適的日記（手稿本）》，冊16，無頁碼（《胡適日記全集》，冊8，頁517）；所謂「發表長文」，應即指《史達林策略下的中國》。

49 胡適，「1950年9月28日日記」：「大春與K. C. Li都送我《大公報》此文。宋以忠剪送《工商報》也有此文。可見此文是奉令發表的」，《胡適的日記（手稿本）》，冊16，無頁碼（《胡適日記全集》，冊8，頁521-527）；按，大春即徐大春（生卒年不詳），徐新六（1890-1938）之子；K. C. Li即李國欽（1892-1964）。

利益的人」，「承認自己的錯誤，向人民低頭，回到人民懷抱裏來，人民是會原諒他的錯誤，並給以自新之路的」[50]。只是，儘管這種爭取胡適回歸的政策，「實際上一直到胡適逝世之前都有效」[51]，他始終不為所動。因此，面對兒子的抨擊，他接受美國報紙訪問的回答便是：

> 我們知道，在共產主義國家是沒有言論自由的。我們現在還可以看到，<u>那裡也沒有「沉默的自由」</u>（we were aware that there was no freedom of speech in Communist countries. We could now see, also, that there was no "<u>freedom of silence</u>"）[52]。

生活在共產主義國家／中國的人們「沒有『沉默的自由』」，即是胡適反應胡思杜的「大義滅親」這個行動的主旋律[53]，也是他評論其他知識分子之處境的主軸。

胡適的許多朋友做出了和自己兒子一樣的選擇，他們的處境與命運，也開始陸續映入胡適的眼簾。他從沈怡（沈君怡，1901-1980）的信裡知道陶孟和（1887-1960）「很活躍」的事，從香港《大公報》上看到了陶孟和、張奚若（1889-1973）都是「全國社會科學工作者代表會議」的「常委」，而錢端升（1900-1990）未與其伍的消息[54]；他從《人民日報》上看到了唐

---

50 劉季倫，〈在圍剿中的胡適〉，頁 1339。

51 胡明，〈胡適批判的歷史理解與文化詮釋〉，收入：劉青峰（編），《胡適與現代中國文化轉型》（香港：中文大學出版社，1994），頁 115-116。

52 胡適，「1950 年 9 月 24 日日記」，《胡適的日記（手稿本）》，冊 16，無頁碼（《胡適日記全集》，冊 8，頁 517）；引文底線應為胡適所添加者。

53 如，胡適說，胡思杜對他的批判是因為「在共產主義國家裡，既沒有言論自由（freedom of speech）……也沒有沉默的自由」，「生活在共產主義國家的人們，都被要求公開陳述自己的信仰與忠誠」，見："DANGER ZONES: No Freedom of Silence" *Time*, Vol. 56, No. 14（October 2, 1950）, p. 17〔胡適紀念館館藏號：HS-DY01-1950-1004〕；剪報見：胡適，「1950 年 10 月 4 日日記」，《胡適的日記（手稿本）》，冊 16，無頁碼（《胡適日記全集》，冊 8，頁 528-531）；又如：Hu Shih, "Address to the Commonwealth Club of California," *The Commonwealth*, Vol. 26, No. 50（Dec. 11, 1950）, pp. 229-231，《胡適英文文存》，冊 3，頁 1242（這是胡適於 1950 年 12 月 1 日在舊金山加里福尼亞人民俱樂部〔The Commonwealth Club of California, San Francisco〕發表的演講）；再如，Hu Shih,"The Free World Needs a Free China"，《胡適未刊英文遺稿》，頁 336（這是胡適在 1950 年 11 月擬就，而於 1950 年 12 月 6 日受 Colleges at Claremont 之邀發表的演講文稿，參看：胡適紀念館館藏號：HS-US01-035-008），在這兩篇演說裡，胡適都舉引陳垣與胡思杜為例子。

54 〈胡適致趙元任夫婦（1949 年 8 月 16 日）〉，《胡適之先生年譜長編初稿》，冊

蘭（1901-1979）與費孝通（1910-2005）的「改造心得」[55]；他看到了夫人江冬秀（1890-1975）的堂弟江澤涵（1902-1994）寫來報告情況的兩封信；胡適也接到北大畢業學生林詒昌（生卒年不詳）從香港來的一封信，告訴他「吳恩裕先生曾想要自殺，馮友蘭先生卻到開封談土改，羅常培先生亦熱心，潘光旦、周炳琳、楊人楩諸先生默默無語」[56]。蔣碩傑（1916-1993）收到陳振漢（1912-2008）與趙廉澄（趙迺摶，1897-1986）給他的兩封信，也轉到胡適手上，他不辭辛苦地摘抄函內述說大學課程內容變化等情況的文字[57]。諸如此類的音訊，始終沒有斷過[58]。對於這些訊息，特別是直接給他或夫人的信，胡適始終持疑。如一九五一年二月廿四日得到江澤涵的信，胡適的判斷是：「明明是他受人逼迫，鈔了別人擬好的信稿，寄出來向我作宣傳的」，他還在信上的某些段落批上「黨八股」的評語[59]。直到一九五七年三月廿四日才又收到胡思杜的來信，他還是判斷兒子曾「奉命」寫信[60]。

6，頁 2099。

[55] 胡適，「1949 年 11 月 21 日日記」，《胡適的日記（手稿本）》，冊 16，無頁碼（《胡適日記全集》，冊 8，頁 445）。

[56] 胡適，「1950 年 6 月 13 日日記」、「1950 年 6 月 14 日日記」，《胡適的日記（手稿本）》，冊 16，無頁碼（《胡適日記全集》，冊 8，頁 495-496）。

[57] 胡適，「1950 年 9 月 9 日日記」，《胡適的日記（手稿本）》，冊 16，無頁碼（《胡適日記全集》，冊 8，頁 511-512）。

[58] 如：胡正中的來信（胡適，「1950 年 9 月 11 日日記」、「1950 年 11 月 11 日日記」）、王重民的來信（胡適，「1950 年 9 月 25 日日記」）、江澤涵、蔣圭貞、江丕恒、胡思杜等人的來信（胡適，「1950 年 10 月 7 日日記」），均見：《胡適的日記（手稿本）》，冊 16，無頁碼（《胡適日記全集》，冊 8，頁 513、520-521、531-532、536-537）。

[59] 胡適，「1951 年 2 月 24 日日記」，《胡適的日記（手稿本）》，冊 17，無頁碼（《胡適日記全集》，冊 8，頁 574-577）；另，江澤涵於 1951 年 11 月 30 日亦有信來，胡適夫婦於翌年 1 月 12 日始收到，江澤涵在信裡說：「我們開始覺得你們如果在北京，必定不會感覺不舒服的……」，胡適的收件感想是：「這大概是有意說『反話』。他寫信時，北大『控訴胡適』已經開始兩個星期了」，見：胡適，「1952 年 1 月 12 日日記」，《胡適的日記（手稿本）》，冊 17，無頁碼（《胡適日記全集》，冊 8，頁 696-697）。

[60] 胡適，「1957 年 3 月 24 日日記」：「收到小三從唐山寄來一信，是平寄的信，故經過五十日才到。這是七年來第一封信。信是寫給『媽媽』的，信凡四頁，末後說，爸爸那邊，已另有信去了。但那封信至今沒有收到。大概是他先曾『奉命』寫信給我，信是呈上去了，他以為已寄出了，所以偷寫這封給媽媽。殊不知中共已改變計劃了，不要他出面寫信，另叫別人（如曹聚仁之流）寫信」，《胡適的日記（手稿本）》，冊 18，無頁碼（《胡適日記全集》，冊 9，頁 276-277）。至於如 1956、

對於這些親朋好友的處境，特別是他們都得接受「思想改造」的命運，胡適的態度，基本上是同情的[61]。例如，梁漱溟（1893-1988）是與胡適打過好幾次「思想筆戰」的對手[62]，當他看見了〈梁漱溟不肯洗腦〉的報導，極為佩服，譽之為有「「殉道者」（martyr）的精神」，認為「『不能向不通處變』，不能『自昧其所知以從他人』，都是很可敬的」[63]；又如，當胡適看到了金岳霖（1895-1984）的「坦白」，也懷疑「是不是毛澤東和他的政權已經很成功的做了一件不可能的事，就是將這一位最倔強的個人主義的中國哲學家的腦給洗乾淨了？還是我們應該向上帝禱告，請准許我們的金教授經過了這樣屈辱的坦白以後，可以不必再參加『學習會』了」[64]？他的答案，顯然是後者。

1957 年時周鯁生、曹聚仁（1900-1972）等人也都寫信給他，他也都持否定拒斥的態度，參見：劉季倫，〈在圍剿中的胡適〉，頁 1339。

61 當然，胡適對接受「思想改造」的知識分子，未必都持以同情的態度，如他在日記裡對費孝通〈我參加了北平各界代表會議〉與唐蘭〈我的參加黨訓班〉裡的表述，即甚為反感，說兩文可以「媲美」，像是唐蘭說「他自己『請求』參加黨訓班，『我只覺得這一回能參加共產黨的黨訓班，是無比的光榮，因為這是學習，我向革命的先進者學習，這是自發的，不是被迫的』」，讓他回想起「前年中央研究院辦選舉院士，只有唐蘭來『請求』我推薦他。那是『自發的』，因為被選作院士在那時候也是『無比的光榮』」（胡適，「1949 年 11 月 21 日日記」〔《胡適日記全集》，冊 8，頁 445〕），可見胡適對費與唐歷經「思想改造」後的自我表白，並不認同。

62 關於胡適和梁漱溟的思想交涉與比較，參見：鄭大華，《梁漱溟與胡適：文化保守主義與西化思潮的比較》（北京：中華書局，1994）；不過，鄭大華並未述說胡適對於梁漱溟面對「思想改造」的回應。

63 胡適，「1952 年 2 月 27 日日記」，《胡適的日記（手稿本）》，冊 17，無頁碼（《胡適日記全集》，冊 8，頁 738）；這篇報導是：〈中共思想改造運動碰壁．梁漱溟不肯洗腦〉，出處不詳，剪貼於胡適本則日記之前；胡適徵引的「不能向不通處變」與不能「自昧其所知以從他人」這兩句話，本都是梁漱溟的原話，皆徵引自這篇報導；然而，究其實際場景，由於梁漱溟於《光明日報》（1951 年 10 月 5 日）發表〈兩年來我有了那些轉變？〉一文，自承「最近親眼看到共產黨在建國上種種成功，夙昔我的見解多已站不住，乃始生極大慚愧心，檢討自己錯誤所在，而後恍然於中共之所以對」之後，卻遭受諸方批判，故又撰文〈敬答賜教的幾位先生〉（《光明日報》，1952 年 1 月 10 日），以為回應，故在這篇文章裡遂有「不能向不通處變」與不能「自昧其所知以從他人」這兩句話，恐怕未必可以視為「梁漱溟不肯洗腦」的證據，關於梁漱溟及其批判者的相關述說，參見：馬勇，《梁漱溟評傳》（合肥：安徽人民出版社，1992），頁 372-382。

64 胡適，〈《紅色中國的叛徒》導言〉，胡適，《胡適選集．序言》（台北：文星書店，1966），頁 107-108；《紅色中國的叛徒》是劉紹唐（1921-2000）的作品，胡適的這篇〈導言〉原來是英文："Introduction to Liu Shaw-tong's *Out of Red China*"，《胡適英文文存》，冊 3，頁 1347-1348；胡適引用金岳霖的「坦白」，即其〈批判對比於張君勱（1887-1969）看見馮友蘭（1895-1990）的「思想改造」成果〈學習與錯誤〉[65]以後，公之於世的雷霆之怒，痛斥馮友蘭「不識人間尚有羞恥事乎」，竟步同宗「家前輩」馮道（882-954）之後塵[66]；胡適的「批判」矛頭，指向的是共產主義政權而不是改造者：陳垣與胡思杜都「沒有『沉默的自由』」，他們的言論是被迫發表的，「他有不這麼說的自由嗎？」（Did he have the freedom not to say that？），他引用這兩個人的行動為例子，向世人控訴「共產主義政權是何等的暴戾」（how oppressive the Communist regime is）[67]！

即使到一九五一年十一月「京津高等學校教師學習改造運動」問世，胡適竟首度成為有組織的大規模的批鬥對象，形成了「第一次批胡高潮」[68]。這番風浪引發了胡適持續的關注[69]，他也意識到這是一場全國範圍的對自己的「批判」[70]。雖然，胡適最初在私領域裡（如《日記》）有相當不滿意的「回應」，像是讀到沈尹默（1883-1971）的「控訴」，他顯然氣壞了：

我的唯心論的資產階級教學思想〉，發表於《光明日報》，1952 年 2 月 27 日，見：劉培育，〈金岳霖年表〉，收入：劉培育（主編），《金岳霖的回憶與回憶金岳霖（增補本）》（成都：四川教育出版社，2000），頁 499。

65 據蔡仲德，《馮友蘭先生年譜初編》（鄭州：河南人民出版社，1994）的 1949 年與 1950 年相關紀事（頁 338-363），未見馮友蘭有〈學習與錯誤〉之作；筆者懷疑，張君勱的批判對象可能是馮友蘭的〈一年學習的總結〉（文刊：《人民日報》，1950 年 1 月 22 日〔見：《馮友蘭先生年譜初編》，頁 354〕）一文。

66 張君勱，〈一封不寄的信——責馮芝生〉，原刊：《再生》，期 21、23（香港：1950 年 8 月），收入：程文熙（編），《中西印哲學文集》（台北：台灣學生書局，1981），下冊，頁 1451-1456；文末自署繫年為（1950 年）6 月 23 日。

67 Hu Shih, “Address to the Commonwealth Club of California”，《胡適英文文存》，冊 3，頁 1242。

68 胡明，〈胡適批判的歷史理解與文化詮釋〉，頁 117-118。

69 從 1951 年 11 月 26 日起，到 1952 年 1 月 9 日，胡適的日記裡留下了不少相關的剪報，如：胡適，「1951 年 11 月 26 日日記」是〈什麼立場？為誰服務？京津高校教師六千人改造思想／馬寅初周培源陸志韋陳垣都曾自我檢討／北大文法兩學院開始討論對胡適的看法〉的剪報；「1951 年 12 月 8 日日記」是〈北大南大教授分別座談／控訴胡適，檢討張伯苓〉的剪報；「1951 年 12 月 10 日日記」是〈京津高等學校教師的學習運動〉（作者署名蕭離、王真）的剪報等等，不詳引，均見：《胡適的日記（手稿本）》，冊 17，無頁碼（《胡適日記全集》，冊 8，頁 618-630）。

70 胡適的「1952 年 1 月 9 日日記」是一則剪報：“HU SHIH——REDS’ NEW TARGET”（據胡適的旁注，出處是：Freedom Front——Vol. Ⅲ No.12〔Dec.30, ’51〕）；他的眉批是：「這一則很有用。北平是十一月十四日開始的；上海是十二月二日開始的；廣州（華南）是十二月廿三日開始的」，見：《胡適的日記（手稿本）》，冊 17，無頁碼（《胡適日記全集》，冊 8，頁 694-696）；約一個月後，他發表演講，

> 沈尹默的一篇則是全篇扯謊！這人是一個小人，但這樣下流的扯謊倒罕見的！[71]

然而，他在公開場合裡的對這番「批判」回應的對象仍是共產主義政權，像他拿這場「批判」的發言者之一顧頡剛（1893-1980）的「批判」：胡適是他「政治上的敵人，也是思想上的敵人」[72]，來證明人們「沒有『沉默的自由』」，「我的同胞是受奴役而沒有自由的」（my people are captive and not free）[73]；他痛陳：「中國大陸知識分子的最大悲劇源於這項事實：他們完全無法拒絕沉默的自由」，他們得向公眾「坦白」，得「自我批判」，在「紅色中國」裡的思想生活，「鎮壓人的精神，並將他轉化為自動的口號傳聲筒（a slogan-mouthing automaton）」，知識分子得成為「思想的奴隸」，承受「道德和精神上的拷打（moral and spiritual torture），那方土地上對他

即以此則剪報提供之訊息為證說明這場「批判」如何在中國推展的，見：Hu Shih,"China Seven Years After Yalta"，《胡適未刊英文遺稿》，頁 379；這是胡適於 1952 年 2 月 4 日在新澤西州西東大學（Seton-Hall University）的演說（胡適紀念館館藏號：HS-US01-037-004）。

71 胡適，「1952 年 1 月 5 日日記」，《胡適的日記（手稿本）》，冊 17，無頁碼（《胡適日記全集》，冊 8，頁 675-676）；沈尹默的「控訴」是〈胡適這個人〉，見諸胡適「1952 年 1 月 4 日日記」的剪報（《胡適的日記（手稿本）》，冊 17，無頁碼〔《胡適日記全集》，冊 8，頁 670-675〕）；胡適斥責沈尹默的發言是「下流的扯謊」，以其內容真偽難辨，單舉一例，沈尹默說「『五四』運動起來了，那時，胡適恰恰因事回到安徽家鄉去，並沒有參與這偉大事件的發動……」。事實上，胡適 1919 年「五四運動」當天，人在上海迎接杜威（John Dewey, 1859-1952）的到來，他返回安徽是因 1918 年 11 月 23 日母喪之故，在「五四運動」發生之前；後來當他於 1952 年 11 月 19 日在台北市記者招待會上回答「共匪指示靠攏學人如朱光潛、顧頡剛、沈尹默等清算『胡適思想』，胡先生為什麼默不作聲？」這個問題時，他公開表達自己的不滿情緒：「至於沈尹默又當別論，我和他已有三十年不來往，他的文章徹頭徹尾是謊話，不值得一駁！」，見：胡適，〈自由奴役的對抗與美國的立場——台北市記者招待會上答問〉，收入：《胡適演講集（三）》，《胡適作品集》，26（台北：遠流出版事業股份有限公司，1986），頁 225。

72 顧頡剛的「批判」是〈從我自己看胡適〉，見諸胡適「1952 年 1 月 3 日日記」的剪報（《胡適的日記（手稿本）》，冊 17，無頁碼〔《胡適日記全集》，冊 8，頁 663-670〕）；關於顧頡剛於 1951 年 12 月 2 日參與上海這場「批判」的情況，參見：顧潮，《歷劫終教志不恢——我的父親顧頡剛》（上海：華東師範大學出版社，1997），頁 246-247（顧潮說，這是顧頡剛「第一次在公開場合批評胡適，說『胡適是政治上的敵人，也是思想上的敵人』」）。

73 Hu Shih, "China Seven Years After Yalta"，《胡適未刊英文遺稿》，頁 378-381；胡適同時還舉了陳垣的公開信與胡思杜的批判為例證。

本人開展的批判，即是他引用的例證之一[74]。利用知識分子「沒有『沉默的自由』」等等的苦難為例證來批判共產主義政權，從此成為胡適反共論述的主要內容之一[75]。

五

就當時的論壇來說，胡適以知識分子「沒有『沉默的自由』」做為反共論述的主要內容之一，並非一聲獨唱。以胡適個人而言，在一九四九年初自北平到南京時，他就向葉公超（1904-1981）指出，雖然對於國民黨「實在不敢恭維」，但是，「我們這般【班】自由分子為什麼還願跟著你們走呢」，因為「至少可以保持不說話的自由」[76]。可以想見，胡適早有類似思考。

---

[74] Hu Shih, "The Suffering Chinese Intellectuals Behind the Iron Curtain"，《胡適未刊英文遺稿》，頁 382-390；這是胡適於 1952 年 4 月 29 日在「中國知識分子救援會」（Aid Refugee Chinese Intellectuals, Inc.）所作的演說。

[75] 從更廣泛的思想脈絡言之，「沉默的自由」在民主憲政體制下的歷史與意義（諸如「緘默權」〔right to silence〕、不可「入己於罪」的特權／權利〔privilege/right against self-incrimination〕等等），錯綜複雜，特別是與美國憲法第五修正案裡的這段規範：「人民……不得被強迫在任何刑事案件中自證其罪……」（"No person shall…be compelled in any criminal case to be a witness against himself…"）之實踐，密切相關，相關文獻，不可勝數，簡要的述說，參見：Harvey Fireside, *The Fifth Amendment: The Right to Remain Silent*（Springfield, NJ: Enslow Publishers, 1998）；Louis Michael Seidman 則論述曰，即便「沉默」是最奇怪的權利（the strangest right），卻應該視為一種自由的表現（an expression of freedom），就像絕對要有真正的言論自由一樣，沉默的自由亦復如是，因為在某些特定脈絡裡，「沉默*就是*自由……乃是自由之所需的架構」（silence *is* freedom…it is the necessary frame for freedom〔斜體字為原有〕），他並區分古典自由主義與共和主義對沉默權的不同進路：古典自由主義推動的是「沉默的權利」，而共和主義驅動的乃是「言說的義務」（classical liberalism pushes us toward a right to silence, republicanism pushes us toward a duty to speak），他並舉引美國諸種相關司法案例以為論說所據（參見：Louis Michael Seidman, *Silence and Freedom*〔Stanford, CA: Stanford University Press, 2007〕, esp., pp. 1-3），顯是義蘊深遠，本文莫可詳言（當然，其他國家自有類似發展情況，亦不一一詳述）；胡適雖然早自青年時期即身歷美國民主憲政之洗禮（參見：潘光哲，〈青年胡適的「民主經驗」〉，收入：錢永祥〔主編〕，《普遍與特殊的辯證：政治思想的探掘》〔台北：中央研究院人文社會科學研究中心，2012），頁 151-194〕），不過，胡適初始會以「沒有『沉默的自由』」來營構反共論述，應該未必與這樣的思想脈絡，有所相涉。

[76] 諸葛黛，〈南京完了，廣東如何？〉，《新聞天地》，期 68（上海：1949 年 4 月 28 日），頁 3。

當時與胡適一樣懷持反共立場的殷海光（1919-1969）[77]，也早在一九四九年底就嚴厲批判「在共黨統制之下」，不僅「連不說話的自由都不許你保有，連沉默的自由都不許你享受」，真是「亙古所無，中外未有的徹底思想統制」[78]。美國的《生活》（*Life*）雜誌在一九五〇年時的一篇文章也報導，一位方甫抵達香港的青年，向朋友解釋自己為什麼要離開中國的理由，正是因為他失去了沉默的自由，那是比沒有言論自由還要更糟糕的事[79]。又如約略同一時期的美國政治與社會科學院的《年報》刊載鮑大可（A. Doak Barnett, 1921-1999）與金希聖（Alfred Le S. Jenkins, 1916-）的研究文章，或是指陳「中共政權之下，沒有政治中立（political neutrality）或是『沉默的自由』的空間」[80]，或是指陳在共產中國「那裡甚至於不存在沉默的自由，因為人人都必須在口頭上支持共產黨的政策」[81]。凡是諸例，具體顯示，在一九五〇年代初期的時空脈絡裡，無論是如胡適、殷海光等知識分子營構反共論述的時候，抑或是報刊學界報導描述共產中國的政治社會生活現實與特徵，「沒有『沉默的自由』」的論說思惟，已然漫延廣傳，儼然成為諸方共識[82]。

胡適在一九五二年十一月十九日來台，前後待了近兩個月（一九五三年一月十七日離台）。這段期間，他的各種言論和動作，都掀起一陣「胡

---

77 關於胡適與殷海光的思想交涉和歧異，參考：張忠棟，〈胡適與殷海光──兩代自由主義者思想風格的異同〉，《文史哲學報》，期 37（台北：1989 年 12 月），頁 123-172。

78 殷海光，〈思想自由與自由思想〉，《自由中國》，卷 1 期 1（台北：1949 年 11 月 20 日），頁 15。

79 原文是："I don't care about my freedom of speech. I was losing my freedom of silence, and that's worse."見：Editorials, "Britain come back: Socialists have Failed, and Capitalism is Taking Over," *Life*, 28: 18（May, 1, 1950）, p. 30。

80 A. Doak Barnett, "Mass Political Organizations in Communist China," *Annals of the American Academy of Political and Social Science*, Vol. 277（Sept., 1951）, p. 82。

81 Alfred Le S. Jenkins, "Present United States Policy toward China," *Annals of the American Academy of Political and Social Science*, Vol. 294（July, 1954）, p. 85。

82 甚且，這等表述已為史家接受，如 Merle Goldman 述說「延安整風」，便指出當「整風運動」第一階段開展，在黨內小組討論下傳的文件時，「因為沒有沉默的自由，所以每位成員都得對這些文件發表意見」（"Since there was no freedom of silence, each member had to express an opinion on these works."），見：Merle Goldman,"The Party and the Intellectuals,"Roderick MacFarquhar, John K. Fairbank, edited, *The People's Republic*, Part I: *The Emergence of Revolutionary China, 1949-1965*, *The Cambridge History of China*, Volume 14（Cambridge: Cambridge University Press, 1987）, p. 223。

適旋風」。胡適對「知識分子思想改造」的述說，則具有藉之以為抨擊「共產中國」政權，進而證成台灣做為「自由中國」之象徵的意義。其間涉及的背景脈絡，錯綜複雜，胡適更沿襲本來的論說，再有發揮[83]，相關的故實本事，本文就暫不處理了。

附錄：胡適“China in Distress”繫年考

胡適“China in Distress”一文的繫年，胡適紀念館定為1952年（館藏號HS-US01-019-003），周質平認為是「約1952年4月」的作品[84]。按，胡適，「1950年2月17日日記」：「中午在「The Executives' Club of Chicago”講演，題為“China in Distress”」。細讀文內論述，筆者亦可確認為是1950年的作品。

① 文內言：「最近中華民國中央政府遷台」（此1949年12月7日事）；

② 文內言：「去年八月，北平某大學教授說：即使在起步階段，新中國已經超過了美國人民現在享有的民主程度」，這段話應是費孝通的話[85]，胡適確實讀過費孝通刊載於《人民日報》的此文[86]；

---

[83] 例如，胡適的“The Suffering Chinese Intellectuals Behind the Iron Curtain”一文，除言及「知識分子思想改造」的情況之外，另引證蘇聯的14歲少年帕夫利克．莫羅佐夫（Pavlik Morozov, 1918-1932）向警察告發父親而被家人殺害，卻得到蘇聯官方褒揚，將之型塑為英雄，鼓動青少年學習的事（1932年），說明中共治下也出現了類似的場景，胡思杜對他自己的批判即是其中一例，藉以論證人們生活在中共政權之下的苦難；後來胡適在日記裡也剪貼了Albert Parry對於這件事的評論文章“Few Now Emulate Little Pavlik, Who Betrayed Father to Police”，並有所評騭：「此文頗有趣，但他的結論不確。Pavlik主義是應付敵人的。政權絕對專制，人人都攀龍附鳳成了『自家人』，那就用不著Pavlik主義」（胡適，「1952年10月26日日記」〔《胡適日記全集》，冊8，頁811-815〕）。胡適來台之後，這個「子不為父隱」的故事，也成為他的論說題材之一（胡適，〈今日世界〉，《胡適演講集（三）》，《胡適作品集》，冊26，頁87-97；這是他於1952年12月11日在台中的演講）。不過，帕夫利克．莫羅佐夫為什麼會告發父親的本來確實情況，以及蘇聯官方如何型塑他的英雄形象，其實也歷經變化，初始強調他「大義滅親」的行為，後來反倒對此等行為低調以對，轉而宣揚他的其他善行美舉（參見：Catriona Kelly, *Comrade Pavlik: The Rise and Fall of a Soviet Boy Hero*〔London: Granta, 2005〕）。凡此曲折，胡適未必有全面的掌握瞭解，他舉引為例並開展論說之情況，自應另行詳為辨正討論。

[84] 周質平（主編），《胡適未刊英文遺稿》，頁575。

[85] 費孝通的原文是：「在我們開步走的起點，已經超過了美國現有的民主程度」，見：

③胡適於文內建議「接受杜魯門總統 1 月 5 日對台灣的聲明」，杜魯門總統正是在 1950 年 1 月 5 日發表對台灣的聲明[87]；

④文內引用 *The Christian Monitor* 發表於 1950 年 2 月 9 日的報導；

⑤文內未言及韓戰的爆發（此 1950 年 6 月 25 日事）。

綜合以上，本文實是胡適在 1950 年 2 月 17 日在 The Executives' Club of Chicago 講演的文稿。

費孝通，〈我參加了北平各界代表會議（1949 年 8 月 31 日）〉，收入：氏著，《費孝通文集》（北京：群言出版社，1999），卷 6，頁 98。

86 胡適，「1949 年 11 月 21 日日記」，《胡適的日記（手稿本）》，冊 16，無頁碼（《胡適日記全集》，冊 8，頁 445）。

87 胡適，「1950 年 1 月 6 日日記」附有"Truman Ruling on Formosa Cites Traditional U. S. Policy"的剪報，《胡適的日記（手稿本）》，冊 16，無頁碼（《胡適日記全集》，冊 8，頁 463-466）；杜魯門此一聲明的中譯，可參見：梅孜（主編），《美台關係重要資料選編》（北京：時事出版社，1997），頁 69。

胡適光焰不熄

周質平*

1901 年梁啟超在日本寫《南海康先生傳》，首論「時勢與人物」。他對「人物」一詞的界定是「必其生平言論行事，皆影響於全社會，一舉一動，一筆一舌，而全國之人皆注目焉。。。其人未出現之前，與既出現之後，而社會之面目為之一變，若是者庶可謂之人物也已。」[1]用這個標準來評量胡適的一生，胡適無疑的是個「人物」。

胡適在 1917 年回到中國，提倡白話文，批判舊傳統，主張用科學的方法整理國故，出版《中國古代哲學史》，《紅樓夢考證》等，為現代中國學術樹立了典範。對孝道，喪禮，婦女解放都提出了改革的方案。他的影響從學術研究到日常生活，及於各個層面。真可以說是「社會之面目為之一變。」套句《象山學案》中的話，「天地間有個胡適之便添得些子，無了後，便減得些子。」[2]是一點不誇張的。

梁啟超在《時勢與人物》中，將人物分為「應時之人物」與「先時之人物」兩類：「應時而生者，其所志就，其所事成，而其及身亦復尊榮安富，名譽洋溢。」若以這幾句話來描述胡適回國之後 10 年之間，在中國之際遇，大致是不錯的。論者往往以「暴得大名」四字來刻畫胡適初回國時驟享大名，披靡一時的情況。這和梁啟超所論述「應時之人物」，若合符節。

---

* 美國·普林斯頓大學東亞系教授（Chih-ping Chou, Professor, Department of East Asian Studies）

1 梁啟超，《南海康先生傳》，《飲冰室文集》之 6，頁 58。在《飲冰室合集》，卷 1，北京：中華書局，1989。

2 《象山學案》中的原文是：「且道天地間有個朱元晦，陸子靜，便添得些子，無了後，便減得些子？」原是一句反問，但胡適在趙家璧主編的《中國新文學大系》（上海：良友，1935，共 10 冊），《建設理論集》的《導論》（頁 17）中，引用時，卻作肯定句。參看，《宋元學案》（臺北：商務，1988，頁 354）。

對於「先時之人物」，梁啟超的說法是「其所志無一不拂戾，其所事無一不挫折，而其及身亦復窮愁潦倒，奇險殊辱，舉國欲殺，千夫唾罵。」用這幾句話來說明 1949 年到 1979 年，30 年之間，胡適在中國大陸所受到的批判，誣衊，歪曲和侮辱真是再恰當不過了。「舉國欲殺，千夫唾罵」，不正是上世紀 50 年代，胡適思想批判的寫照嗎？1955 年由北京三聯書店出版的 8 冊《胡適思想批判》，將胡適描畫成了「美帝國主義的走狗」，「蔣介石的御用文人」，「中華民族的罪人」，連他的兒子思杜都登報指責，胡適是「人民的公敵」[3]。1954 年，周揚更為胡適思想批判定調，說胡適是「中國馬克思主義和社會主義思想的最早的，最堅決的，不可調和的敵人。」「企圖從根本上拆毀馬克思主義的基礎。」[4]胡適五十年代在紐約的那段日子可以用「窮愁潦倒」概括之，而他在國內的際遇則不出「奇險殊辱」。

而今我們回看 1950 年代共產黨對胡適思想的批判，無非只是一個政權集全國之力，對一個手無寸鐵的知識份子，進行長達數十年的誣衊和歪曲。但有趣的是被批判的，不但不曾被打倒，反而浴火重生。胡適思想在上世紀 80 年代和中國人重見的時候，他的自由，民主，科學，理性，溫和，再度成為中國思想界久旱之後的甘霖。共產黨費盡心機要打倒，剷除胡適的思想，結果卻把一個在五四時期「應時之人物」，一變而成了「改革開放」初期「先時之人物」了。

這一改變，絕不是胡適思想在那幾十年之中，有了飛躍，有了進步。恰恰相反的是，胡適思想定型的很早，他不像梁啟超，「不惜以今日之我，難昔日之我。」[5]胡適四十歲之後，無論在學術上或政治上都少有新理論的提出。然而胡適由 20 世紀初期「應時之人物」，到 80 年代反而成了「先時之人物」，卻又實事俱在，究竟是什麼力量延續並光大了胡適思想？

1949 年之後，胡適在中國苦心耕耘了 30 年的自由與民主，在一夜之間，摧毀殆盡。五四以來，多少知識份子辛辛苦苦培養起來的一點「獨立之精神，自由之思想」，成了新政權必欲剷除的對象。而胡適思想則成了

---

3 1950 年 9 月 22 日，香港《大公報》登了一篇由胡思杜具名，題為〈對我父親胡適的批判〉，剪報見 1950 年 9 月 27 日至 28 日《胡適的日記》手稿本第 16 冊。

4 胡適，《四十年來中國文藝復興運動留下的抗暴消毒力量——中國共產黨清算胡適思想的歷史意義--》，《胡適手稿》第 9 集（臺北：胡適紀念館，1970），頁 493-494。

5 梁啟超，《清代學術概論》（臺北：商務，1977），頁 143。

抗暴消毒最後的堡壘，也是共產黨必欲去之的心頭大患。換言之，是 1949 年之後中國的封閉與獨裁使胡適由五四時期「應時之人物」，一變而成了 80 年代「先時之人物」了。由此推論，不是胡適思想進步了，而是中國社會倒退了。封閉與獨裁是滋生胡適思想最肥沃的土壤，也是胡適思想始終不過時最好的保證。

由於工作的關係，我經常往返於兩岸三地，有機會和美國，大陸，港臺的學生談到胡適的思想。對美國學生來說，胡適所提倡的自由民主，只是常識（common sense），他們很難理解，這樣的「卑之無甚高論」，何以竟能震動一時，開啟一個新時代。對台灣學生而言，胡適只是一個過氣的白話作家和政論家，他在國民黨統治時期的直言，敢言，衡之以今日的言論尺度，都不免失之「溫吞」，很難激動台灣少年人的心。至於五四時期胡適意氣風發的言論，對 80 後，90 後的台灣青年來說，都已是遙遠的「中國上古史」。他們兩手一攤，肩膀一聳，來一句，「這和我們台灣人有什麼關係呢？」無論是美國學生也好，港臺的學生也好，胡適，毫無疑問的已是個過去的人物。

但和中國大陸學生談胡適，他們還有許多聞所未聞，見所未見的新鮮感。讀到胡適 1919 年的〈多研究些問題，少談些主義〉中的這幾句話：

> 因為愚昧不明，故容易被人用幾個抽象的名詞騙去赴湯蹈火，牽去為牛為馬，為魚為肉。歷史上許多奸雄政客，懂得人類有這一種劣根性，故往往用一些好聽的抽象名詞，來哄騙大多數的人民，去替他們爭權奪利，去做他們的犧牲。[6]

我相信，只要是經過「反右」和「文革」那一代的中國人，看到這樣的文字，不能不在心中引起深沉而恒久的震撼。「主義」和「革命」這兩個字，不知害死了多少中國人！胡適在《介紹我自己的思想》一文中說，「被孔丘，朱熹牽著鼻子走，固然不算高明；被馬克思，列寧，史達林牽著鼻子走，也算不得好漢。」[7]今天回看這幾句話，依舊是光焰常新。在同一篇文章中，胡適說：

---

[6] 胡適，〈三論問題與主義〉，《胡適文存》（臺北：遠東，1968），1 集，頁 372。
[7] 《胡適文存》，4 集，頁 624。

> 現在有人對你們說：「犧牲你們個人的自由，去求國家的自由！」我對你們說：「爭你們個人的自由，便是為國家爭自由！爭你們自己的人格，便是為國家爭人格！自由平等的國家不是一群奴才建造得起來的。」[8]

「一群奴才」只能造就獨裁者神話似的「偉大」，絕造就不了一個國家的偉大！一個獨裁者的「偉大」是奠基在億萬國民的渺小上的啊！中國知識份子為主義，為革命，為黨，為領袖犧牲奉獻了一輩子，付出的是自己的自由，自己的人格，自己的尊嚴。當老百姓的自由，人格，尊嚴都蕩然無存的時候，「國家」還「偉大」得起來嗎？胡適這段話是 1930 年發表的，今天看來，仍是中國人的對症良藥。

1978 年 5 月 11 日，《光明日報》發表了題為〈實踐是檢驗真理的唯一標準〉的社論，一般都將此文視為改革開放的先聲。從此以後，「革命」這個在中國風光了幾十年的詞，漸漸地，悄悄地被「改革」取代了。中國人也終於從「主義」的迷幻中，走出了「革命」的夢魘。胡適畢生反對暴力革命，而主張一點一滴漸進式的改良，他提倡的「實驗主義」，其精義無非就是「一切學說與理想都須用實行來試驗過；**實驗是真理唯一的試金石**。」[9] 30 年來對胡適思想的打壓，劇除，結果竟走回了胡適「少談主義，多研究問題」的老路。而毛澤東與鄧小平之別，也無非只是「主義」與「問題」之爭。中國人在受了幾十年的蒙蔽之後，猛然醒悟到，原來，改革開放大設計師的思路竟和胡適思想有不謀而合的地方。

和魯迅相比，胡適最幸運的是他始終不曾被偶像化過，始終不曾受到黨和國家最高領導人毫無保留的讚揚。毛澤東在《新民主主義論》中對魯迅「三家」——「文學家，革命家，思想家」，「五最」——「最正確，最勇敢，最堅決，最忠實，最熱忱的空前的民族英雄」[10]的褒揚，把魯迅扭曲成了一個為共產主義衝鋒陷陣的旗手。魯迅地下有知，也會哭笑不得的。魯迅自己寫過一篇題為〈罵殺與捧殺〉的短文[11]，值得警惕的是被罵

---

8 同上，頁 613。

9 胡適，〈杜威先生與中國〉，《胡適文存》，1 集，頁 381。

10 《毛澤東選集》（北京：人民，1966），第 2 卷，頁 658。

11 《魯迅全集》（北京：人民，1981），卷 5，頁 585-586。

的未必被罵殺，但被捧的已被捧得鼻青臉腫，失了本來面目，成了一個人神之間的怪物。

偶像和傀儡，表面上看來，一個受人頂禮膜拜，而一個受人擺佈戲弄，似是兩極。但實質上相去是極其有限的。所謂偶像化，無非就是要偶像來為其他目的服務，一旦有了服務的對象，偶像已經在不知不覺之間，成了傀儡了。魯迅在死前 10 年，1926，發表〈無花的薔薇〉，就已經指出：「待到偉大人物成為化石，人們都稱他偉人時，他已經變了傀儡了。」[12]不幸的是，他自己竟防止不了這個傀儡化的過程。周作人在給曹聚仁的信中就說到，「[魯迅]死後，隨人擺佈，說是紀念，其實有些實是戲弄。」[13]真是一針見血！

胡適始終沒有被偶像化，這正是他的大幸，也是他獨立自主最好的說明。北大紅樓前的五四紀念碑上，有蔡元培，陳獨秀，李大釗，魯迅的浮雕，而獨缺主將胡適。多年來有人倡議在北大為胡適立像，但始終沒有得到當局的同意。這種種都說明，胡適至今是個「違礙」。胡適不但沒有被偶像化，甚至沒有得到過正式的「平反」。其實平反不平反，對死者來說，已毫無意義。平反胡適，既不能為他增添什麼，也不能為他減少什麼；但對當年判他「有罪」的當道來說，平反胡適這樣一個為中華民族的進步與尊榮，做出過劃時代貢獻的人物，是可以為當道統治的合法性，加上一個可觀的砝碼的。

胡適一生服膺呂坤《呻吟語》中「為人辨冤白謗，是第一天理！」[14]這句話。一個大有為的政府，竟不能為胡適這樣一個驚天的「冤假錯案」，出來說一句公道話，天理何在？公道何在？當道的道德勇氣又何在？

過去 30 年來，是胡適思想在中國大陸，重見天日的一個過程，在這個過程中，讓我想起明代呂坤《呻吟語》中的另一段話：

> 天地間，惟理與勢為最尊。雖然，理又尊之尊也。廟堂之上，言理，則天子不得以勢相奪；即相奪焉，而理則常伸于天下萬世。[15]

---

12 《魯迅全集》，卷 3，頁 256。

13 周作人，曹聚仁，《周曹通信集》（香港：南天書業公司，1973），第 1 輯，頁 49。

14 《明呂坤呻吟語全集》（臺北：正大印書館，1975），卷 1 之 2，頁 20。胡適在 1952 年 7 月 29 日的日記中大書這幾個字，並加注：「毛子水曾引此語，我甚喜之。因此我曾重讀《呻吟語》兩遍。」《胡適日記手稿本》（臺北：遠流，1990），第 17 冊。

用政權的力量來迫害知識份子，鉗制言論自由，基本上是一種「理」與「勢」的鬥爭。表面上，短時期，「勢」往往居於上風，但「理」終將「伸于天下萬世」。掌管言論的當道，在禁令下達之前，不妨三復《呻吟語》中的這段話，就能知道「禁毀」的工作是如何的失人心，而又徒勞了。然而這個祖傳老法，卻依舊在網路的時代進行。

2003 年，安徽教育出版社出版了 44 卷（最後兩卷為著譯系年）本的《胡適全集》，是目前胡適著作蒐羅最全的總集。除《胡適文存》及有關文史哲的著作外，兼收日記，書信及英文著作，約 2000 萬字。

任何以「全集」名篇的著作，由於時空的轉移，人事的更迭，要想盡收一個作者的著作，有實際上的困難。更何況像胡適這樣一位著作宏富，寫作發表達 55 年的多產學者，不但交友遍天下，而且中英文同時發表，出版的地點及刊物，遍及中國，北美和歐洲，要想一無遺漏地盡收胡適的著作，有許多不易克服的困難。因此我們不但不在「求全」上責備編者，而且還要指出。《胡適全集》是多年來許多學者共同努力集大成的總合。標誌著胡適思想和「胡學」在大陸的再現，也是胡適研究界的一件盛事。

《胡適全集》不能盡收胡適作品，是意料中事，但有意的將違礙文字，剔除在外，而在序言中一字不提。這樣的做法，套用一句胡適的話，似有「誣古人，誤今人」之嫌。我在翻檢完《全集》之後，也不免「無不納悶，都有些傷心」了。改革開放 30 年了，怎麼依舊容不下溫和穩健，不涉極端的胡適對共產黨的一點批評和建議？

1949 年以後，胡適在學術上和文化議題上往往是復述當年舊話，而缺乏創見。唯獨在反共這一點上是他晚年的新境界，而《全集》則對這一部分，作了刻意地刪削。如 1947 年發表的〈我們必須選擇我們的方向〉，1949 年〈陳獨秀的最後見解序言〉，〈民主與集權的衝突〉，1950 年〈共產黨統治下決沒有自由〉等文，在《全集》中都不見蹤影。胡適的英文著作也同樣難逃「禁毀」的命運，譬如 1950 年，胡適發表在《外交事務》（*Foreign Affairs*）上極為重要的一篇文章，〈史達林雄圖下的中國〉（China in Stalin's Grand Strategy）；1954 年，司徒雷登（John Leighton Stuart）《旅華五十年》（*Fifty Years in China*）的〈前言〉（Introduction）等等，都未入選。在這

[15] 同上，卷 1 之 4，頁 12。

兩篇文章裏，胡適以一個歷史見證者的身份來說明 1949 年的這個變局，究竟是怎麼發生的。為「官修」的歷史之外，提供了另一個角度和說明。這對認識歷史真相，無疑是有利的，然而，這畢竟還是犯了忌諱，被摒於「全集」之外。

所有歷代的禁毀，批判，打倒，究其真正的原因都是來自當道對知識思想的恐懼，是槍桿子怕筆桿子。胡適的書至今不能以全貌示諸國人，這正是胡適思想在中國大陸不曾過時最好的證明。一種已經過時的言論是無需禁毀的；受到禁毀，正是表示與當前息息相關。《胡適全集》少了反共的文字，就像胡適在〈自由主義是什麼〉一文中所說，「長板坡裏沒有趙子龍，空城計裏沒有諸葛亮。」[16]

1954 年胡適發表〈寧鳴而死，不默而生〉，將范仲淹九百多年前在〈靈烏賦〉中的這兩句話比作與 18 世紀 Patrick Henry 所說「不自由，毋寧死」（Give me liberty, or give me death）有同等的意義，都是人類歷史上，爭取言論自由的名言[17]。21 世紀中國人的一點言論自由，學術獨立，如果依舊要靠知識份子不怕死的脊樑來撐，那麼，近一千年來，中國人在言論自由上的進步又在哪裡？我們不能始終冒著生命的危險來「鳴」。范仲淹把「鳴」看成是「人臣」對「人主」的言責，所謂「死諫」是「寧鳴而死」的極致表現，這與其說是爭權利，不如說是盡職責。

1948 年 10 月 5 日，胡適在武昌對公教人員發表題為〈自由主義在中國〉的演說，他痛切地指出：

> 中國歷代自由最大的失敗，就是只注意思想言論學術的自由，忽略了政治的自由。所謂政治自由，就是要實現真正的民主政治，否則一切基本自由都是空的。[18]

這段話，在今天中國大陸十三四億的人民看來，依舊是切中時弊的。沒有政治上的自由，不但「一切基本自由都是空的」，甚至經濟上的富裕，也

---

[16] 胡適，〈自由主義是什麼？〉，《我們必須選擇我們的方向》（香港：自由中國出版社，1950），頁 25。

[17] 胡適，〈寧鳴而死，不默而生——九百年前范仲淹爭自由的名言〉，原刊 1955 年 4 月 1 日《自由中國》，第 12 卷，第 7 期。收入《胡適全集》，卷 22，頁 777-782。

[18] 《胡適全集》，卷 22，頁 753。

成了一定的虛幻，因為個人財產，是和言論自由一樣神聖而不可隨意剝奪的。若因為思想上的問題而可以失去人身的自由，那麼，經濟上的富裕，對這個失去了自由的人而言，又有什麼意義呢？而今，每個人都有「免於恐懼的自由」。如果，為了說兩句話，表達一點不同的意見，依舊要用鮮血和頭顱來換取，那麼，過去 30 年來，經濟上飛躍的進步就只能突顯出政治改革上驚人的滯後。

我們希望「寧鳴而死」的時代，已經成為歷史，現在我們爭取的是「鳴而不死」。在中國，只要有一個人為「鳴」而死，就是中國之恥！

2012. 3. 29

2013. 1. 27 修訂

中國自由主義者的分岐：1930 年代的胡適和羅隆基

水羽信男[*]
鄭曉琳（翻譯）

一、日本的自由主義（Liberalism）和胡適研究的概況

（一）日本的研究情況

在 1990 年代以前，對自由主義者的研究，在清朝末年的思想史領域裡，主要是從研究嚴復和梁啟超開始的；在中華民國時期，對新文化運動時期代表人物之一的胡適的思想也有一些研究。然而，總覽中國近代史研究，乃至近代思想史研究，自由主義思想的研究決沒有占到主流的位置。其原因之一，筆者認為，這是人們認為自由主義是已經夭折了的思想的緣故。

但是在國民國家（Nation State）形成史研究的視野下，從 1990 年代開始這種研究情況變化了。它的背景，是抗日戰爭史評價的變化。具體來看有兩點，（1）根據抗日戰爭是中國的「總體戰」（Total War）的觀點，在這場戰爭中，中國社會被「一體化」（Gleichschaltung），同時在民主化方向也有了一定的進展，並且通過愛國主義，權力滲透到了社會[1]，（2）開始正視抗日戰爭時期中國的愛國主義否定的一面。

---

[*] 日本・廣島大學大學院綜合科學研究科教授

[1] 關於總體戰，參照山之內靖，〈戰時動員體制〉，社會經濟史學會編，《社会経済史学の課題と展望》，東京：有斐閣，1992 年；山之内靖等，《総力戦と現代化》，東京：柏書房，1995 年等。

經歷了這種研究的變化後，中國自由主義的研究是因重新探討愛國主義運動史而被關注的。也就是說，以要求實現「人的尊嚴」為基礎的中國的自由主義，在追求國家、民族的獨立之前經過了怎樣的一番命運，這一點是理解中國近代史的特徵所必須的課題。而且有些學者重視了〈目的＝作為理念的自由主義〉和〈手段＝作為制度、運動的民主主義〉之間的關係問題[2]。「由多數支配」的民主主義或是「追求完全平等」的民主主義，有時可能意味著在其名目下的蹂躪「人的尊嚴」的行為，所以作為重新探討民主主義史的標識，對自由主義的關心高漲起來。

但是在日本對胡適的研究沒有中國大陸、台灣那樣的發達，近年日本關於胡適的研究越來越少。例如，橫山宏章的《中華民國史——專制と民主の相剋》（東京：三一書房，1996）和野村浩一的《近代中國の政治文化——民權・立憲・皇權》（東京：岩波書店，2007）中，都很難得地提及到了胡適，但卻不是有關胡適研究的專著。還有一些個別的論文也很值得關注，但也為數不多[3]。

筆者自身過去也沒有對胡適有過什麼研究，但是，在自由主義研究的新進展中[4]，筆者認為有必要發展日本對於胡適的研究。本報告作為發展在日本的胡適研究的基礎預備，一方面學習前輩們的研究成果，一方面對於中國的自由主義的分歧進行重點考察。

---

2 關於作為目的的自由主義和作為手段的民主主義之間的區別這一觀點，胡偉希等人曾指出。筆者認為在中國這一視點的前提是那場在「民主」的名義下進行的無產階級文化大革命的批評（胡偉希，〈理性與烏托邦——二十世紀中國的自由主義思潮〉，許紀霖編，《二十世紀中國思想史論》下卷（上海：東方出版中心，2000），頁 17）。

3 緒形康，〈記憶は抵抗する——駐米大使、胡適の抗日戰爭〉，《現代中国研究》12 號，2003 年；《中國——社会と文化》19 號（2004 年）的特集《東アジア思想における傳統と近代》上刊登的廣瀨玲子〈革命　思潮　運動——梁啟超と胡適〉、緒形康〈哲學の運命——胡適とデューイ〉，中島隆博〈胡適と西田幾多郎——哲學の中國、哲學の日本〉，還有竹元規人，〈胡適の中国哲學史・思想史構想とその困難——「宗教」・「科學」・「ルネサンス」〉，《中國哲學研究》21 號，2005 年等。

4 日本的中國自由主義研究會（筆者也參加）的成果中有一本，村田雄二郎編，《リベラリズムの中国》，東京：有志舍，2011 年。本書中收錄的 15 篇論文中與胡適相關的一篇是竹元規人，〈學術と自由——胡適派の學者達の思想と行動〉。

（二）自由主義的定義

怎麼樣理解自由主義呢？從象徵美國新自由主義（Neoliberalism）的「茶會」（Tea Party）到英國工黨的社會民主主義，對於自由主義的理解是多種多樣的。但是，過去認為自由主義等同於資本主義，冷戰時期的與社會主義相對立的二元論式的理解成為了主流。

例如，在某個社會科學用語辭典當中，解釋說自由主義是「只限於保障資本家階級支配下的自由行使。因此是反對徹底的勞動人民的民主主義，與封建勢力相妥協。」反倒胡適 1948 年在南京講的〈當前中國文化問題〉裡說：「放在面前是兩個世界，或者說兩個文化」，即資產階級的自由主義的文化和共產黨的社會主義文化。「目前是必須要我們在兩個中間挑選一個。」[5]

筆者認為，如果只按照這種二者擇一定義的話，就不能理解中國的以多種形式展開的自由主義的實際情況。因此，筆者更廣義地理解自由主義。即自由主義是一種思想、一種運動，它以尊重「人的尊嚴」為基礎，承認自由是普遍的、高於一切的，並且追求人人都能夠平等地享受自由的社會。而且筆者使用的詞彙不是史料中出現的「自由主義」而是使用了片假名標記的「リベラリズム」（意思是 Liberalism）這一詞彙[6]。這種詞語用法是受到井上達夫的用詞的啟迪[7]，在日語中的「自由主義」往往指新自由主義，極端的場合會將它和「放縱」相等同的，之所以採用片假名來標記這種方法，就是為了避免這種歧意（雖然是相對的）。

但因為這次是以國語的形式報告，所以用了自由主義這個詞而不逐一的加以 Liberalism 的解釋。

5　耿雲志，《胡適研究論稿》，北京：社會科學文獻出版社，2007 年，頁 125。

6　筆者正式開始關於中國自由主義研究後的第一篇論文是〈施復亮——抗戰勝利後の都市中間層と政治文化〉，曾田三郎編，《中國近代化過程の指導者たち》，東京：東方書店，1997 年。2007 年東方書店出版《中國近代のリベラリズム》。

7　井上達夫・名和田是彥・桂木隆夫，《共生への冒険》，東京：毎日新聞社，1992 年，頁 59 等。

二、胡適的愛國與民主

（一）愛國論

針對於胡適的愛國進行分析時，有必要區分他對外的態度與對內的態度。對外，「七七事變」後，胡適曾參加過「低調俱樂部」，他對於抗戰的消極態度也被大書特書，但是，近年在日本開始關注胡適對當時國際形勢以及對於日本究竟是如何認識的[8]。

比如，在胡適 1935 年的私人信件中曾指出「我們必須要準備三四年的苦戰。我們必須咬定牙根，認定在這三四年之中我們不能期望他國加入戰爭，我們只能期望在我們打得稀爛而敵人也打得疲於奔命的時候才可以國際的參加與援助。這是破釜沉舟的故智，除此之外，別無他法可以促進那不易發動的世界二次大戰。」[9]由此可以看出胡適是不折不扣的愛國者。

然而，胡適同時也是秉承現實主義的實用主義者，對於極端的言論他是無法贊同的。比如，從 1920 年代開始，共產黨高舉反帝國主義的旗幟，掀起了一股愛國的狂潮，對於共產黨的過激言論胡適批判道「老實說，現在中國已沒有很大的國際侵略的危險了。……所以我們很懇摯的奉勸我們的朋友們努力向民主主義的一個簡單目標，不必在這個時期牽涉到什麼國際帝國主義的問題。政治的改造是抵抗帝國主義的先決問題。」[10]胡適在以後也一直堅持這種觀點，這是因為他對在華盛頓體系下，中國的國際地位相對上升的這一事實也有準確地理解。

對內，對於中國的前近代的文化（本位文化），胡適反對盲從、調和。因此，他在 1920 年代，批判了提倡前近代的中國思想的優勢的玄學派的張君勱等人的言論（「科學與人生觀」論爭）。因此，胡適可以說是「西化論」

---

[8] 鹿錫俊，《中國國民政府の対日政策 1931-1933》，東京：東京大學出版會，2001 年；前揭、緒形，〈記憶は抵抗する——駐米大使、胡適の抗日戰爭〉以及加藤陽子，《それでも、日本人は「戰爭」を選んだ》，東京：朝日出版社，2009 年。

[9] 〈與雪艇書（三）〉（1935 年 6 月 27 日），胡頌平編，《胡適之先生年譜長篇初稿》，台北：聯經，1984 年，頁 1387-1388。

[10] 胡適，〈國際的中國〉，《努力週報》，第 22 期，1922 年 10 月 1 日。

的支持者。此外，對於胡適的西化論進行分析時，有必要把他對於中國國民的政治覺悟的極低評價和他關於民主的言論聯繫起來加以分析。他說：

> 調和是社會的一種天然趨勢。人類社會有一種守舊的惰性，少數人只管趨向極端的革新，大多數人至多只能跟你走半程路。這就是調和。調和是人類懶病的天然趨勢，用不著我們來提倡。[11]

（二）民主論

胡適的民主主義思想是建立在法治＝立憲主義的原則的基礎上的。胡適認為「法治只是要政府官吏的一切行為都不得踰越法律規定的權限。」[12]1920 年代末，胡適以及畢業於清華大學並在歐美留過學的一些知識分子聚集在了一起，他們通過《新月》雜誌來宣傳自由主義思想潮流。他們跟共產主義劃清界限的同時，也批評了國民黨的訓政，為了使自由的思想在中國紮根，他們展開了積極的言論活動。其成果之一就是胡適，羅隆基，梁秋實的《人權論集》（新月書店，1930 年）。他們作為「新月人權派」備受矚目，也受到了中國共產黨的批判。

確實是如上述的那樣，胡適對於中國民主主義的中堅力量——廣大民眾的政治覺悟的評價極低。胡適和 1930 年代中期提倡「新式的獨裁」的丁文江的民眾觀有相同之處，但是他並不贊成丁文江的言論。相反的胡適正是認為群眾的知識水平低，所以需要更民主政治。他主張：

> 民主主義的好處在於不甚需要出類拔萃的人才；在於可以逐漸推廣政權，有伸縮的餘地；在於「集思廣益」，使許多阿斗把他們的平凡常識湊起來也可以勉強對付；在於給多數平庸的人有個參加政治的機會，可以訓練他們愛護自己的權力。[13]

---

[11] 胡適，〈新思潮的意義——研究問題、輸入學理、整理國故、再造文明〉，《新青年》，第 7 卷第 1 號，1919 年 12 月 1 日。

[12] 胡適，〈人權與約法〉，《新月》，第 2 卷第 2 號，1929 年 6 月，頁 5。《新月》的版權頁和實際的發行年份不一致的情況很多。本文記錄的是實際的發行年月。這一點參照於稻本朗，〈《新月》著譯者別索引〉，《左連研究》，第 4 輯，1996 年。

[13] 胡適，〈再論建國與專制〉，《獨立評論》，82 號，1933 年 12 月 24 日，頁 5。

胡適等人的民主主義思想的特徵不是受法國的天賦人權論的影響，而是受英國功利主義的強烈影響的。對於這一點，羅隆基認為「人權」最重要的依據不是「可以滿足人的慾望」，也不是「天賦予人」而是「做人的那些必須的條件」。他認為「人權是衣，食，住的權利，是身體安全的保障，是個人『成我至善至我』，享受個人生命上的幸福，因而達到人群完成人群可能的至善，達到最大多數享受最大幸福的目的上的必須的條件。」[14]

並且，新月人權派似乎把「攸關自身利害的當事人優先原則」作為議論的前提。例如，1934 年胡適批判在俄國的共產黨和義大利的法西斯黨的統治下，人們不敢說"no"，他指出「民主政治的好處正在他能使那大多數『看體育新聞，讀偵探小說』的人每『逢時逢節』都得到選舉場裡想想一兩分鐘的國家大事。平常人的政治興趣不過爾爾。平常人的政治能力也不過爾爾。然而從歷史上看來，這班阿斗用他們『看體育新聞，讀便宜小說』的餘閑來參加政治，也不見得怎樣太糊塗。」[15]

這種言論的前提是最終還是人們自己決定什麼對自己最重要，而不是正確的領導者或正確的思想去決定的這種觀念。羅隆基也認為「只有人民本身，才知道他們本身的幸福是什麼，才肯為他們本身謀幸福。」[16]不僅這樣，在抗日戰爭時期，昆明西南聯合大學的教師們成為了廣泛言論這個原則的中心[17]。

近代的日本自由主義者們很難接受這一原則[18]。筆者認為當代的中國知識分子對於自由有著非常深刻地認識，有很多像胡適和羅隆基那樣的自由主義者，他們的力量，在不久的將來會更好的體現出來。

---

14 羅隆基，〈論人權〉，《新月》，2 卷 5 號，1929 年 10 月，頁 5-6。〈成我至善至我〉被英譯為 Be myself at my best。

15 胡適，〈答丁在君先生論民主與獨裁〉，《獨立評論》，133 號，1934 年 12 月 30 日。

16 前揭、羅隆基〈論人權〉，頁 13。

17 關於這一點參照水羽信男〈リベラリズムとナショナリズム〉，飯島涉・久保亨・村田雄二郎編，《グローバル化と中國》（シリーズ 20 世紀中國史第 3 卷），東京：東京大學出版會，2009 年 9 月等。

18 宮村治雄《日本政治思想史——「自由」の観念を軸にして（新訂版）》，東京：放送大學教育振興會，2005 年。

三、自由主義者的分歧

（一）分歧點——對共產主義的態度

進入 1930 年代，再加上國民黨的鎮壓，「新月人權派」內部開始產生分歧[19]。這次分歧並非意味著他們之間政治上的決裂或敵對的立場，而應理解為自由主義者內部不同的見解。但與胡適協助國民黨不同，羅隆基等人重視共產黨在形成抗戰體制方面的重要作用，要求國民政府・國民黨承認其為合法的存在，並且開始了對於構築兩黨合作關係的探索。

例如在梁實秋創辦的《自由評論》上，張東蓀較為詳細的介紹了中共的《八一宣言》，並高度評價其為「中國民族前途的一線曙光」[20]。另外，這本雜誌也登載了劉少奇投稿的一篇關於《八一宣言》之後共產黨政策轉換的文章[21]。的確，並不是所有《自由評論》上的評論都積極的支持共產黨，梁實秋對於上述劉少奇書信的評價也可稱為是共產黨解黨論了[22]。但是，圍繞抗日這一愛國的課題，國內的政治體制該如何構建，自由主義知識分子之間已經開始產生分歧，這一點是不可否認的。其象徵事件便是 1936 年 6 月兩廣事變之際浮出水面的一個事實——胡適與羅隆基的決裂。

兩廣事變是指廣東的陳濟棠、廣西的李宗仁等高舉「北上抗日」之名義，掀起的反抗蔣介石的軍事行動，是國民黨內部的派系鬥爭。此時，胡適強調國民政府中央統治下統一的必要性，支持武力鎮壓，甚至擺出有可能認可剿共的姿態。他主張：

---

19 以發行《新月》的清華大學畢業並有留美經驗的人為中心的知識分子們以及他們的分歧，參照侯群雄，〈一份雜誌和一個群體：以《新月》為中心〉，《新文學史料》，2004 年第 2 期；以及張義，張嫦娥，〈試論《新月》刊行時期羅隆基與國民黨政權的政治衝突〉，《湖南省社會主義學院學報》2006 年第 1 期。關於國民黨對胡適的壓制，詳細參照胡明，〈試論二十年代末胡適與國民黨政權的政治衝突〉，《中州學刊》，1995 年第 2 期。

20 張東蓀，〈評共產黨宣言並論全國大合作〉，《自由評論》，第 10 期，1936 年 2 月 7 日，頁 5。關於《自由評論》參照水羽信男，〈抗日言論の一潮流——『自由評論』誌上にみえる抗日論〉，《史學研究》，第 178 號，1988 年。

21 陶尚行（劉少奇），〈關於共產黨的一封信〉，《自由評論》，第 22 期，1936 年 5 月 2 日。

22 而且還參照稻本朗，〈梁実秋と《自由評論》〉，《左連研究》，第 4 輯，1996 年。

近日天津某報社論有「無條件的反對內戰」之說，其要點是：……對外守土與對內統一，倘不能同時並舉，政府應放棄對內統一，從事對外守土……這種邏輯，我們不能了解。我們反對內戰，也反對用統一的招牌來起內戰。但我們不反對一個中央政府用全力戡定叛亂。[23]

與此相對的，羅隆基發表了要求停止一切內戰的言論，並對胡適進行了批判。如果正確理解羅隆基的言外之意，以第二次國共合作為基礎的抗日的實現這一政治主張自然就能貫徹到底吧[24]。

把這樣容共的立場正當化的理論究竟是怎樣的理論呢？與胡適決裂的自由主義者這樣指出：

在今日我國直已無斤斤計較之餘地，蓋今日當前之大問題乃如何規復失地，如何防止侵略，自國民立場言之，凡能努力自強抵抗外侮者即為真正良好之中國國民，革命也罷，反革命也罷，國民當擁護之。[25]

這裡展示出對於抗日極其重視的愛國立場。為了抗日，要求建立起包括國共兩黨在內的、廣泛的抗日統一戰線的政治黨派，不僅是親共的救國會派[26]，在新月人權派內部也形成了這樣的黨派。

---

[23] 胡適〈「親者所痛，仇者所快！」〉，《大公報》（天津版），1936 年 6 月 14 日。又載《獨立評論》第 206 號，1936 年 6 月 21 日。

[24] 〈我們的邏輯——答胡適先生〉，《天津益世報》，1936 年 6 月 16 日。其後在《自由評論》，第 29 期（1936 年 6 月 20 日）以羅隆基的名義轉載。《天津益世報》上沒有署名的社論可以判斷是羅隆基寫的，究其依據如下，Spar, Fredric, "Human Rights and Political Engagement: Luo Longji in 1930s," in Jeans, Roger (ed.), *Roads not Taken: The Struggle of Opposition Parties in Twentieth-Century China*, Boulder: Westview Press, 1992, p. 79 以及湯本國穗，〈1930 年代初頭の羅隆基の論稿〉，《千葉大學法學論集》，第 14 卷第 1 號，1999 年。

[25] 對於賀知，〈論政治犯的大赦〉的評論（「編者按」），《自由評論》，第 40 期，1936 年 9 月 5 日，頁 7。

[26] 水羽信男，〈抗日民眾運動的展開及其思想〉，池田誠編．中國人民抗日戰爭紀念館編研部譯校，《抗日戰爭與中國民眾》，北京：求實出版社，1989 年。

（二）分歧的要因——平等與自由

胡適同樣是愛國人士。因此不能把愛國心的強、弱作為兩者產生分歧的要因。另外胡適未強調革命權被指出是兩人產生分歧的重要原因[27]。這確實也成為了兩人的分歧點。然而胡適對於革命持懷疑的態度究竟是什麼原因呢？關於這一點，有很多解釋都能成立，有一些人批判胡適畏懼群眾運動，他們認為胡適之所以不贊成群眾的革命運動，是因為擔心群眾運動的發展會給當時中國的政治局面帶來不好的影響[28]。

但是，筆者認為這樣的看法在學術上不具有意義。之所以這麼說是因為對於民眾的政治能力評價極低這一點上羅隆基和胡適是有共識的[29]。筆者認為，如果作為思想史的問題來討論的話，有必要去關注的一件事是，胡適重視哈耶克（Friedrich August von Hayek）、伯林（Isaiah Berlin）所強調的「消極自由（negative liberty）」，而批判「積極自由（positive liberty）」。

在與李大釗關於「問題與主義」的爭論中，胡適這種自由論的特徵就成為了對於追求徹底改革持有懷疑的原因。而且，這種立場是他一貫的主張，例如在 1948 年，這種立場就被反復地表明：

> 我要很誠懇的指出，近代一百六七十年的歷史，很清楚的指示我們，凡主張徹底改革的人，在政治上沒有一個不走上絕對專制的路，這是很自然的……只有絕對的專制政治可以不擇手段，不惜代價，用最殘酷的方法做到他們認為根本改革的目的。他們不承認他們的見解會有錯誤，他們也不能承認反對的人會有值得考慮的理由，所以他們絕對不能容忍異己，也絕對不能容許自由的思想與言論。[30]

眾所週知，對於胡適來說維護個人尊嚴的中國變革論，並不是革命，而是「一點一滴」的改良。

---

27 朱正，〈魯迅・胡適・中國民權保障同盟〉，《魯迅研究月刊》，2001 年第 12 期。

28 下出鉄男，〈自由の隘路——1920 年代中國知識人の自由の觀念をめぐって〉，《東洋文化》第 77 號，1997 年。

29 前揭、水羽信男，《中國近代のリベラリズム》。

30 胡適，〈自由主義〉，《世界日報》，1948 年 9月5日。

另一方面，羅隆基要求通過國家的政策保障自由，即重視「積極自由」，並且與張君勱等人於 1932 年組織成立了國家社會黨。張君勱等人是強調堅守中國傳統文化，並與胡適有過爭論的人物。張君勱標榜英國勞動黨拉斯基流的社會民主主義在中國的實現，希望通過強而有力的政府實現真正的平等，而非表面的平等。同時，羅隆基也繼承了拉斯基的思想，主張沒有經濟上的平等，就沒有政治上的平等。下面的一段話便是他這種理論最具代表性的展現：

> 英國是個首先試驗民主政治的國家，英國同時是個首先發生工業革命的國家。就在英國，首先證明社會上財富分配不平均，人民在政治上的自由平等是句空話。大多數貧乏的人民，自謂憑法律上的自由平等，便可駕馭國家這種權力，便認他們的福利與國家福利可合而為一，便認國家是他們公有的工具，這是幻想。[31]

胡適與羅隆基一樣，不信任中國民眾的政治能力轉而追求西化。因此，胡適不必像張君勱等人一樣高度評價傳統文化。但是，對於重視「積極自由」還是「消極自由」這一點，二人卻是立場迥異。可以說胡適與羅隆基之間的思想分歧，歸根到底不是在傳統文化的評價問題上，而是在自由與平等這一點上。

小結

本報告的目的是闡明胡適的思想位置。如圖 1 所示的那樣，筆者把近代中國政治思潮的區分以假說的形式設定成一個矩陣，它的 X 軸是中國富強路線的方策，表示選擇基於傳統文化的本位論或是西化論的不同方向。但是，這兩者都屬於愛國主義者，這是大前提。Y 軸表示民主主義思想的自由與平等的緊張關係。有關 Y 軸的問題，不是「非此即彼」的二者擇一的關係。比如，要求平等也並不是直接與反個人主義和反自由主義相結合。這裡要談的是，到底哪一方面是當前最重視的問題。

[31] 羅隆基，〈政治的民主與經濟的民主〉，《民主》，第 1 卷第 2 期（1944 年 12 年 16 日），頁 3-4。

根據圖 1 分析 20 世紀 30 年代的中國的話，胡適雖然跟張君勱一樣從愛國主義的觀點出發，但是他認為，為了中國的近代化必須破壞傳統社會，而擔負這一任務的中堅力量就是從集團主義的束縛下解放出來的自由的個人，他主張需要創造這種個人（圖 1C）。梁漱溟和胡適站在完全正相反的本位論的立場上，思念「大同」思想，主張解決中國的貧困問題就等於重視平等（A）。除此之外，還有一群人贊成歐化論的觀點，激烈批判傳統文化的同時，認為在中國的貧困現實面前，為了實現個人自由一定要構建一個平等的社會是當務之急（B）。羅隆基是這樣的知識分子的典型。

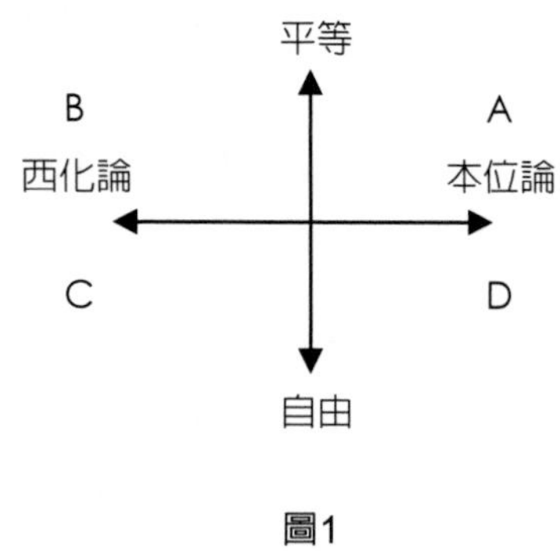

圖1

到目前為止，包括筆者在內的日本學術界，對自由主義的 B 型存有濃厚的興趣，不過，今後應該會對 C 型這樣自由主義的潮流在中國形成之後的情況更為關注。因為以胡適為代表的這種思想傾向被認為是與中國「公共領域」的形成（Public sphere）相關的、是非常重要的。胡適在言論活動的初期如下指出：

> 評判的態度，簡單說來，只是凡事要重新分別一個好與不好。……尼采說現今時代是一個「重新估定一切價值」（Transvaluation of all values）的時代。「重新估定一切價值」八個字便是評判的態度的最好解釋。[32]

這裡對應有的原則和理想等也加以懷疑，明確強調了個人批判精神的重要性。

---

[32] 前揭、胡適，〈新思潮的意義〉。

持有這種批判精神的胡適，如果連自己的「正確性」也懷疑，那麼他認為應該堅守自由開放討論是理所應當的，如果想要維護作為批判主體的個體的尊嚴，那就應該反對任何權力對個人自由的干涉，貫徹要求「消極自由」。在這裡，筆者對胡適的政治影響不加以評價，但針對胡適追求自由，以及追求拒絕國家干涉的自由這一思想來說，可以說是中國自由主義思想上的一個至高點[33]。

[33] 胡適重視消極的自由的政治要因之一可能是 1933 年被民權保障同盟除名等左派知識分子一味的批判行為。關於這一點，郝慶軍，〈1933 年魯迅對胡適的批判〉，《徐州師範大學學報（哲學社會科學版）》，2007 第 4 期等都有記述。對胡適進行的批判甚至包含一些捏造的成分，這一事實流傳至今。其中捏造的情況可參照上述的，朱正，〈魯迅．胡適．中國民權保障同盟〉。

冷戰時期胡適的反共自由主義路線的形成（1941-53）

吳炳守*

一、序言

著名的自由主義者殷海光回顧中國近代自由主義時曾嘆息說「先天不足，後天失調！」[1]，這句話在諸多方面上意味深長。因為它不僅在隱含近代中國中沒有自由主義所應當具備的某種共同價值，或實現那種價值的手段和條件，以致自由主義遭到失敗的問題[2]。反而更是一種對現實問題的質疑：當時在「自由中國」只能感慨自由主義脆弱性的現實，即自由主義淪落成一種為反共威權主義體制進行正當化的「理念」的現實。因此殷海光在同一篇文章中還提出不同於「中國版」自由主義的所謂做為「西方原版」的自由主義，以呼籲自由主義應恢復過去在中國所扮演的啟蒙作用。

當然我們從嚴復或梁啟超的例子中可看出，當初在中國一些人提出自由主義是：知識分子為了國民國家的建設、為了要求政治社會改革，是以做為中國所缺乏的西方文明的本質的緣故。因此它一開始就是一種與中國傳統或社會條件不和諧的西方近代經驗加以思想資源化的東西，就是基於這種原因，當時它得以發揮了想像、推動新社會與國家的「啟蒙性」，且這種「啟蒙性」成了中國的自由主義在坎坷的環境中得以成長的基礎。抗

* 韓國・東北亞歷史財團研究員

1 殷海光，〈自由主義的趨向〉，《中國文化的展望》（上海：三聯書店，2002），頁 257。

2 閔斗基，《中國自由主義的實驗：胡適（1891-1962）思想與活動》（首爾：知識產業社，1996）。

戰之後自由與民主成為在中國立即要實現的一種價值，同時至少在知識界成為廣泛討論的議題，也可以在這種脈絡中理解。

然而，冷戰時期有著為體制競爭不惜動員一切的時代特性，隨之自由主義的社會作用也不得不有所變化。尚且不論自由主義在中國大陸被視為特定階級理念而遭到鎮壓，但它在「自由中國」也被標榜為體制理念，於是中國近代自由主義原本所扮演的所謂「啟蒙性」的社會作用也不得不遭到性質上的改變。當然這並不是台灣所獨有的現象，反而更是一種二戰後世界普遍現象——即自由主義與反共主義結合後被「虛構化」、「神秘化」，只是台灣由於經過抗戰、內戰、冷戰之後，國家的權力極度擴張，且戰後受美國政治、理念影響，以及藉內戰的形式經歷反共等原因，這種傾向自然較為顯著而已。但對像殷海光這種自由主義知識分子來說，他們所要面對的現實相對更為嚴酷。

因此為了了解上述冷戰時期中國自由主義的性質，需要從嶄新而具整合性的角度去審視其概念、存在樣態、社會作用機制等部分[3]。尤其需要以所謂冷戰這一世界性的結構與關聯性中去眺望為前題。唯有如此，方能尋出中國自由主義的現代意義（尤其是掩蓋在「後冷戰」的許多有關現代中國問題）的一些端倪。

然而，至今有關這方面的研究微乎其微。改革開放以後，反思中國國民國家建設的過程中曾有過重新評價自由主義的研究[4]，但很少有深入的分析。並且包括中國在內的東亞冷戰史本身就缺乏研究，因此以世界性冷戰為大背景而眺望、闡釋中國自由主義發展過程的研究，自然更是少見。

從這種脈絡下，本文首先試圖從「由啟蒙發展的中國自由主義如何被理念化？」這個切入點探討胡適反共自由主義思想的形成過程，以進行日後深化研究的基礎工作。胡適堪稱中國自由主義的象徵和典範，本文試想

3　「民族」、「民主」等用語也是如此。孫歌，〈冷戰初期的「民族」與「民主」〉，《思想》16（台北：聯經，2010）。

4　具代表性的論文諸如：章清，〈中國的自由主義：1940 年代中國自由主義話語的知識社會學的分析〉，《大東文化研究》65（首爾，2009）；水羽信男，《中國近代のリベラリズム》（東京：東方書店，2007）；陳儀深，〈國共鬥爭下的自由主義，1941-1949〉，《中央研究院近代史研究所集刊》23 期下，1994。其中章清將 1940 年代以後一些中國自由主義的討論放在思想的「本土化」層面來理解，深具啟發性。

透過他的思想體驗闡明中國自由主義被反共化的思想脈絡、被理念化過程的一個層面。

有關胡適的研究已積累不少成果，尤其對他那種以個人主義信念為基礎的思想之系統性、一貫性、實踐性部分，已廣為人知。至今一般認為他的以杜威的實驗主義為基礎的漸進主義、普遍主義、個人主義，以及其一貫的「容忍」論仍具價值意義。但是，除了胡適個人的一貫信念以外，對他在理念上所扮演的角色方面有待深入去研究，尤其他晚年的主要思想活動以及反共主義方面更是如此[5]。

因此本文首先以所謂冷戰形成期的 1941 年到 53 年前後時期為中心，分析其思想體驗並探討其反共自由主義路線的形成過程，尤其將胡適的思路放在國內外話語場域或者知識場變化的脈絡上進行討論。本文的討論工作將包括如下三個層面。

第一，透過胡適在冷戰時期的現實認知與行跡，探討其反共自由主義者的面貌；第二，從其美國體驗中分析其反共自由主義理念的根據與起源；第三，將其反共路線的中國化過程放在冷戰體制形成的關係中進行探討。尤其為了有別於以往的研究傾向與視角，在本文中不僅把其自由主義

---

5 有關其反共主義的文章很少，可說周質平的研究是唯一的。周質平，〈胡適的反共思想〉，張啟雄主編，《二十世紀的中國與世界》（臺北：中央研究院近代史研究所，2001）。這種現象可能基於下列兩種原因：第一，研究慣性上的問題，胡適相關研究大多以五四為中心的預設的歷史認知為基礎，並以其文集、日記、年譜、口述，以及親友的回憶錄、書簡等自傳性資料為主，提煉出其思想的一貫性與整合性，故實際上無法探討反共主義等有背於其預設的一貫性的部分。第二，政治方面的原因。即有關其反共路線的研究不得不受中國大陸方面「胡適批判運動」等政治批判的影響，可能致使研究者所回避。尤其 1954 年毛澤東主導針對胡適的全國規模的政治批判運動後，胡適被批判為「美國的走狗」。毛澤東，〈再告同胞書〉，《建國以來毛澤東文稿》7（北京：中國文獻出版社，1992），頁 458；謝泳，〈胡適思想批判與《胡適批判參考資料》〉，《開放時代》（2006-6）。

胡適是自行留下許多相關資料的人物。最近出版《胡適全集》（合肥：安徽教育出版社，2003）43 卷版，搜集了包括英文原稿的大部分資料，利用較為方便，但應注意其中遺漏了有關胡適反共的一些資料。此外，與蔣介石日記的對照或胡適私人資料相關的新詮釋等研究，顯示出在引用其自傳性資料時應需要注意（陳紅民等，〈差異何其大；台灣時代蔣介石與胡適彼此間交往的記錄〉，《近代史研究》（2011-2）；江勇振，《星星・月亮・太陽：胡適的情感世界》（臺北：聯經出版社，2008），頁 5-10；江勇振，《舍我其誰：胡適》（臺北：聯經出版社，2011）。本稿引用日記時以最接近《胡適日記》手稿本形式的《胡適日記全集》（臺北：聯經出版社，2005）為材料。（以下簡稱為《日記》）

思想做為內在信念體系的探討，同時試圖放在他所體驗的美國社會以及當時話語空間的關係中進行重新詮釋。

若如上述方法，在冷戰的脈絡中重新詮釋胡適自由主義思想與活動，那麼將可為中國反共自由主義的起源與理念化過程的分析、包括胡適個人以及冷戰時期中國自由主義的深化研究方面都能提供一些端倪。同時希望藉此能夠為過去同一時代經歷相同遭遇的東亞自由主義提供一個重新詮釋的契機。

二、胡適的反共脈絡

1954 年 2 月 19 日，中華民國國民大會第一屆二次會議在臺北市中山堂召開。根據 1946 年 12 月制訂，1947 年 1 月 1 日宣布的憲法，這次會議將改選屆滿任期的總統和副總統，正式宣布實行憲政體制。此時做為民意機構的國民大會已重新組織，並內部決定總統（蔣介石連任）和副總統（陳誠）的人選。如此，國民政府遷臺四年後才正式宣布所謂根據法統的『自由中國』的成立。

大會由前一天剛從美國專程回國的胡適所主持。已是 64 歲老邁的胡適按照儀式程序，從蔣介石奉呈憲法，進行了一場以「繼承中華民國『法統』，重新接繼被毀折的國統」為內容而令人感動的演講。

然而，這一天的壓軸戲就是下一個節目。參加韓戰的 14,000 多位反共俘虜的返國儀式。代表返國俘虜的 50 多位將中國各省地圖交給主席團宣誓效忠時，場內外一片喧嘩。主席團代表胡適主持這場儀式，鼓勵他們說「你們選擇自由，給不僅國大委員，而給自由中國，自由世界莫大的興奮」。接著胡適同續任總統的蔣介石夫婦走到二樓的陽台，向場外數千名反共人士揮手作答禮[6]。著名自由主義知識分者胡適就這樣為成立標榜自由主義的反共體制而正式出面。若考慮到當時韓戰後反共主義在世界範圍內發威的情況，這可算是象徵冷戰時代的場面。

---

6 《中央日報》54 年 2 月 20 日，胡頌平，〈胡適先生年譜長編初稿〉（臺北：聯經，2001），頁 2365。（以下簡稱為《年譜長編》）

當然胡適這樣的行步，並不完全是為了大會儀式，因為『透過國民大會改選總統』，這是他屢次向蔣介石要求的收拾政局的方案之一[7]。即若說成立大會的法定人數不足造成法理上的問題，那麼他認為應修改大會組織法來召開大會。確定召開大會的 53 年 2 月，胡適在紐約與《中央日報》記者的訪談時也再度表示『召開國民大會以及總統改選是繼承民國法統的獨一無二的程序』，並以國大委員的身份補充了如下內容[8]。

……最重要的是自己把得穩，站得住，樹立與共產獨裁專制完全相反的風氣，厚植自由民主的根基，一以爭取大陸的心，二以廣引世界的同情。如此，內有民心所向，外有自由世界的支持，自由世界的發展，大陸赤色政權的瓦解，乃屬必然的推演。

從上述內容可見，他在與共產政權的體制競爭中摸索「自由中國」之出路的努力。並且通過召開國民大會來繼承法統的主張，其實也是基於這種意圖一即為了確保相對於中共體制的優越性。這在現實上的意義當然就是建立以蔣介石為中心的強而有力的反共體制。

胡適對蔣介石體制的支持並不單純是個人的『道義上的選擇』或一時的政治修辭，而是意味著國共分裂過程中選擇擁蔣反共路線的事實。這從他的這些行徑出自與王世杰，雷震等國民政府以及一群「自由中國」性質知識分子的緊密交流中可以得到佐證[9]。尤其，胡適著手創刊的《自由中國》就以思想、文化戰上反共為宗旨，標榜抗俄、反共、自由，支持國民政府的反共實踐。《自由中國》的主要論調是：為了匯集能夠對抗蘇聯與中共

---

7 國民政府遷台後，胡適曾對蔣建議：為內戰負責而下台，使國民黨分化而轉化為政黨政治體制。他最終認為蔣可通過國民大會取得再信任而收拾政局。《胡適日記》1951 年 5 月 31 日、53 年 1 月 16 日、1953 年 5 月 5 日。

8 《胡適日記》1953 年 12 月 18 日、12 月 24 日、12 月 31 日；《年譜長編》，頁 2361。

9 《自由中國》就如胡適、雷震等人，是在冷戰時期代表台灣自由主義的雜誌。它創刊於 1949 年 11 月，停刊於 1960 年 9 月。在這個過程中，胡適曾參與創刊以及決定雜誌宗旨等事宜。雷震認為胡適是《自由中國》的政治、理念上的代表人物。薛化元，《〈自由中國〉與民主憲政》（臺北：稻香出版社，1996）；章清，《胡適派學人群與現代中國自由主義》（上海：上海古籍出版社，2004），頁 96；何卓恩，《〈自由中國〉與台灣自由主義思潮》（臺北：水牛出版社，2008），頁 106；萬麗鵑編註，《萬山不許一溪奔：胡適雷震來往書信選集》（台北：中央研究院近代史研究所，2001）。從冷戰的脈絡中詮釋《自由中國》的文章參照拙稿（〈冷戰時期「自由中國」的東亞地區秩序構想與韓國認識〉，《東北亞歷史論叢》33，2011）。

世界革命戰略的反共勢力，以及建構有效的體制，須強化國民政府。這些主張不同於那些第三勢力知識分子的路線。當時第三勢力雖一同站在反共立場，但它要求國民黨徹底改組，開放黨權，通過民主各黨派的聯合來制訂共同綱領。然而「自由中國」極力支持蔣介石的反共主義、民族主義[10]，因此胡適就成了擁蔣路線的代言人。

這種脈絡下，胡適參加會議就意涵著一種具體的意圖。那就是繼承民國的法統，以消解內戰失敗後國內外批判蔣介石的言論，以及彌補脆弱的體制正當性。具體可從下列兩方面來談：

第一，國民政府的對美關係問題。國民政府遷臺後，就把能否取得美國方面的政治，軍事上支援視為其政權存亡的關鍵因素。這也與 1949 年以後胡適長期居住美國也有著一定的關係。當然，隨著韓戰爆發與美國社會在理念上趨於保守化，美台之間簽署相互保衛條約後，台美關係得到了進展。但這只表示比《白皮書》（1949）和杜魯門宣言（1950）期間的關係稍好而已，國民政府的國際地位仍是十分模糊[11]。在聯合國等的一些場合中台灣尚不能完全代表中國，且隨著美國的日本本位的東亞戰略，國民政府的區域性角色也未能得到認同。相反的，美國國內卻充斥著把國民政府視為『警察國家』以及腐敗、獨裁體制的輿論，且這種反國民政府的氛圍又透過吳國楨事件而更加惡化[12]。

胡適已在回國前公開譴責過吳國楨，但他想從回國一事表示對蔣介石體制的支持，同時向國內外顯示國民政府為保障政治自由的穩定體制。為此，胡適積極運用了如 *Times*, *New York Times* 等美國的保守言論[13]。在國外記者招待會，他說明《自由中國》上刊載譯介海耶克（Hayek）與米塞斯

---

10 蔣介石，〈對國民大會報告〉，《總裁言論選集》（臺北：中興山莊，1955。

11 若林正丈，《台灣の政治》（東京：東京大學出版會，2009），頁 61-63。

12 吳國楨，《夜來臨：吳國楨見證的國共鬪爭》（香港：中文大學出版社，2009），頁 289-289；朱啟葆，〈吳國楨事件發展中的評議〉，《自由中國》10-6，1954 年 3 月 16 日。

13 實際上，他的訪台一事備受美國言論的關注，如評論家 George I Sokolsky 就把此事新聞化，文章刊登於 *New York Times.* Sokolsky 原為研究中國方面的專家，與 E. Snow 齊名，是位親中共的人物。但他回國後發現國共關係逆轉，且在 1945 年選舉時支持共和黨後轉為反共主義者，他尤其批判國民黨欠缺反共能力。Warren I. Cohen, *The Chinese Connection: Roger S. Greene, Thomas W. Lamont, George E. Sokolsky and American-East Asian Relations,* Columbia University Press, 1978, pp. 260-63；《胡適日記》1953 年 1 月 23 日。

（Ludwig von Mises）的文章，強調台灣有言論自由[14]，並說國民大會以後「自由中國正以驚人的速度向民主」，「中華民國新政府，將致力於自由中國各方面實行更多的民主改革」，甚至把蔣經國說成台灣的「麥卡錫」以及備受左派攻擊的愛國人士，都是基於這種理由[15]。

第二、在同樣的脈絡下，胡適試圖緩和自由主義知識分子與國民政府間的糾葛，而這種試圖得力於胡適與蔣介石政府以及自由主義知識分子之間的特殊關係。從上述內容可知，跟隨國民政府遷台的自由主義知識分子，一開始就加入了整頓蔣介石體制的行列，因為他們之間存有一些共識：即所謂反共、自由主義、民族主義的理念，共同經歷抗戰，內戰後退至台灣的處境，以及未能得到體制安全的保障而感到的現實上的不安等。然而最重要的共識還是以一種期待為前題，即國民黨以中國大陸上的失敗為鑑，能夠實現民主的政治改革。當時對美關係改善以及國民大會的召開，更加激起了他們對民主政治-美國式政黨政治與基本人權問題為核心－的期待[16]。這種情況下，他們不得不與國民黨政權的戒嚴統治有所衝突[17]。尤其，各級學校的黨部組織化與以蔣經國為首腦的全國性反共救國團組

14 胡適，〈從「到奴役之路」說起〉，《自由中國》，10-6，1954 年 3 月 16 日；《年譜長編》，頁 2372-2373。胡適指出殷海光翻譯海耶克的文章旨在批判國營經濟中心的國民黨體制。雖然殷海光表示否認，但他確認識海耶克理論的核心在於批判那種諧調政治民主與經濟平等的試圖，即批判那些在中國知識界廣泛討論的，以邊沁等英國功利主義系統的自由主義、國家社會主義等諧調自由主義與社會主義的意圖。殷海光，〈自由的倫理基礎〉，《文星雜誌》96，1965 年 10 月 1 日（殷海光，《思想與方法》（上海：三聯書店，2004）；F. A. Hayek，殷海光譯，〈自序〉，《到奴役之路》（臺北：臺大出版中心，2009）頁 1-2。

15 《年譜長編》，頁 2421-2422；《東亞日報》54 年 4 月 10 日。

16 當時自由主義知識分子就以「三黨訓政」實驗為開始，一直關注美國式的兩黨政治。他們雖同意以國民黨為中心的反共戰爭，但認為其先決條件應為國民黨需保障一些本質上的自由－思想自由與人權主障等。他們認為唯有美國式兩黨政治制度才能保障這些條件。其代表例子就是《自由中國》刊登並討論了蔣廷黻的中國自由黨（假稱）草案。〈中國自由黨綱領草案〉，《自由中國》2-1、2，1950 年 1 月 1 日、16 日。

17 白色恐怖一詞源於法國革命時期的恐怖政治，後來援用於表達冷戰時期的世界政治（包括美國）。台灣民主化以後，有關白色恐怖的研究調查已在歷史整理工作中得到了相當的成果。但從知識分子的一些相關回憶錄中也可推知當時的情況。張光直，《蕃薯人的故事：張光直早年生活的回憶及四六事件入獄記》（台北：聯經出版社，1998）；黃克武整理，《李亦園先生訪問紀錄》（臺北：中央研究院近代史研究所，2005），頁 41-44。

織[18]，以及所謂『白色恐怖』政策——即超乎社會日常統制與壓迫而擴大到大學與言論的知識分子方面的政治、思想上的統制等，更是激起了知識分子的危機意識。

> 在中國的現在，政治民主重於經濟平等。沒有政治民主，一切都無從談起。失去了政治自由的人，自身先淪為農奴，工奴，商奴，文奴，先失去了人身底身分……那裡還能爭取什麼經濟平等。……在中國必須先求政治民主，打開數千年死結……。

這一開始政治民主化運動的宣言就是這種危機意識的一種表現[19]。他們要求廢除黨治，實現民主憲政。尤其，「自由中國」通過有關國民大會的召開與蔣介石總統就任的評論，特地一一指出憲法上總統權的權限範圍[20]，同時要求能夠保障實質性行憲的一些條件——即保障個人人權，區分黨政軍，承認在野黨等。然而，當時戒嚴之下國民政府認為這些要求為共匪或者通匪等反現行體制思想和行為，彈壓或不理睬。

這種情況下，胡適再三強調言論自由與爭取言論自由實踐的重要性，並高度評價兼鼓勵『自由中國』的現實批判作用[21]，但並沒有將知識分子的政治要求做為公開的話題而加以討論。他反而強調自由民主主義只有在政治穩定的基礎能夠得到發展，且蔣介石既然宣佈要行憲「今後實行更多的民主措置，人民享有更多的自由」。這些都表明他雖然主張言論的積極作用，但卻試圖緩和蔣介石體制與知識分子社會間磨擦的意圖[22]。

其實戰後胡適始終反對知識分子的在野黨運動。他認為為了有效推動反共活動，自由主義勢力必須團結合一。尤其針對國民黨持批判態度的張

18 徐蛻，〈反共救國團的面面觀〉，《自由中國》10-1，1954 年 1 月 1 日。

19 〈政府不可誘民入罪〉，《自由中國》4-11，1951 年 6 月 1 日；殷海光，〈我為什麼反共〉，《自由中國》6-12；〈行憲六年〉，《自由中國》10-4，1954 年 2 月 16 日；〈行憲與守法〉，《自由中國》10-5，1954 年 3 月 1 日。

20 〈敬以諍言慶祝蔣總統當選連任〉，《自由中國》10-7，1954 年 4 月 1 日。

21 胡適，〈從「到奴役之路」說起〉，《自由中國》10-6，1954 年 3 月 16 日；〈胡適致雷震〉，1951 年 8 月 11 日，萬麗鵑編註，上引書，頁 23-24。

22 當然眾所周知胡適通過與蔣介石的個人關係曾要求台灣的民主改革。為此有人評價胡適戰後的行跡為對外反共、對內批判蔣介石，或一直追求「可行」的改革的漸進主義者、改良主義者。胡明，《胡適傳論》，人民文學出版社，1997，頁 989-996。

君勱[23]或張君勱蔣廷黻的第三黨運動提出批判說：那只是分散反共力量，反共鬥爭中不可能有第三領域或勢力。

然而，胡適一方面批判知識分子的民主化運動，一方面把美國說成自由主義體制的一種典範。即美國身為自由世界的宗主國，在短短的 200 年的時間實現了政治民主化與經濟上的富饒，堪稱先進文明國家。又說美國通過輿論與科學來運用國家政治，是能夠和平交替政權的先進國家。因此他認為台灣就如美國必須實現能夠保障言論和思想自由的民主體制，並且認為這就是能夠期待台灣發展的路線[24]。這當然是把自由主義視為在美國通用的政治文化的結果，但是胡適把反共置於優先於批判傳統和權威的地位，同時他在美國政治文化中不提及政黨政治等事，都應在冷戰情況的脈絡下值得深思。

這種冷戰式的認知與當時對國際秩序的認知形成表裏。因此，胡適在美蘇對峙形勢僵硬化的冷戰情況下，將台灣的進路與自由主義陣營予以同樣的看待。

> ……我們的命運，是連繫在自由世界的命運之上的，自由世界的力量增加，我們的力量也增加。自由世界有前途，我們也有前途。所以我們的希望，我們的生命都應該寄託自由世界的一塊[25]。且中國若充實扮演作為自由世界一分子的角色、增進自由，那就是伸長世界自由。[26]

當然，當時所謂自由世界就是美國的秩序體系，美國影響範圍，以及絕對的反共圈。胡適強調美國做為自由守護者的角色。他認為「中國的共

---

23 張君勱是第三黨運動的核心人物，他在三黨訓政的延長線上主張國民政府的政治改革，並數次勸導胡適加入其行列。對於內戰的責任問題，胡適認為是受蘇聯唆使的中共、美國大眾政策的失敗，但張君勱則強調蔣介石統治方式以及國民黨訓政體制本身的局限性。他主張美國應根據反共政策支援自由中國，但同時也要對國民政府的民主化做出一定程度的貢獻。對蔣介石的支持與否是他與胡適的不同處。他的立場主要體現在 1952 年美國（New York；Bookman Associate）出版的 *The Third Force in China,*（張君勱，《中國第三勢力史論》，中華民國張君勱學會，2005）。

24 胡適，〈五十年來的美國〉，《大陸雜誌》6-1，1953；〈美國的民主政治〉，《大陸雜誌》8-6，1954。

25 《年譜長編》，頁 2236。

26 《年譜長編》，頁 2228。

產主義化」就如東歐，是因為美國過早解除軍備的緣故；相反的，1947年以後希臘，土耳其就得力於杜魯門的軍事援助而防止了該國的共產主義化。他說尤其在 6.25 韓戰可知，美國確有守護自由世界的堅定意志，因此亞洲各國的安全與解放那些被共產主義化的北韓和大陸是要通過美國的世界戰略才能得到實現[27]。他認為美國為因應蘇聯的侵略才不得已採取那些防禦策略，其實美國一直追求民主主義，甚至無論在何地美國所追求的利益都是做為『自由人』的普遍利益等。從他這些對美國道德性信賴的論點可知，他的主張就以典型的美國式冷戰思路為基礎[28]。

當然胡適的這種思路是他把自由做為絕對理念的結果。胡適認為自由主義並不是 19 世紀遺產或資產階級的所獨有的，也不是被社會主義所補救的，而是做為普遍價值而被極力守護的近代文明的核心。在他看來，共產主義不過是這種普遍價值的一種反動力量。他的反共言說大都以他的這些立場為基礎[29]。反共就是守護自由的核心前題，故『自由主義』可說是絕對的體制理念。這與自由主義的理念化和虛構化是同樣的脈絡。

他的自由主義在現實層面是：對外是接受美國主導的世界秩序，對內則是支持蔣介石體制的意識型態。而其反共自由主義路線的核心就是：通過建立『對共產主義體制具有優越性』——即針對始終威脅自由的中共——的反共自由主義體制，在美國主導的自由世界獲得嫡統（正統）的地位。那麼，這種美國式反共主義究竟是如何形成的？我們應加探討其思想演變。

三、反共的理念背景：思想資源與其美國方面的淵源

（一）反共自由主義理念的思想資源

胡適並不是一開始就持反共主義者的立場。胡適沒有加入自由主義知識分子討論中國採用布爾什維克主義式社會主義問題的「社會主義論戰」，也沒有介入「仇俄論爭」，他甚至曾批判把蘇聯視為赤色帝國主義的

27 胡適，〈國際形勢與中國的前途〉，《自由中國》7-12，1952 年 12 月 16 日。
28 杜魯門，〈美國與世界〉，《自由中國》1-3，1949 年 12 月 20 日。
29 《年譜長編》，頁 2297。

張奚若思想的僵硬態度[30]。新文化運動時期開始，他的首要觀注點不在於反共，而在於反傳統，這一點使得他與早期馬克思主義者李大釗和陳獨秀等人享有高度的共識。做為實驗主義者的胡適，並沒有把自由主義視為一種特定理念，卻把它看作民主主義的一般原理或方法。因此，對他來說，他沒有理由把社會主義視為特定理念而加以反對。胡適在所謂「問題與主義論戰」中所採取的態度，也可在這種脈絡下得到理解。

當然眾所周知，一次世界大戰之後，中國知識分子雖在大眾政治理念層面上反對共產主義，但在彌補資本主義和議會制問題方面上，對社會主義理論與政策持有開放的態度。同樣，胡適在《新月》時期的同事徐志摩與羅隆基，以及《獨立評論》時期的同事丁文江、翁文灝等人都對英國的費邊主義（Fabianism）者，拉斯基影響下的唯物論，以及除掉暴力革命、階級獨裁論的社會主義理論表示首肯[31]。尤其是經濟大恐慌和九一八事變之後，1930 年代的中國知識分子高度關切蘇聯式計劃經濟的效率性，其中張君勱，張東蓀所組織的國家社會黨的論旨，以及丁文江的新式獨裁論都是受這些影響所致[32]。

---

30 張奚若，〈蘇俄究竟是不是我們的朋友〉，《晨報副刊》1925 年 10 月 8 日。

31 羅斯基，徐志摩譯，〈共產主義的歷史的研究〉，《新月》2-2，1929 年 4 月 10 日；羅隆基，〈論共產主義〉，《新月》3-1，1930 年 3 月 10 日；丁文江，〈評共產主義並忠告中國共產黨員〉，《獨立評論》51 號，1933 年 5 月 21 日：羅隆基是 H. Laski 的學生，也是一位費邊社會主義者，他對把國家視為階級獨裁手段的馬克思主義國家理論採取批判的態度。丁文江也對馬克思主義理論持批判的態度，但其重點與其說是在馬克思主義本身，不如說是在於自稱第三國際支部而已被教條化的的中共的政策與態度。如今丁文江接受費邊主義的經過尚未被証實，但他主張的「獨裁首領要能夠利用全國的專門人才。獨裁首領首領要利用目前的國難問題號召全國有參政資格的情緒與理智，使是他站在一個旗幟之下。」等新式獨裁論顯然是受費邊主義的影響所致（丁文江，〈民主政治與獨裁政治〉，《獨立評論》133，1934 年 12 月 30 日；〈再論民治與獨裁〉，《獨立評論》137，1935 年 1 月 27 日；傅斯年，〈我所認識的丁文江先生〉，《獨立評論》188，1936）。還有，丁文江在 1933 年遊走蘇聯後，對蘇聯的科學發展等方面持友好立場，這可從其刊載於《獨立評論》的蘇聯遊記中得佐證。另外，羅隆基、丁文江、胡適等自由主義知識分子批判蔣介石對中共的武力統一政策，主張通過民主發展的政治解決方案。此外，王世杰也很早就對費邊主義持有濃厚的興趣。（王世杰，〈民眾運動與領袖〉，《現代評論》3-54，1925 年 12 月 19 日）。此外，胡適、羅隆基、丁文江等自由主義知識分子批判蔣介石的武力統一政策，強調以擴大民主為政治解決方案。這種情況不同於以後冷戰時期絕對的反共反蘇論。

32 Roger B. Jeans, jr., *Democracy and Socialism in Republic China*: Rowman & Littlefield Publishers, Inc. 1997, pp. 149-200；陳儀深，《獨立評論的民主思想》（臺北：聯經

胡適的思想歷程也大致與其他中國知識分子相似。他早在 1926 年的蘇聯旅行中肯定過蘇聯式社會主義的實驗[33]，且在 1931 年 7 月 31 日與美國自由主義者 Alfred M. Bingham（1905-1998）的交談中，舉出蘇聯與義大利的例子說明中國並不需要西方的政黨政治，並擁護了中國的五權憲法體制[34]。這是因為他從重視效率性的現代化論立場參考蘇聯體制的緣故。

然而，這種重視效率性的立場也就成了胡適擁護國民黨而轉變為體制理念家的基礎[35]。胡適在九一八事變後的抗日戰爭中，認為中國的現代化是生存於現代世界的最基本的方法，因此胡適在《獨立評論》主張以國民黨為中心的抗日戰爭論。此時，他呼籲國民黨實行憲政的同時，多少緩和了過去那種「人權論戰」式的批判國民黨的態度。當然，當時他對國民黨的支持並不是由於國民黨的黨治體制，而是基於國民黨能夠體現現代民主政治制度的一種期待，且他的這種期待就是以當時國民政府所推行的地方自治事業等為根據。因此胡適在《獨立評論》時期一方面支持以國民黨為中心的抗戰，一方面不斷呼籲、期待國民黨的政治改革。

> 我們現在不願意「以議會政治論和國民黨相爭」，因為依我們的看法，國民黨的「法源」，《建國大綱》的 14 條和 24 條都是一種議會政治論。……國民黨如不推翻孫中山先生的遺教，遲早總得走

出版社，1989）頁 71-72。

33 《胡適日記》1926 年 7 月 31 日，8 月 2 日；〈致張慰慈〉（1926 年 7 月末，8 月初）〈致徐志摩〉，《胡適書信集》23，安徽教育出版社，2003，頁 494-496，504-509。1926 年胡適走訪蘇聯和英國時，他對蘇聯革命博物館等政治社會教育制度深表感動，說雖然不一定要贊同蘇聯的政治理念，但若要學習就該蘇聯，而不是英國。當時胡適的政治認識請參照羅志田，〈「五四」到北伐期間胡適與中共關系〉，《近代史研究》2003-4。

34 當然，胡適並非支持國民黨式的黨治體制。胡適主張被統治者能夠和平的方法改選統治者就是民主政治的核心，因此他堅守一種原則：即對中共問題採取（非武力的）政治統一、對國民提供政治訓練的機會以實施自治。此前，1932 年 2 月 13 日胡適所主導的《獨立評論》在獨立社聚餐會上取消黨內無派與黨外無黨的原則，承認國民黨自身分化與國民黨外政黨體制為其正式立場。不過，胡適認為針對走向政黨政治體制的方法而言，國民黨的分化比起黨外勢力更有現實可行性。《胡適日記》1932 年 2 月 14 日。

35 這種思路就是楊端六等《現代評論》派加入國民黨的思路，是蔣廷黻等《獨立評論》同人主張「行政現代化」而參與國民政府時所提出的根據。端六，〈廣州的現狀〉，《現代評論》4-93，1926 年 9 月 18 日；閻書欽，〈抗戰時期國統區的學者從政潮流與《新經濟》半月刊的創辦〉，《清華大學學報》2007-4。

上民主憲政的路。而在這樣走上民主憲政的過程上，國民黨是可以得著黨外關心國事的人的好意的贊助的。[36]

然而，他在抗戰過程中完全拋棄了多少對國民黨的批判態度。那是因為他積極解釋南京政府的成果而偏向其現代化政策的緣故。這可從他寫給主導抗戰工作的翁文灝的書信中窺得一斑。

> 我最近曾對人說，國家的進步退步都是依著幾何學的級數進的。近十年的建設與進步，愈來愈快，確有幾何學的級數之象。……連我這平日反對無為的人，在前年也曾發表建設與無為的議論，明白的反對那初期的盲目建設，認為病民擾民，不如與民休息。直到前年，我在稍稍轉變過來，去年在國外作文時明白的讚揚國內建設的進步。我的轉變也有正是因為最近二三年中，人才稍多，計劃稍周詳，而成績之積聚稍多亦是一個重要原因。[37]

胡適積極評價國民黨的現代化政策的同時，對翁文灝表示支持的態度。胡適認為國民黨體制是有效率性的現代化的主體，且視抗日戰爭本身為國家建設的一環[38]。他就任駐美大使也基於這種思路，即參與國家建設過程。

那麼，支持國民黨體制的胡適進而成為反共主義者的契機究竟為何？我們首先可推論那是為了對付威脅國民黨體制的共產主義。但是胡適的反共主義問題不應局限在胡適個人的層面上討論，應從中國自由主義的思想轉變，以及冷戰主導勢力的成長過程層面上理解，為此我們需要思想史方面的探討。尤其，我們需注意他在 1938 年出國以後長期居住美國一事，應全面探討他歷經抗戰、內戰、冷戰時期的思想體驗。

有趣的是，胡適曾明確表示了其反共主義的思想資源以及其端倪，那是在 1954 年 3 月 5 日由「自由中國社」主辦的回國歡迎會的演講上[39]。胡

---

[36] 〈從民主與獨裁的討論裏求得一個共同政治信仰〉，《獨立評論》141，1935 年 3 月 10 日。

[37] 〈致翁文灝〉（37 年 5 月 17 日），中國社會科學院近代史研究所民國史研究室，《胡適來往書信選》中（香港：中華書局，1983）。（以下簡稱為《書信選》）

[38] 〈統一的路〉，《獨立評論》28，1932 年 12 月 27 日。

[39] 演講原文以〈從「到奴役之路」說起〉為題，登載於《自由中國》10-6，1954 年 3

適在這次演講中提及曾在《自由中國》譯介的海耶克（F. A. Hayek）與米塞斯（Ludwig H. E. von Mises），以及美國保守主義雜誌 *Freeman*，並表明了其理念根據。按照他的說法，海耶克與米塞斯不僅重新詮釋了個人的自由，進而論證了一些觀點：即一切社會主義與計劃經濟不能與自由主義兩立，最終都以獨裁為依歸；自由主義體制不必移行社會主義階段，反而唯有自由主義是能夠持續發展人類文明的解決方案等。與此同時，胡適公開反省過去一度摸索社會主義路線的行徑，批判、否定了中國自由主義知識分子所熟悉的費邊主義等一切社會主義[40]。他說若看 *Freeman* 等文，過去美國的社會主義者如今都已轉向，並且從現實層面來看，歐洲的極左（布爾什維克主義）與極右（法西斯主義）的實驗都已告失敗，戰後採取社會主義路線的英國、紐西蘭等許多國家也已轉向資本主義等，這些都表明廢棄社會主義轉向自由主義，是世界的普遍趨向。如此，他坦稱其反共主義根基於海耶克等人的思路與他對戰後現實的一些認知。

這可從他的《日記》、《書信》中窺得一斑[41]。我們來看 1953 年 11 月 24 日的《日記》：

> ……《自由中國》（IX, 5-6）有殷海光君譯的 F. A. Hayek's *The Road To Serfdom* 的兩章。其第二章之首有引語：
>
> 那常使國家變成人間地獄者，正是人想把國家變成天國之一念。（F. Hoeldorin）
>
> 我在一九四一年也曾說：All social radicalism must inevitably lead to political dictatorship, because only absolute power can achieve the task of radical revolution, only violence & unlimited terroristic despotism can accomplish the complete overthrow of the extant order & present its return or revival.
>
> Hayek 此書，論社會主義與自由不能共存，其意甚可取，我在二十年前，尚以為 Socialism is a logical sequence of the democratic movement，近十年來，我漸見此意之不是，故蔣廷黻兄提議我們發

月 16 日。

40 《胡適日記》1953 年 11 月 24 日。

41 胡適對海耶克的關注可從他致雷震的書信（54 年 2 月）中得到確認。〈胡適致雷震〉（1954 年 2 月 22 日）萬麗鵑編註，上引書，頁 64。

起一個「社會黨」，我不贊成。我是一個自由主義者，其主要信條乃是一種健全的個人主義（individualism），不能接受各種社會主義信條。

由上引文可知，他的反共主義思想雖受了海耶克的影響，但其萌芽已在 1941 年形成，且深深影響了他在戰後的政治路線。

就如上述內容，胡適關注海耶克（Hayek）與米塞斯（Mises）的原因在於，他認為這兩人是從社會主義的攻擊中守護自由主義的人物。他說，這兩人擁護個人經濟活動的無限度自由，因此克服了以往自由主義者的局限性—即後者同時追求政治民主與經濟平等而最終被共產主義所利用。這雖然是一種自由主義對抗社會主義的冷戰式思考，但是通過這一點，我們可知其反共思路的核心在於分離政治自由與經濟平等上。

眾所周知，海耶克是沒有承襲當時的一般學說——即把納粹主義=極權主義（Totalitarianism）的起源歸於資產階級對社會主義反彈，卻強調其社會主義根源的人物。因此他對社會主義持有批判的態度，並且其理論的核心為國家主導的一切計劃最終都歸於獨裁或極權主義。他衝著戰前蘇聯持有好感而戰後擔任英國勞動黨-即執政黨理論家的拉斯基，全面批判那些主張專業知識分子的政治參與與計劃經濟的費邊主義。他認為知識分子不可能計劃經濟，且計劃經濟本身就是德國式的、極權主義的想法[42]。海耶克一方面反對國家權力介入個人的經濟活動，另一方面則為了減弱國家權力，強調國際性法治，進而提出了國際聯邦的解決方案[43]。這與後面會論述的胡適的國際主義傾向，以及他追求以美國為中心的世界秩序，都有着密切的關係。

海耶克老師輩的米塞斯[44]也站在同樣的立場。米塞斯以古典經濟學為基礎的貨幣理論主張政府不應干預經濟。他在二戰中流亡美國以後，綜合

---

[42] F. A. Hayek's, *The Road To Serfdom*（韓譯本，2006），頁 109。

[43] 上引書，頁 281-282、322。

[44] Ludwig H. E. von Mises 是匈牙利籍猶太人，畢業於維也納大學，為奧地利經濟學派的巨擘。他以紐約大學的招聘（基金）教授展開一系列的研討會活動，並在 *New York Times*, *Freeman* 等發佈文章，對社會主義的批判進行理論化工作。他曾以古典經濟學的貨幣理論為基礎，反對政府干預經濟，更在一次大戰以後，批判政府的經濟干預與社會主義政策以及保護貿易主義等。同時他認為社會主義體制中不存在價格與成本概念，導致無法進行合理的經濟計算，自然無法解決資源的合理分配、對經濟恐慌的因

研究妨礙資本主義發展的因素，認為極權主義的出現源於社會主義與官僚主義以及民族主義的結合，因此主張落後社會中若有民族主義與社會主義的結合，必然會導致不堪設想的後果。這正與日後胡適的批判——中國共產黨巧妙運用民族主義——相為互應[45]。當然這種思路的結論是唯有自由主義以及擴大市場經濟才是保障人類文明發展之路[46]。

海耶克（Hayek）與米塞斯（Mises）的這種思路，早在 1930 年代末起透過 Esatman 等美國的反共主義者頻繁介紹至美國，戰後則通過 *New York Times*, *Freeman*, *National Review*, *Reader's Digest* 等保守言論盛行於美國。因為這附合戰後美國的意識型態，即透過理念上對歐洲式傳統社會主義批判，說明冷戰時期美國的『反共主義』,『美國第一主義』，自由企業發展是美國繁榮的根源。關注美國輿論的胡適，自然就接受了這種看法。

胡適看待他們的學說，並不是以美國主流社會科學學說，而是以『做為社會主義批判理念』來看待的。若考慮到當時的冷戰情況，他的這種態度確實具有相當的意義。即，首先海耶克與米塞斯的思路不同於過去中國知識分子的自由主義傳統。因為他們從市場經濟角度討論自由問題，把自由問題歸於個人主義，故不同於 J. S. Mill、T. H. Green 等那些強調國家干預來保障自由的英國式自由主義傳統；同時也不同於那些中國近代自由主義的傳統——即很早就在英國式自由主義傳統中以國家－社會－個人的相互關係為中心思考；進而這也表示與抗戰、內戰時期中國自由主義知識分子思想經驗斷絕——他們曾在自由理念中接合平等價值以尋求新的可能性。諷刺的是，與

應等問題而注定失敗。1930 年代末他流亡美國，他的早年著作 *Socialism: An Economic and Sociological Analysis* 在 1936 與 1951 年由 London: Jonathan Cape 與 Yale University Press 英譯出版，他的理論在 *New York Times* 被介紹後，其名聲也隨之在英語圈內有所提高。雖然他在戰後一段時期於哈佛大學執教，筆者認為胡適也應是從 *New York Times* 的介紹得知他的理論。胡適與《自由中國》的知識分子解釋米塞斯的最大功勞，是在於他論證了國家對經濟的干預可能導致專制主義的這一點上。Hulsmann, *Ludwig von Mises ; The Last Knight of Liberalism.* Ludwig von Mises Institute, 2007; Diggins, John P., *Up From Communism,* Harper & Row, 1975, pp. 201-233。

45 《胡適日記》1951 年 9 月 8 日。

46 其代表作為 1956 年出版的 *The Anti-Capitalistic Mentality,* (Libertarian Press)。該書的提要曾登載於 1957 年 *US News & World Report*，主編《自由中國》的夏道平首先把提要譯介於《自由中國》（《自由中國》16-1，2，3，4，1957），後來翻譯、出版了該書全文（米塞斯，Ludwig von Mises)，夏道平譯，《反資本主義的心理》（臺北：自由中國社，1957）；米塞斯，夏道平譯，《被誣衊了的資本主義》（臺北：經濟安定委員會工業委員會，1957）

他關係最為親密的同事丁文江、翁文灝，則致力於參考費邊主義和凱因斯，形成強烈的對比。他所謂的『個人主義』其實是告別中國近代自由主義的一切經驗——即在自由的理念中兼顧經濟平等而追求國家建設。

（二）反共主義的美國起源

胡適將海耶克作為其反共自由主義思想的原典，並指明了其起源。他從 1941 年初就已經認識海耶克式的論點。其根據就是 1941 年 7 月 8 日在 Detriot, Ann Aribor 的 Hill Auditorium 舉行的 "The Conflict of Ideologies" 為題的演講。這說明他的反共理論已經在 1947 年公認為冷戰宣言的杜魯門主義出現之前萌芽，並從在他的美國體驗中逐步形成。

考慮到 1941 年中國的歷史狀況，這樣的事實還是頗具象徵性的意義。1941 年，隨著中國抗戰的開展，通貨膨脹、糧食危機等社會問題越來越重[47]。皖南事變、中國民主政團同盟的出現等，各種勢力關係的變化也十分顯，這表示戰後的各種事情都開始在萌芽。特別是（與胡適對比而）追求自由主義的中國體現或「本土化」的民盟的出現，是一個很好的體現。

那麼，胡適的反共主義又是如何反映當時美國的狀況？當時他為這次演講「認真準備了 4 周」[48]。隨著三國結盟（40 年 9 月）、德國進攻蘇聯（41 年 6 月），第二次世界大戰全面展開，在這樣的背景下，他作為駐美中國大使，有必要促進美國的積極參戰以及援助中國。這次演講就是為了說服當時美國社會根深蒂固的孤立主義和反蘇主義輿論而作的。演講以當時「民主國家的領袖們開始有組織的進攻和防禦極權主義國家」的時局分析為背景，強調了對於威脅自由主義的極權主義的防禦性對應的必要性。

---

[47] 金沖及，《轉折年代：中國的 1947》（北京：三聯書店，2002）頁 172-176。例如，以 1939 年 6 月為標準的物價總指數在 1940 年 12 月為 391，但在 1941 年 12 月上昇為 1029。1946-47 年內戰期間的惡性通貨膨漲實起於此時。1941 年圍繞世界大戰因應方案，美英中蘇間的國際關係日呈複雜局面，此時美國和中國充斥著各政治勢力之間的社會議論。在美國，美國政府採取了羅斯福的參戰路線，但至於如何認識與敵對國蘇聯合作，則社會意見分歧。在中國則以新四軍事件以及史迪威事件等為代表的與共產黨、與美國的矛盾日益具體化。George C. Herring, Jr, *Aid to Russia, 1941-1946,* Columbia Univ. Press, 1973。

[48] （《胡適日記》1941 年 7 月 8 日）；演講稿全文登載於當年度 *The Annuals of The American Academy of Political and Social Science* 218（1941 年 7 月）號上。後來又刪掉前邊的一部分，以「民主和極權的衝突」為題譯載於《自由中國》的創刊號上。

他特別分析了極權主義的理念和宣傳體系，強調了對於自由主義的理念攻勢，提出自由主義理念化的必要性。當然這是一種將反對自由主義的體制全部視為極權主義，強調維護自由主義的一種典型的美國式冷戰思維。

這一演講稿實際上援引了另外兩個人的理論。分別是美國總統羅斯福於 1940 年 11 月以及 1941 年 1 月發表的兩次演講，以及 Max Esatman 的極權主義論。前者是宣佈美國為應對德國、奧地利、義大利三國同盟介入世界大戰的具有紀念碑意義的演講。胡適主要引用了其中的兩個觀點。第一，世界大戰是美國、英國、法國、中國等民主國與德國、意大利、日本等軸心（極權主義）國之間的戰爭。第二，將美國式的自由主義體制絕對化，並將此作為參戰的依據。羅斯福認為自由主義並不像社會主義或者極權主義者所批判的那樣，單單是過去的遺留物，而是能夠持久發展的價值，這一點可以透過美國安定的政治秩序以及經濟繁榮得到證明。世界大戰就是應對蹂躪這種自由的極權主義國家，維護自由體制的戰爭，美國作為自由這一絕對的、普遍價值觀的守護者，理所當然應該參戰。這可以說是一種為了維護自由美國而提出的參戰論。

Max Esatman 的全體主義論列舉了暴力革命、階級革命、一黨專政、獨裁政治等二十多種極權主義體制的特徵，強調了自由主義體制的相對優越性。Max Esatman 在胡適留學美國時是一位進步作家、社會主義者、國際主義者，但當時連續出版了 *The End of Socialism in Russia*, (London in 1938), *Stalin's Russia and the Crisis in Socialism* (1939), *Marxism: Is It a Science?*（1940）等著作[49]，是一位具有代表性的反共主義者。他以自己的

---

[49] Max Esatman, "Biographical Introduction", *Reflections on the Failure of Socialism,* Devin-Adair co., 1955; O'Neill, William L., *The Last Romantic: a Life of Max Eastman,* Transaction Publishers, 1991; John Diggins, *Up From Communism,* Harper & Row, 1975; *Encyclopedia of Marxism* (http://www.marxists.org/glossary/people/e/a.htm#eastman-max 或 http://www.marxists.org/archive/eastman, http://en.wikipedia.org/wiki/Max_Eastman。為了了解胡適思想的背景，有必要來看一下 Esatman 的生平。Max Esatman 於 1883 年出生於美國紐約，在第一次世界大戰時，正在胡適的母校哥倫比亞大學哲學系攻讀博士學位，當時他積極領導進行各種反戰運動和人權運動，是一個活躍的美國初期社會主義者。當時他就出版了專業文學批評著作 *Enjoyment of Poetry* (New York: C. Scribner's Sons, 1913)和 *Journalism Versus Art*,(New York：A. A. Knopf, 1916)，受到學界的關注。此外在 1913-22 年期間，創辦社會主義藝術雜誌 *The Masses,(1913-18)*和 *The Liberator* (1918-23)，並擔任主編。他參與了許多反對美國參加第一次世界大戰的進步輿論活動。特別是他支持立足於威爾遜主義的世界國

蘇聯留學經驗（1922-23）為背景，把作為普遍理念的馬克思主義和現實中的蘇聯社會主義體制的背離現象，用平易近人的語言說明，在大眾範圍內有很大的影響力[50]。1941 年他與同樣是杜威學生、進步知識分子以及反共主義者的 Sideny Hook（1902-1989，紐約大學哲學係教授）等人圍繞英國、蘇聯的反法西斯主義聯合論展開討論[51]。當時他主張布爾什維克主義或者斯大林體制也不過是一種極權主義[52]。

家，批判美國式的愛國主義，並因此受到了政府的鎮壓。(Max Esatman, "The Religion of Patriotism", *The Masses,* July 1917; Max Esatman, "Wilson and the World's Future", *The Liberator, n.* 3, 1918)這種情況暗示著留美時期胡適已熟悉他。俄國革命以後，他成為馬克思主義和布爾什維克革命的積極擁護者。1923 年他為了研究馬克思主義前往蘇聯，看到當時蘇聯的排他主義和內部權力鬥爭的現實後感到失望，重新回到美國。他從 1925 年開始寫批判斯大林體制的文章，採用了許多托洛茨基的觀點。他與當時逃亡到墨西哥的托洛茨基取得聯繫，並將其著作翻譯成英文。雖然他批判斯大林體系的觀點並沒有被美國左派人士所接受，但是因為他的著述都是以寫實性的描寫和作家式的敘述為背景，因此不管左翼還是右翼，都大量引用了他的著述。經濟大恐慌之後，他完全清算了自己的左翼關係，擔任了 *Reader's Digest* 的主編，並在 *National Review* 等保守雜誌上發表了許多批判馬克思主義的文章。30 年代末，他和同樣是杜威學生、社會主義者的 Sideny Hook（1902-1989，紐約大學哲學系教授）圍繞馬克思主義的現代實用性問題展開討論。50 年代以後，他作為保守知識分子和作家活躍在美國知識界。特別專注於海耶克，米塞斯的理論，致力於普及反共主義。他的代表作 *The Reflection on the Failure of Socialism*, (Devin-Adair co., 1955) 在國內也有翻譯。（李起鴻譯，《社會主義의終末論》（乙酉文化社，1956）胡適非常喜歡讀 Esatman 主編的 *Reader's Digest*。Mrs. Esatman 的"Stalin's American Power"一文也是刊登在 *Reader's Digest,* 39 號（1941）上的文章。（《胡適日記》42 年 1 月 8 日）。

50 Max Esatman, *The Reflection on the Failure of Socialism*, Devin-Adair co., 1955.

51 眾多美國知識分子參與了這場討論，其主要焦點就是美國介入歐洲戰場和東亞的方式問題。到底是為了對抗比反法西斯主義更大的敵人共產主義而說服德國，與英國、法國以及日本結盟？還是與蘇聯攜手，聯合英法共同對抗日本和德國。自從德軍進入英國海峽以後，羅斯福的參戰論就開始得到更多的支持。美籍德國人以及天主教團體始終反對與蘇聯攜手開展反法西斯戰爭。他們主張援助中國，在中國建立強大的反蘇聯合戰線。並在之後與共和黨一道，對杜魯門時期的亞洲政策產生了很大的影響。論爭的具體觀點和範圍可以參考 George C. Herring, Jr, *Aid to Russia, 1941-1946: Strategy, Diplomacy, the Origins of the Cold War,* Columbia Univ. Press, 1973 和 Sidney Hook 的書信集(Edward S. Shapiro, *Letters of Sidney Hook: Democracy, Communism, and the Cold War,* M E Sharpe, 1995)。Sidney Hook 作為杜威的高徒，是一個在當時一直堅持進步的立場，戰後則迅速轉變為反共主義者的人物。他作為麥卡錫主義盛行的 1953 年最具影響力的自由主義者，主張「應當在各個行業中驅逐共產主義者，因為共產主義者正通過廣播、電視、商店等收入策劃大眾暴動」。這促進了美國冷戰理念的形成。David Caute, *op. cit,* pp. 52-3, 151。

52 Esatman 很大程度上受到了米塞斯和海耶克的影響，並致力於將他們的理論予以大胡適的演講是建立在上述兩人理論的基礎上的，他認為極權主義和民主主義體制的差別不僅是「民主」和「反民主」的形式上的不同，他試圖從哲學的角度來分析「個人主義」和「極權主義」的區別。這可以說是在個人主義的立場上批判極權主義[53]，胡適首先將包括共產黨在內的納粹主義和法西斯主義歸類為極權主義，並針對其「意識形態」和宣傳體系進行了分析。他對急進過激性和單一主義，以及「世界革命」、「無產階級獨裁」、「永久革命」論、「計劃經濟」等極權主義的意識形態以及方法進行了批判，論證了基於民主主義、漸進改革論以及個人主義等的自由主義體制的相對優越性。當然，演講的主題還是將世界大戰認定為自由主義和極權主義之間的理念戰爭，並在這樣的背景下分析中國抗戰的意義。

但是胡適認為「意識形態」不是單純的思考體系或煽動，他將其定義為「通過長期宣傳在特定集團中內在化的一種教義」。因此意識形態的矛盾是人生、社會、經濟組織以及政治機構方面的對立思考體系間的實際糾葛。這與杜魯門冷戰宣言所表達的「生活形態的對立」是一致的。他將極權主義意識形態認定為一種為了影響大眾，為了攻擊民主主義而提出的非理性、不實際的烏托邦，並將其排除在合理的討論的對象之外。通過強調極權主權

眾化的工作。John P. Diggins, *Up From Communism,* Harper & Row, 1975, pp. 201-33；海耶克在《到奴役之路》中介紹了 Esatman 的生平和批判斯大林主義的理論。F. A. Hayek，殷海光譯，《到奴役之路》（臺北：臺大出版中心，2009），頁 34-35。Esatman 也把海耶克的文章連載在 *Reader's Digest* 上，並出版《到奴役之路》縮略版，並發行了幾百萬部。他是將海耶克和米塞斯的理論推廣至美國大眾的主要人物。他們在 50 年代麥卡錫主義時期也積極活動，胡適的反共主義以及對於海耶克的解釋應該也是受到了他的指導。

53 這一點呈現在他的主要論旨中，例如「極權主義最重要的特徵就是從根本上的否定多樣性、不允許個人的自由發展，要求強制的統一形態發展。政治生活、宗教生活、知識生活都是如此，經濟生活也不例外。政治生活方面，同軍事系統一樣，由小組來計劃、控制所有事情，因此要求對領導人有絕對的忠誠。並且要清除一切的反對和批判。知識生活中也一樣禁止思想的自由和表現的自由，科學和教育都要服從黨和國家利益，思想不能違背黨的路線方針」，「民主主義生活方式從根本上來看是個人主義的生活方式。在歷史上，這是從對於國教的反對開始的，宗教自由主義者為了在壓制中維護他們的自由，獻出了自己的生命與財產。個人以自己的方式敬拜自己的神是民主主義精神的發端。像這樣不服從國教的思想和思想、輿論、集會自由有著密切的關係。民主制度就是不屈從於國教的精神的產物。」，「極權主義體制對於傳統的資本主義組織，大企業等組織或者公共團體等多樣的生產組織做出一律的規定，因此注定會失敗。所以為了維護開放主義、漸進主義、民主主義，必須與全體主義進行鬥爭。」

對自由主義的攻擊性，反過來證明為了守護自由主義有必要將其理念化[54]。值得關注的是極權主義的範圍。胡適將納粹黨、托利黨以及所有馬克思主義都定義為極權主義，也就是說不僅僅是法西斯主義、蘇聯共產主義，連英國式的社會主義也都作為極權主義的勢力來看待。可以說這是在意羅斯福為「自由」而參戰的參戰論基礎上，兼顧美國社會中存在的反蘇、反共主義立場而做出的演講。特別是與當時關於極權主義的一般理論不同，他並未將狂熱的基督教集團歸類為極權主義團體，這應該也是考慮到當時美國國內基督教團體對於中國進行援助，並且堅持反共反蘇立場的現實而做出的決定。

因此說胡適的反共主義是以羅斯福和 Max Esatman 的理論為框架，綜合反映了美國的具體情況。這在他的現實認識上也有所反映。最引人注目的就是他對於羅斯福理論的全盤接受。胡適直接參加了 1941 年 1 月 6 日和 21 日成功贏得三選的羅斯福的國會演講和總統就職儀式，並且被他的演說打動[55]。羅斯福為了說服國會的反戰輿論進行了演講。胡適將演講按照背景、參戰名分、政策基調、目標、實際意義的順序整理下來，轉達給了友人和蔣介石。同時強調了羅斯福的卓越領導能力以及對於新世界的展望，也就是「世界萬民共享思想和宗教的自由，從欲望和恐怖中解放出來，建立有道德的世界秩序」的四大自由論[56]。

當然，羅斯福的演講受到了當時已經參戰的各勢力的歡迎。在當時，日本已經侵略到越南等東南亞地區的情況下，美國的對日經濟封鎖措施以及全面參戰的宣言是各方苦苦等待的事情[57]。特別是，國民政府想要借此機會成為世界大戰的主體，以提升中國的國際地位，並在美、蘇的實際援助下取得抗戰勝利[58]。實際上國民政府在此後，依據羅斯福的構想，成了美國正式的友邦，並作為世界四大強國之一登上了國際舞臺[59]。

---

54 “The Conflict of Ideologies”《胡適全集》33，頁 211-2.

55 《胡適日記》1941 年 1 月 6 日、23 日。

56 原文中將 12 月 29 日的電視演講和 1 月 6 日的國會演講詞的內容整理在一起。〈致陳布雷電〉,(1941 年 1 月 10 日),頁 549-550;42 年 1 月 6 日《胡適全集》24 頁 549-551。

57 〈翁文灝致胡適〉(1940 年 1 月 7 日,8 月 12 日,10 月 15 日,10 月 19 日),〈傅斯年致胡適〉(1940 年 8 月 14 日);〈致陳布雷電〉(42 年 1 月 6 日),〈王世杰致胡適　周鯨生〉(1940 年 12 月 8 日),《書信選》中,頁 449,472,487,474-80,505-6。

58 〈翁文灝致胡適〉(1941 年 3 月 5 日),《書信選》中,頁 515。

59 西村成雄編,《中國外交と國連の成立》(法律文化社,2004)。

但是，胡適對於羅斯福的狂熱並不僅僅是因為當時的時局。胡適早已具備能夠接受美國式自由主義並將其信念化的心理機制。那就是在他留學時期對於威爾遜主義的認識。其實對於羅斯福的好感最初也是因為他在威爾遜政府工作過這一點開始的。胡適認為國際社會也應該像個人關係一樣，按照自由的原理來構成，他信奉威爾遜主義的核心——即主張以美國為中心通過團體協議管理國際秩序的。這也是以「力量必須得到合理而正當使用」的杜威精神為背景的。

胡適的這種國際主義在日本侵略滿洲以及抗戰的過程中已經體現出來。他認為滿洲事變是對中國主權的侵害，違反了威爾遜提出的九國條約，因此應該呼籲美國主導的國際公論的干涉，這種外交解決論就是胡適國際主義的體現[60]。另外，胡適作為駐美大使，主張美國應該積極介入中日之間的國際問題，他的這種主張也不僅僅是外交上的說辭[61]。胡適提出的這些主張是以相信美國主導的國際社會公論不會容忍日本侵略這一信念為基礎的。胡適一貫的主張是：美國擁有能夠形成維護世界和平的公論、推動具體措施的意志和力量，並且有著一貫的外交政策，因此美國一定會介入戰爭，今後的世界秩序也一定是在美國的領導下展開[62]。

眾所周知，羅斯福是倡導介入第二次世界大戰，通過重建戰後世界秩序，將威爾遜主義現實化的人物[63]。戰後美國憑藉壓倒性的軍事優勢，促進了美國式反共主義的形成，在這一過程中，威爾遜主義者們起到了核心的作用。因此同樣是威爾遜主義者胡適的人生軌跡，也可以說是理所當然的。特別是他同意二戰就是形成世界新體制的契機。因此他對羅斯福的支持雖僅是一個媒介環節，但這也決定了戰後國際秩序的展望以及其現實路線。

胡適預測戰後的世界秩序時，認為可以在美國的領導下建立一個抑止戰爭的強大集體安全保障體制[64]。具體來說就是由美國和英國主導、中國

---

60 〈究竟那一個條約是廢紙〉，《獨立評論》19，1932 年 9 月 25 日。

61 《胡適日記》1940 年 9 月 27 日中，胡適說他已在 1936 年德國、奧地利、義大利三國簽訂防空條約時就已期待三國聯盟的成立。

62 "What can America Do in Far East Situation?" *Amerasia* 2-6, 1938。

63 Elizabeth Borgwardt, *A New Deal For The World: Ameica's Vision For the Human Right*, Harvard UP, 2007。

64 "To Win and Keep the Peace," *The Peabody Reflector*, 15-11, 1942：關於戰後威爾遜

以同盟國的資格參與的維護民族獨立和世界和平的國際組織。其主要依據是體現威爾遜和平構想的大西洋憲章的原理[65]。此外，從同樣的思路下，還構想了戰後亞洲各國的獨立、解除日本武裝以及相應的佔領政策。因為這些都是以重視中國的國際作用的羅斯福的構想為基礎的[66]，所以他認為中國在轉換為英美式民主國家後可以在東亞起到中心的作用。

當然這樣的戰後構想在當時並不是胡適專有的立場。但是對胡適而言，對於以美國為中心的世界秩序的期待並不只是單純的戰略思考，而是已經信念化的一種想法。這可以通過下面的引用文得到驗證。

> 晚上與外部 Dr. Herbert Feis〔1893-1972〕等人談世界將來，Feis 還想要一個歐洲均勢局面，我頗不以為然。我說，談到 Balance（平衡），一頭稍重，平衡就倒了。故此後只有一個 overwhelming power organized for the maintenance of a public & benevolent end〔為維護公共的，慈善的目的而組織起來的壓倒性力量〕，才可以持久。一般較年青的人如 Jones、Hiss 多贊成我說。……[67]

此外，他日常所接觸的反共氛圍也是如此。這在他的日記中特別提到的 Darkness at Noon 和 Mrs. Eastman, "Stalin's American Power" 中可以得到確認。前者是匈牙利出身作家 Arthur Koestler 於 1940 年發表的具有代表性的反共小說[68]。另外，他與美國的保守知識分子們也有頻繁接觸。這也對他此後的歷程產生了重要的影響。例如，在 1944 年 12 月 8 日的日記中記載了他與美國戰後保守思想代表哈佛大學商科教授 Prof. Gottfried, Haberler Jesse W. Markham 間如下的對話。

主義的反共化可以參考 Wooley, Alternatives to Anarchy; American Supernationalism Since World War II, Indiana Univ Pr., 1988, pp. 70-2。

65 〈論前後新世界的建設〉，《國會議公報》1942 年 1 月 17 日，（《大公報》1942 年 6 月 14 日）。

66 "Asia and the Universal World Order," Contempoary China, 2-15, 1942; "Peace in the Far East" (1943)，《胡適全集》39，在這樣的思路下，他同樣支持韓國的獨立並接受了李承晚的禮訪。《胡適日記》1942 年 1 月 3 日。

67 《胡適日記》1941 年 3 月 20 日。

68 《胡適日記》1941 年 8 月 1 日、1942 年 1 月 4 日。

> Markham曾在南斯拉Tito軍中多時，最近始歸來。他說的那兒的游擊隊情形，共產黨情形，都可借作我國淪陷區的游擊區情形的記載。
>
> 最近歐洲新解放各國，無一不國不發生政府與共產黨主持的『抗戰隊』的火拼情形。政府主張解除此種軍隊的武裝，而此種隊伍部受命，故發生流血。最慘者是前昨英國海陸空軍開火援助希臘政府，攻擊其他的『抗戰隊』事件。這種事件最足以使我們明瞭這十多年的中共問題，及這十年的中共對日作戰的問題的態度，及將來的中共問題。[69]

胡適是將戰後蘇聯控制東歐圈引發的反共反蘇運動投影到了國共內戰激烈的中國現實上。他認為作為「科學技術還未準備好的國家與一流的軍事工業國進行大戰」後的中國，應當以國民黨為中心，組成民主政府，在美國的支援下邁向現代化，這才是中國唯一的出路。胡適曾在1945年8月勸誘毛澤東「放棄武力，改造成英美式的合法政黨」，組成國共合作的民主政府也是符合美國要求的。胡適在這種構想之下開始介入中國的現實政治。

四、自由主義的政治理念化過程：從去政治、去理念到政治、理念運動

胡適於1946年7月5日，結束了長期的美國生活，通過上海回國。雖然時隔九年之後回國，他對中國現實並沒有感到很大的距離感[70]。這是因為他一直與國內保持緊密聯繫之故。國內的輿論紛紛開始推測胡適回國的作用，特別是他參加政治活動的可能性[71]。考慮到他以駐美大使的身

---

69 《胡適日記》1944年12月8日。

70 〈在上海文教界歡迎會上的講話〉，《申報》，1946年7月21日。

71 例如《觀察》雜誌稱「對於國共不滿的自由主義知識分子們雖然加入了民盟，但是因為民盟也有自身的局限性，因此他們關切創建新的政黨，也是理所當然的。」在這樣的前提下，胡適如果創建政黨的話，預計會有「許多大學教授和學生以及國民黨、民盟中的自由主義知識分子參加」。但它分析因為胡適的政治行政能力並沒有得到考驗，且目前「為了躲避CC派的指責，他否認進行公開的政治活動，因此可能不會馬上直接創建新黨。」〈組黨傳說中胡適的態度〉《觀察》1-1，46

份為抗戰勝利致力、他和國民政府以及美國的關係，這種現象也是理所當然的。

然而胡適首先以北京大學校長的身份回歸學界，開始國內的生活。同時他選擇了盡量避免直接參與政治活動的方式。這樣的選擇與當時他所面臨的現實條件有著很大的關係。即中國的政治環境本身就不甚穩定，不易確保其活動空間之故。其原因有二：一，國民政府的脆弱性問題[72]。他知道國民政府試圖通過 1936 年頒佈的憲法和政治協商會議來掌握政局的主導權，但已在 1946 年開始面臨危機的事實。尤其當時與取得軍事上優勢的中共和要求廢除黨治以及擴大民主主義的民盟之間的協商不得順利進行之後，國民政府拉攏國社黨、青年黨代替政協，組成三黨訓政體制，進行制憲、國民大會，並強化對於中共的軍事鎮壓，以謀求政局的轉變。但是 1947 年起，戰勢開始逆轉，圍繞國民政府的狀況應對方式和能力，國內外、特別是在美國和蘇聯之間產生了很大的矛盾，國民政府開始迅速的失去對於戰局的控制力。

這樣的狀況對於一直相信憲政是政治正常化的方法和原理[73]，並期待戰後中國在美國支援下建立英美式政黨政治體制的胡適來說，不能不說是一件很煩惱的事情[74]。這也因為胡適能夠直接參與現實政治的空間非常小。他不能與中共共存，也不能接受蔣介石的勸誘入閣，況且也無法加入已經取得一定政治空間的民主派知識分子之中[75]，尤其考慮到他和國民政府和黨的關係，黨外勢力化是更不切實際的[76]。因此胡適能做到的就只有以北京大學校長的身份觀望，期待國民黨利用武力優勢在內戰中遏制中共，從而創造新的可能性[77]。

因此胡適一邊批判國民黨的武力政策，一邊要求政府大膽啟用一批知識分子，力圖實現漸進改革，支持、參與國民政府的政治路線。他在 1946

年 9 月 1 日。

72 〈陶希聖致胡適〉（1946 年 4 月 30 日），《書信選》下，頁 11-16。

73 胡適，〈憲政問題〉，《獨立評論》1，1932 年 5 月 19 日。

74 〈致王世杰〉（1947 年 3 月 20 日），《胡適全集》25，頁 230-231。

75 胡適認為「第三勢力無法信賴，人才很少」。〈致傅斯年〉，47 年 2 月 6 日，《胡適全集》25，頁 221-222。

76 〈羅常培致胡適〉，《書信選》下，頁 102-103。

77 〈傅斯年致胡適信〉（1947 年 2 月 4 日）《書信選》下，頁 172。

年 11 月和翌年 4 月分別以教育團體代表的資格參加國民代表大會以及憲法起草。特別是在 1947 年國民大會選舉時，胡適與崔書琴、張佛泉等一起參觀市參議會的三個選舉區和投票所以及市教育會和市商會，積極的支持並宣傳大選[78]。

> 這次國民黨結束訓政，是一件政治史上稀有的事。其歷史的意義是國民黨從蘇俄式的政黨回到英美西歐式的政黨。這是孫中山遺訓的復活。中山當日接受共產黨的組織方法，但他終不認一黨專政為最後階段。只認為過渡憲政的一個階段。國民黨執有政權二十年，今日宣告結束訓政，故是稀有的事實。[79]

當時社會上公然盛行國民政府崩潰說，以職業代表制度為基礎的國民大會代表選舉存在諸多問題，但他相信這可以慢慢改良。因為他認為只有政府的改組才能有政治發展，且只有通過他才能解決社會問題、以及獲得美方的支持[80]。這與當時知識分子們普遍認知有所不同：他們認為國民政府改組是為了應對美國壓力的彌縫策，美國的介入也不是為了國內的和平，而是為了樹立親美政權[81]。胡適同意了蔣介石的總統候選人提案，並建議蔣介石將國民黨分成兩到三個小的政黨[82]，同時嘗試尋求以國民黨為中心的憲政進程[83]。

第二，胡適面臨的另外一個制約就是隨著社會上政治空間的擴大而出現的理念過盈現象[84]。這種現象已起於抗戰時期[85]，但隨著人民大眾對新國

---

[78] 《胡適日記》，1947 年 9 月 21 日。

[79] 《胡適日記》，1947 年 3 月 18 日；〈致王世杰〉，（1947 年 3 月 20 日），《胡適全集》25，頁 230-231。

[80] 胡適，〈我們能做些什麼：胡適在公能學會大會講演〉，《大公報》，1947 年 9 月 22 日。

[81] 吳世昌，〈論政府的改組〉，《觀察》2-9，47 年 4 月 26 日；張東蓀，〈追述我們努力建立聯合政府的用意〉，《觀察》2-6。

[82] 《胡適日記》（1948 年 4 月 8 日）。

[83] 張東蓀，〈政治上的自由主義與文化上的自由主義〉，《觀察》4-1，1948 年 2 月 28 日。

[84] 章清，上引文。

[85] 有關抗戰時期與內戰時期大學與黨政間的關係，最近通過朱家驊檔案等新的資料以及學術史等新的研究方法，有了很大的進展。但是考慮到當時為特殊時期，即知識分子的自主性受到限制、黨的宣傳功能等統治力量擴大的戰爭時期，這方面還是有待進一步深入研究。王晴佳，〈學潮與教授：抗戰前後政治與學術互動的一個考察〉，

家建設的熱切希望更加深化之故。這種氛圍不甚濃厚的北京大學也成了當時全國學潮的震源地，與他較親近的人們也都陸續加入國民黨、三青團的情況。這些充分表示戰後知識分子是都要堅持其黨派立場，並且在當時非政治空間的存在是非常困難的[86]。胡適也不是例外，故他的這種行跡也可以從政治理念的競爭來解釋。

當然胡適主張獨立於政治和去理念化。在就任北京大學校長時，胡適自己表明是無黨派人士，並闡明將會在校內清除黨派政治運動[87]。另外，為了保持學術的獨立，發表「北京大學長期發展計劃」[88]，提倡在中等教育的過程中，依據現實，以國文、英文、數學等工具性科目為中心調整教育科目，減少理化、史地公民等科目的時數也是出於這種考慮[89]。

胡適對於學生參加大眾運動和理念的擴散持明確的批判態度。1946 年 12 月，由美軍對於北京大學女學生的暴行引起的學潮超越了學生運動的範疇，成為全國範圍內的主權恢復鬥爭運動的導火索。特別是不顧政府的禁止，周谷城、馬寅初等許多知識分子都參與到其中來[90]，這場運動轉變成了一場全國範圍內的反內戰和平運動。但是作為北大校長的胡適則力求通過法律途徑解決[91]，從結果上來看他是支持了政府的解決方案。也就是說這是美軍個人的犯罪，因此只要找出證據按照法律接受審判即可。

但是 1947 年以後，隨著對於國民政府的社會批判的激增，胡適也開始主動介入話語空間。在困難的處境中創辦《獨立新聞》以滙聚同類知識

《歷史研究》2005-4；楊奎松，〈國民黨人在處置昆明學潮問題上的分歧〉，《近代史研究》2004-5；桑兵，〈抗戰期國民黨對北平文教界的組織活動〉，《中國文化》2007-1；〈1948 年中山大學校長與國民黨派系之爭〉，《學術研究》2008-1；〈國民黨在大學校園的派系爭鬥〉，《史學月刊》2010-12。

86 同註 77)；特約記者，〈西南聯大・任務完成・化整為零〉（《觀察》1-6，1946 年 10 月 5 日）。

87 〈在北京大學開學典禮上的演說〉（1946 年 10 月 10 日），《胡適全集》25，頁 224。（原載《經世日報》，1946 年 10 月 11 日）。

88 《胡適日記》，1947 年 9 月 23 日。

89 〈論中學的工具教育〉（1946 年 10 月 13 日）《胡適全集》25，頁 225-226（原載《經世日報》1946 年 10 月 14 日，本來是應北平中等教育界要求在文藝中學做出的演講內容。）

90 〈大學教授對美軍暴行抗議書〉，《群眾》14-1，1947 年 1 月。

91 〈致朱家驊並轉王世杰傅斯年〉《胡適全集》25，頁 213。

分子，也就包含了這樣的意圖。他的言論活動具體在兩方面展開。第一就是與日益顯著的冷戰體制相關的美國的對蘇反共政策的擁護。

> 有些人指出最近一年以來美國對蘇俄的強硬態度，認為這是美蘇衝突的開始，是第三次世界大戰的序幕，這也是太悲觀的。……（美國的新政策）這個政策不是對蘇俄挑釁，只是要用堅定的態度叫蘇俄明白美國不能退讓的限度，同時要用耐心求得蘇俄的了解，並保持世界的和平。……蘇俄與美國都不願破壞世界的和平，他們都在籌畫本身的安全；蘇俄要用擴張他的勢力範圍來謀他本身的安全，美國要用「堅定與耐心」的政策來謀他本身的安全。美國的新政策當然要使兩大勢力對峙的局勢更明朗化。但明朗化正是避免誤解與衝突的有效方法。[92]

胡適之所以如此的擁護冷戰體制，是為了批判那些知識分子針對國際秩序和中國政治前途所提出的一些不同看法[93]。他不僅批判當時在知識界影響較大的《觀察》等自由主義知識分子的邏輯，同時也對與自己關係較親近的周鯨生提出了批判[94]。例如，當時周主張「聯合國的根本任務是阻止侵略勢力的復活。為此，不僅要解除德國和日本的武裝，還要徹底的去除一切可能助長侵略勢力復活的政治、經濟文化因素。」[95]批判了美國試圖以德國、日本為杠杆牽制蘇聯的對外政策。當然這樣的觀點是與批判美國對華政策是干涉中國內政的觀點相呼應的。當時知識分子認為「因為民主的概念本來就因國家不同而不同」[96]，因此中國應該探索與美蘇不同的獨立體制，成為緩解美蘇對立的中間勢力，為地區秩序的和平做出貢獻。

但是胡適主張戰後美國主導的四大強國體制不會允許德國日本的再度崛起，比起這種危險，雅爾塔會談之後，席捲東三省、北韓、外蒙、匈

---

92 胡適，〈眼前「兩個」世界的明朗化〉（1947 年 5 月 18 日）《胡適全集》22，頁 679-680。

93 智效民，〈一九四八年的爭論與胡適對蘇聯的認識過程〉，《思與言》47-2，2009。

94 拙稿，上引文。

95 周鯨生，〈歷史重演麼？〉，《中央週刊》10-9，1948 年 2 月。

96 吳世昌，〈政治民主與經濟民主〉，《觀察》1-5，1946 年 9 月 28 日；陶孟和，〈對戰後的美軍〉，《觀察》1-12，1946 年 11 月 16 日；錢克新，〈評對國際形勢的一種論調〉，《觀察》4-2；羅志如，〈論遠東馬歇爾計劃〉，《觀察》5 卷 9 期；楊剛，〈煩惱的美國人的煩惱〉，《觀察》1-4，1946 年 9 月 1 日。

牙利等過去德國日本的勢力範圍的蘇聯之擴張主義乃是更大的威脅[97]。另外，胡適的立場是雖然希望中蘇關係發展成為美國－加拿大那樣的關係，但是有必要警惕已成為強國的蘇聯。1947 年美國加快美日交涉步伐的同時，明確表示了其反蘇立場，在這種情況下，胡適更加明確的表達了他的這種立場。例如，胡適提到「從歷史上來看世界文化的趨向，那民主自由趨向實三四百年來的一個最大目標，一個最明白的方向。最近三十年的反自由，反民主的集體的潮流，在我個人來看，不過是一個小小的波折，一個小小的逆流。」[98]，「（自由主義的政治含義）就是容忍反對黨，保障少數人的自由權利，能和平改換政權的民主政治制度。」[99]擁護自由、獨立、容忍等能夠實現自由主義原則的政黨政治制度[100]。也就是說，他實際上主張採用美國式的政治制度。

胡適在 1947 年 8 月 24 日直接在廣播上更明確的表達了自己的這種立場。他認為三四百年間世界史的主流是「自由民主政治」，「第二次大戰以後，自由的正當性更為鞏固；相反的，以反民主、不容忍為特色的專制集團更難以生存了。」，直接批判蘇聯是一個專制國家。也就是說，蘇聯首先不相信自己的人民，用冷酷的暴力來壓制大多數民眾。其次，禁止與世界其他國家和國民的一切交流和往來。第三，雖擁有全世界最大的領土，卻利用藩屏和衛星妄圖侵略世界，甚至試圖再次佔領東三省——這一已經放棄的專制時代的遺產[101]。

他的這次演講試圖以自由／不自由的論法替代那些將美國和蘇聯符號化為政治自由和經濟平等的自由主義論法。也就是說把當時知識分子們顧慮美蘇而談論「是政治自由，還是經濟平等」的討論方式置換為「自由還是不自由、容忍還是不容忍、獨立還是不獨立的差別」。胡適將反對黨的存在與否視為自由主義的核心前提，否定蘇聯式體制的同時[102]，為了擁

---

97 胡適，〈致胡周鯨生：國際形勢里的兩個問題〉，《胡適全集》25，頁 316-320。

98 胡適，〈眼前世界文化的趨向〉（1947 年 8 月 1 日）《胡適全集》22。

99 胡適，〈自由主義是什麼〉（1948 年 8 月 1 日）《胡適全集》22，原載《周論》2-4。

100 胡適，〈兩種根本不同的政黨〉，《獨立時報》1，1948 年 4 月。

101 胡適，〈我們必須選擇我們的方向〉（1947 年 8 月 24 日播出）《獨立時報》1，1948 年 4 月。

102 胡適，〈兩種根本不同的政黨〉（1947 年 7 月 20 日）《獨立時論》1，1948 年 4 月。

護美國式自由主義體制，列舉了英聯邦（澳大利亞、紐西蘭、加拿大等）勞動黨政權、羅斯福的新法、北歐等例子，說明資本主義社會也正在通過激進的所得稅、繼承稅等經濟財政政策、福利政策、最低薪金制度、勞動時間制、失業者救助制度等「社會化的經濟制度」追求經濟上的平等[103]。

當然胡適只靠這種理念活動是不能收拾難局的，而且中共接管北京等國民政府的退敗對他來說是一個很大的衝擊。我們可以在他的自傳紀錄中看到，胡適逃離北京之後，在南京與駐中美國大使 L. Stuart 面談時，流淚哭訴了自己對於過去一段時間沒能夠積極做出思想方面努力的後悔，並表示決心在今後積極參加救國相關事務[104]。隨著大陸的共產主義化這一現實的變化，胡適自詡為逃兵、難民，並表示自己堅定了「放棄學問（棄職）」積極參加反共活動的決心。

這種情況下胡適的第一個工作是：1949 年在上海連同雷震、王世杰等一道，提倡自由主義運動，創辦了《自由中國》。因為胡適在之後就馬上離開了中國因此並沒有直接參與後續的事務。但是胡適的目標是想通通過創辦《自由中國》向共產主義化地區的大眾宣傳自由主義理念，因此也可以說胡適主動提倡了作為反共理念的自由主義[105]。

胡適逃到美國之後[106]，其反共活動變得更加具體化，乃是很自然的結果。在韓戰爆發後的 1950 年 9 月，胡適在 *Foreign Affairs* 上發表的 "How

103 胡適，〈眼前世界文化的趨向〉（1947 年 8 月 1 日）《大公報文史》1947 年 8 月 1 日。

104 閔斗基，上引書，頁 221。

105 胡適，〈《自由中國》的宗旨〉《自由中國》1-1，1949；拙稿，〈冷戰時期「自由中國」的東亞構想以及韓國認識〉，《東北亞歷史論叢》33，2011；章清，上引書，頁 96-97。

106 原來他的美國行就是受到蔣介石的邀請，為了能夠在獲得國際上對於國民政府地位的認證，並取得政治經濟軍事支援而進行的。但是他訪美的 49 年，美國社會正針對戰前的中國政策展開爭論，對於內戰的慘敗要求國民黨承擔責任的呼聲很高，另外因為當時正在構想以日本為中心的戰略，因此沒有正式外交官身份的胡適的互動空間可以說是幾乎沒有。當然他也無法與能夠影響中國政策制定的重要人物會面。這主要是因為杜魯門政府上臺之後，調換了中國政策的相關負責人，在麥卡錫主義的影響下雖然太平洋學會是具有代表性的學會，但是幾乎沒有胡適認識的人，胡適由此喪失了活動力。他在美國的生活更像是一個逃亡的政客。1950 年 5 月 4 日他為了能夠合法拘留，擔任了普林斯頓大學 Gest Oriental 圖書館東方書部門的特別職員。在這樣的情況下，又發生了韓戰，杜魯門政府開始重新檢討自己的東亞政策，胡適為了阻止美國承認中華人民共和國竭盡全力。《胡適日記》1950 年 6 月 23 日，

Stalin's Strategy of Conquest Succeeds in China After 25 Years Chinese Resistance"[107]一文就是一個具體的表現。在這篇文章中胡適認為，6.25戰爭「不是第三次世界大戰而是第二次世界大戰的整理」，「是國共內戰的延續」[108]，他反駁了美國對於國民政府內戰慘敗的負面評價，要求美國在世界反共戰略的立場下調整對華政策。國民軍的慘敗是因為斯大林的世界戰略，在這一慘敗過程中美國也有未能有效應對蘇聯陰謀的失誤，特別是在雅爾塔會談上允許蘇聯進駐滿洲、朝鮮是一個決定性的失誤。胡適首先將內戰慘敗的原因從國民黨的身上轉嫁到斯大林的野心身上，借此來緩和美國國內對於國民政府的批判輿論。第二，通過指出美國戰前外交政策的失敗，擁護嘗試與羅斯福政府差別化的杜魯門政府的反共政策，並且挑明中共就是蘇聯的工具，以利用保守言論的看法——即認為美中之間的政治摩擦都是受蘇聯指示的共產主義者的所作所為[109]。胡適還參加了當年年末的美國政治學會年會[110]，分析了蘇聯從東歐到韓國的大範圍的世界戰略，強調了中國問題的重要性以及美國積極介入東亞事務的必要性。

胡適的這種積極反共的行為，也可說在大陸共產主義化以後各種政治運動中，特別是在對於知識分子的思想改造運動以及批判胡適運動的應對過程中有更加強烈的一面[111]。雖然他沈穩的回應中共動員他的兒子

---

25 日；唐德剛，《胡適雜憶》（臺北：傳記文學社，1980）。楊金榮，《角色與命運：胡適晚年的自由主義困境》（北京：三聯書店，2003），頁 59-80；Paul Gray Hoffman (1891-1974), China and the Far East

[107] *Foreign Affairs* 1950. 9. 19。

[108] 《胡適日記》1950 年 6 月 25 日。

[109] Warren Cohen, *op. cit* p.263。

[110] 《胡適日記》1950 年 12 月 28 日；當年 American Politial Science Associatian 年會的主題是共產主義，民主主義以及文化模式。胡適作為主要發表人與 John D. Lewis, Sigmund Newmann, Frederick Barghoorn 等一道參加了這次年會。

[111] 胡適從出國後通過美國、香港的輿論以及自己的視線，時時關注這共產主義化以後的中國，特別是對中共知識分子政策十分關心。上述胡適的思想批判運動是這種知識分子政策的歸結點。中共在批判胡適運動中以公開、集體的方式動員胡適的親友、學生、兒子開展野蠻的政治運動。胡適稱讚反對思想改造的梁漱溟為「殉道者」，透過一句簡短的「共產主義是掛羊頭賣狗肉，欺騙知識分子」表達出了自己的想法。但他對陳源的書信以偽造提出質疑，這表示對他而言冷戰與反共已超出理性的理論爭層面。這一點欲另撰文討論。《胡適日記》1952 年 2 月 26-7 日；《年譜長編》，頁 2332；〈對我父親：胡適的父親〉（香港）《大公報》1950 年 9 月 22 日；閔斗基，《同上》頁 225-226。

加入批判胡適運動說「在共產主義化的中國連沈默的權力也沒有」，但他的冷戰已不得不深化為心理層面，對他而言反共已不再是單純的政治理念了。

更值得一提的是，在這一過程中胡適自然的成為了美國保守輿論矚目的反共象徵，被塑造成為在中國的反共自由主義象徵性人物。自此之後，自由主義不再是單純的啟蒙思想，而是成為了集結反共勢力、擁護反共體制的體制理念。

五、結語

在中國近代自由主義同與社會主義、文化保守主義一直是推動國民國家建設的主要思想資源之一。當初自由主義以國民國家建設的工具傳入中國，但它以西方的近代經驗和思想為資源，持續發揮了批判中國現實、要求政治改革等特有的啟蒙性。如此，推動國家建設的「啟蒙性」才是自由主義在中國得以成長的條件。尤其抗戰之後民眾熱切盼望國民國家建設，這種情況下自由與民主主義被推崇為立即要實現的價值，隨之自由主義的含義與社會基礎得到了更廣泛的支持。

但是以後的冷戰體制阻礙了中國自由主義的順利發展，因為自由主義也陷入不得不以一種體制正當化的理念被動員的局面。在「自由中國」自由主義的發展呈現複雜的面貌，即自由主義被理念化的同時，相對也出現了一些摸索自由主義新啟蒙性以做為其批判等活動。因此欲了解冷戰時期中國自由主義的這種複雜性，首先需要對其概念、存在樣態、社會作用機制等進行嶄新而具綜合性研究。

本文為了深入探討這一問題，首先以其初步工作討論了中國自由主義的理念化過程。胡適被稱為冷戰體制形成時期中國自由主義的象徵和典範，本文通過他的思想軌跡試圖闡明出上述問題的一個層面。

就如上述內容，冷戰時期胡適以反共主義者開展積極的活動。他確信自由為絕對要擁護的普遍理念的同時，在現實生活中以反共自由主義的守護者對國民政府表示支持。胡適的這種行為是其自由主義扮演理念作用的結果，這是有別於其個人主義的信念以及過去其實驗主義的立場。尤其胡適雖標榜反共為前題的自由主義，但其含義始終為美國式政治文化，主張企業與市場的自由、自由選舉、政黨政治、言論自由等。做為其思想典範的海耶克的邏輯也是如此。

戰後胡適的自由主義思想與活動源於抗戰時期其獨特的思想體驗。他擔任駐美大使的職務，接受了當時美國羅斯福總統的「強而有力的威爾遜主義」，即美國中心的現實認實與世界認識。這主要意味著：世界上存在自由主義和極權主義的理念對立，美國是自由主義文明的體現以及守護者，戰後世界秩序應由美國來主導進行重組。

這種脈絡下，戰後胡適介入中國的現實政治。首先擁護美國主導的冷戰體制，並以自由民主為前題主張反共、反蘇。並且透過輿論強調自由主義對共產主義的相對優越性，主張蘇聯共產獨裁體制與世界革命的危險性。在中國大陸共產主義化以後，親自創辦《自由中國》，且在美國積極地展開了反共主義活動。

然而他的這種反共自由主義不僅有背於其實驗主義的立場——警惕其自由主義理念化，而且也有別於當時各種自由主義的討論。尤其胡適把自由和平等區別開來視為相互對立的，這自然與試圖摸索近代國家的中國自由主義傳統（即以個人—社會—國家為中心），以及試圖建立新體制的抗戰內戰期自由主義知識分子們（即結合個人自由和社會平等價值）的思想經驗是不同的。

因此雖然胡適是一貫堅持個人主義信念的自由主義知識分子，這一事實是不可否認的，但應指出在冷戰時期他的自由主義由於只能擁護反共體制而限制了發揮其啟蒙性的餘地。這表明當時中國的自由主義為摸索全新發展，勢必從發揮有別於胡適式自由主義的新啟蒙性，或者與以反共相連的東亞冷戰體制這一外在結構的抗衡中才能尋得答案。

胡適晚年在台灣

陳儀深[*]

一、前言

美國布朗大學教授賈祖麟（Jerome B. Grieder）所著《胡適與中國的文藝復興（*Hu Shih and the Chinese Renaissance*）》一書中，第九章題為「晚年（1937-1962）」，他把 46 歲開始的 25 年都視為晚年，理由是：「把 1937 年離開中國時，算作他從事中國思想與社會改革的終結，這種看法不無道理。中國此後亂紛紛的 25 年所以形成的原因，胡適缺乏了解，在他生活的晚年，原先支持他早年飽經憂患中的樂觀精神，喪失無餘了。」[1]這段話可以有兩種解讀，一是 1949 年以後在美在台儘管有「思想與社會改革」工作但與「中國」無關，二是包括二戰期間、戰後國共內戰以及以後在美在台皆因「缺乏了解」且喪失樂觀精神，已經沒有什麼「思想與社會改革」工作可言了。

賈祖麟的意思應係後者，但一般人的 46 歲迄 71 歲是一生中思想、性格最成熟的階段，怎可能無所作為？吾人不難找到不同學者的不同認定。復旦大學教授朱文華在其《胡適評傳》最後一章就說，胡適在台灣定居，作為一個社會名流且有官職，「不能不在社會、政治活動方面花去更多的時間與精力」，平心而論，「胡適提出的『科學發展計畫』是他在內戰時期所提出的『學術獨立十年計畫』和開展『原子物理研究』的建議在新的政治地理環境中的翻版，……對於促進台灣地區科學研究工作的水平，客觀上具有積極意義。」朱文華還說，「據徐高阮編的《胡適先生中文遺稿目錄》和《胡適手稿》來看，在這一時期，胡適留下的手稿約有三百餘萬字，……就內容而言，以佛教、禪宗史研究及資料整理佔絕大部分，而這

---

* 中央研究院近代史研究所副研究員

1 英文原著第九章題為"The Later Years"，賈祖麟（Jerome B. Grieder）著，張振玉譯，《胡適之評傳》（北京：南海出版公司，1992 年），頁 255。

些文稿，除若干論學書信外，生前也都未發表過。」此外，1962 年 2 月 20 日致作明的一封談論《紅樓夢》的信，與他早年的看法不盡一致，可說是胡適的「學術性絕筆」[2]。該書雖然受限於八〇年代的政治氣氛，把九一八事變後胡適受到蔣介石召見稱為「接受招安」，把北大校長任內（1946-1949）的胡適稱為「學者型戰犯」，但是對於胡適晚年在台灣的成就，有比較客觀的認識。

要之，筆者不贊成賈祖麟把 1937 年開始的胡適——即四十六歲開始就視為胡適的晚年。每個人因為生活、生命階段的不同，其所謂「晚年」的長短亦有不同。就胡適而言自從 1949 年 4 月從上海搭輪船離開中國以後未曾再回到中國，個人認為，從這一年以至 1962 年去世為止，亦即在美、在台這 13 年稱作「晚年」應是合宜的[3]。

對胡適而言，台灣是他的「新的政治地理環境」。不過胡適在三歲（1893 年）的時候曾經因父親胡鐵花在台任職，先來台南住了十個月、繼在台東住了一年又十八天，甲午戰敗即將割台之前，胡適才隨母返回安徽績溪。當時胡鐵花在台東辦理後山防務，餉源斷絕以後才離開後山到達台南安平，此時胡鐵花已經罹病，原擬趕到上海求醫，卻因劉永福留他幫忙，直到八月十五日病情加重始得放行，結果八月十八日抵達廈門，八月二十二日就死了。胡適因而在《四十自述》稱他父親是「東亞第一個民主國的第一個犧牲者」[4]。

因為種種因緣胡適晚年又在台灣度過，且和傅斯年一樣「歸骨於田橫之島」。胡適晚年除了擔任中央研究院院長，且因《自由中國》半月刊之類的政治意見而與蔣介石關係緊張，如果說雷震或《自由中國》半月刊已

---

2 朱文華，《胡適評傳》（重慶：重慶出版社，1988 年），頁 350-354。

3 學者楊金榮認為 1948 年冬，也就是北平被共軍包圍而胡適被專機接往南京，把自己的命運與國民黨綁在一起，願做國民黨（蔣介石）的諍臣、諍友開始，是胡適晚年的分水嶺。見氏著，《角色與命運：胡適晚年的自由主義困境》（北京：生活、讀書、新知三聯書店，2003 年），頁 3-4。然而，胡適作為國民黨的諍臣、諍友早在三〇年代中日關係緊張的時候就開始了，楊金榮未免把「專機接往南京」這件事看得太重了。

4 《四十自述》寫於一九二〇年，一九五八年有某君寫信對所謂「民主國的第一個犧牲者」表示疑慮，胡適覆信謂他的意思其實也是他哥哥和母親的意思，都覺得腳氣病是可以醫治的，他父親的死是由於劉永福的不肯放行，所謂「民主國的第一個犧牲者」原意不過如此。見胡頌平，《胡適之先生年譜長編初稿》第一冊（台北：聯經出版公司，1984 年），頁 24-27。

成為戰後台灣政治史的重要組成部分，晚年胡適當然也可以是戰後台灣史的一部分。那幾年胡適除了公共生活以外，在台灣的生活起居、身體狀況如何？與親人朋友、台籍人物的互動如何？茲值 2011 年春天台北南港的胡適紀念館整合台北與北京兩地資料完成「胡適檔案檢索系統」，冬天在台北紀念他一百二十冥誕的時刻，值得我們來回顧一下「胡適晚年在台灣」的種種。

二、五〇年代滯美時期與台灣（中華民國）的聯結

胡適從 1949 年 4 月 6 日坐船赴美，至 1958 年 4 月 8 日取道東京來到台北擔任中央研究院院長，整整九年在美。這段時間唯一有固定收入的工作，是 1950 年 7 月開始至 1952 年 6 月這兩年擔任普林斯頓大學葛思德東方圖書館館長，略盡「維護中國史料、保存中國古籍」的責任。但總的來說，滯美九年實是胡適一生中的「黯澹歲月」[5]。有學者根據胡適當年留下的生活費數字資料，一個月約 550 美元的話，每年約需 6600 美元，而當時圖書館館長的年薪是 5200 元，顯然不夠用；這時來自蔣介石的「特別費」就成了雪中送炭。根據國史館藏的「蔣中正檔案」，1951 年至 1955 年之間，蔣介石透過在美國的俞國華向胡適致送過九筆錢，每次美金 5000 元，共美金 45000 元[6]。此時胡適唯一的公職身分是國大代表[7]，但依法國大代表是無給職，只能在開會的時候領領「出席費」之類[8]，何況蔣介石交

[5] 參見周質平，《胡適與韋蓮司：深情五十年》（台北：聯經出版公司，1998 年），附錄〈胡適的黯澹歲月〉。

[6] 參見楊金榮，《角色與命運：胡適晚年的自由主義困境》，頁 63。以及陳紅民，〈蔣介石與胡適關係之再研究〉，中央研究院近代史研究所主辦「蔣介石與現代中國再評價」國際學術研討會論文，2011 年 6 月 29-30 日。

[7] 雖然 1957 年 6 月 19 日胡適覆趙元任的一封信說到，同年 2-3 月間他施行胃潰瘍手術並住院的費用，除了兩種保險擔負了七百餘元，其餘的「因為我從 1949 年 1 月起有『資政』的名義，公超對我說，『資政』的醫藥費是由國家擔負的……」，見胡頌平，《胡適之先生年譜長編初稿》第七冊，頁 2586；但是另外的地方記載，1949 年 1 月 24 日胡適向總統府秘書長吳忠信辭退「總統府資政」的聘書，理由是國立大學校長依法不得兼任有給職的職務。見胡頌平，《胡適之先生年譜長編初稿》第六冊（台北：聯經出版公司，1984），頁 2068。

[8] 關於國大代表之確定為無給職，參見 1991 年 7 月 12 日大法官會議釋字第 282 號，《司法院公報》第 33 卷 8 期 11-14 頁。以及遲景德、林秋敏訪問，林秋敏記錄整理，《鄭玉麗女士訪談錄》（台北：國史館，2000 年），頁 112-113。

代俞國華同時致送「特別費」的對象包括陳立夫、于斌等人[9]，可見胡適當時收受這九筆錢並非尋常之事。

胡適雖然人在美國，但是對蔣介石的回饋甚為多樣、具體而緊要。首先，對於遷台的國民黨政府提供反共的理論與存在的正當性，除了 1950 年夏天「費時甚久、費力甚多」所寫的〈史達林策略下的中國〉（China in Stalin's Grand Strategy）發表在美國《外交季刊》（*Foreign Affairs*）10 月號這類的努力[10]，更重要的是透過《自由中國》半月刊作為「自由中國」運動的一個起點，以對照出鐵幕內沒有新聞自由、言論自由。不過在實際上要以「自由中國」來形容國民黨治下的台灣恐有尷尬，因為當時台灣並不自由，例如 1951 年 6 月 1 日《自由中國》刊出一篇社論題為〈政府不可誘民入罪〉立即引起保安司令部司令彭孟緝的威脅，只好在下一期（6 月 11 日）刊出自我否定的賠罪道歉文字，胡適充分了解狀況從而寫了一封抗議信說：

> 《自由中國》不能有言論自由，不能用負責態度批評實際政治，這是台灣政治的最大恥辱。我正式辭去「發行人」的銜名，一來是表示我一百分贊成〈不可誘民入罪〉的社評，二來是表示我對於這種「軍事機關」干涉言論自由的抗議。[11]

---

9 1950 年蔣介石在台「復行視事」以後，積極將國民黨改造為「革命民主政黨」，其間黨改造「最實質的作用就是排除黨政體系裡難以統御的 CC 系勢力」，同年 8 月陳立夫舉家離台赴美，以養雞為生，不過據周宏濤說「蔣公是念舊的……以後……蔣公仍在財務上予以支助。」見周宏濤口述、汪士淳撰寫，《蔣公與我——見證中華民國關鍵變局》（台北：天下遠見出版公司，2003 年），頁 363。至於于斌（1901-1978），1936 年被天主教教宗庇護十二世任命為南京代牧區主教，1938 年被國民政府聘為國民參政會參政員，1946 年 4 月教廷宣布將于斌升為南京總主教，同年當選為制憲國民大會主席團成員；國共內戰結束前奉梵蒂岡命令離開南京前往美國，由於于斌的反共立場，他和胡適等四人被共產黨列為文化戰犯。參見維基百科，〈于斌〉，http://zh.wikipedia.org/wiki…，2011 年 12 月 9 日點閱。

10 台北的《中央日報》且在 10 月 19、20、21 日三天譯載全文刊登，1951 年 5 月 31 日，胡適寫了一封長信交杭立武轉呈蔣總統，信中談總統副總統選舉的辦法之外，勸蔣介石為了知己知彼要多讀中共出版的書，如《史達林論中國》之類，信中還問蔣對於那一篇〈史達林策略下的中國〉有何批評。胡頌平編著，《胡適之先生年譜長編初稿》第六冊，頁 2141-2149。

11 胡適的抗議信全文，見雷震著、傅正主編，《雷震日記（1951）：第一個 10 年》，其次，政府的權威須經人民（代表）的同意，是民主政治的常理常規，可是在台灣的政府如何能代表全中國呢？依照國民黨的說法是「法統」不能中斷，然而跟隨政府來台的國大代表只有 1090 人，距離「總額」3045 人太遠，於是 1953 年 5 月 5 日胡適寫信給王世杰，謂憲法法統不可輕易廢止，國民大會應在 1954 年 2 月召集，立法院則應在 1953 年秋季修正國民大會組織法，把「過半數」開會改為三分之一即可[12]。至於任期，依憲法原則上為六年（即 1954 年 3 月 28 日屆滿），但依第 28 條規定的文字是「至次屆國民大會開會之日為止」，由於中國已被「赤化」無法辦理選舉，所以仍由第一屆國大代表繼續行使職權。對於這樣的權宜方便，胡適似乎很有把握與自信。1954 年 2 月 19 日在台北市中山堂舉行第一屆國民大會第二次會議開幕典禮的時候，胡適擔任臨時主席並致開會詞，他根據憲法條文解釋第一屆的國民大會為什麼可以「兩次」選舉總統副總統，而「第三任的總統副總統才應該由第二屆的國大選舉」，他振振有詞地宣稱：

> 我們今天的集會完全是合法的，是完全有憲法的根據的。我們這一次開會的任務是依據憲法，舉行總統副總統的選舉，使憲法的法統可以維持繼續，不至於中斷。[13]

胡適如此的說法可以與同一年的大法官會議解釋「相互輝映」[14]，只是由他的身份地位來說可能更為淺白、更有說服力，這就是他為蔣介石幫的大忙。

再次，胡適介入五〇年代台灣（中華民國）政治的情形，從吳國楨事件可見一斑。吳國楨（1903-1984）是留學美國普林斯頓大學的政治學博士，曾任漢口市長（1932）、重慶市長（1939-1942）、外交部政務次長

《雷震全集》第三十一冊（台北：桂冠圖書公司，1989），頁 151-152。

12 季羨林主編，《胡適全集》第三十四冊（合肥：安徽教育出版社，2003），頁 282。

13 胡頌平編著，《胡適之先生年譜長編初稿》第七冊，頁 2366。

14 1954 年 1 月 29 日司法院大法官會議作成的第 31 號解釋針對第二屆立法委員和監察委員，因國家發生重大變故，事實上不能辦理次屆選舉，主張「未能依法選出集會與召集以前，自應仍由第一屆立法委員、監察委員繼續行使其職權」，至於國大代表為何不必納入解釋？因為憲法第 28 條已經有特別規定：「每屆國民大會代表之任期，至次屆國民大會開會之日為止。」參見劉慶瑞，《中華民國憲法要義》（台北：三民書局，1983 年修訂第十二版），頁 127。至於法定開會人數問題，1960 年 2 月 12 日大法官會議釋字第 85 號解釋：「憲法所稱國民大會代表總額，在當前情形，應以依法選出而能應召集會之國民大會代表人數為計算標準。」予以解套。

（1942-1945）、上海市長（1946-1949），來台後擔任台灣省政府主席（1949 年 12 月迄 1953 年 4 月）兼台灣省保安司令、行政院政務委員（1950 年 3 月迄 1954 年 3 月），在台期間受蔣介石重用應有利用其「民主先生」形象以爭取美援的用意[15]，周宏濤也說：吳國楨擔任省主席「是因為美方的推薦」，政府遷台初期重用孫立人和吳國楨，「確實是有牽就美方要求的考慮」，不過吳國楨與當時的行政院長陳誠由於中央與省之間的財經問題「幾乎已到水火不容的地步」[16]。1952 年 1 月吳國楨堅持辭職，理由是他個人政策與陳誠完全不合，心理上對陳誠也懷著恐懼，此外「台灣同胞懼怕政府而不敢言，實在可慮。」此次由於蔣夫人參與勸解安撫，吳才打消辭意，但隔了一年吳又遞出辭呈，蔣介石終於准他辭職；1953 年 5 月，吳國楨以赴美接受母校贈予榮譽學位名義偕妻離台[17]。其後吳國楨在美抨擊國民黨政府，導火線應是總統府秘書長王世杰因民航空運隊 CATI 處理不當，被蔣介石以「矇混舞弊」為由把他免職，不久有一家香港媒體繪聲繪影宣稱來自總統府的消息說，王被免職的另一個原因是，他簽字給吳國楨巨額外匯，讓吳在美國過著奢華的生活。吳國楨反擊的過程，除了刊登澄清啟事、上書蔣介石，還包括 1954 年 2 月 27 日上書國民大會同時致函胡適，拜託他「便中一催」[18]。

吳國楨給國民大會的信函痛陳政府六大缺失，包括一黨專政、軍隊效忠一黨或一人、特務橫行、人權無保障、言論不自由、思想控制，其中第四點說：「人權無保障。由於特務蠻橫無理，台灣實已成為警察國家，人民權利，幾已剝削淨盡。」第六點說：「思想控制。青年反共救國團之成立，實係模仿希特勒及共產黨之青年團，動輒要求學校更換教育，壓迫學生，遺害無窮。」[19]如此描述除了措辭較為嚴厲，應該沒有什麼語病，可是 1954 年 6 月 29 日美國出刊的 *Look* 雜誌刊載吳國楨（Dr. K. C. Wu）撰〈您的（納稅）錢已經在台灣建造一個警察國家〉，則引起胡適在同年 8 月 16 日出刊的《新領導周刊》撰文反駁，胡適認為吳國楨所言並非事實，

---

[15] 維基百科，〈吳國楨〉，http://zh.wikipedia.org/wiki…，2011 年 12 月 11 日點閱。

[16] 周宏濤口述、汪士淳撰寫，《蔣公與我——見證中華民國關鍵變局》，頁 385-388。

[17] 周宏濤口述、汪士淳撰寫，《蔣公與我——見證中華民國關鍵變局》，頁 394-395。

[18] 吳國楨手稿，黃卓群口述，劉永昌整理，《吳國楨傳》下冊（台北：自由時報，1995 年），頁 502-504。

[19] 吳國楨手稿，黃卓群口述，劉永昌整理，《吳國楨傳》下冊，頁 502。

因為大陸陷共之後台灣從來不曾把「所有的犯罪案件」移送軍事法庭審判，1950 年初由於戒嚴而有十種犯罪需由軍法審判，其餘則由一般司法審判，且由於輿論的不滿，行政院長陳誠已經在 1951 年 10 月 20 日將十種軍審項目減為六種、1952 年 6 月 1 日又減為五種；胡適又說近三年的公民自由與法治比過去還好，1954 年 4 月 1 日出版的《自由中國》社論即質疑蔣介石對某些軍審案件加重刑度，乃是違憲的行為，同時胡適不厭其繁舉出 1951 年夏天《自由中國》社論〈政府不可誘民入罪〉的風波，說明《自由中國》並不享有例外的言論自由（特權），最後胡適還舉出不久以前即 5 月 2 日台北市長和嘉義市長的選舉，國民黨提名的候選人都被無黨籍的候選人擊敗，此項結果被紐約時報和香港時報社論評為「台灣選舉是自由的」最好證明（the best evidence that elections in Formosa are free）[20]。

胡適這篇文章雖然承認台灣的中華民國政府有不夠自由、不夠民主的地方，但是不像吳國楨形容的那麼誇張，何況兩三年來持續在改進，而且從無黨籍候選人高玉樹、許世賢可以擊敗國民黨候選人的事實來看，地方選舉有一定程度的自由度、可信度。胡適對這件事的立場一直沒有改變，例如，1960 年 11 月 16 日在一場飯局中胡適聽到殷海光和陳啟天鬥嘴，第二天早上就對胡頌平說：「殷海光的態度不夠⋯⋯他是一個書獃子。那年為了吳國楨的事情，我寫了一篇文章。那時殷海光得到美國國務院四個月的補助到美國去。他給我一封很不客氣的信。他說：『吳國楨說的話都是在台灣的人想說而不敢說的話。胡先生怎麼寫文章罵他呢？我對他說，你要知道不在台灣的中國人還有一千多萬。』」接著胡適說了一段批評吳國楨的話：

> 吳國楨是個說誑話的人⋯⋯吳國楨那時當台灣省政府主席兼保安司令部司令。蔣先生很信任他，他有權可以做事。台糖公司沈正南的槍決，是他以保安司令的職務簽字的，怎麼可以反過來批評政府呢？他是個說誑的人，但我那篇文章裡沒把他的誑話寫出來。[21]

---

[20] Hu Shih,"How Free is Formosa？"*The New Leader*,Vol.37,No.23（August 16,1954）, pp.16-20.收入中央研究院近代史研究所《胡適檔案檢索系統》，南港檔，館藏號 HS-NK05-202-006。

[21] 胡頌平編著，《胡適之先生晚年談話錄》（台北：聯經出版公司，1984 年），頁

其中所謂「台糖公司沈正南的槍決」應是「沈鎮南」之誤。按，沈鎮南於 1945 年年底奉經濟部資源委員會之命，來台接收糖業，是第一任「台灣糖業公司」總經理，兩年內將殘破不堪的 35 個糖廠全部修復重建，對台灣糖業的發展貢獻至偉。1950 年 6 月 16 日沈鎮南被保安司令部人員帶走，三個月後（9 月 18 日）以「為叛徒供給資產未遂」叛亂罪名判處死刑，1951 年 1 月 11 日於台北市馬場町執行槍決。既然「未遂」為什麼還要判死刑？到了近幾年由於檔案開放，經學者研究已認定那是莫須有的罪名、為殺雞儆猴而泡製的冤案[22]，值得注意的是，翻閱當時的檔案可知彭孟緝才是主導者，過程中看不到吳國楨的角色。

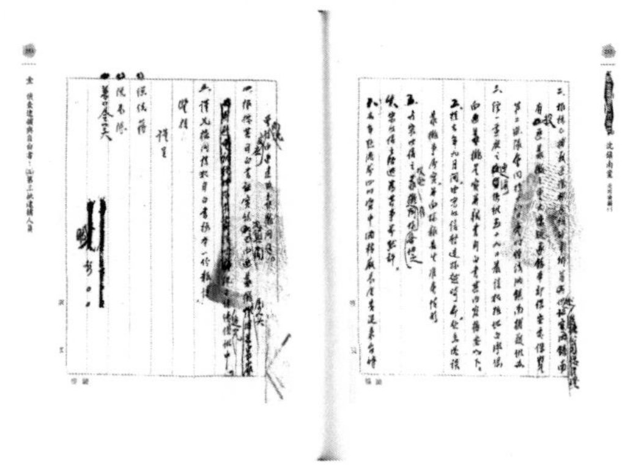

公文中，吳國楨的位置從告知者塗掉改成被告知者。資料來源：程玉凰編輯，《戰後臺灣政治案件：沈鎮南案史料彙編（一）》（臺北縣新店市：國史館，2008 年），頁 252-253。

根據吳夫人黃卓群的口述，把保安司令部發動的政治案的帳算到吳國楨頭上是不公平的：

> 循例，省主席兼掌台灣省保安司令部。……副司令彭孟緝，是蔣經國的人，一切唯太子馬首是瞻，根本不把頂頭上司吳放在眼裡。……特務有蔣經國做靠山，如脫韁野馬，我行我素，未循正常

87。

[22] 詳見程玉鳳，〈1950 年「沈鎮南資匪案」探析〉，《東海大學文學院學報》第 47 卷（台中，2006 年 7 月），頁 235-274。

手續濫捕，成為家常便飯。而政出多門，往往人不見了，家屬不曉得是那個單位抓的，連吳兼司令也茫然不知，令他有……無力感。[23]

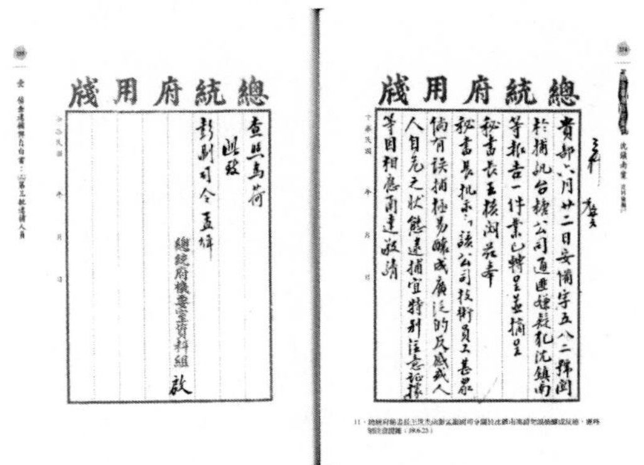

總統府用箋

貴部六月廿二日安備字五八二號函
於捕訊台糖公司通匪嫌疑犯沈鎮南
等報告一件業已轉呈並摘呈
秘書長王核閱并奉
秘書長批示：該公司技術員工甚衆
倘有誤捕極易釀成廣泛的反感或人
人自危之狀態逮捕宜特別注意證據
等因相應函達敬請

總統府用箋

查照為荷
此致
彭副司令孟緝
總統府機要室資料組 啟

總統府方面交涉「沈鎮南案」的對象是彭孟緝，不是吳國楨。資料來源：程玉凰編輯，《戰後臺灣政治案件：沈鎮南案史料彙編（一）》（臺北縣新店市：國史館，2008年），頁254-255。

要之，吳國楨的弱點是曾經擔負中華民國政府的要職卻「在外國人面前攻擊他自己的政府」，但是胡適的反應也未免太「動了正誼的火氣」，他明知當時的特務是無法無天的，受苦受害的是當時在台灣生活的人，與「不在台灣的中國人還有一千多萬」何干？關於胡適指責吳國楨污衊自己的國家政府，（被指為書獃子的）殷海光氣憤地說：吳批評的是蔣家，那裡是我們的國家？是國民黨的政府，那裡是我們的政府？他尤其不滿的是胡根據特務機關提供的資料去攻擊吳國楨，而且把攻擊吳國楨的信特地複印了一份寄給蔣經國[24]。

以上，從自由主義的立場提供反共的理據、為國民大會「合法」集會的背書、以及在吳國楨事件中公開為蔣介石父子辯護，顯然胡適持續與蔣介石政府「經營一種特殊關係」[25]，儘管五〇年代上半段他還住在美國，卻已經與台灣（中華民國）的現實政治有了深深的聯結。

---

23 吳國楨手稿，黃卓群口述，劉永昌整理，《吳國楨傳》下冊，頁448。

24 張忠棟，〈胡適與殷海光——兩代自由主義者思想風格的異同〉，收入張忠棟，《胡適·雷震·殷海光——自由主義人物畫像》（台北：自立晚報社，1990年），頁18-19。

25 參見陳儀深，〈一九五〇年代的胡適與蔣介石〉，《思與言》第47卷第2期（台

三、擔任中央研究院院長

胡適在 1947 年即北大校長任內，發表了〈爭取學術獨立的十年計畫〉，簡單說就是要在十年之內，「集中國家的最大力量，培植五個到十個成績最好的大學，……使他們成為第一流的學術中心，使他們成為國家學術獨立的根據地。」[26]不過 1949 年政權易幟，這個夢想無由實現。1950 年台大校長傅斯年病逝，行政院長陳誠曾經邀請胡適接掌台大，胡適婉拒而推薦了錢思亮繼任台大校長，不過五〇年代胡適在美國經常代表台大與美國各大學商洽與台大合作的可能性，其間胡適擔任中華教育文化基金會（簡稱中基會）代理幹事長（1956 年改聘為幹事長），對台灣大學的補助亦多有著力[27]。

其次，胡適與中央研究院的關係深厚，自從 1928 年創始以來，他對相關的規劃乃至用人的方向，都有相當的參與。1948 年底、1949 年初，中研院所屬十四個研究所只有歷史語言研究所和數學研究所遷到台灣，院士 81 人之中，9 人來台、12 人在北美，其餘留在中國。朱家驊對此深深自責，認為自己「誠信未孚，領導無方」，因而抵台以後即辭去一切官職，專心致力於中研院的重建工作[28]。但是對胡適而言，台北的中研院有令他嚮往的地方，1956 年即有打算在南港建造私人住宅，利用史語所藏書寫作的想法，1958 年 1 月給陳之藩的信中又說：「我今年六十六歲了。應該安定下來，利用南港史語所的藏書，把幾部未完的書寫出來。」[29]當 1957 年 8 月朱家驊請辭院長以後，11 月 3 日中研院評議會選出胡適為最高票的院長候選人，第二天蔣介石總統明令發表「特任胡適為中央研究院院長」，胡適先以健康理由請辭，繼則建議由李濟暫代（意思是願意接受了，只是因故請人暫代），得蔣介石同意。為了迎接胡適的到來，1958 年 2 月中研院開始建造他的住宅，據胡頌平的記載：

北，2009 年 6 月），頁 191-220。

[26] 胡適，《胡適的一個夢想》（台北南港：胡適紀念館，1966 年），頁 28。

[27] 詳見楊翠華，〈胡適對台灣科學發展的推動：「學術獨立」夢想的延續〉，《漢學研究》第 20 卷第 2 期（台北，2002 年 12 月），頁 327-352。

[28] 黃麗安，《朱家驊與中央研究院》（台北：國史館，2010 年），頁 275、279。

[29] 胡頌平編著，《胡適之先生年譜長編初稿》第七冊，頁 2632、2637。

中央研究院與行政院研究商洽的結果，由中研院追加預算二十萬元，在院裡建築一棟平式小洋房，佔地五十坪，裡面有大客廳，連著小客廳各一間，書房一間，臥室兩間，客房一間。此屋於今年二月初破土，二十日開始興建，……預定九十個工作天完成。[30]

1958 年 4 月 8 日胡適搭機抵達台北，陳副總統以下政府官員、教育界學術界人士、長公子祖望夫婦帶同長孫胡復等共約五百多人，都到松山機場迎接。

南港中研院宅前合照，左起：胡祖望、孫子仔仔、媳曾淑昭、胡適。（胡適紀念館提供）

4 月 10 日中研院舉行院長交接、就職典禮，蔣介石總統親臨講話，他藉著當時中國大陸批判胡適一事稱讚胡的能力與品德，並謂「中央研究院不但為全國學術之最高研究機構，且應擔負起復興民族文化之艱鉅任務」，蔣同時希望學術研究也能配合當局「早日完成反共抗俄使命。」胡適在答辭中則稱「剛才總統對我個人的看法不免有點錯誤，至少，總統誇獎我的話是錯誤的。我被共產黨清算，並不是清算個人的所謂道德；他們

30 胡頌平編著，《胡適之先生年譜長編初稿》第七冊，頁 2637。

清算我，是我在大陸上，在中國青年的思想上，腦筋裡，留下了許多『毒素』。」對於中研院的工作或角色，胡也表示了異見：「我們學術界和中央研究院挑起反共復國的任務，我們所做的工作還是在學術上，我們要提倡學術。」[31]蔣介石擔任「最高領袖」以來大概沒有被當眾糾正的經驗，遂在日記中大大發洩一番，說這是 1926 年冬、1927 年初在宴會中受鮑羅廷侮辱以來「平生所遭遇的最大的橫逆」，並批評胡適「狂妄荒謬至此，真是一狂人」，「心理病態已深」[32]。不過，從另一個角度看，胡適讓蔣介石如此討厭生氣，卻又不得不接受他為院長，可見胡適累積的資望和影響力。

胡適在就任院長之前，得到吳大猷等人的協助，已經有一些「國家長期發展學術」的計畫，1958 年 8 月新任行政院長陳誠和教育部長梅貽琦等推動通過「國家發展科學培植人才五年計畫的綱領草案」，經費額度雖因八二三炮戰而有所耽擱、刪減，但組織架構確定由教育部與中研院評議會共同負責推動，表現在 1959 年 2 月成立的「國家長期發展科學委員會」（簡稱「長科會」）亦然，經費來源包括美援補助、政府預算定額提撥，從 1961 年起還由公營事業淨盈餘中每年酌提成數，撥充長期發展科學技術的經費[33]。可惜胡適只做了一段「探路」的工作，1962 年就突然去世，在台灣的未竟之業就由（同年 5 月接任中研院院長的）王世杰以及台大校長錢思亮承接，在美國的中基會董事則由吳大猷接任。

1958 年 4 月 9 日胡適曾經就他的「著述計畫」回答記者說，希望能有兩三年的安靜生活，當可將未完成的《中國思想史》全部完成，然後寫一部英文本的《中國思想史》，接著要寫《中國白話文學史》的下冊[34]。由於胡適晚年身體狀況不佳，除了負擔行政工作，又因盛名之累常有的雜事（例如新書出版就有人送來請教[35]），從而那「幾部未完成的書」終究沒有完成。

---

[31] 胡頌平編著，《胡適之先生年譜長編初稿》第七冊，頁 2662-2668。

[32] 美國史丹佛大學胡佛研究所檔案館藏「蔣介石日記」（手稿），1958 年 4 月 10 日。陳紅民教授評論說，蔣介石位高權重，有上對下「給予」的意味，「這種不對等產生的優越感，深埋在蔣的內心」，才會如此過度反應與不滿。見陳紅民，〈蔣介石與胡適關係之再研究〉，發表於中研院近史所主辦「蔣介石與近代中國再評價」國際學術研討會論文，2011 年 6 月 29-30 日。

[33] 參見楊翠華，〈胡適對台灣科學發展的推動：「學術獨立」夢想的延續〉，頁 343。

[34] 胡頌平編著，《胡適之先生年譜長編初稿》第七冊，頁 2658。

[35] 例如錢鍾書的《宋詩選註》、陳之藩用英文寫的《氫氣彈的歷史》以及藝文印書館送來的善本書等等。見胡頌平編著，《胡適之先生晚年談話錄》，頁 20、

作為一位前輩學人且位居要津，胡適算是很注意培養人才、成全人才，甚至可以說「功德無量」。早在 1951-52 年彭明敏留學加拿大麥基爾法學院的時候，由於彭所賴的庚子獎學金依規定以一年為限，而研究院課程規定至少要兩年才能獲得碩士學位，彭就寄信給「在經濟上支持我的基金會負責人」胡適，1952 年春胡適回信說願意替他設法，不久又來信說他已經找到一個匿名的人願意在經濟上支持彭完成第二年的學業。日後，彭才知道這位「匿名的人」竟是胡適本人[36]。1960 年 5 月為了一位中研院數學所的優秀青年研究員劉登勝，因父親被當局鎮壓而警總不肯核准他的赴美進修手續，胡適特地為此寫信向陳誠請求，表示「願意為劉君作保」[37]。另外，數學所的項武忠、以及（1957 年被選為中研院院士的物理學家）吳健雄，都在不同方面、不同程度受到胡適的照顧[38]。

四、起居生活點滴

1958 年 4 月胡適返台就任院長的時候，夫人江冬秀還在美國，直到 1961 年 10 月 18 日才在剛拿到學位的（錢思亮的兒子）錢復陪同下自美國飛抵台灣，飛機降落時已接近中午，當天中午胡適去參加法國大使的飯局，江冬秀去錢思亮家午飯，下午胡適才把夫人接到南港院中住宅。10 月 30 日下午中研院全體同仁、眷屬在蔡元培館舉行「歡迎胡夫人茶會」，會中胡適帶著幽默說：

> 太太來了之後，我的家確實溫暖了，不像過去那樣的孤寂了。太太來了後，我的生活好像有了拘束；但有了一分拘束，就少了一分自由。好在太太每個星期要到城裡住一二天，她不住在此地的一二天，我又完全自由了。……我有兩句詩：『寧願不自由，也就自

32。

[36] 彭明敏，《自由的滋味》（台北：前衛出版社，1988 年），頁 97-99。日後才知道，是彭先生於口述訪問時告知筆者，原著未敘及此。

[37] 「胡適致陳誠函（1960-05-16）」，中央研究院近代史研究所《胡適檔案檢索系統》，南港檔，館藏號 HS-NK01-086-001。

[38] 詳見胡明，〈晚年的胡適與台灣中研院〉，收入沈寂主編，《胡適研究》第二輯（安徽：安徽教育出版社，2000 年），頁 271-285。

由了。』……可以在今天 P.T.T.俱樂部裡對全體同仁說的話。以後歡迎同仁眷屬到我家裡來玩。[39]

太太來台之前，胡適的兒子祖望、媳婦淑昭、孫子胡復（仔仔）已經住在台北，是胡適常去吃飯的地方。1958 年 4 月 21 日寫給江冬秀的信中就說：今午在祖望家吃中飯，淑昭自己做了幾個菜，其中有一碗莧菜，我最喜歡[40]。

台大校長錢思亮與胡適是「通家之好」，台北市福州街 20 號的錢宅是胡適常去吃飯乃至過夜的地方；1961 年 2 月 25 日心臟重病住進台大醫院直到 4 月 22 日出院，為了安全暫住福州街 26 號，仍是錢家隔壁以方便照應[41]。這時胡適寫給江冬秀的信提到：「一位護士小姐（童太太徐女士）晚上來照料。張祖詒每星期來住兩晚，我的兩位秘書胡頌平與王志維分班來住五晚，故每晚上有兩人照料。白天有工友老李從南港來，晚上回去給我看守南港房子。廚子老劉（安徽人）也住在此。」[42]於是可以知道，平時住南港的時候，至少有廚子老劉、工友老李可以照顧生活。

1958 年胡適與錢思亮夫婦等合影。(胡適紀念館提供)

[39] 胡頌平編著，《胡適之先生年譜長編初稿》第十冊，頁 3779、3793。

[40] 「胡適致江冬秀(1958-04-21)」，中央研究院近代史研究所《胡適檔案檢索系統》，南港檔，館藏號 HS-NK05-048-015。

[41] 胡頌平編著，《胡適之先生年譜長編初稿》，第十冊，頁 3554-3555。

[42] 「胡適致江冬秀」（1961 年 4 月 30 日）。中央研究院近代史研究所《胡適檔案檢索系統》，南港檔，館藏號 HS-NK05-048-064。

說到心臟病，實與晚年胡適形影不離，他自己也知道嚴重性。上述 1961 年 2 月 25 日的發病害他住院直到 4 月 22 日才出院，他自己描述：「這次的病是一種『心臟障害』，引起了冠狀動脈栓塞的老病。當時呼吸很困難，出冷汗，脈搏每分鐘到 140，故抬到汽車上送醫院急診，打強心針……」[43] 1960 年 3 月中旬醫生就說胡氏的心臟有點擴大，遂在 3 月 19 日住進台大醫院再做檢查，3 月 24 日蔣復璁來勸他儘量早睡：「一個人的生活是靠太陽能的。到了夜裏十一時以後，我們住的地球上的這一面離太陽最遠，這時做一小時的工作，等於減少兩小時的壽命。」胡適笑答：「這是玄學。我現在煙不抽了，酒也不喝了。其實喝少量的酒，只會促進血液循環，對於有心臟病的人是有益處的。」[44] 據胡頌平的記載，胡適是典型的夜貓子，例如 1959 年 3 月 2 日：「先生今天清晨四時才休息。於是說起：『每天有六小時的睡眠就夠。在此地，太太不在此，沒有人管我，可以放肆些；我終覺得這麼靜的夜去睡覺太可惜了……』。」4 月 16 日又說：「晚上可愛。那是我最好的時間。我可以任意的東摸摸，西摸摸……到了夜裏做我自己的工作，那才是我的休息。」[45] 看起來，真的是無可救藥的夜貓子。

偶而，胡適的休閒是打牌。例如 1961 年 1 月 15 日的日記：「雪屏太太約我到張儀尊先生太太家去，玩了一個晚上的牌，他們不要我做工，故要我出去玩半天。」不過「半夜回家，寫完給柳田聖山的信，全信約有 9000 字。」[46]

胡適勤奮工作的過程，胡頌平是重要的助手。雖然胡適說過「作研究工作絕不能由別人代查的，就是別人代為查出來，還是要自己來校對一遍。」[47] 但是事實上很多時候需要胡頌平代查，例如有人來問白居易〈長恨歌〉裡是「回頭一笑百媚生」或是「迴眸一笑百媚生」？胡適就叫胡頌平去查《四部叢刊》本和藝文影印的《白氏長慶集》本，結果前者作「回頭」，後者作「迴眸」，都對。或者，針對大藏經裡的某個地名，要胡頌平

---

43 「致胡祖望、曾淑昭夫婦」，季羨林主編，《胡適全集》第二十六冊（合肥：安徽教育出版社，2003），頁 507。

44 胡頌平編著，《胡適之先生晚年談話錄》，頁 63。

45 胡頌平編著，《胡適之先生晚年談話錄》，頁 12、16。

46 「胡適日記」，1961 年 1 月 15 日。季羨林主編，《胡適全集》第三十四冊，頁 716。

47 胡頌平編著，《胡適之先生晚年談話錄》，頁 14。

去查《地名大辭典》等等[48]。胡頌平的近身紀錄至為重要，讓我們看見栩栩如生的胡適，例如「先生日常瑣碎的事情都要自己來做的。」胡氏認為中研院不是衙門，千萬不要稱他「胡院長」，應該稱「胡先生」或「胡博士」；「各大學的學生，尤其是快要畢業的僑生，往往整班的來見，先生對他們說話，總是希望他們回去之後不要忘記國家，不要忘記民族。」更重要的是，「他聽見人家的過失，總是相信人家是無意的。無意的過失，沒有不可以原諒的。……他認為把自己生氣的面孔擺給別人看是最不應該的事。」[49]

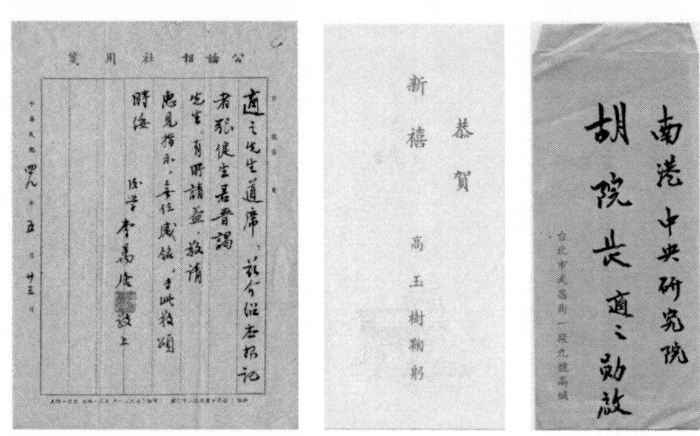

李萬居、高玉樹與胡適的交往留下一些紀錄。（胡適紀念館提供）

五、結語

吾人從中研院近史所胡適檔案檢索系統，可以看到胡適曾經轉捐一筆錢給李萬居的《公論報》，以及李萬居寫信介紹記者張健生來晉謁等，也看到書信集之中有寫給台南人韓石泉醫師的信，稱他贈送的《六十回憶錄》是「台灣光復後僅見的一本自傳」，「使我們更明白當年『日治時代』的愛國運動、自治運動的真實情形，或使我們更明白當年『東港事件』、『二二八事件』的真實情形。……必定可以增加我們整個民族的了解與親愛，不但是給將來史家增添一批史料而已。」[50]還看到雷震給胡適的信說：「在台

---

48 胡頌平編著，《胡適之先生晚年談話錄》，頁 21。

49 胡頌平，〈我當了四年的學徒〉，《傳記文學》第 1 卷第 7 期（臺北，1957 年 2 月 19 日），頁 28-30。

50 「復韓石泉」，收入季羨林主編，《胡適全集》第 26 卷（合肥：安徽教育出版社，

灣搞反對黨，可能流血。如先生出來，不僅可消弭台灣人、內地人之隔閡，且可防止流血。」[51]這是別人對胡適的高度期許。另外，當雷震案發生以後，胡適也曾向李萬居等人表示：「切不可使你們的黨變成台灣人的黨。必須要和民、青兩黨合作，和無黨派的大陸同胞合作。」[52]凡是對戰後台灣政治史有興趣的人，對這些人際關係和敏感的話語都很想進一步探究它的脈絡與意義。可惜由於時間和資料的限制，這一篇「胡適晚年在台灣」的功課只能先寫到這裡。

必須擱筆的此刻，讀到（胡適的父親）胡鐵花在上海龍門書院的老師劉熙載所教示的一段話：

> 為學當求有益於身，為人當期有益於世。在家則有益於家，在鄉則有益於鄉，在邑則有益於邑，在天下則有益於天下，斯乃為不虛此生，不虛所學。不能如此，則讀書畢世，著作等身，則無益也。[53]

這一段話很像在描寫胡適——尤其是晚年在台灣的胡適。胡適不是弄自然科學的人，但是擔任大學校長或主持中央研究院就必須多方學習請教，為國家整體的科學生根、學術獨立而擘畫推動；胡適基本上不是政治人物，但是他深知國民黨的長短和底限，也許期待他匡正蔣介石獨裁習慣的人——例如殷海光會覺得他軟弱，但正如胡適回應吳國楨的機鋒中所言：《自由中國》半月刊的言論自由是奮鬥得來的，並不是特權享有的。最後，由於胡適熱愛自由民主、喜談自由民主，在台灣很多場合的演講，聽眾人山人海，那裡面當然有「外省人」也有很多「本省人」，所播下的種子必定開了不少花、結了很多果。

2003 年），頁 233。

51 萬麗鵑編註，潘光哲校閱，《萬山不許一溪奔——胡適雷震來往書信選輯》（台北：中央研究院近代史研究所，2001 年），頁 137。

52 「胡適日記」，1960 年 11 月 18 日。季羨林主編，《胡適全集》第三十四冊，頁 691。

53 胡頌平，《胡適之先生年譜長編初稿》第一冊，頁 11。

一位「保守的自由主義者」：胡適與《文星》雜誌

黃克武*

一、前言

1952年，蕭孟能（1920-2004）、朱婉堅夫婦於台北開設文星書店，1957年11月創辦《文星》雜誌，不久此刊即暢銷一時，廣受青年學子之歡迎；後於1965年因「為匪宣傳」而被查禁，至1968年文星書店亦走入歷史。在1960年代《文星》雜誌對台灣思想界產生過重要的影響。該刊雖在「發刊詞」中標榜為一文學、生活與藝術性質的刊物，然其主旨在宣揚自由理念，它的歷史命運因而與台灣自由思想的發展息息相關，成為考察戒嚴時期台灣自由主義發展的重要文獻依據。《文星》雜誌最重要的成就在於它實現了其辦刊之宗旨，通過介紹西方的文學、藝術和科學，為黨國體制下的青年學生與知識分子提供新知源泉，讓人們對自由、開放的理想社會產生了更強烈的期許。該雜誌無論是前期所採取的迂迴溫和傾向，或是後期較激烈的衝撞體制之作為，都表現出敢於爭取自由，捍衛憲法所賦予權利之精神。它所掀起的新文學、新藝術與其帶動的新思潮，都朝向一個自由、開放的民主社會。他們真誠地希望戒嚴之下的中華民國能成為名符其實的「自由中國」[1]。雖然也有人認為《文星》雜誌與《自由中國》類似，其影響只限於少數知識階層，未能將「外省」自由主義者與本土知識分子結合

* 中央研究院近代史研究所研究員兼所長

[1] 有關《文星》雜誌之創刊、內容及其變遷與影響，可參考黃克武，〈戒嚴體制下的自由之聲：《文星》雜誌的介紹與分析〉，劉紹臣等著，《知識饗宴系列（8）》（臺北：中央研究院，2012），頁137-164。

在一起，更遑論深入社會底層[2]，然而當 1960 年《自由中國》被查禁之後，《文星》雜誌扛起了繼續宣傳自由思想的大旗，從思想批判與制度建言等方面持續對抗黨國體制中不合理的部份。此後，至 1970 年代《大學雜誌》及其他「黨外」雜誌相繼湧現，一波接一波地在台灣發揚自由民主精神，終能在 1980 年代開花結果，促成台灣由黨國體制向自由民主之轉型[3]。1979 年由康寧祥（1938-）任發行人的八十年代出版社曾出版了《自由中國選集》一書（共四冊）[4]，介紹《自由中國》中對地方自治與選舉、司法獨立、言論自由、反對黨問題等議題的看法。該書編者在序文中指出：「四十六年十一月，臺北創刊了一份『不按牌理出牌』的《文星》雜誌……在《自由中國》停刊後逐漸成為臺北文化圈的重要刊物，在六十年代掀起一陣風浪，成為五十年代《自由中國》時期與七十年代因應保釣而起的知識分子政治改革運動的一個過渡」[5]。這是一個非常準確的歷史論斷，也顯示出從《自由中國》到《文星》雜誌的思想遺產與「黨外」反對運動之間的密切關係[6]。由此可見，台灣社會今日能享有自由民主的累累果實，《文星》雜誌扮演接續《自由中國》並開啟後續「黨外」運動發展的重要角色。

---

2 此為南方朔之論點。他認為這兩個雜誌所代表的「兩次知識份子運動是單薄無比的，僅限於高層政治上、理念上、文化上事物的異議。它們的起與落，總體的影響力，均沒有七〇年代《大學雜誌》集團的久遠」。南方朔，〈中國自由主義的最後堡壘——大學雜誌階段的量底分析〉，收入陳鼓應，《言論廣場》（臺北：遠景出版社，1980），頁 170-171。

3 《大學雜誌》創刊於 1968 年，至 1987 年正式停刊。有關《大學雜誌》與台灣自由主義運動之關係可參考：Mab Huang（黃默），*Intellectual Ferment for Political Reforms in Taiwan, 1971-1973*(Ann Arbor, MI.: Center for Chinese Studies, the University of Michigan, 1976); 南方朔，〈中國自由主義的最後堡壘——大學雜誌階段的量底分析〉，頁 161-233。

4 《八十年代》為台灣的政論性雜誌，創辦於 1979 年 6 月。此刊由立法委員康寧祥任發行人兼社長，而江春男以司馬文武為筆名擔任總編輯。此外，參與者還有陳永興、康文雄、陳忠信、李筱峰、林進輝、范巽綠、林濁水、林世煜等人。「八十年代出版社」即為出版該刊之出版社，其主旨在經銷黨外人士或有利黨外運動之著作。有關康寧祥、《八十年代》雜誌與黨外運動的關係，可參考蕭淑玲，〈台灣黨外雜誌對黨外運動的作用（1979-1986）——以《八十年代》系列、《美麗島》、《蓬萊島》系列兩大路線為例〉（中壢：國立中央大學歷史研究所碩士論文，2006）。

5 編輯部，〈《自由中國選集》總序〉，收入《自由中國選集》（臺北：八十年代出版社，1979），頁 7。

6 韋政通對台灣自由主義發展有相同的觀察，見韋政通，〈三十多年來知識分子追求自由民主的歷程——從《自由中國》、《文星》、《大學雜誌》到黨外的民主運動〉，收入《中國論壇》編，《台灣地區社會變遷與文化發展》（台北：中國論壇社，1985），

《文星》雜誌在傳播自由思想之時，與當時公認自由主義的思想大家胡適（1891-1962）之間有非常微妙的關係。過去少有學者注意到此一課題。一般研究《文星》雜誌的作品多關注李敖（1935-）與中西文化論戰，而少有人省察胡適與《文星》雜誌的互動[7]。這一方面是因為胡適在《文星》雜誌中以他的名義所發表的文章只有七、八篇（參見本文附錄，此一情況與《自由中國》階段積極撰文有所不同），另一方面則由於胡適 1962 年初即過世，沒有參與他與李敖等人所引發的中西文化論戰。本文的主旨在於分析胡適與《文星》雜誌之關係，以此彰顯文星編輯群在戒嚴體制之下，如何汲取思想資源來追求理想、突破禁忌，又遭遇到哪些困境。筆者首先將釐清 1950、60 年代台灣知識分子的「思想動員」，並描述胡適與《自由中國》之關係，作為討論之背景。其次利用中央研究院胡適紀念館所藏的胡適與文星雜誌社往來信函，釐清胡適對《文星》雜誌之態度。再其次則分析該雜誌之中所刊登與胡適相關的作品；此一部份將特別討論：胡適所撰寫的〈科學發展所需要的社會改革〉及其爭議；1962 年一月以胡適為封面的專號、李敖在該專號所寫的〈播種者胡適〉一文；1962 年三月出版的「追思胡適之先生專號」等文章，並分析其影響，以及此一思想傳承在形塑台灣當代文化上所扮演的角色。對於《文星》雜誌與胡適互動之分析，可以讓我們了解：一、胡適晚年的思想動向，用李敖的話來說，他是一個「保守的自由主義者」；二、戒嚴時期自由知識分子的處境、知識分子與政治權威之關係。對上述這些議題的了解可以幫助我們認識到亨亭頓（Samuel P. Huntington）所說的「第三波——20 世紀後期民主化浪潮」在具體的歷史情境中是如何推展的[8]。

頁 341-380。

7 有關該雜誌有兩本碩士論文：張裕亮，〈文星雜誌有關中西文化論戰問題之言論分析——並論近代思相史關於中西文化問題之言論〉（臺北：政治大學新聞研究所碩士論文，1984）；陳正然，〈台灣五〇年代知識份子的文化運動——以「文星」為例〉（臺北：台灣大學社會學研究所碩士論文，1984）。上述二文多環繞著中西文化論戰。有關胡適晚年思想的研究如楊金榮，《角色與命運：胡適晚年的自由主義困境》（北京：生活．讀書．新知三聯書店，2003）也沒有仔細討論胡適與《文星》雜誌的關係。

8 Samuel P. Huntington, *The Third Wave: Democratization in the Late Twentieth Century* (Norman: University of Oklahoma Press, 1991)。作者認為新興國家的民主體制是否得到鞏固主要取決於經濟發展與非西方文化對民主的接受程度。《文星》雜誌在促進民主作為西方的產物，得以在台灣扎根有所貢獻。有關 20 世紀中西知識分子的政

二、戒嚴體制下知識分子的思想動員：《自由中國》、《文星》雜誌與1950-60年代的台灣

1949 年共產革命的成功象徵著二十世紀中國自由主義發展的一大挫敗，國民黨政權在戰敗之後退居台灣，跟隨著蔣氏赴台者在思想上大致包括三大類：一是國民黨員與其他三民主義信仰者，二是自由主義者，三是新儒家思想的支持者，這三者或有所重疊，然其共同信念即是反共。遷台之後蔣介石痛定思痛，在台灣建立更嚴密的黨國體制，企圖反攻大陸[9]。1949年之後，在國際冷戰的格局之下，在台灣的中華民國屬於美國為首之自由、民主陣營，號稱「自由中國」，以此對抗專制集權的共產政權，然自由主義思潮一直受到黨國體制的壓制與官方意識型態的批判，而在夾縫之中發展，人民的權利受到諸多禁錮[10]。難怪殷海光（1919-1969）在 1965年撰寫《中國文化的展望》時要感嘆地說：「中國的自由主義者先天不足，後天失調」[11]。至於新儒家的支持者（唐君毅、錢穆、徐復觀等人），則多是蟄居於大學教書，並利用香港為英國殖民地的關係，創辦諸如新亞書院與《民主評論》等雜誌，反思中共在中國大陸之勝利，宣揚反共思想與針砭台灣時政，並主張儒家思想與自由民主之接軌[12]。然而自由主義者與新

治哲學之中所呈現知識分子與政治權威之深入分析，可參考 Thomas A. Metzger, *The Ivory Tower and the Marble Citadel: Essays on Political Philosophy in Our Modern Era of Interacting Cultures* (Hong Kong: the Chinese University Press, 2012)。

9 參見黃克武編，《遷台初期的蔣中正》（臺北：中正紀念堂管理處，2011）。黃克武編，《重起爐灶：蔣中正與 1950 年代的台灣》（臺北：中正紀念堂管理處，2013）。

10 國民黨與共產黨一樣，反對「個人自由」而追求「國家自由」。在戒嚴時期，自由主義被界定為「毒素思想」。1957 年國防部總政治部以「周國光」名義發表名為「向毒素思想總攻擊」小冊子，內容提及：「思想上的敵人不止一個。實際上個人自由主義者散播的毒素思想，亦同樣是我們思想的敵人」。轉引自邵健，《二十世紀的兩個知識份子——胡適與魯迅》（臺北：秀威資訊科技股份有限公司，2008），頁343-344。有關近代中國自由主義之進程，及國共兩黨自由觀之分析，請參見黃克武，〈近代中國自由主義的發展：從嚴復到新儒家〉，收入呂芳上主編，《回眸世紀路：建國百年歷史講座》（臺北：國史館，2012），頁 21-52。

11 殷海光，《中國文化的展望》（香港：大通書局，1981），頁 291。

12 有關 1949 年 6 月徐復觀等人所創辦之《民主評論》之基本理念及其與《自由中國》、《文星雜誌》之關係可參見蘇瑞鏘，〈《民主評論》的新儒家與《自由中國》的自由主義者關係變化初探：以徐復觀與殷海光為中心的討論〉，《思與言》，卷 49

儒家等兩個陣營所做的努力，只得到一部份的成果。由於受到諸多思想與非思想因素的影響，1960 年代台灣自由主義在思想論域與政治實踐之中屢遭挫敗，《自由中國》與《文星》雜誌先後遭到查禁，可見在戒嚴體制之下要突破禁忌十分困難。其後隨著經濟起飛、政治安定與傳播媒體的蓬勃發展，1980 年代以來台灣自由主義與民主政治有較大的進展，政治、經濟與思想三種市場逐漸成型，民主體制才漸趨成熟。

自 1987 年解嚴到 1996 年總統直選，其後政黨輪替，台灣自由主義與民主政治在二十餘年之間有較充分的發展。這一個中國歷史上首次民主政治的出現不但因為社會與經濟上的因素（如經濟發展、中產階級的出現、國民所得的提高等）、執政者的開明作風、反對運動者前仆後繼的努力，也牽涉到文化因素如自由思想的傳播，或有些學者所謂的「思想上的動員」（intellectual mobilization）。「思想上的動員」意指社會中的價值取向逐漸地被原來具有無力感的知識分子所改變[13]，周德偉（1902-1986）稱之為「筆桿的勢力」[14]。就台灣的民主化來說，其中特別重要的是 1950 年代後期至 60 年代後期台灣自由主義思想傳播，使自由民主成為台灣人堅信的普世價值，此一發展對日後台灣從威權統治到民主政治的轉型有重要的貢獻。

討論 1950 年代之後台灣自由主義的發展，必須從《自由中國》談起。1950-60 年代在台灣以胡適、雷震（1897-1979）、殷海光等人的「自由中國雜誌社」為中心，結合本土的反對運動，討論憲政改革、反對黨、地方自治等議題，自由理念在思想界得以傳播，至 1960 年《自由中國》因雷震案被迫停刊[15]。此後自由思想的宣揚由《文星》雜誌來接棒。

在釐清胡適與《文星》雜誌的關係之前，我們須要了解胡適在 1949 年前後的變化，以及胡適與蔣介石（1887-1975）和《自由中國》的關

期 1（2011），頁 7-44。徐復觀等人的基本立場是反共、肯定傳統與支持民主。

13 Reinhard Bendix, *Kings or People: Power and the Mandate to Rule* (Berkeley: University of California Press, 1978), pp. 253, 265-272。從 Bendix「思想的動員」來分析台灣自由民主的發展，可參閱墨子刻，〈從約翰彌爾民主理論看台灣政治言論：民主是什麼——一個待研究的問題〉，《當代》，期 24（1988），頁 78-95。

14 周德偉，〈我與胡適之先生〉，《自由哲學與中國聖學》（北京：中國社會科學出版社，2004），頁 264。此文原刊《文星》，卷 10 期 1（期 55，1962），頁 17-29。

15 請參考薛化元，《『自由中國』與民主憲政(1949-1960)》（臺北：稻鄉出版社，1996）以及任育德，《雷震與台灣民主憲政的發展》（臺北：政大歷史系，1999）等作品。

係[16]。1948 年底，胡適在蔣介石的協助之下，匆匆離開北平，其後轉赴美國，在美國東岸住了九年（1949-1958）。在 1949 年前後，胡適一直給予蔣介石「道義的支持」，而且心繫台灣[17]。1949 年 8 月 5 日美國政府公布《中美關係白皮書》（*United States Relation with China with Special Reference to the Period 1944-1949*），次日中國駐美大使顧維鈞（1888-1985）送了一本給胡適。胡適在超過千頁的白皮書上留下詳細的批注。他提到該書所論「大致公允」、「大致不差」，然美國人「忽略了八年抗戰中中共的擴大」，不了解「共產黨的本質與陰謀」[18]。後來他撰寫《史達林策略下的中國》並影響到蔣介石的《蘇俄在中國》一書，兩者均是針對「白皮書」的觀點提出辯解[19]。

其實，反省 1949 年的重大變化是當時知識分子共同的議題。1949 年 11 月由雷震主導的《自由中國》創刊，第一期由旅居美國胡適撰寫〈「自由中國」的宗旨〉列於篇首，他又掛名「發行人」。不過此事未經胡適認可，胡適得知之後，有些不悅，他在寫給雷震的信中表示：「我最不高興的是你用我的姓名為『發行人』。這是作偽，不是發起一個救國運動的好榜樣。我想請你老兄考慮，另請一人為發行人」[20]。1951 年 8 月，胡適又因〈政府不可誘民入罪〉一文引發軍事機關的關注，「正式辭去『發行人』的銜名」[21]。儘管如此，《自由中國》雜誌社仍堅持要求胡適擔任此職。這是因為雷震等人認為以胡適為招牌，可以有「擋箭牌」、「保護傘」的效

---

16 有關胡適 1949-1962 年之間生平與思想的一個簡要的勾勒，可參見余英時，〈從《日記》看胡適的一生〉，收入《重尋胡適歷程：胡適生平與思想的再認識》（臺北：聯經出版事業公司，2004），頁 114-155。

17 胡適，曹伯言整理，《胡適日記全集》（臺北：聯經出版事業公司，2004），「1960 年 11 月 18 日」，頁 668，。

18 參見胡適手批《中美關係白皮書》，藏中央研究院近代史研究所胡適紀念館。余英時指出 1949 年 8 月「他此時心中最消解不了的便是這部《白皮書》」，余英時，〈從《日記》看胡適的一生〉，頁 125。

19 黃克武，〈1950 年代胡適與蔣介石在思想上的一段交往〉，《廣東社會科學》，2011 年第 6 期，頁 15-20。亦刊於耿雲志、宋廣波編，《紀念胡適先生誕辰 120 週年國際學術研討會專輯》（北京：社會科學文獻出版社，2012），頁 65-74。

20 〈胡適致雷震〉，「1950 年 1 月 9 日」，萬麗鵑編註、潘光哲校閱，《萬山不許一溪奔——胡適雷震往來書信選集》（臺北：中央研究院近代史研究所，2001），頁 9-10。

21 〈胡適致雷震〉，「1951 年 8 月 11 日」，萬麗鵑編註、潘光哲校閱，《萬山不許一溪奔——胡適雷震往來書信選集》，頁 24。

果[22]。他們在寫給胡適的信中表示：「中國現階段的民主自由運動——即僅就爭取言論自由這一點來看，非由您積極領導不可」[23]。從 1949-1953 年之間，胡適在該刊發表約十篇文章，對《自由中國》表達支持之意。1952 年 12 月，胡適在〈《自由中國》雜誌三周年紀念會上致詞〉又坦承感到「慚愧」，期望由實際負責的朋友（指雷震）擔任發行人[24]。至 1953 年初，《自由中國》發行人才改為以雷震為首的編輯委員會（胡適列名委員）。然而雷震仍表示：「本刊在名義上雖已變更了發行人，在精神上仍是　先生主持的」[25]。胡適多次辭去發行人之職，似乎顯示他雖願意支持自由民主運動延續憲政法統、爭取言論自由與學術獨立，然不願意擔當碰撞權威的「龍頭」，也不希望蔣介石感到有「顛覆政府」的威脅[26]。

即使在卸去發行人的職務之後，胡適仍支持《自由中國》，1953-60 年間在該刊發表了二十多篇文章，也曾捐款贊助[27]。胡適在這些文章中表達出對時局的分析與批判。其中如 1955 年的〈「寧鳴而死，不默而生」〉（《自由中國》卷 12 期 7）表現出直言敢諫的精神；1956 年底的〈述艾森豪總統的兩個小故事給蔣總統祝壽〉（刊《自由中國》卷 15 期 9「祝壽專號」）

---

22 〈雷震致胡適〉，「1953 年 3 月 23」日，萬麗鵑編註、潘光哲校閱，《萬山不許一溪奔——胡適雷震往來書信選集》，頁 43。雷震在信中指出胡適辭去發行人之後即招致政治干預，「先生辭去發行人不久，政府對弟採取如此行動。過去大家所顧慮者，自非杞人憂天也」。「保護傘」是夏道平的話，見夏道平，《我在《自由中國》》（臺北：遠流出版社，1989），頁 12。他說：「我們應該承認是得力於開辦期的一把保護傘和一輛火車頭。保護傘，是聲望高的名義發行人胡適，火車頭是衝勁大的實際主持人雷震」。

23 〈雷震等致胡適〉，「1951 年 9 月 7 日」，萬麗鵑編註、潘光哲校閱，《萬山不許一溪奔——胡適雷震往來書信選集》，頁 26。

24 胡適，〈《自由中國》雜誌三周年紀念會上致詞〉，《自由中國》，卷 7 期 12（1952），頁 4-5。

25 〈雷震致胡適〉，「1953 年 2 月 2 日」，萬麗鵑編註、潘光哲校閱，《萬山不許一溪奔——胡適雷震往來書信選集》，頁 36。

26 這一態度在胡適談反對黨問題表現得很明顯，1958 年，胡適在〈從爭取言論自由談到反對黨〉一文中指出，不用「反對黨」一詞，以免「不明道理的人，以為有搗亂、有顛覆政府的意味」，他提出「組織一個不希望取得政權的『在野黨』……也許五年十年甚至二十年都在野也無妨」。胡適講、楊欣泉記，〈從爭取言論自由談到反對黨〉，《自由中國》，卷 18 期 11（1958），頁 9-10。

27 〈胡適致雷震〉，「1956 年 4 月 1 日」，萬麗鵑編註、潘光哲校閱，《萬山不許一溪奔》，頁 92。胡適說：「我寄上支票二百美金，作為捐款，稍稍替本社分一點負擔，請你不要推卸。」

亦表現出對蔣的批判。此外在 1959-60 年，他也明白表示反對蔣介石三度連任總統[28]。

1957 年底在《文星》創刊之時，胡適也面臨了一個人生的轉折。胡適在仔細考量之後，決定接受蔣介石之任命擔任中央研究院院長，並於 1958 年四月自美國返台就職。這涉及 1949 年至 1956 年之間胡適與蔣介石間在思想上交往，以及蔣對胡的經濟資助[29]。此一角色或許使他與反對威權統治之自由主義運動刻意地保持一定之距離。這樣的謹慎態度與傅正（1927-1991）等《自由中國》核心份子在 1958 年時對胡適的觀察是一致的。傅正認為胡適不肯「冒這種風險」來組反對黨、「不足以寄託擔當扭轉大局的希望」。傅正寫下他與友人的共同看法：「胡博士要在學術上有甚麼驚人的成就恐怕很難。而要想胡博士在政治上領導反對黨則更難」[30]。殷海光也出於相同的原因，對胡適有所不滿，他說「早年的胡適確有些光輝，晚年的胡適簡直沉淪為一個世俗的人了。他生怕大家不再捧他，唯恐忤逆現實的權勢，思想則步步向後溜」[31]。殷海光又說：

> 胡適則始終跟實際的政治權勢糾纏不清，所以難免作權勢的工具……當著一個權勢結構和意底勞結除訴諸武力以外絕對不能訴

28 有關《自由中國》「祝壽專號」中對蔣之直諫以及胡適對蔣三連任之態度可參見陳儀深，〈一九五〇年代的胡適與蔣介石〉，《思與言》卷 47 期 2（2009），頁 210-212。根據郭廷以在日記中的記載，胡適在公私場合均對國民黨與蔣介石連任有所抨擊，蔣經國對此頗不諒解，「經國約晤，知明年總統連任已成定局，對胡適之頗有不諒之處」（1959.11.16）；「東亞學術研究計畫委員會開會，……晚，宴各大學校長、教育部人員及胡適之、朱騮先先生……。胡先生酒後對國民黨及蔣總統大事抨擊，似涵養不足，政治偏見太深。據聞月餘前胡先生擬向蔣總統建議四事，勸和平讓出政權，確定繼承人，明白表示支持，蔣總統未接見」（1960.1.2）。見郭廷以，《郭量宇先生日記殘稿》（臺北：中央研究院近代史研究所，2012），頁 149、159。上文中所說的四件事見胡適 1960 年 2 月 7 日日記中《自立晚報》的剪報。胡適，曹伯言整理，《胡適日記全集》，冊 9，頁 581。

29 見黃克武，〈1950 年代胡適與蔣介石在思想上的一段交往〉，《廣東社會科學》，2011.6，頁 14-19 討論胡適對蔣中正反共抗俄思想形成之影響。

30 詳見潘光哲編，《傅正《自由中國》時期日記選編》（臺北：中研院近史所，2011），頁 74、85。

31 黎漢基，《殷海光思想研究》（臺北：正中書局，2000），頁 214-260。引文出自〈殷海光致陳平景〉，「1966 年 2 月 16」日，潘光哲編輯，《殷海光書信錄》（臺北：台灣大學出版中心，2011），頁 287。胡適則說殷海光「態度不夠……他是一個書獃子」（1960 年 11 月 17 日）。胡頌平編著，《胡適之先生晚年談話錄》（臺北：聯經出版事業公司，1984），頁 87。

諸理智來改變，加入幾個忠心分子當官兒，怎能改變？胡適的淺識薄見，實在自誤又誤人。在我同胡適私人接觸時，我的內心立刻產生二人相距千里之感。[32]

傅正與殷海光都對胡適與現實的糾結以及不肯勇於抗爭之氣概有所批評。這也透露出胡適在雷震案發生前後所表現出的基本態度，亦即願意堅持理想而抗爭，卻同時也願意為顧全大局而妥協，不走向與當權決裂。這樣的態度使《自由中國》之中較年輕的激進者（傅正、殷海光，也包括雷震）感到不滿。不過胡適所代表的政治主張與文化關懷，卻因為《文星》的努力推廣，而發揮了其影響力。《文星》雜誌中最積極鼓吹胡適思想的人包括毛子水（1893-1988）、李敖（1935-）與徐高阮（1914-1969）等人。毛子水為胡適在北大的學生，他在《文星》上撰寫〈胡適之對於我們現代思想的影響〉、〈胡適思想對現代中國青年的影響〉、〈胡適傳〉等文，指出胡適提倡白話文與「新文化運動」，對學術思想界與青年人「治學方面」有重大的影響[33]。李敖認為胡適的貢獻不在學術，而在自由民主思想的傳播；徐高阮則認為代表中國近代思想史上的一個趨向，即是在肯定傳統文化之精華的前提下，學習西方近代文明[34]。這三個方面正是胡適一生思想的重點。1962 年後《文星》由李敖接棒，轉向較激烈的政治批判，該雜誌成為五四精神傳統與《自由中國》的繼承者。這一轉型無疑地深受胡適思想之激勵。從《自由中國》到《文星》雜誌所形成的思想傳統，在戒嚴時

---

[32] 〈殷海光致何有暉〉，「1969 年 2 月 9 日」，潘光哲編輯，《殷海光書信錄》，頁 38-39。

[33] 毛子水，〈胡適之對於我們現代思想的影響〉，《文星》，卷 2 期 1（第 7 期，1958），頁 8-9；毛子水，〈胡適思想對現代中國青年的影響〉，《文星》，卷 7 期 2（第 38 期，1960），頁 4-5；毛子水，〈胡適傳〉，《文星》，卷 11 期 5（第 65 期，1962），頁 19-27。

[34] 徐高阮，〈胡適之與「全盤西化」——一頁思想的歷史〉，《文星》，卷 9 期 4（第 52 期，1962），頁 5-8；徐高阮，《胡適和一個思想的趨向》（臺北：地平線出版社，1974）。徐高阮當時為中央研究院歷史語言研究所副研究員。有關徐高阮的生平以及他與後來針對胡秋原、徐復觀等人提出「費正清集團」的「賣國控訴」，或所謂《陽明》雜誌事件，可參見黃克武訪問、潘彥蓉紀錄，《李亦園先生訪問紀錄》（臺北：中央研究院近代史研究所，2005），頁 111-114；業乃治，〈1960 年代台灣的賣國控訴：以徐高阮的論述為探討核心〉（臺北：國立台灣師範大學歷史學系碩士論文，2000），頁 11-27。

代發揮了傳播自由主義理念的「思想的動員」之作用，以筆桿子的力量推動了台灣民主化的發展。

三、胡適對《文星》雜誌之態度：吝於回應

從以上的描述，我們可以了解胡適對《自由中國》一直大力支持。1958年《自由中國》刊出「反對黨問題」的討論之後，甚至有不少人希望胡適能「在海內外徵求同志」，「把他發起的自由中國社，改為中國自由黨」[35]。這無疑是《文星》雜誌在創刊之初，該刊之創辦者積極聯絡胡適，尋求援助的重要背景。

《文星》雜誌與《自由中國》有兩年左右的重疊時間。該刊由 1957年 11 月至 1965 年 12 月，共 8 年，發行了 98 期，其間可分為兩個不同的階段。前 48 期是以林海音（1918-2001）、何凡（本名夏承楹，1910-2002）、陳立峰（筆名小魯，1918-1963）為首的開拓期；之後由陳立峰任主編，加入李敖，直到 1962 年 8 月 1 日刊登〈啟事〉說明：原發行人葉明勳與主編陳立峰亦自該月份同時離職。後 50 期則是以李敖、陸嘯釗為主導的階段，一直到該刊物與《自由中國》一樣，遭到被禁的命運為止。前後的分期標示著《文星》迥異的兩種面貌，前 48 期屬溫和路線，後 50 期則採激進風格，正好顯示出兩世代主編的不同風貌。這也表現在該雜誌從一個「生活的、文學的、藝術的」雜誌，轉向討論新聞、學術、宗教自由，並進而觸及文化與政治、法律等的敏感議題[36]。

《文星》雜誌的創立有很複雜的時代背景，並與黨國體制之間有所糾葛[37]。這一現象或許可以從該雜誌的發行人葉明勳（1913-2009）的角色表現出來。葉明勳是該雜誌社社長蕭孟能之父蕭同茲（1895-1973）在黨營中

---

35 黎復，〈反對黨勢在必組〉，《自由中國》，卷 19 期 4（1958），頁 16-18。

36 參見黃克武，〈戒嚴體制下的自由之聲：《文星》雜誌的介紹與分析〉，頁 145-154。

37 戒嚴時期台灣許多知識分子所創辦的刊物，包括《自由中國》、《大學雜誌》等都與國民黨有關，此外香港的《民主評論》也同樣受到國民黨之資助。李金銓指出，國民黨的新聞政策是在鎮壓與籠絡之間的收編模式，或是鎮壓或是拔擢。依順者可享有經濟利益，越矩者則遭到壓制。轉引自林淇瀁，〈由「侍從」在側到「異議」於外：論《自由中國》與國民黨黨國機器的合與分〉，收入李金銓編，《文人論政：民國知識份子與報刊》（臺北：政大出版社，2008），頁 373。

央通訊社的同事。蕭同茲與葉明勳均為國民黨的骨幹人物[38]。由此可見該雜誌的創辦人、經營者與國民黨關係之密切。

不過《文星》的編輯者既然以傳播新思想為職志，因此對從民初五四運動以來，執國內思想界之牛耳的自由主義大師胡適，一直寄予厚望，希望能得到他的支持。1957 年底《文星》出刊之後到 1958 年 4 月 8 日胡適返台之前，該社都定期將刊物寄給住在紐約的胡適[39]。因為胡適並未回信，同時在胡適的日記之中也沒有提到這一件事，我們不確知他是否收到這幾期的雜誌[40]。一直到胡適返國之後，文星雜誌社仍然很熱烈地與胡適聯繫。1958 年 4 月 24 日，也是胡適返台約兩週之後，由葉明勳、蕭孟能與夏承楹三人聯名寫一封信給胡適[41]，說明該刊之編輯宗旨，「我們又深信智慧是創造人生的，知識是指導人生的，因此，我們希望這本刊物成為啟發智慧和供給知識的泉源，來豐富青年人的生活，指引青年人的前途」[42]，並希望胡適能賜稿，以示支持。同時，他們也再度寄了已出刊的六期雜誌給胡適。然而，胡適對此封充滿期待的來信仍無回應。

---

38 有關蕭同茲之生平可參見：馮志翔，《蕭同茲傳》（臺北：傳記文學出版社，1975）；葉明勳，〈蕭同茲傳〉，《國史擬傳》，第 6 輯（臺北：國史館，1996），頁 317-328。

39 〈文星雜誌社致胡適函〉，「1958 年 4 月 24 日」，臺北：胡適紀念館藏，《南港檔》，館藏號：HS-NK01-302-001。

40 胡適日記中只提到一次的《文星》，是在 1962 年 2 月 5 日，提及：「徐君最近在《文星》雜誌上發表了一篇討論關於我與『西化』問題的文字，寫的很細密平和」。胡適，曹伯言整理，《胡適日記全集》，冊 9，頁 816。該文為徐高阮所寫的〈胡適之與「全盤西化」——一頁思想的歷史〉（1962 年 2 月 1 日出版），下文將作討論。

41 在這封自我介紹信裡對主要成員的簡介如下：發行人：葉明勳曾任中央通訊社臺北分社主任、《中華日報》社社長、現任台灣省政府顧問；社長：蕭孟能文星書店經理；主編：夏承楹《國語日報》總主筆、作家、國語推行委員會委員。〈文星雜誌社致胡適函〉，「1958 年 4 月 24 日」，臺北：胡適紀念館藏，《南港檔》，館藏號：HS-NK01-302-001。

42 〈文星雜誌社致胡適函〉，「1958 年 4 月 24 日」，臺北：胡適紀念館藏，《南港檔》，館藏號：HS-NK01-302-001。

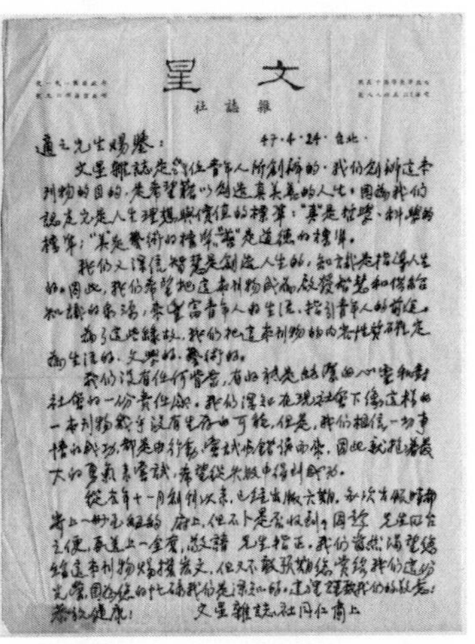

文星
雜誌社

適之先生賜鑒：　　47.4.24.台北.

文星雜誌是幾位青年人所創辦的。我們創辦這本刊物的目的，是希望藉以創造真美善的人生。因為我們認定它是人生理想與價值的標準："真"是哲學、科學的標準；"美"是藝術的標準；"善"是道德的標準。

我們又深信智慧是創造人生的，知識是指導人生的。因此，我們希望把這本刊物成為啟發智慧和傳播知識的橋梁，來豐富青年人的生活，指引青年人的前途。

為了這些緣故，我們把這本刊物的內容性質確定為生活的、文學的、藝術的。

我們沒有任何背景，有的只是純潔的心靈和對社會的一份責任感。我們深知在現社會下像這樣的一本刊物幾乎沒有生存的可能，但是，我們相信一切事情的成功，都是由於不斷嘗試與錯誤而來，因此就抱著最大的勇氣來嘗試，希望從失敗中得到成功。

從去年十一月創刊以來，已經出版六期，每次出版時都寄上一冊到 府上，但不知是否收到。因許 先生以為方便，再送上一全套，敬請 先生指正。我們當然渴望能給這本刊物賜撰宏文，但又不敢預期能償。[illegible]

恭頌健康！　　文星雜誌社同仁敬上

〈文星雜誌社同仁致胡適函〉，1958 年 4 月 24 日。（胡適紀念館提供）

從 1958 年 4 月到 12 月，《文星》雜誌每次出刊之後都定期寄到中央研究院給擔任院長的胡適，可是八個多月以來胡適也不曾回應。1958 年 12 月 3 日，文星雜誌社同仁或許按耐不住，再次以掛號信發出一封信函。信中提及前一封信（四月廿四日），也說明該社曾持續地將雜誌寄到南港給胡先生。同時，他們擔心或許雜誌寄丟了，因此再次地把已出刊的 14 期雜誌一併寄贈胡適。最後並說：「假如能獲得您的垂注並且給予指導，我們就雀躍萬丈了！」[43]胡適收到這一封信之後終於有所回應，12 月 6 日就由秘書胡頌平（1904-1988）草擬了一封很簡短的信回覆，表示前後來信與贈書均收到，故致函「特別向諸位先生道謝。匆復」[44]。

由上述的信件往返可以顯示文星雜誌社一直很熱烈地想與胡適取得聯繫，然甫自美返國擔任中研院院長的胡適顯然對該刊之態度十分冷淡。當然如果我們考察一下 1958 年 4 月到 12 月之間，胡適的確很忙碌。他在六月、九月、十月，三度赴美，同時研究、行政與邀約演講等使他的行程幾乎日日滿檔。他甚至忙到沒有時間寫日記，1958 年四月之後，他只留下了幾天的紀錄。不過，工作忙碌不足以完全說明胡適對文星的冷淡，胡適

[43] 〈文星雜誌社致胡適函〉，「1958 年 12 月 3 日」，臺北：胡適紀念館藏，《南港檔》，館藏號：HS-NK01-302-003。

[44] 〈胡適復文星雜誌社函〉，「1958 年 12 月 6 日」，臺北：胡適紀念館藏，《南港檔》，檔號：HS-NK01-302-004。

吝於回應很可能與 1958 年後出任中央研究院院長，以及他對政治權威之慎重態度有關。

胡適再次主動與文星雜誌社聯繫要到 1961 年，因為該年年初胡適在病中讀到葉明勳之妻子嚴停雲（筆名華嚴，1926-）在報紙上連載的小說，十分喜歡，胡適因而向文星書店預約嚴停雲所著《智慧的燈》五部，來分贈友人[45]。這也因為嚴停雲為嚴復（1854-1921）的孫女，胡適又與他的姊姊嚴倚雲（1912-1991，胡適在北大的學生）熟識的關係。胡適並於 1961 年 10 月 18 日致函葉明勳與嚴停雲[46]。嚴停雲於 1961 年 10 月 20 日立即回信，並告知近況與希望親往拜謁。葉明勳也在同封信中向胡適致意，並寄贈葉氏的〈光復以來的台灣報業〉一文[47]。10 月 28 日，葉明勳與嚴停雲夫婦去南港看望了胡適，並在會面時談到李敖以及因匪諜案被捕的李敖的高中老師嚴僑（1920-1974）等事情[48]。

至 1961 年底與 1962 年初，胡適才比較注意到此一雜誌。這是因為胡適 1961 年 11 月 6 日的講詞〈科學發展所需要的社會改革〉之內容在報章上被摘述，全文之譯文又在《文星》雜誌（卷 9 期 2，1961 年 12 月 1 日）發表後，引發爭議，受到徐復觀（1903-1982）與廖維藩（1898-1968）等人之嚴厲指責。下文將較深入地討論此一事件。文星雜誌社 1962 年 1 月 7 日由蕭孟能、陳立峰、胡汝森三人聯名寫了一封信，託徐高阮帶給胡適，希望他能正面地對外界的指責提出答辯[49]。此時胡適身體已經有一些狀況，由胡頌平代替回了一封信，表示徐高阮轉來諸位給胡適先生的信已收到：

---

45 其中有一本，胡適在簽名之後送給李敖，後李敖以一百萬元賣給葉明勳、華嚴夫婦，義助慰安婦（後來他們又將該書捐給胡適紀念館）。李敖，《李敖快意恩仇錄》（北京：中國友誼出版公司，1999），頁 130-131。

46 〈胡適致葉明勳、嚴停雲函〉，「1961 年 10 月 18 日」，臺北：胡適紀念館藏，《南港檔》，檔號：HS-NK01-165-004。

47 〈嚴停雲致胡適函〉，「1961 年 10 月 20 日」，臺北：胡適紀念館藏，《南港檔》，館藏號：HS-NK03-006-017。葉明勳文刊於《中央日報》，1957 年 3 月 12 日。此信之內容亦見胡頌平編著，《胡適之先生晚年談話錄》（臺北：聯經出版事業公司，1985），頁 244-245。

48 李敖，《李敖回憶錄》（臺北：商周出版，1997），頁 160-161。1961 年 10 月 29 日胡適寫了一封信由姚從吾轉交李敖，告訴他說他的老師嚴僑已經出獄了。

49 〈蕭孟能、陳立峯、胡汝森致胡適函〉，「1962 年 1 月 7 日」，臺北：胡適紀念館藏，《南港檔》，館藏號：HS-NK05-131-008。

胡先生在休養期間，徐復觀的文章沒有看見，廖維藩的質詢詞好像也沒有看見。《文星》發表的李敖、居浩然、胡秋原的三篇文章都看見了。胡先生說，他不想寫什麼文字，醫生也不許他寫；將來就是看了廖維藩、徐復觀的文章，也不會寫什麼答辯的文字。胡先生要我謝謝您們幾位的好意。[50]

胡適此時對《文星》雜誌之關注，也因為他成為 1962 年一月號《文星》雜誌之封面人物，該專號的標題是「名滿天下謗亦隨之的胡適博士」，刊登了上述李敖、居浩然（1917-1983）與胡秋原（1910-2004）的三篇文章。這在《文星》雜誌歷史上很特別，《文星》雜誌的封面人物大多數都是外國人，以中國人為封面的只有四期，胡適是其中之一[51]。在專號卷首的〈編輯室報告〉中編者說明為何以胡適為封面人物：

我們為什麼要介紹胡適？因為他是「現代化」的播種者。幾十年來他一直為建設中國的新文化而盡力……很多人尊敬胡適，但不知為什麼要尊敬他？很多人攻擊胡適，但又不知為什麼攻擊他？「胡適思想」不能見容於共黨大陸，在台灣也同樣受到若干人的非議，這是為什麼？他對我們這個社會，究竟貢獻了些什麼？破壞了些什麼？這一連串的問題，都是青年人所想要知道的。[52]

這一期專號登載了李敖的文章〈播種者胡適〉，該文不肯定胡適在學術的地位，並將胡適的貢獻定位在宣揚文學革命、民主憲政、學術獨立、科學發展之上，是一位「保守的自由主義者」[53]。此外還有居浩然的〈恭賀新禧〉討論胡適的〈科學發展所需要的社會改革〉，並同意胡適的結論「要接受科學，必須在知識上社會制度上先起革命」；與胡秋原兩萬七千字的

---

50 〈胡頌平復徐高阮函稿〉，「1962 年 1 月 14 日」，臺北：胡適紀念館藏，《南港檔》，檔號：HS-NK05-069-007。

51 《文星》雜誌近百期的封面人物僅有四位中國人，分別是梅貽琦（期 43，1961）、胡適（期 51，1962）、蔣廷黻（期 72，1963）、李濟（期 73，1963）。

52 〈編輯室報告〉，《文星》，卷 9 期 3（期 51，1962），頁 2。

53 「播種者」的稱號，據李敖表示是採自北大學生在 1948 年獻給胡適的一面旗子上的用語，見〈李敖致胡適函〉，「1961 年 7 月 4 日」，臺北：胡適紀念館藏，《南港檔》，檔號：HS-NK03-006-014。1962 年 2 月 25 日，胡適過世之後《自立晚報》曾轉載該文。

長文〈超越傳統派西化派俄化派而前進〉,「對中國近五十年來的文化發展過程有了一個概述，而其中甚多地方批評到胡適博士」[54]。

胡頌平記載胡適看到專號之後覺得李敖與胡秋原的文章不夠精確、嚴謹：

> 這一期《文星雜誌》的封面是用先生的照片，其中有一篇李敖的〈播種者胡適〉，先生看見了。胡頌平問李敖的文章怎樣？先生說:「在我的年紀看起來，總感得不夠……他喜歡借題發揮。他對科學會不夠了解,何必談它。你要記得,作文章切莫要借題發揮」!（1962 年 1 月 2 日）[55]
>
> 某君（即胡秋原）寫的兩萬七千多字的長文，我也看了，還是看不懂。……某君是研究近代史的人;他不知道,他該來問我。……他輕視考證，我倒想寫信勸他試作考據的工作。……批評也有批評的風度，但不能輕薄。(1962 年 1 月 2 日）[56]
>
> 我本來想寫封很客氣的信給胡某的。他的文章太輕薄了。你要知道,寫文章的態度要嚴正,切不可流於輕薄。李某喜欲借題發揮，如他寫的「卻在吳稚暉筆下國故的臭東西上認真」，和「他們只會送他蟠龍的大瓶」這兩段，把許多人都罵進去了，也沒有道理。我想寫封信給他。(1962 年 1 月 12 日）[57]

由此可見胡適對胡秋原、李敖兩人文章有所不滿。胡適認為李敖的問題是「借題發揮」,不當地批評他以考據來「整理國故」;胡秋原的問題則是歷史敘述不夠精確，而且妄下判斷，做出「輕薄」的批評。

---

54 〈編輯室報告〉，《文星》，卷 9 期 3（期 51，1962），頁 2。

55 胡頌平編著，《胡適之先生晚年談話錄》，頁 280。胡適不滿的地方可能是李敖在文中說：「四十年來竟把文史學風帶到這種迂腐不堪的境地，脫不開乾嘉餘孽的把戲，甩不開漢宋兩學的對壘，竟還披著『科學方法』的虎皮，領著『長期「科學」委員會』的補助，這是多麼不相稱的事」，見李敖，〈播種者胡適〉，《文星》，卷 9 期 3（第 51 期，1962），頁 6。李敖對胡適批評他「借題發揮」一事有所辯解。他說；「他能夠看出來我寫文章的『喜歡借題發揮』，是他的高明處，但他把『喜歡借題發揮』看成一種大忌，卻是他的大錯特錯」。李敖，《李敖快意恩仇錄》，頁 130-131。由此可見胡適強調考證工夫與事實描述之精確,李敖則強調義理與他所說的「堅守經世致用」。

56 胡頌平編著，《胡適之先生晚年談話錄》，頁 281。

57 胡頌平編著，《胡適之先生年譜長編初稿》（臺北：聯經出版事業公司，1984），冊 10，頁 3858-3859。

不久胡適即過世，《文星》雜誌隨即推出紀念專號。由此可見從 1957 年底至 1962 年初，也就是胡適晚年返台出任中研院院長至過世之間的四年多的時間之內，胡適對《文星》雜誌多次的熱情來信，都吝於回應。這與胡適一向樂於助人、對提攜後輩不遺餘力、致力推介新思想的作風很不相同。

四、《文星雜誌》中的胡適

相對於胡適的冷漠，《文星》雜誌一直力捧胡適。其中 1961 年 12 月刊登胡適的一篇講稿，對思想界造成很大的衝擊，揭開「中西文化論戰」，成為六〇年代台灣思想史上的重要事件。這是《文星》雜誌之中少數由胡適署名的一篇文章。

這一篇文章其實不是胡適專門為《文星》雜誌所撰寫的文字，而是一篇英文的演講稿的翻譯。該文是胡適 1961 年 11 月 6 日在亞東科教會的演講詞〈科學發展所需要的社會改革〉（ “Social Changes Necessary for the Growth of Science” ）。演講次日，《徵信新聞報》（《中國時報》前身）就翻譯引述部份文字於報紙之上，此外《中國郵報》、《聯合報》也刊登了節譯稿[58]。不過報紙上對該文的摘譯錯誤頗多，因此由毛子水與姚從吾找了李敖與徐高阮兩人，將之譯為中文，再經胡適修改，全文刊登於 1961 年 12 月 1 日的《文星》雜誌[59]。編者在篇首表示：胡適「要人打破所謂東西方有『精神文明』『物質文明』之對立的成見，要人重新準備誠心而熱烈的接受西方近代的新文明」。在這一篇文章中胡適首先強調科學不是物質文明，科學之中其實包含了精神文明的面向，其次現在是人們應該面對中國傳統文化之中，不是沒有就是少有靈性的問題。胡適說「現在正是我們

---

58 報紙自行翻譯引述的標題與文字是：「胡適在亞東科教會演說，強調科學並非唯物，具有真理想和靈性」，我們須從這種不正當的驕傲中鑽出來，學著去承認在東方的文明中具有很少的靈性。《徵信新聞報》，1961.11.7，第二版。

59 〈徐高阮致胡適函〉，「1961 年 11 月 22 日」，臺北：胡適紀念館藏，《南港檔》，館藏號：HS-NK01-018-014。該文在 1961 年 12 月 1 日的第 50 期登出，其內容經過胡適批改與認可。其中除了作了一些文句的潤飾之外，胡適將標題從原來的「科學發展所需要的社會變遷」改為「科學發展所需要的社會改革」。胡適校正之原稿見：臺北：胡適紀念館藏，《南港檔》，館藏號：HS-NK05-185-036。

東方人應當開始承認那些老文明中很少精神價值或完全沒有精神價值的時候」，上述觀點引起軒然大波。

其中最激烈的反應來自徐復觀。他在 1961 年 12 月 20 日出版的《民主評論》中發表激烈文章痛罵胡適，認為這樣的說法是「東方人的恥辱」，也是「中國人的恥辱」[60]。1962 年 1 月 5 日，胡頌平看到該文，因為內容過於激烈而幾近「謾罵」，他「沒有讓先生知道」。但胡適後來仍得知該文，只是表示「徐復觀的文章，我真的看不下去了」[61]。

不久（1961 年 1 月 15 日）胡適在報紙上又看到幾種雜誌的目錄，知道「其中有幾篇都是罵我的文章」（見圖 2），他的感想是「這裡糊塗人還是那麼多」。1 月 17 日又在《徵信新聞報》上看到「立委邱有珍發表公開信向胡適博士質疑」[62]。另一位抨擊胡適的立法委員是廖維藩。他不但在雜誌上撰寫〈胡適先生思想淵源及其對中國文化教育之影響〉（刊《革命思想》11 卷 16 期）[63]，也在立法院第 28 會期第 20 次會議質詢此事，其標題為「本院委員廖維藩為中央研究院胡適院長在國際科學會議發表侮辱中華民族之言論特向政府提出質詢」。廖維藩認為胡適主張者乃「無病呻吟之全盤西化論」；「胡院長在演講中，對於中國文化傳統極盡錯估污衊之能事」、「對於科學技術之觀念，亦極盡矛盾之能事」[64]。廖維藩的質詢稿登載在 1961 年 12 月 4 日的《民族晚報》之上，胡適看到之後說：「荒謬絕倫，連常識也沒有」[65]。

---

[60] 徐復觀，〈中國人的恥辱，東方人的恥辱〉，《民主評論》，卷 12 期 24（1961 年 12 月），頁 617-619。楊金榮將徐復觀這一篇文章定位為「文化保守勢力」，並引用張忠棟的說法，認為徐復觀近乎謾罵的批評有「接受津貼，和政治權勢聯手打擊胡適」之嫌。楊金榮，《角色與命運：胡適晚年的自由主義困境》，頁 344。有關胡適與徐復觀之交往，請參見本書之中黎漢基教授的大作。

[61] 胡頌平編著，《胡適之先生晚年談話錄》，頁 284-285、293。胡適得知該文是在 1962 年 1 月 12 日，他看到《民族晚報》上所刊登的〈徐復觀大張撻伐〉的短評，因而問胡頌平。胡頌平回答：「那是不值得一看的……有些人想用批評先生來提高自己的身份，實在可笑之至」，胡頌平編著，《胡適之先生年譜長編初稿》，冊 10，頁 3858。

[62] 胡頌平編著，《胡適之先生晚年談話錄》，頁 289。1962 年 1 月 24 日，邱有珍將這封公開信寄給胡適「賜教」。胡頌平編著，《胡適之先生年譜長編初稿》，冊 10，頁 3869。

[63] 《中央日報》，1962 年 1 月 15 日，第 1 版。

[64] 立法院秘書處編，《立法院公報》，第 28 會期，第 10 期（臺北，1961），頁 49-52。

[65] 胡頌平編著，《胡適之先生年譜長編初稿》，冊 10，頁 3825。當時也有人支持胡適，如《大華晚報》在同一天（1961 年 12 月 4 日）有一篇〈質詢之質詢〉的社論，主張立法委員不應干涉胡適的言論思想自由。同上，頁 3825-3826。此外也有年輕

新時代

發行人 胡軌　主編人 毛子水

第二卷 第一期

要目

中華民國五十一年一月十五日出版

革命思想

第十一卷第六期

目錄

知行問題的剖析……鄒學仁

胡適先生思想淵源及其對中國文化教育之影響……廖維藩

俄帝恐怖政策之理論與實際……王覺源

論社會的基礎與結構形態……夏 新

國父遺教研究會第八屆年會紀盛

三民主義學術季刊

學宗

第二卷 第四期

目錄

胡適所看到的幾種雜誌目錄，這些雜誌中有一些批評他的文章。資料來源：《中央日報》，1962 年 1 月 15 日。

由此可見胡適的論點讓許多人產生反感的原因在於胡適身為中央研究院的院長一方面提倡科學發展，覺得科學發展不但是物質的也是精神的，但是他又說我們應該是承認中國文化裡面少有靈性的部份，這也顯示他認為中國傳統之中不具有發展科學所需要的精神價值。

在這場爭論之中，《文星》雜誌不只是提供一個議題討論的平台，而是較為傾向支持胡適的立場。如上文所述，1962 年 1 月的第 51 期，就以胡適為封面人物。該期之中李敖所寫的〈播種者胡適〉一文引起極大迴響，用李敖的話來說是：「引起各界的重視」[66]，並「帶來了大是非與大麻煩」。李敖說這一篇文章被外界視為是衛護胡適的文章，國民黨的刊物甚至推斷，「李敖與胡適之先生有深厚的世交關係」，或說李敖是「被胡適全心全力支持的西化太保」；另一方面李敖又說：這一篇文章三面不討好，「罵胡的人會說我捧胡，捧胡的人會說我罵胡，胡適本人也會對我不開心」。由此顯示李敖文章之爭議性，後來中西文化問題論戰的出現也與此文有關[67]。

人寫匿名信給胡適來支持他，希望「敬愛的老先生，請您不要灰心啊！」。同上，頁 3860-3861。

66 李敖，《李敖回憶錄》，頁 171。

67 李敖，《李敖回憶錄》，頁 274-275。

那時候胡適的身體已經很不好了（1961 年 11 月 26 日胡適即因胸悶、氣喘，住進台大醫院共 45 天）[68]，讀完該文之後，他親筆寫了一封信給李敖。這封信一直沒有寄出去，而藏在中央研究院胡適紀念館。錢思亮（1908-1983）在該信上用一個迴紋針夾了一個批註，他說這是一封胡先生沒有寫完的信，請妥為保存，因為這是胡先生人格偉大最好的一個證明。這一封信共四頁，是胡適看過了李敖寫〈播種者胡適〉一文後的一些想法。胡適說我要幫你「澆幾滴冷水」，你不要把我抬那麼高，接著他又說，文中有一些地方有事實上的錯誤[69]。這封信一直沒有寄出來，直到中研院近史所研究員陶英惠擔任胡適紀念館主任的時候（陶英惠與李敖是台大歷史系的同學），應李敖之邀，在 1998 年將這封信影印送給李敖。李敖終於看到了胡適生前寫給他卻沒有寄出的最後一封信。在回憶錄中，李敖不但收錄了這一封信的全文，還說：

> 這封信是他死前不久寫的，那時他七十二歲。這封信，寫得又認真、又婉轉、又誠懇，足見此公高明光大的一面。不過他不知道我寫出的每一件，都是有所本的，都是印在別人的書裡的，不是我捏造的。只是有所本的資訊有問題，我也就跟著「不夠正確」了[70]。

為了證明該文的內容確是有根據的，他詳列證據，指出有幾處胡適所指出的錯誤，他並沒錯，而是胡適記錯了，他說「胡適老了，他完全忘記了」[71]。此外，李敖的文章也引起葉青（任卓宣）與鄭學稼的批評，認為李敖把胡適捧得太過份了，簡直是「瞎捧」[72]。

除了李敖之外，另一位為胡適辯護的人是當時任職於中研院史語所的徐高阮[73]。他在《文星》52 期（第 9 卷第 4 期，1962 年 2 月 1 日）發表了

---

[68] 胡適，曹伯言整理，《胡適日記全集》，「1962 年 1 月 10 日」，冊 9，頁 813。

[69] 〈胡適致李敖函稿〉，「1962 年 2 月」，臺北：胡適紀念館藏，《南港檔》，館藏號：HS-NK05-024-004。

[70] 李敖，《李敖快意恩仇錄》，頁 131-134。有關〈播種者胡適〉中李敖所引用的文獻，他在〈我與胡適的「微妙關係」〉一文中在與鄭學稼辯論時曾列出來。參見李敖，《胡適與我》（臺北：李敖出版社，1990），頁 276-278。

[71] 李敖，《李敖快意恩仇錄》，頁 133-134。

[72] 有關李敖文章所掀起有關胡適的討論，參見陳才生，《李敖這個人》（北京：新華出版社，2004），頁 211-212。

[73] 徐高阮本來與李敖是好友，後來兩人鬧翻了，徐公布了一封李敖寫給胡適的信，談

〈胡適之與「全盤西化」——一頁思想的歷史〉。徐高阮指出胡適不主張「全盤西化」，而是主張「充分世界化」。胡適認識到歷史的「繁複多方」，所以他的觀點與主張「全盤西化」的社會學家陳序經（1903-1967）很不相同。胡適讀了之後覺得寫的很「細密平和」[74]。後來徐高阮將他對胡適思想的詮釋總結為上述《胡適與一個思想的趨向》一書。他認為胡適與曾國藩、康有為、孫中山有類似的想法，認為中西文明沒有根本的不同、孔子思想與西方近代新文明極為配合、中國的衰弱是近代歷史條件所造成的（包括精神的頹敗）、應積極採取西方近代文明的長處。相對來說，另一個更有勢力的趨向則認為東西文明有根本的差別、東方思想有根本的因素阻止科學的發達[75]。徐高阮從這一個角度解釋的胡適思想似乎得到了胡適的認可。他所提出的詮釋和李敖所謂啟蒙思想播種者（而非學術專業的努力），成為《文星》之上支持胡適思想的代表性的詮釋[76]。

1962 年 2 月 24 日胡適突然因心臟病過世，三月號的《文星》第 53 期立刻刊出了一個胡適紀念專號[77]。此一專號在台灣思想史上有其特殊的意義。胡適生前（與死後）中西文化論戰的兩派激烈爭論、水火不容，然而一旦胡適過世，讓當時激烈論爭的兩派人物，卻達成了一個共識，這個共識點就在胡適所宣揚的自由民主理念。在胡適死前支持胡適思想的人主要是李敖等所謂「西化派」的人物，但是胡適過世之後，支持傳統文化一派的人包括胡秋原、鄭學稼、徐復觀等人，都寫文章表達悼念之意。文中表達出：胡適死了，胡適思想仍然活著，並認為這位倒在戰場上的老將軍，代表了中國的良心。

到嚴復的孫子嚴僑，因而使李敖涉及匪諜案。陳才生，《李敖這個人》，頁 282-285。有關李敖對徐高阮的評價見李敖，〈千秋萬歲名，寂寞身後事〉，李敖，《胡適與我》，頁 146-147。

74 胡適，曹伯言整理，《胡適日記全集》，「1962 年 2 月 5」，冊 9，頁 816。

75 徐高阮，《胡適與一個思想的趨向》，頁 2-3。

76 《文星》的編者受到徐高阮的影響，刊出胡適寫於 1935 年的舊文〈充分世界化與全盤西化〉，《文星》，卷 10 期 3（第 57 期，1962），頁 24-25。編者並表示「這樣，才免得因為名詞之爭而造成對胡先生見解的誤會」。

77 「追思胡適之先生專號」，《文星》，卷 9 期 5（第 53 期，1962 年 3 月 1 日）。據蕭孟能回憶，這一期刊物曾再版 3 次，每一版有 5000 冊，共發行 4 版，計有二萬冊之多。陳正然，〈台灣五〇年代知識份子的文化運動——以「文星」為例〉，頁 81。

胡秋原所寫的紀念文字就表達出這樣的想法。他的標題是：倒在戰場上的老將軍，敬弔胡適老先生。由此可見即使是一直批評胡適、反對西化的胡秋原，還是對於胡適在文化思想上的貢獻，以及奮戰至死的精神，給予充分的肯定。《文星》雜誌也刊登出該社為胡適所寫的一個輓聯，這個輓聯非常精準地反映出《文星》雜誌渴望繼承胡適思想，該輓聯為：「科學民主是復興國家不二法門，願此後能實現此一理想，言論自由為促成進步必須手段，望大家莫忘這句名言」。這顯示出《文星》雜誌希望繼承的是胡適以來民主與科學的傳統以及言論自由精神。該社將此一輓聯置於胡秋原文章的下角，以此憑弔偉人之凋零，也頗具有象徵的意義。

胡適死後，江冬秀（1890-1975）又因為版權官司控告《文星》雜誌，雙方打了很多年官司。主要是文星書店繼續出版《胡適選集》，使江冬秀很不高興，所以她跟當時的遠東圖書公司聯合起來控告蕭孟能「侵害胡適之著作權」。蕭孟能最後刊登啟示，聲明不再刊印《胡適選集》。江冬秀勝訴之後寫了一封公開信（1971 年 9 月 30 日），其大意為：蕭孟能非法盜印胡適有著作權的著作，歷時四年又十個月終於結案了。謹向海內外關心的朋友們致謝，并告慰朋友們，在有生之年將胡適散在海外的著作和文稿儘量集齊刊印，以完成應盡之責任[78]。胡適與《文星》雜誌的關係在他死後也因版權爭議而斷絕了。

胡適對《文星》雜誌最大的影響無疑地是點起中西文化論戰之戰火。從胡適的〈科學發展所需要的社會改革〉與李敖的〈播種者胡適〉等文刊出之後，論戰文章一篇接著一篇刊出，由此可以看到傳統派與西化派的爭論過程。其中包括李敖寫的〈給談中西文化的人看看病〉，接著是徐復觀的回覆，這時後來任職中研院台史所的黃富三也加入，然後徐復觀又答黃富三，接著李敖再為〈播種者胡適〉翻舊帳，雙方就這樣一路論戰下來，成為當時台灣文壇的一大盛事，也是台灣六十年代以後對中西文化討論的一個高潮。上述的兩派人士無法彼此說服，此一現象反映出台灣文化的一個特點，即是五四與反五四的一個思想張力。這個張力是台灣當代文化具有豐富創造性的一個重要根源，也就是說在西化、反西化，傳統、反傳統

[78] 關於江冬秀控告蕭孟能的檔案，請參見臺北：胡適紀念館藏，《南港檔》，館藏號：HS-NK05-372-014、HS-NK05-372-015、HS-NK05-372-016、HS-NK05-372-017、HS-NK05-372-018。

的激盪之中，當代台灣文化才展現出既能批判傳統、又能以「繼往開來」之精神開創未來的新面貌。

五、結論

本文嘗試釐清胡適與《文星》雜誌之間的關係，來了解 1950-60 年代台灣思想界。簡單地說，《文星》雜誌一直希望得到胡適的支持，不過胡適或許因為返國之後工作忙碌，或許因為擔任中研院院長，並與蔣介石有較密切的關係，一直與《文星》保持距離。這種被動之姿態與《自由中國》時期胡適雖不願領頭，卻主動參與形成鮮明對比。這也是胡適從 1958 年返國之後，受到《自由中國》骨幹人物如傅正等人批評的原因。1958 年 4 月 9 日胡適回國的第二天，傅正在日記上寫到：

> 胡適終於在昨天回到台灣了，看各報的報導情形，似乎大不如前兩次回來時那麼熱烈，胡先生自己似乎也相當的沉悶。據《聯合報》的報導，胡先生自從下機後，便絕口不談政治，而且希望記者不要把問題扯到政治上，但在合眾社記者逼著問他這是否表示否認由他出面組黨，他認為可以這麼說。其實，胡先生之為人，自為者多，為人者少，只是遭遇這樣一個時代，使他左右逢源而已！這種人在學術上固然能夠開風氣之先，但人格上並不夠完滿。他之不可能出來組織反對黨，是我早就料定了的，但假使反對黨已打開了相當好的局面，那時若再拉他出面領導時，倒可能會出來的。這些年來，因為是《自由中國》鼓吹反對黨最力，所以一談到組織反對黨，大家都認為非胡先生出來領導不可，這固然是由於他的偶像作用已經造成，同時也由於大家未免太重視偶像。老實說，一個理想的反對黨，並不是以某一個偶像來號召，而是要以具體的政治主張和行動來號召。假使有志於反對黨活動的人，把一切希望寄托在一二人身上，那前途就太可悲了！當然，胡先生既已有他的偶像作用，假使他真願為反對黨而努力，不惜犧牲自己，以求能對苦難的中國人有所貢獻，站在有志於反對黨活動的人，固然是求之不得。但胡先生如果真不出我所料，而不肯冒這種風險，人各有志，也沒有什麼

值得大驚小怪的。總之，一切還要靠每個有志於組織反對黨的人，去腳踏實地的一步一步努力，把一切希望寄托在自己的努力上，才是道理。[79]

傅正的日記很清楚地反映出戒嚴體制之下的台灣在第一線的自由主義者對胡適返國之後的觀察，此種「不肯冒這種風險」、不當烈士的態度正是1958-1962年之間胡適立場的絕佳寫照。胡適過世之後，有志組織反對黨的人所採取的方向也正是傅正所說的「把一切希望寄托在自己的努力上」。傅正的意見並不是獨一無二的，最支持胡適的李敖，對胡適晚年思想也有類似的感受。他說：「在左右澎湃的浪潮下，他的聲音，已經淪為浪花餘沫，被夾擊得沒有多少還手之力。而他本人，也變得老憊而世故，與五四時代的胡適，不能倫比。這是胡適的悲劇，也是中國自由主義者的悲劇」[80]。不過胡適晚年變得更為慎重、世故，不願與政府當局正面衝突，不願意擔當碰撞權威的「龍頭」，也不希望蔣介石感到有「顛覆政府」的威脅，是否就像激進的傅正、殷海光、李敖等人所說是一件沉淪、可悲之事，仍有辯論的餘地。如果從《蔣中正日記》中有關雷震案的相關紀錄與後來的發展來看，胡適對於蔣的判斷是十分精確的[81]。

在《文星》雜誌中的胡適形象主要是由毛子水、李敖與徐高阮等人積極營造的結果，因此胡適對《文星》的參與或許可以說不在於行動上的參與，而是思想參與以及精神感召。他主要造成兩方面的影響，首先是胡適

---

[79] 潘光哲編，《傅正〈自由中國〉時期日記選編》，頁67-68。

[80] 李敖，《李敖快意恩仇錄》，頁135。

[81] 蔣介石在1960年5月20日就任第三任總統之後即著手處理《自由中國》的案子。《蔣中正日記》有以下的記載。1960年7月18日「召見谷、鄭、唐、張商討《自由中國》刊物與雷震叛徒之處置的法律問題」；1960年7月23日「正午商討《自由中國》刊物與雷震、傅正處置問題」、「雷震反動挑撥台民與政府惡劣關係，如不速即處置，即將噬臍莫及，不能不作最後決心矣」（上星期反省錄）；1960年7月26日「雷逆逮捕後應警告反動人士者：甲、民主自由之基礎在守法與愛國。乙、不得煽動民心，擾亂社會秩序。丙、不得違紀亂法，造謠惑眾，動搖反共基地。丁、不得抄襲匪共故計，破壞政府復國反共措施、法令，而為匪共侵台鋪路；不得挑撥全體同胞團結精神與情感，假借民主，效尤共匪，實行顛覆政府之故計。其他皆可以民主精神，尊重其一切自由權利」。由此可見早在七月底，蔣已決心要逮捕「叛徒雷震」（雷震於9月4日被逮捕）。胡適雖努力營救，然已無法挽回。胡適在1960年11月18日的日記中詳細地敘述了他與蔣介石見面、討論雷震案的經過。胡適，曹伯言整理，《胡適日記全集》，冊9，頁665-669。

自由主義的批判精神，由李敖等人繼承，促成了《文星》雜誌後期風格的轉向，並對自由思想在台灣知識界的傳布造成深遠的影響。就台灣自由民主運動來說，從胡適到李敖等所謂「外省知識分子」的努力，是一個不容忽略的貢獻。其次，胡適的文章引發「中西文化論戰」，激發了台灣思想界的活力。此一論戰繼承了民初以來五四思想與反五四思想之激辯，其思想張力形成台灣文化的一個重要特色，即是不但繼承傳統，也批判傳統；不但肯定倫理，也要吸收民主與科學。胡適過世之後，中西文化論戰之雙方均撰文憑弔、肯定其貢獻，並非偶然。胡適的思想在他死後繼續在台灣思想界發酵、茁壯、成長。

徐復觀在胡適先生過世後，以〈一個偉大書生的悲劇〉為題哀悼他，他寫到：「胡先生在五四運動時代，有兵有將，即是：有青年，有朋友。民國十四、五年以後，卻有將無兵；即是有朋友而無青年。今日在台灣，則既無兵，又無將，即是既無青年，又無真正的朋友」。在此情境之下，徐復觀一方面後悔曾經「在文化問題上，依然由我對他作了一次的嚴酷的譴責，這實在是萬分的不幸」，另一方面他又強調：

> 自由民主，是超學術上的是非的；所以主張大家不應以學術的是非爭論，影響到自由民主的團結。……今日在台灣，不必在學術上的異同計錙銖，計恩怨；應當從民主自由上來一個團結運動。……我深切了解在真正地自由民主未實現以前，所有的書生，都是悲劇的命運……我相信胡先生在九泉之下，會引領望著這種悲劇的徹底結束。[82]

《文星》雜誌社同仁則在該刊同期上表示：「科學民主是復興國家不二法門，願此後能實現此一理想；言論自由為促成進步必須手段，望大家莫忘這句名言」。這一情境或許能部份地反映 1960 年代初期知識分子的困境與期望。不過此一時期的努力並未隨著胡適的過世而銷聲匿跡，反而持續發展，為 1970-80 年代之後台灣民主化奠定了重要的基礎。

---

[82] 徐復觀，〈一個偉大書生的悲劇：哀悼胡適之先生〉，《文星》，卷 9 期 5（第 53 期，1962），頁 6。

附錄：《文星》雜誌中與胡適相關之文章

篇名	作者	期刊出處	年代／期數
〈胡適之對於我們現代思想的影響〉	毛子水	文星	1958.5.1/ No. 7 第2卷第1期
〈言論自由〉	胡適	文星	1960.8.1/ No. 34 第6卷第4期
〈胡適思想對現代中國青年的影響〉	毛子水	文星	1960.12.1/ No. 38 第7卷第2期
〈科學發展所需要的社會改革〉	胡適	文星	1961.12.1/ No. 50 第9卷第2期
〈播種者胡適〉	李敖	文星	1962.1.1/ No. 51 第9卷第3期
〈恭賀新禧〉	居浩然	文星	1962.1.1/ No. 51 第9卷第3期
〈超越傳統派西化派俄化派而前進〉	胡秋原	文星	1962.1.1/ No. 51 第9卷第3期
〈胡適之與「全盤西化」——一頁思想的歷史〉	徐高阮	文星	1962.2.1/ No. 52 第9卷第4期
〈小心求證「播種者胡適」的大膽假設〉	鄭學稼	文星	1962.2.1/ No. 52 第9卷第4期
〈胡適死了，「胡適思想」仍然活著〉	陳立峰	文星（追思胡適之先生專號）	1962.3.1/ No. 53 第9卷第5期
〈胡適之先生哀詞〉	毛子水	文星（追思胡適之先生專號）	1962.3.1/ No. 53 第9卷第5期
〈但恨不見替人！〉	梁實秋	文星（追思胡適之先生專號）	1962.3.1/No. 53 第9卷第5期
〈深夜懷友〉	葉公超	文星（追思胡適之先生專號）	1962.3.1/ No. 53 第9卷第5期
〈一個偉大書生的悲劇：哀悼胡適之先生〉	徐復觀	文星（追思胡適之先生專號）	1962.3.1/ No. 53 第9卷第5期
〈適之先生二三事〉	黎東方	文星（追思胡適之先生專號）	1962.3.1/ No. 53 第9卷第5期

〈倒在戰場上的老將軍 敬悼胡適之先生〉	胡秋原	文星（追思胡適之先生專號）	1962.3.1/ No. 53 第 9 卷第 5 期
〈胡適先生走進了地獄〉	李敖	文星（追思胡適之先生專號）	1962.3.1/ No. 53 第 9 卷第 5 期
〈追憶胡適之先生〉	蔣復璁	文星（追思胡適之先生專號）	1962.3.1/ No. 53 第 9 卷第 5 期
〈我們應該趕過他〉	王洪鈞	文星（追思胡適之先生專號）	1962.3.1/ No. 53 第 9 卷第 5 期
〈中國的良心〉	余光中	文星（追思胡適之先生專號）	1962.3.1/ No. 53 第 9 卷第 5 期
〈康南耳君傳〉胡適先生最後校訂的遺作	胡適	文星（追思胡適之先生專號）	1962.3.1/ No. 53 第 9 卷第 5 期
〈為播種者胡適翻舊帳〉	李敖	文星（追思胡適之先生專號）	1962.3.1/ No. 53 第 9 卷第 5 期
〈我看胡適之先生〉	蔣廷黻	文星	1962.4.1/ No. 54 第 9 卷第 6 期
〈西化與復古——謹悼胡適先生——〉	居浩然	文星	1962.4.1/ No. 54 第 9 卷第 6 期
〈從「一無所知」「有無靈性」為胡適先生辯誣——並以敬質徐復觀先生——〉	李彭齡	文星	1962.4.1/ No. 54 第 9 卷第 6 期
〈接過棒子來，跑吧！——為胡適先生的死敬告青年伙伴〉	孟戈	文星	1962.4.1/ No. 54 第 9 卷第 6 期
〈論白話文和白話文學的運動——附答李敖先生——〉	鄭學稼	文星	1962.4.1/ No. 54 第 9 卷第 6 期
〈適之先生留下的三件心事——中央研究院同人祭胡適文〉	中研院同人	文星	1962.4.1/ No. 54 第 9 卷第 6 期
〈適之先生「康南耳君傳」的最後校改〉	胡頌平	文星	1962.4.1/ No. 54 第 9 卷第 6 期
〈孔子與胡適〉	東方望	文星	1962.5.1/No. 55 第 10 卷第 1 期
〈談胡適在「新青年」發表的信和文〉	田尚明	文星	1962.5.1/ No. 55 第 10 卷第 1 期
〈我與胡適之先生〉	周德偉	文星	1962.5.1/ No. 55 第 10 卷第 1 期

〈「五四」的第二十八週年〉胡適遺作	胡適	文星	1962.5.1/ No. 55 第 10 卷第 1 期
〈充分世界化與全盤西化〉	胡適	文星	1962.7.1/ No. 57 第 10 卷第 3 期
〈胡適之先生的墨跡〉	胡適	文星	1962.8.1/ No. 58 第 10 卷第 4 期
〈胡適先生寫字的故事：清楚負責〉	胡頌平	文星	1962.8.1/ No. 58 第 10 卷第 4 期
〈福建的大變局〉錄自二十二年十一月《獨立評論》第七十九號	胡適	文星	1962.10.1/ No. 60 第 10 卷第 6 期
〈「人與醫學」的中譯本序〉	胡適	文星	1962.11.1/ No. 61 第 11 卷第 1 期
〈憶「新月」〉	梁實秋	文星	1963.1.1/ No. 63 第 11 卷第 3 期
〈評介「丁文江的傳記」〉	李敖	文星	1963.1.1/ No. 63 第 11 卷第 3 期
〈紀念胡適之先生逝世週年〉	孫德中	文星	1963.3.1/ No. 65 第 11 卷第 5 期
〈胡適先生與民主的修養〉	王洪鈞	文星	1963.3.1/ No. 65 第 11 卷第 5 期
〈胡適之——轉載自「文人畫像」〉	溫源寧	文星	1963.3.1/ No. 65 第 11 卷第 5 期
〈胡適之先生——轉載自三十五年十一月商務版「海濤集」〉	朱文長	文星	1963.3.1/ No. 65 第 11 卷第 5 期
〈胡適對蘇俄看法的四階段〉	李敖	文星	1963.3.1/ No. 65 第 11 卷第 5 期
〈胡適傳〉	毛子水	文星	1963.3.1/ No. 65 第 11 卷第 5 期
〈回憶一顆大星的殞落——記胡適之先生最後的三年〉	楊樹人	文星	1964.2.1/ No. 76 第 13 卷第 4 期
〈關於「胡適評傳」〉	李敖	文星	1964.3.1/ No. 77 第 13 卷第 5 期
〈「胡適研究」前記〉	李敖	文星	1964.3.1/ No. 77 第 13 卷第 5 期

〈紀念胡適之先生逝世二周年——試釋中國哲學史未能完成的原因〉	孫德中	文星	1964.3.1/ No. 77 第 13 卷第 5 期
〈讀「胡適評傳」第一冊〉	梁實秋	文星	1964.5.1/ No. 79 （未註卷期）
〈評「胡適評傳」〉	碧屏	文星	1964.7.1/ No. 81 （未註卷期）
〈胡適的時代和他的思想〉（上）	郭湛波	文星	1965.5.1/ No. 91 （未註卷期）
〈胡適的時代和他的思想〉（下）	郭湛波	文星	1965.6.1/ No. 92 （未註卷期）
〈由徐子明的「胡禍叢談」談起〉	周志文	文星	1965.8.1/ No. 94 （未註卷期）

淺論胡適的自由思想

呂實強[*]

一、自由界說

說到胡適的自由思想，首先不能不稍加引據他對自由一詞所下的定義。民國三十八年，他在台北的中山堂一次講演中，就曾經提到「自由」這個名詞並不是外來的，不是洋貨，是中國古代就有的。「自由」可以說是一種倒轉的語法，就是「由自」，「由於自己」，「就是由自己作定，不受外來壓迫的意思」。他並引宋朝王安石的一首詩云：「風吹屋頂瓦，正打破我頭。我終不恨瓦，此瓦不自由。」[1]然後他說：這表示古代人對自由的意義，認為便是由自己作主的意思。兩千多年有記載的歷史，與三千多年可以記載的歷史，可以說明中國人對自由這種權力，自由這種意義，也可以說對自由的說明、對自由的崇拜與推動。中國的諫官制度，也可以說是一種自由主義傳統，就是批評政治的自由。中國古代有一種史官記載君主的行動，以留給千千萬萬年後的人知道。齊國的太史簡、晉國的董狐筆，卒使君王不敢再干涉他們忠實的直筆而書，亦均是因為他們的爭取因而獲得的，都應該歸為言論的自由。中國思想的先鋒老子與孔子，也都可以說是一種自由主義者。最後他強調說：「今天我就中國三千多年的歷史，我們老祖宗為了爭政治自由、思想自由、宗教自由、批評自由的傳統，介紹給各位，今後我們應該如何的為這自由傳統而努力。」[2]

---

* 中央研究院近代史研究所退休研究員

1 此詩據胡頌平先生查對原文，為「風吹瓦墮屋，正打破我頭。瓦亦自破碎，豈但我血流。我終不嗔渠，此瓦不自由」。見胡頌平編著，《胡適之先生年譜長編初稿》（臺北市：聯經出版公司，1984 年），冊 6，頁 2079。

2 此次講演全文載《胡適之先生年譜長編初稿》，冊 6，頁 2078-2081。

以上所引胡先生對自由的界說，看起來似乎太淺顯太簡單了。其實他的這個界說，相竝而不能分離的，卻為人的理性與道德，甚至將科學的研究與進步，也置於自由的基礎之上，而且兩者是不可分離的。他在民國八年七月所發表的〈問題與主義〉中便引羅蘭夫人的警語：「自由自由，天下多少罪惡，都是借你的名做出的」[3]。我們如果細讀胡適的著作，必可發現，其實胡適所有的自由思想，最主要是建基於儒家的孔、孟，及道家老子等的道德觀念之上。因而胡適在民國二十二年被邀到芝加哥大學比較宗教系作一連六篇演講，其中一次論到儒教的使命。他大致表示：

> 一個現代宗教的使命，大概就是要把我們對宗教的概念多多擴大，也就是要把宗教原來有的道德教化的功用恢復起來。一個宗教如果只限於每星期一兩個小時的活動是不能發揚的；一個宗教的教化範圍，如果只限於少數幾個神學班，這個宗教也是不能生存下去的。現代世界的宗教必須是一種道德的生活。凡是能使人高尚，能使人超脫他那個小小的自我的，凡是能領導人去求真理、去愛人的，都是合於最老的意義的，合乎最好的意義的宗教；那也正是世界上一切偉大的宗教開創者們所竭力尋求的，所想留給人類的宗教。[4]

循著此一趨向，胡適更把他的自由思想的內容，發揮在對儒家思想的解釋上。在這一方面，他的文章很多，但最集中一篇，無過於他在此次演講之先，民國十九年所寫的〈說儒〉一篇長達五萬字的長文了[5]。在此一長文中，他除了說明儒家源流與演變，及其各時期的內容之外，特別推崇孔子及孟子等。他引了許多與孔子並世和稍後的人對孔子讚揚的話，來做為他自己對孔子的稱道，如子貢：「仲尼，日月也。……人雖欲自絕，其何傷於日月乎？多見其不知量也」；「夫子，不可及也，猶天之不可階而升也。……」。一百多年後，孟子追述宰我、子貢、有若的讚頌：宰我：「以予觀於夫子，賢於堯舜遠矣」；子貢：「見其禮而知其政，聞其樂而知其德，由百世之後，等百世之王，莫之能違也。自生民以來，未有夫子也」；有

---

3 《胡適文存．第一輯》(台北：遠東圖書公司，1953 年)，頁 343。

4 引自胡適講、徐高阮譯：〈儒教的使命〉，收入徐高阮著《胡適和一個思想的趨向》（台北：地平線出版社出版，1970 年），頁 12。

5 以下主要均引自〈說儒〉，全文載《胡適文存》第四集，頁 1-82。

若說：「豈惟民哉？麒麟之於走獸，鳳凰之於飛鳥，太山之於丘垤，河海之於行潦，類也。聖人之於民，亦類也。出於其類，拔乎其萃，自生民以來，未有盛於孔子也。」孟子自己也說：「自生民以來，未有孔子也。」

胡先生對孔子的評價還不止此，他更將孔子和猶太民族的耶穌相比。他解釋說：

> 猶太民族亡國後的預言，也曾經期望一個民族英雄出來，「做萬民的君王和司令」(「以賽亞書」五五章，四節)。「使雅各眾〔支派〕復興，使以色列之中得保全的人民能歸回，——這還是小事——還要做外邦人的光，推行我（耶和華）的救恩，直到地的盡頭」（同書，四九章，六節）。但到了後來，大衛的子孫裡出了一個耶穌，他的聰明仁愛得了民眾的推戴，民眾認他是古代先知預言的「彌賽亞」，稱他為「猶太人的王」。後來他被拘捕了！……把他釘在十字架上。……但那個釘死在十字架上的殉道者，死了又「復活」了，「好像一粒芥菜子，這原是種子裡最小的，等到長起來，卻比各樣菜都大，且成了一株樹，天上的飛鳥來宿在他的枝上。」他真成了「外邦人的光，直到地的盡頭。」

胡適認為孔子的故事，也與耶穌有相似之處，他指出：

> 殷商民族亡國後，也曾期望「武丁孫子」裡有一個無所不勝的「武王」起來「大糦是承」，「肇域彼四海」。後來這個希望漸漸形成了一個「五百年必有王者興」的懸記，引起了宋襄公復興殷商的野心。這一次民族復興的運動失敗之後，那個偉大的民族仍舊把他們的希望寄託在一個將興的聖王身上。果然，亡國後的第六世紀裡，起來了一個偉大的「學而不厭，誨人不倦」的聖人。……和他接近的人，仰望他如同仰望日月一樣，相信他若得著機會，他一定能「立之斯立，道之斯行，綏之斯來，動之斯和。」他自己也明白人們對他的期望，也以泰山梁木自待，自信「天生德於予」，自許要作文王、周公的功業。到他臨死時，他還作夢「坐奠於兩楹之間」。他抱著「天下其孰能宗予」的遺憾死了，但他死了也「復活」了：「人能弘道，非道弘人」，他打破了殷商文化的藩籬，打通了殷商

民族的畛域，把那含有部落性的「儒」抬高了，放大了，重新建立在六百年殷周民族共同生活的新基礎之上：他做了那個中興的「儒」的不祧的宗主；他也成了「外邦人的光」，「聲名洋溢乎中國，施及蠻貊；舟車所至，人力所通，……凡有血氣者，莫不尊親」。

由於孔子的自由思想，植根於對人類的關懷，所以胡適先生稱道他以「仁」為所有的德目的總綱，廣義的說，就是在盡人道，也就是做一個理想的人。並解釋說：

我們看他的大弟子曾參說的話：「士不可不弘毅，任重而道遠。仁以為己任，不亦重乎？死而後已，不為遠乎？」仁以為己任，就是把整個的人類看成自己的責任。

既然把整個人類看成自己的責任，遂認為教育可以打破一切階級與界限，乃有「有教無類」這樣大膽的宣言，他繼續指出：

因為「有教無類」，所以孔子說：「自行束修以上，吾未嘗無誨焉」；所以他的門下有魯國的公孫，有貨殖的商人，有極貧的原憲，有在縲絏之中的公冶長，因為孔子深信教育可以摧破一切階級的畛域，所以他終身「為之不厭，誨人不倦」。[6]

他又指出孟子曾倡言：

「民為貴，君為輕」，在二、三千年前，這種思想被提出，實在是一個重要的自由主義的傳統。孟子說「富貴不能淫，貧賤不能移，威武不能屈」，這是孟子給讀書人一種寶貴的自由主義的精神。[7]

他說到中國思想的另一自由主義先聲老子，便讚揚說：

老子說：「民不畏死，奈何以死懼之」？……老子所代表的「無為政治」，有人說這就是無政府主義，反對政府干涉人民，讓人民自然發展，這與孔子所代表的思想都是自由主義者。[8]

6　以上均據〈說儒〉。

7　胡頌平編著，《胡適之先生年譜長編初稿》，冊 6，頁 2080。

關於胡適對孔孟一派的重視自由，但卻不是主張堅決，固守一定之範圍，不容增減，只是以中庸態度或原則來對待，這遂成為胡適自民國六年在美國完成博士學位口試，返國任北京大學教授以後，直到民國五十一年二月病逝，一直都持這種中庸的態度。儘管在他身後由他的學生及在中研院時期的貼身秘書胡頌平所編著出版的《胡適之先生年譜長編初稿》，由余英時先生所寫的序中指出：

> 適之先生是二十世紀中國學術思想史上的一位中心人物。從一九一七年，因正式提出文學革命的綱領而「暴得大名」……到一九六二年在臺北中央研究院的酒會上遽然逝世，他真是經歷了「譽滿天下，謗亦隨之」的一生。[9]

雖然如此，但畢竟他依然屹立，而且從未停止研究討論，其關鍵原因，亦應為撰寫不輟，並儘量的接待客人，以至發表學術與政治方面的演講，並真正秉持與堅持其自由思想。至於其對科學的詮釋，則以下各節，均將有所表明，於此不贅。

二、在院內幾次講話

(一) 四十七年四月十日上午九時在史語所考古館樓上舉行就職典禮。

典禮結束之後，許多參加院士會議的來賓都來了。蔣總統、陳副總統也都到了。十時，仍在考古館舉行第三次院士會議開幕式。先生致開會詞，並請總統訓話。據胡頌平先生後來所出版的《胡適之先生年譜長編初稿》中記載總統訓辭的大意，謂：

> 中央研究院不但為全國學術之最高研究機構，且應擔負起復興民族文化之艱鉅任務，目前大家共同努力的唯一工作目標，為早日完成反共抗俄使命……。

---

8 同前註。

9 〈中國近代思想史上的胡適〉，收入胡頌平編著，《胡適之先生年譜長編初稿》，冊1，頁5。

胡適院長除以思想學術來領導我們學術界外，最令人敬佩者，即為其個人之高尚品德，今日大陸上共匪以仇恨與暴力，為其一切倒行逆施之出發點，其目的在消滅我國家之傳統歷史與文化，而必須予以「清算」，即為共匪摧毀我國倫常道德之一例，因此，期望教育界、文化界與學術界人士，一致負起恢復並發揚我國固有文化與道德之責任。[10]

總統訓詞之後，來賓梅貽琦致詞。接著為胡先生致詞。他表示：

我要向各位來賓告罪，藉這個機會想稍微說幾句話，並不是要對總統的話、梅校長的話答辯，而是想表示道謝，……剛才總統對我個人的看法，不免有點錯誤，至少，總統誇獎我的話是錯誤的。……我向來是樂觀的，現在國難危急的時候，我的話並不是駁總統，總統對我個人頗有點偏私，說的話，我實在不敢當。我覺得我們的任務，還是應該走學術的路，從學術上反共、救國、建國……。[11]

儘管當時的規定是，只有副研究員及研究員，才有資格參加院士會議，我是沒有資格參加的。但會後傳出消息都說在會上，總統因談到當年胡適提倡打倒孔家店的事，引起胡適的反駁，弄得當時一場很不愉快的場面。我在當天吃過晚飯後，便去宿舍的前一排王志維先生家，去問他經過的詳情。他告訴我：

當時總統在訓辭時，確定表示：我一直對胡先生很敬仰，那時候正在福建帶兵，聽說胡先生倡導打倒孔家店，我也很贊同。不過隨著年齡的增長，閱歷逐漸增廣，便有些改變，認為孔家店裡也確有不少的好東西，怎麼可以一起都倒呢？因而他相信現在胡先生應不會還像過去一樣的看法了。沒想到胡適聽到總統此種說法之後，立即表示：不是我要打倒孔家店，我只是為中國的少年介紹這位「四川省隻手打孔家店」的老英雄吳陵先生。我要打倒的只是孔家店的權威性與神秘性。世界上任何思想與學說，凡是不允許人家懷疑與批評的，我都要打倒。

10 胡頌平編著，《胡適之先生年譜長編初稿》，冊 7，頁 2662。
11 胡頌平編著，《胡適之先生年譜長編初稿》，冊 7，頁 2663、2668。

實際的現場情況是，總統當時的任何講話或訓詞都已經是不允許別人可以自由批評與討論的了。因而總統聽到胡適這樣理直氣壯的言論就立刻站起來要離開會場，但陳誠是坐在總統旁邊，就硬是拉他坐下來，如此才化解了此一緊張與不愉快的情況。

王志維先生當時是胡院長的侍從秘書，我很相信他說的應該是確為事實。為了要一探究竟，幾天之後，我聽說大法官史尚寬先生，曾專程來胡適住所，聽了這一段錄音。於是我向王先生表示，是否可讓我也聽一聽這一錄音呢？王先生則云：不能再給別人聽了。此一文件必須好好保存起來，決不允許被任何人留下副本。很多年之後，吳大猷院長發表我接替高去尋院士為胡適紀念館管理委員會的主任委員，王先生仍然任紀念館館長，我向他表示，現在是否可以允許我聽一遍呢？他說那捲錄音帶早已因年久失效，而無法再播放了。由於我親自經過有這樣一段過程，故不若趁現在「紀念胡適 120 歲誕辰國際學術研討會」之時，附帶的提出來，以供與會者參考。

（二）中研院各所同仁歡迎胡院長的餐會上講話

胡先生既已正式就職，院中同仁遂在眷屬宿舍旁邊的餐廳，舉行一項晚餐聚會，以表歡迎。由當時民族學研究所籌備主任凌純聲先生主持。凌先生於餐會開始時起來致詞說：「今天我們中研院的全體同仁，以至誠的心情來歡迎胡先生來院領導我們，無不希望院長能告訴我們，以使大家有所遵循。」凌先生簡單的說完大家這一項願望之後，沒有人想到胡院長立刻站起來明確的答覆說：

> 我生平最敬佩的前輩為蔡元培先生，蔡先生即為一無為主義與無政府主義者。我何德何能怎敢言方向與政策呢？我坦誠的告訴各位，各所大家的方向與政策就是我的方向與政策。而且我一向不過問行政，任駐美大使時是如此，任北京大學校長時亦是如此。我來做這個院長，只是幫大家解決問題，協調各所之間的問題，真正的方向與政策，研究的成績與貢獻，完全要靠各所與大家。

他這樣直接了當的答覆，使我立刻有如醍醐灌頂，不僅心中閉塞頓開，而且有如徹悟菩提，甚至決定了此後我畢生的專業。我自三十八年來台灣，在台灣師範學院史地系四十二年畢業，受過一年的預備軍官教育之後，為盡公費生的義務，曾在台北市立大同中學專任歷史教師半年之後，自四十四年二月，進入中研院近代史研究所，直到滿七十歲退休，之後，仍依規定，仍可在近代史研究所任兼任研究員，直到八十歲，方按所中規定，完全離開近史所，從來沒有想到可提前一些離開到私立學校去謀一個專任，這樣可以增加一些收入。等等。

（三）在一次中研院舉行新年團拜時的講話

時間是在民國四十八年一月三日（星期六）下午四時，地點在當時院中唯一的會議室。前來參加者，大約有四、五十人左右。

那時候，胡院長就住在這間會議室的一小間起居室裡，下午三時多，住在院眷舍裡的同仁就陸續來到這個會議室。稍後由台北前來的人也陸續到達，包括若干他的老學生，和對他衷心尊敬者，如立法委員延國符，歷史博物館館長包遵彭等。四時正，胡院長從那個小起居間出來進入會議室。他一進來，立刻好像有一種活力，灌輸到每一個人的身上，大家都顯得精神奕奕。及聽到他開始講話，更感覺像有一股暖流，源源不斷的拂到每個人身上，真好像前人所謂的「如沐春風」。及至他說到：「西方人每過新年，便會下一個新年決心（New Year Resolution）。我們今天便應該決心於不久的將來，把世界的漢學中心轉移到在台灣的中華民國。」說到這裡，大家一致鼓掌，表示贊成與興奮。我當時實不清楚所謂「漢學」是包括那些學門，但直覺的便認定中國近代史，總該是屬於漢學中心的一個學門吧？於是我立即覺得我必須加倍的努力，務必好好作研究，以不負胡院長這一期許。

（四）郭廷以所長（時為籌備處主任）辭職風波

這是一件胡院長任內為近史所處理的一件大事。就其外貌與本質看起來，確是近史所自成立以來，遭受到一次空前的危機，但因胡院長一直所秉持的自由思想與原則，終獲得平順與圓滿的解決。自此近史所步入其有如黃金的時代。

先是自近史所民國四十四年二月以郭廷以先生為主任成立籌備處以來，以完全為創始，從一無所有，而由郭先生一手擘劃經營，最初只是在台灣大學總圖書館後面的三樓上，借用了董作賓先生的研究室，為辦公及工作場所。幾個月後因地方不夠使用，搬到租用的師大附近的雲和街一家民房中，正式開始編纂「籌辦夷務始末的索引（Index）」，另外由幾位助理員去台北各大學等圖書館，調查他們藏有的與近代史相關的目錄，以備日後作專題研究時之用為參考的依據。直到是年秋天，中研院在南港的一棟二層樓房建成之後，方全部遷來南港。這個樓房大約有三、四十幾個房間，樓下先全由史語所使用，樓上一層則為近史所、民族所籌備處及數學所使用，大約一大半均為近代史工作人員的工作室（即研究室）和接受外交部的清代總理衙門清檔（所有一小部分原檔）存放之所。那時候，此樓房後邊，先已建起了一所平房，為史語所圖書館所在，但只是存藏圖書資料，還未能上架借閱。因而近史所此時的工作，除了上述兩項之外，又增加了一項登記外交部移來檔案的目錄點查、登錄與收藏，並由一位外交部的科長石承仁先生駐此點交。待這些工作大致告一段落之後，第二棟二層樓房次年完工，方將近史所與民族所全部遷過去，大約三分之二歸近史所使用，三分之一由民族所使用。當然，隨著新設與舊所的恢復，建築繼續增加，史語所也加蓋了一所兩層的考古館。

由於一切都草創，正規的專題研究，一時尚無法展開，近史所大半人力均用在資料的整理，與各學校及機構存有圖書資料的調查。稍後又加了一項總理衙門清檔的檢查、編排與影印出版。最先出版的為清檔中的海防檔，包括「購買船砲」、「機器局」、「福州船政局」、「鐵路」與「礦務」，僅海防檔一種即有約六百萬字。隨後，「中法越南檔」、「教務教案檔」等，亦開始編輯，陸續刊行。隨之又增加了一項「近代中國對西方及列強認識資料彙編」。

總之，近史所自籌備以來，所作之奠基工作，不僅數量龐大，而且涉及面亦很廣，同仁工作均十分沉重。

正當自郭所長力行開拓，領導大家努力展開工作之時，竟突然爆發了歷史學界幾位聲望卓著教授，對郭廷以所長猛烈的攻擊。

先是台大歷史系教授吳相湘與台灣師大史地系西洋史教授王德昭二人聯名於民國四十八年三月十八日寫了一封長信給胡適院長，力陳中研院近史所籌備處主任郭廷以教授的諸多缺失，並力主胡先生改聘蔣廷黻出任近史所籌備處主任或所長。其信係用台灣大學十行信箋，洋洋灑灑長達七頁半，最後具名為「受業吳相湘　王德昭敬上」。以此信關係緊要，不能不儘量引其部分全文如下：

適之先生：

先生回來五個月了，可能已看出近代史所在南港和其他幾所比較起來是如何的不相稱。……這對先生和許多前輩三十多年要將漢學中心定在中國的努力，實在是一極大的侮辱。甚至使我們研究近代史的人在國際上也抬不起頭來了。國家最高標準難道就是如此？我們如何遵循呢？在這一情形下，我們實在不能再緘默了。如果我們不能把握研究院惟一研究近代史的院士蔣廷黻回國的時候表達這點心意，我們要愧對青年了！因此，我們誠懇希望　先生趁此時機澈〔徹〕底解決這一問題，一新耳目，以提倡和振奮研究近代史人們的情緒！

我們的想法，如果　先生能聘蔣先生正式主持近代史所務，下面再分成若干組，個別研究，按月向蔣先生致送工作報告並接受指導。至日常事務由庶務主任負責。在蔣先生離開時　院長、總幹事監督一切。因為研究院繫全國以至世界視聽，……如果再不乘蔣先生回國，請他領導主持，奠定遠大規模，根據國際水準和需要，訂立計畫，分別研究，寶貴的時間和可珍的資料都要浪費，因此，我們提出我們希望蔣先生來領導主持的想法。我們這種想法不是消極性的，或者是有個人成見門戶觀念，而是根據下面幾點積極性的理由：

一、依研究院慣例，各所長均由院士擔任。近代史所在目前尤繫國際視聽，由研究院研究近代史之院士蔣先生出任主持，順理成章。……

二、國內外治近代史者多出蔣門下。如蔣出任斯職，必先聲奪人，眾望所歸。「漢學中心」中之此一部分必迅速為我所有，費正清（John King Fairbank）之流也不敢自尊自大了。

三、「近代史的研究，對於我國現代政治經濟以及國際關係有直接重要性」。這是楊樹人先生指陳近代史所設立的理由（《大陸雜誌》Vol.16,No.7），實在是值得注意的。況中共、蘇俄近年來假文化交流美名，以近代史資料或論文影響歐美日本學術界及政界（我們每一看到這種學報雜誌，輒驚心動魄）。蔣先生在聯合國工作，打擊和闢斥這種妄說要為其一項，並且當為最重要的一項。故如出兼近代史所所長，只有相輔相成而無妨。

四、福特會和哈燕社過去均不願在台撥款，現在已有計議。如果近代史是如此現象，其結果必召〔招〕致反感，將更使歐美日本學者重視和傾向匪俄之妄說，輿論歸趨，終必影響蔣先生在聯合國之工作。如其將來焦頭爛額，不如今日先事預防。

五、今日台北紐約航空交通通訊已便捷，絕非昔日重慶李莊間所比擬。那時傅孟真師可以遙領，今日如蔣先生乘此回國之便定下規模，審定計畫，分組負責，人事健全，按月交報告，並有　先生和總幹事監督（這是當日李莊所沒有的優點），蔣先生足可指揮若定，工作成績也將有進步。[12]

綜觀此一長信，不僅全文文氣流暢壯闊，層次條理分明，看來亦似至誠至懇。

然就當時實際情況而言，卻與此大相逕庭。茲就我個人所歷所經，試行分析如下：

首先，信中謂：「先生……可能已看出近代史所在南港和其他幾所比較起來是如何的不相稱！」如此衡量，不知用何標準？中研院中一向是具有數理、生物、人文三大領域。數理方面，當時尚只有數學研究所，該所於 38 年京滬局勢緊張之後，曾將書籍一千七百餘冊、定期刊物八十五種、期刊合訂本一千三百餘冊運來台灣。所中人員則並無人來台。然以其尚有設備，故所之名義仍然保留，並由本院總幹事周鴻經先生兼代所長，借用台灣大學二號館房屋一間作為藏書及辦公之用。其實因環境關係，除繼續購置圖書及與國外學人保持聯繫外，所內之研究工作幾等於停頓。直至 46 年本院遷至南港新址，始能重新展開工作，延用青年後進，加強訓練研究。另外則有 46 年在南港設立復所籌備處之化學研究所，由魏喦壽先生任籌備處主任。生物方面，首先為植物研究所，於 43 年 7 月院士談話會中決定恢復，聘李先聞院士為籌備處主任。當時因房舍及設備均無，僅能採取

[12] 1959 年 3 月 18 日吳相湘、王德昭致胡適函。原件藏胡適紀念館，館藏號：HS-NK05-035-006。

權宜之計，將延聘人員以合作方式安排於台灣糖業試驗所、國立台灣大學等研究機構內，利用各機構設備進行研究。48 年，獲國家長期發展科學委員會補助，在南港本院興建生物館，50 年夏落成，人員遷入集中工作，始初具規模。另外動物研究所則於 46 年 2 月成立籌備處，聘梁序穆先生為主任，展開工作。至人文方面，由大陸遷台，設備最完整、人員也最多的自然為歷史語言研究所，有不少的著名學者，如李濟、董作賓、石璋如、高去尋、凌純聲、陳槃、芮逸夫、勞榦、全漢昇、周法高、屈萬里、王叔岷。諸前輩當然也應該包括創所所長傅斯年先生在內。而副研究員以次，如嚴耕望、李光濤、楊希枚、黃彰健、張秉權等諸先生，亦均為學有所成的專家。不論設備與人才，均為數十年來所累積，不僅在中研院，即國內外所有學術機構中，論研究中國文史，應無可與其倫比者。另外兩個新成立的籌備處，則為近代史研究所與民族學研究所，分別始於 44 年 2 月與 8 月。雖均屬新設，但民族所多少有些前此的淵源，因為該所前身為本院社會科學研究所之民族學組，民國 23 年，該組改隸歷史語言研究所，籌備主任凌純聲先生也為史語所的老人。故該所較有些可用的資源，不像近史所之一無憑藉，必須從頭做起。兩者均於 54 年 4 月正式設所。

由以上敘述可知，在兩教授寫信之際，中研院之所（處），尚僅有數學、化學、動物、植物、史語、近史與民族，總共七個。其中數學所雖然有些設備，但能夠開始作研究為 46 年，化學所亦為 46 年，距兩位教授寫信之時，不過約兩年。一個研究機構，於兩年之內，大約不易作出亮麗的成績。動物所情況亦略同。惟植物所一則籌備較早，二則與台大與台試所合作，加以李先聞院士身先士卒，領導有方，其所集中之水稻遺傳學研究曾獲得突破的成就。胡院長一向積極倡導發展科學，在當時，不論在公開演講與個人談話之中，均曾多次以李先聞院士的成果為例，說在台灣原來的水稻已退化到幾乎疾病叢生，大家均十分悲觀之際，他所育成的新種，不但扭轉了這種頹勢，而且在一年之中，就給國家賺進了二千萬美元的外匯。至此，似乎可以大致推斷，在南港的中研院各所，只有史語所與植物所的成績確為他所所不及。但畢竟科學與人文的研究績效是很難相比的，如果只就人文來衡量，則史語所本身的條件，遠非甫創始的近代史與民族兩所所能相比。信中所謂的「在南港和其他幾所比較起來是如何的不相稱」，絕非事實。

第三、建議請蔣廷黻先生來領導主持此一研究所，詞意堅強，並列五項理由：第一，言依研究院的慣例，各所長均由院士擔任。此亦未必盡然，至少在此期間，上述七個所處，除史語與植物兩所，其餘五所處之主持者均非院士。第二，謂國內外治近代史者多出蔣門下，此亦有欠正確。國內而言，吳、王兩教授，恐即非出自蔣門。郭廷以先生出身東南大學，自更非蔣之學生。第三，強調蔣先生在聯合國工作，打擊和闢斥中共和蘇俄方面學術界之種種妄說，自當為其職務中最重要之一項，故如出兼近代史所所長，只有相輔相成而無妨。此點就客觀的邏輯來看，似乎言之成理；然從主觀的見解考慮，則卻殊難施行。蓋既重學術獨立，豈可將國家最高學術機關之研究，用為政治之工具？更何況胡院長畢生以學術獨立為信條，於甫行就職院長之際，不少記者前來採訪，當詢及他接掌中研院之後，將如何把同仁之力量投入反共抗俄。他明快的答覆：我們在南港潛心盡力於研究學術，就是反共抗俄。本此，二位教授此項理由自無法獲得其認同。

第四、謂福特基金會和哈佛燕京社（Harvard-Yenching Institute）過去均不願在台撥款，現在甫有計議，如果近史所是如此現象（萎靡不振？），結果必招致反感……。此項看似振振有詞，實際則恰正相反。近史所成立之前，即已獲得美國亞洲協會駐台代表饒大衛先生積極支持（見前述）；開始籌備之後，更陸續多次獲得該會的撥款協助。於 44 年 5 月，即接獲西雅圖（Seattle）華盛頓大學遠東及蘇俄研究所所長戴德華教授（Professor George E. Taylor）來函，表示願與本所合作，嗣後並逐步實行。是年 8 月，接史坦福大學及加州大學 Berkeley 校區東亞研究所函覆，允為協助。9 月，哥倫比亞大學東亞研究所所長波頓先生（Hugh Borton）、哈佛大學方域研究所所長藍格爾先生來函，願與本所合作。同月，華盛頓大學遠東及蘇俄研究所副所長梅谷（Franz Michael）教授來所洽商合作具體方案。45 年 3 月，戴德華教授再度來所。46 年 1 月，梅谷教授又來所議商。9 月，具體決定由該校遠東及蘇俄研究所提供四千美元作為合作費用，協助編輯《中俄關係史料》及《中美關係史料》。10 月，郭廷以主任應美國國務院之邀，前往美國訪問；並應華盛頓大學遠東及蘇俄研究所之邀，在該所講學半年。47 年 4 月，美國哈佛燕京社補助本所美金二千六百元，編纂《教務教案檔》第一輯及《近代中國對西方及列強認識資料彙編》，為期一年。5 月，中國東亞學術研究計畫委員會決定撥款協助本所編纂《中法越南交涉檔》（47 年 7 月至 48 年 6 月），此一機構之經費主要由哈佛燕京社負擔。48 年 2 月，美國福特基金會國際研究訓練計畫部主任艾維頓（John S. Everton）先生來本所參觀，表示願協助本所發展。胡院長囑郭主任與其商談，繼之陸續進行三次會晤，交換意見。5 月，中國東亞學術研究計畫委員會協助本所《教務教案檔》及《近代中國對西方及列強認識資料彙編》，繼續一年（48 年 7 月至 49 年 6 月）。與華盛頓大學遠東及蘇俄研究所合作之中俄、中美關係檔案編纂計畫亦延長一年。嗣後，近史所之國際合作一直穩定開展，國際聲望亦日漸上升。可說與兩位教授之指責與憂慮，恰正相反。

第五，堅主將近史所籌備處主任或所長一職，由蔣廷黻先生兼任。並認為於今交通發達、通訊便捷，如果蔣先生乘此回國之便，訂下規模計畫，分組負責執行，按月向他提出報告，並由院長及總幹事監督，必定可行。但事實上，蔣先生當時正任我國駐聯合國常任代表，在中共實力日趨發展，對聯合國常任理事國之席位志在必得之際，蔣先生肩負極其沉重之壓力，全力搏鬥猶且隨時岌岌可危，如何能遠在紐約遙顧台灣近史所的所務？更何況一個國家政府體制之中，亦不允許如此在外國遙領。至於由院長和總幹事監督，此亦與胡先生的理念與生平行事原則大相違背。胡院長之一向不過問所屬機構之公開表示，前此已有敘述，於此不再贅言。

抑有迫者，此次郭廷以先生辭職風波之發生，雖然已如前述，具有其背景與潛在的因素，但其爆發，則主要為近史所與福特基金會商定一項研究補助計畫所引起。先是民國 47 年郭主任訪美時，曾與華盛頓大學戴德華教授、蕭公權教授、哈佛大學費正清（John King Fairbank）教授、哥倫比亞大學韋慕庭教授、何廉教授及蔣廷黻諸先生，談及美國基金會對台灣學術工作資助問題，均謂近史所如向福特基金會、洛氏基金會接洽，將甚有希望。郭主任即與福特基金會國際研究訓練計畫部主任艾維頓先生及洛氏基金會人文部主任 Charles Fahs 先生，初步交換意見。48 年 2 月，艾維頓先生來台，表示有意協助近史所，胡院長即囑郭主任與之商談，前後共三次。是年底，艾維頓先生託人轉達，希望近史所提出初步計畫，當經郭主任商得胡院長同意。49 年 1 月，郭主任去信，並附有曾經胡院長修正後之計畫；6 月，該國際研究訓練計畫部副主任（主管遠東計畫）鮑大可（Doak Barnett）先生分函胡院長、郭主任，定 10 月來台，盼先於西雅圖中美學術合作會議中一談。7 月，雙方晤於西雅圖，彼此意見甚為接近。10 月，艾維頓、鮑大可二先生抵台，與郭主任及張貴永、胡秋原諸研究員詳談，將計畫原則、補助範圍及經費數目逐加商定。11 月初，胡院長與郭主任商定計畫書，11 月 12 日提出。12 月 19 日，福特基金會覆函，已徵得各有關學者意見如下：

1.咸認近史所原編纂檔案工作應予繼續。

2.個別專題研究似應集中一或二個問題，以寫成一書為目的。

3.增添中日關係及中國國內歷史之研究。

4.關於選派人員出國：應予青年學者較多之機會，出國必須有確定計畫，所擬定之國外生活費，可予提高。

5.美國學者來台之事，擬另委託在美之文化機構代辦。

50 年 1 月，近代史研究所向福特基金會提出修正計畫，全部預算為十五萬七千二百美元。50 年 4 月 7 日，福特基金會函覆胡院長同意。5 月 1 日，胡院長回信將經費略減，定為十五萬三千美元。11 月 10 日，胡院長函福特基金會此一計畫於 51 年 1 月開始，並由他本人領導一個五人至七人組成的諮詢委員會，協助近史所此一計畫之執行。

當福特基金會資助近史所之計畫在 49 年雙方議商進入具體內容之時，便引起台灣學術界的關注。尤其有人獲知五年間總數為十五萬三千餘美元，更使若干歷史學界的學者感到欣羡，不過此事仍在商談階段，並沒有定案，有心者尚能一時忍而未發。及至此一合作計畫確定將於 51 年 1 月 1 日開始施行；隨之，胡院長又聘定諮詢委員，並決定日期開會。受聘委員姚從吾先生突於 12 月 26 日致函胡院長，表示他即行辭去此一委員，他並將另函郭主任不出席即將舉行的委員會議，風波於焉爆發。

原來是中研院近史所獲得福特基金會贈款補助研究的消息，各方面傳言紛紛，為提供真實情況，郭廷以主任於 12 月 25 日特就此事發表談話，《中央日報》並於 26 日刊出。內容略為：此項贈款共美金十五萬三千元（分五年使用），用途分為三部：第一，用於幫助近史所購置國外圖書資料；第二，用於幫助近史所研究人員出國進修，每年二人；第三，用於幫助近史所人員在國內作專題研究，研究的範圍，可分為：1.清末，即十九世紀中國的政治、軍事、經濟、社會制度及思想；2.清末，即十九世紀的中國國際關係，包括中美、中日、中俄等。此外，福特基金會並將幫助美國學者到台灣來研究中國問題，但經費由社會科學委員會撥贈，不在十五萬三千美元的補助之內。近史所這筆款項將不完全用於自己，「於必要時，該所也願意幫助其他研究近代史的學者，或在研究方面及出國方面」。這本是將合作的計畫透明化，也告訴國內一般研究近代史的學者，這筆贈款項並非完全由近史所使用，必要時也會對所外的學者給予資助。這不是一項很好的說明嗎？但卻立即招來了若干人士的不滿，首先是以研究宋遼金元史著名，且已為胡院長聘為諮詢委員的台大歷史系教授姚從吾先生，在看過報紙之後，立即致函胡院長，不僅對郭主任深為不滿，更請辭委員之職務。姚先生所持理由，主要為有關福特基金會贈款的分配問題。他信中說：

> 今天《中央日報》所載量宇〔郭先生之字〕的談話，和先生對我們〔姚與劉壽民；壽民為崇鋐先生之字〕講的不同。最顯著的一點是先生說「福特會願意以三分之一的款項，用於幫助近史所以外台灣研究近代史的學者」，並承指示「將採用考試辦法，慎選真能勝任研究的人」。這也是對基礎尚未鞏固的近史所有利的。現在量宇竟以所長的名義發表談話，說「於必要時，該所也願意幫助其他研究近代史的學者。」那末他不願意，就可不必辦了。

繼續對郭先生加以近乎侮辱性的譴責。謂：

> 他（郭）不知秉承　先生的一番善意，而竟說他要如何如何。這也是一種極愚蠢的表現，證明了別人（連樹人、伯蒼〔田培林先生〕在內。至於致遠〔張貴永先生〕、相湘更不用說了），說他無領導的能力與知識是對的。

最後表示：「生個人事情很忙，原無意再過問其他事務。謹辭去諮詢委員，敬請體念下情，另選他人。明日之約（當為諮詢委員會議），當另函量宇致謝。」具款則為「學生姚從吾敬上。50 年 12 月 26 日上午。」[13]

姚先生不僅年高德劭，為著名歷史學家，而且於民國 47 年 4 月中研院第三次院士會議中，當選人文組院士（實際為第二次選舉院士，第一次

---

[13] 1961 年 12 月 26 日姚從吾致胡適函。原件藏胡適紀念館，館藏號：HS-NK05-055-003。

則為民國 37 年 3 月，由評議會在南京選出）。在政府遷台之前，曾任北京大學歷史系主任及河南大學校長。然此信卻有若干明顯的瑕疵。如謂胡院長對他和劉崇鋐先生講「福特會願意以三分之一的款項，用於幫助近史所以外台灣研究近代史的學者」，但我查閱過所有可以找到的資料，並沒有這樣的文字。在此一諮詢委員會正式開會之前，僅於 50 年 4 月間福特基金會函胡院長，同意近史所所提計畫。5 月 1 日胡院長回信，將近史所原擬五年經費十五萬七千二百元，減為十五萬三千元，並提出：「出國進修人員於近代史所內遴選之，但遇有語言及其他特殊條件，亦得於所外遴選。」直到諮詢委員會於 51 年 1 月 23 日成立，召開第一次會議，通過的「福特基金補助計畫諮詢委員會章則」，規定該委員會之任務中，方列有「審核近史所以外人員接受福特補助計畫事宜」一條概略的條文，以及「福特基金會遴選人員出國進修辦法」中，列有「如有必要時，亦得由本所（近史所）商請諮詢委員會於所外遴選之」的一小段文字。是以姚先生信中所言的「福特會願意」、「三分之一」，可能是對於胡院長告訴他們的大意，有些誤解。

所言「並承指示：將採用考試辦法，慎選真能勝任研究的人」，恐怕不過是胡院長在談話中所提到的多種方案之一，絕不可能作此硬性的指示，而姚先生卻執之有如金科玉律。蓋胡院長之處事為人，以及對學術行政，一向尊重別人、信賴部下，故恐絕不致出此。更何況中研院自民國 17 年成立，到 48 年已歷時三十一年，從未聞聘任研究人員係經由考試方式者。即至今日，又四十四年餘，處所已擴充至近三十個，亦尚無用考試方式以進用研究人員者。

又謂「現在量宇竟以所長的名義發表談話，說於必要時，該所也願意幫助其他研究近代史的學者！那末他不願意，就可不必辦了。」其實這在郭先生自有他的理由。福特基金會的贈款，本意是要幫助近史所，在洽商的兩年多期間，雙方從未提到及於所外的學者。直到行將定案之前，胡院長於 50 年 5 月回函福特基金會，方提出「出國進修人員，於近代史所內遴選之，但遇有語言及其他特殊條件，亦得於所外遴選」，仍未提及給予所外之學者以研究補助之事。於是年 12 月 25 日郭先生發表談話之前，可能與胡先生之間已取得諒解，近史所同意給予所外學者以研究補助，但具體辦法並未確定。是以，郭先生才會表示：「這筆款項，將並不完全用於自己，於必要時，該所也願意幫助其他研究近代史的學者，或在研究方面及出國方面」。」這有甚麼錯誤呢？然而姚先生卻竟因此而謂郭先生這也是一種極愚蠢的表現，並表示別人也認為說他無領導的能力與知識是對的。這實在太過分。誠難了解他這樣對郭先生，用心何在！

緊接著，台大歷史系吳相湘教授的一篇讀者投書，在12月28日的《中央日報》刊出，標題為〈為甚麼要迴避民國史的研究〉。文中首先敘說：兩天以來各報都刊載福特基金會贈款中研院研究中國近代問題，以及中研院已決定其用途的消息。若干人看了這新聞，以為是一喜訊，但若干人卻感到憂懼。綜合各報載美聯社本月 24 日紐約電和中央社本月 25 日電看來：福特基金會贈款作研究的目的在提供「有關現代中國的緊要知識」，此項研究將涉及二十世紀中國內部情況之發展、中國的外交關係以及中共的經濟，目的在協助應付對於有關中國及中共適應馬列主義教條情況之知識之一種日益增加的需要——日本東洋文庫將研究本世紀中國內部的發展，中國的中央研究院研究中國外交關係。但另人詫異的是，報載中研院近史所籌備處主任郭廷以君的談話，竟一再指明其預定研究的時限是「清末，即十九世紀中國」，其心目中未擬面對二十世紀中國歷史——即中國革命史或民國史進行研究，極為明顯。就在此一消息刊載之同時，日本東洋文庫近代中國研究委員會委員市古宙三君來台北公開演講時透露，該會在此一計畫下，將集全力研究 1919-1948 年（即自五四運動以迄大陸淪陷）之中國內部發展。日本各大學教授十一至十二人即將分別前來台灣居留三個月或半年，以搜集有關國共鬥爭的各種原始資料；五年之後，其研究結果就將提供他人作「緊要知識」。

吳教授的投書中接著表示：綜合這一透露與上述郭廷以君談話，很明顯的指出：在福特計畫中，日本東洋文庫已搶先中央研究院而跑在前邊了。這不僅由雙方所採研究時限上表現出來，更重要的是：研究院所保管的外交部檔案公開之最近時限為 1926 年，即北洋政府時期，這與當前的中國問題關涉不多，自無從提供世人以緊要知識。並且東洋文庫是以日本各大學聯合力量致力於此，而郭君談話則以近代史所人員為主（近代史所籌備處設立六年，迄未正式設所）。事實上，該籌備處六年以來除印行外交檔案以外，尚未有任何外交史之研究完成出版。今竟迴避二十世紀中國內部發展之研究，而選擇一不擅長之題材，在國際學術界如何競爭？國人於自然科學之研究不如人，尚可諉過於資料設備不夠，為甚麼中國現代史之研究也要讓人一步呢？研究院於此是如何想定的，希望有詳細的說明。中國為甚麼在抗戰之後三、四年中，竟被中共佔據大陸呢？就上述可知，今後回答這一問題的最大發言權，將落在日本學人手中了。

吳教授這一文章，雖名為讀者投書，卻儼然理直氣壯，氣勢如虹。但他似乎仍只是從他自己的觀點來作文章，並未能深究此一事體的實際歷程與形成這樣內容的原因所在。追溯此一計畫中所用的「近代」一辭，並不是不包括現代或民國時期在內，即近代史研究所所要研究的中國近代史也是一樣。在英文中，近代通常均用“modern”這個字，實包括我們通常所稱的現代在內。是以許多英文著作，甚至於在中研院近史所與胡院長及福特磋商計畫的文件中，一律都稱為近代史，英文則稱為 modern history。但這個辭彙，一旦由中文譯出，便被視為只是近代而不包括現代在內了。至於為甚麼在福特研究計畫中，只將清末即十九世紀列為重心？則為當時的史料，以此一時期較為充分，而且尚待開發之範圍仍相當廣闊。故當由此入手，然後再就文獻之增加逐漸及於當前。至於吳先生認為多年來世人所需要的「緊要知識」，即：中國為甚麼在抗戰之後三、四年中竟被中共佔據大陸，在當時的時勢環境，深恐難以從事於學術性的研究。這一點在以下論到胡院長的態度時，再作補充說明。至於所謂「今後回答這一問題的最大發言權，將落在日本學人手中了」，這不是發言權的大小，也不是落在甚麼人手中的問題，關鍵所在為能不能獲得正確的答案。如果沒有可以依據的資料，不要說十一至十二位日本教授，即近史所全所約二十位研究人員，假定全部都投入，五年之後，又如何可望能取得最大的發言權呢？中國大陸的淪入中共統治，是中國有史以來，至少自秦漢大一統以來，兩千餘年罕見的一大悲劇、一場浩劫。究其原因，涉及之廣泛、深厚、複雜、錯綜，亦為前所未有，全世界都深感錯愕而理不出其端緒。而吳先生希望由一個實際上能夠參與的一、二十位研究人員，在五年之內，將其研究到可以解釋清楚的程度，是不是因為期之深而責之切呢？

然而以吳相湘先生的學術成就與地位，其影響力之大、殺傷力之強，可以想見。而且更由前此所引他與王德昭教授聯名給胡院長的長信，再加上在史學界具有泰斗地位的姚從吾先生的攻訐和杯葛，以及近史所內部之專任研究員、名西洋史教授張貴永先生的默許，郭主任似乎已陷入四面楚歌，除毅然請辭之外，還有甚麼良途呢？辭職的事，據胡院長的一位秘書胡頌平先生在他所出版的《胡適之先生年譜長編初稿》中記載：

> 民國五十一年
>
> 元旦（星期一）（按：此處可能有誤。似郭主任應為元月 3 日來）
>
> 上下午到醫院來拜年的客人很多，只有極少數幾位進入病房，見先生一面。郭廷以來談得很久，他已決定辭職了，他很感激先生對他的好意。他說他不離開中央研究院，不能替先生解決困難的。他辭意堅決，留下一封辭職書。先生對他說：「你的辭職，我不算數的。」
>
> 一月五日（星期三）
>
> 下午蔣夢麟來談。他聽說外面有人批抨福特基金會的款項，中央研究院近代史研究所只研究到明清為止的閒話。先生對他說：「所謂近代史從甚麼時期開始，有兩種說法：一種是從明末耶穌會到中國開始，到現在三百多年；一種是從鴉片戰爭開始，到現在一百五十年。中央研究院近代史所為甚麼不研究民國史，就是材料不易看見。譬如說：國史館裡收有蔡孑民先生保留的材料最完備，孫德中（北大畢業，編有《蔡元培先生集》）想向羅志希（家倫，時任國史館長）借出來抄一下，編入蔡先生的全集裡，羅志希就不答允；又如蔣先生（中正）保留的史料最完備，他在民國史中最重要，但誰能看到這一部分材料？這個時候寫的民國史，誰能作客觀的判斷？
>
> 先生這麼一說，蔣夢麟明白了。
>
> 一月六日（星期四）
>
> 早上，先生對胡頌平說：「昨夜你走後，我想起郭量宇的事，他的辭呈來了三天了，你現就去看他，代達我的三點意思。」（以後幾天的洽談經過，見先生本月十一日給郭的函）。[14]

現在再略談所中的情況。由於是新年假期，大約在初三之後，大家才陸續來所。但幾天後郭先生沒有來上班，這使大家漸感疑慮，是不是他病了？打聽的結果，才知道不是，他已經向院長上了辭呈，這不僅使大家驚

---

[14] 胡頌平編著，《胡適之先生年譜長編初稿》，冊 10，頁 3851-3853。

訝，更震撼的是，歷時數年方交涉成功的福特計畫，元月一日開始施行，怎麼會在這個時候突然辭職呢？尤其，辭呈已上多日，院長並沒有批示，也沒有慰留。甚至有人猜測大約是院長已經同意了，正在物色新的所長，甚至還有人連新所長的人選都想到了。當時那些研究員級的前輩，是不輕易到所的。於是由副研究員王聿均以下，齊集在那間只有十二席大的會議室，反覆討論。最後，決定推派代表五人，去台大醫院向院長陳情。我們那時的想法很簡單，只覺得這太不公平了。而且由過去六年的親身經歷，大家都認為，不僅所有的計畫都由他一手制訂，所有的交涉都由他負責進行，甚至所有的工作，雖然分由若干位前輩列名主持，但實際的指導與監督也都是由他直接從事。他這樣的辛勤經營、刻苦耕耘，才使近史所不但從無到有，而且日漸發展茁壯，好不容易才有了今天這一重大的外援結果，怎麼能坐視他因遭受若干同行的誤解或排擠而離開呢？因而大家要挽留郭先生的態度，都很堅定。不過由於胡院長尚在住院中，為顧及到他的健康，不方便大家都講話，由王聿均先生提議，推派我為五位代表的首席代表，攜帶陳情書，向胡院長呈遞，並由我向他口頭說明。陳情書大家也推我起草，由王聿均先生修飾，經李思涵先生抄寫。

次日，即 1 月 9 日上午去台大醫院。到院後，先問胡院長的狀況，護士小姐說現在很好，不久即可出院。待進入他的病房之後，我就敢侃侃而談了。我們進去之後，護士小姐把他的床搖起，使他半臥半坐地面對我們。我簡單說幾句問候的話，就把陳情書呈給他，並再略加說明我們的期盼。他很快看過之後，便對我們說：

> 你們的情形，我並非不知道，只不過我現在還在醫院中，來不及早日處理。現在我可以告訴你們，我不會同意郭先生辭職。我將告訴他辭職不是不可以，但首先要考慮到這付重擔由甚麼人來接替。我自己健康一直很差，我早就想不做了，但我不能不先行考慮，有甚麼人適當來接替。我不能一走了之。郭先生的事也是一樣。近史所是他一手創建，一手經營，才有了今天的規模和成果，如果沒有適當的人來接替，恐怕會對近史所的工作產生很不利的影響。我現在不能多講話，將請楊樹人先生來處理這件事。你們回去好了。

於是，我們便告退，返回南港。下午便有總辦事處來電話，要我明日上午到楊先生家裡和他見面。次日，我遵命前往，他告訴我：你可以回去轉告大家，院長已決定對郭主任懇切挽留，相信不會有問題，請大家放心。至此，大家相信此事已經不致再有問題，心情也就平靜下來了。

但就在所中同仁於 1 月 8 日聚集商討如何挽救這件事的同一天，近史所的同事、助理研究員金承藝先生，卻有一封信給胡院長。雖然信中並沒有談到所中研究近代史與民國史的爭議，但從內容多少可以看出形成此次風波的一些蛛絲馬跡。信中說：

> 適之師：
>
> 我上週五已聽說郭先生要辭職的事了。
>
> 郭先生在被吳相湘砲轟後，被姚先生誤解後，向您提出辭呈，其實完全是姿態，他想藉此正可以考驗您對他究竟支持到何種程度。我聽志維兄〔按，王志維先生，胡院長的機要秘書〕說您很體諒郭先生苦處，知郭先生亦一有病之人。而頌平先生竟將此意直告郭先生，郭先生豈不大感失望（以為您不支持他），如何能不光火？郭先生不過剛六十歲的人，他絕不會認為自己身體不好，應當休息也。……生承藝鞠躬，一月八日。[15]

金承藝先生係抗戰勝利後北大的學生，於大陸淪陷前後來台。胡先生任中研院長後，安排他來近史所，並抽一些時間為胡先生做一些事情。以當時他的資歷，尚不足參與論評近史所的研究大計，但他竟然在郭先生已經提出辭呈、胡院長正要決定郭先生去留之時，寫出這樣一封信，其意應非尋常。

由以上所能舉證的資料為，以及當時我所聽聞的傳言來推測，這顯然是要排擠郭先生離開近史所籌備處主任這一職位，甚至最好是離開近史所。不過胡適畢竟就是胡適，他畢生都守著自己的信條、忠於自己的理想，實事求是、不偏不倚。因而這件事儘管發動與參與者，至少提出猛烈批評和建議者都是他的學生，他也不能不有所為難，但最後他仍斷然地作出他自己的裁決。

---

15 1962 年 1 月 8 日金承藝致胡適函。原件藏胡適紀念館，館藏號：HS-NK05-045-004。

胡院長於 1 月 10 日上午出院。11 日上午，總幹事楊樹人先生來看他，並為他擬了一個慰留郭主任的信稿。據胡頌平先生的記載，他看了信稿後，覺得其中有一句看起來不像他的話，於是對楊先生說：「你們寫慣文言的人，包括頌平在內，寫起來是很吃力的。」樹人先生說：「最好請先生口授，由頌平筆記下來。」胡先生說：「讓我想一想以後再說。」下午三點光景，胡先生對胡頌平說：「量宇的信，不能再耽擱了。我參考樹人的信稿，我口授，你替我記下來。」因為先生脈搏高到九十多跳，護士、夫人都勸他停止口授，但他仍然堅持，於中間休息了好幾次，到晚飯時才口授完畢。內容如下：

量宇兄：

一月三日你來醫院看我，堅決的要辭職，並將辭函留在我的病榻邊。這件事確曾使我感到很大的矛盾和困惑。

這幾年來，你任勞任怨，我很佩服你的精神，並且時常向人稱讚你的美德。你幾次向我辭職，我總是勸你勉為其難，不要拋棄你自己多年培養起來的「孩子」。別人對你的批抨，從來不曾減少我對你的支持。

此次你因為「自去春病後，體力迄未復元，難勝繁劇之任」，要「辭去近代史研究研究員籌備主任本兼各職，俾能充分休養」。並且你那天好像對我說「不願意把這條命送掉」一類的話。我和你同是心臟病人，去年二月二十五日，你和我同日送進醫院。去年七、八月間，我在南港臥病，你來看我，我覺得你有發病之狀，曾將我床邊的 nitroglycerine 要你吞下，並請護士小姐扶你在客廳沙發上躺下休息。這些事都使我比較了解你病後的體力狀態。我每對朋友說：「我自己病了，多蒙朋友們愛護我，不許我工作，使我長時期的休息；我的朋友病了，我應該同樣的愛護他們、體諒他們，不應該勉強他們做可以妨礙他們的體力的工作。」……所以我看了你的辭職信，確曾有過三整天的躊躇、煩惱。簡單的說，我絕對沒有理由不重視你的健康。

一月六日早晨，我在病床上還在囑咐胡頌平兄趕往府上，代達我的三個誠懇的請求：第一，請你千萬不要辭掉近代史所研究員與福特基金計畫諮詢委員，因為所內許多青年人需要你的指導，又因為福特基金會的補助是你一年來努力的成果。第二，關於近代史研究所籌備主任的事，你和我都應有一個長時間，從容商量這件事；當然最好是你打消辭意。（這好像是一個心臟病人，對於另一位心臟病人的「不近人情的請求」）。即令萬不得已，你和我也應該平心靜氣的考慮什麼人可以暫時接替你；所以，我很虛心的請頌平兄向你打聽你在一月三日當面向我提出一位可能繼任的朋友。第三，無論如何在你和我沒有能夠從容考慮上說第二問題的時期，你千萬不能擺脫所務，請你務必照常辦公。

以上是我當日拜託頌平兄代為懇請你的三件事。後來我又託楊樹人兄全權代表我勸你，挽留你，並且請他勸導我們想邀請的諮詢委員們，使我們的諮詢委員會可以開會。

我早就想寫一封信給你，在醫院裡起幾次頭，都沒有能寫下去，因為我還在醫院和護士的看護下，我不忍違背他們和我的朋友們監護的好意。我昨天出院，今天口授這封信轉達我的誠意，請你諒解。

假如你不太怪我不近乎人情的請求，我盼望你不要輕易辭去近代史所籌備主任的事。我很誠懇的盼望你在不過分妨礙你的健康的條件之下，繼續做我們應該做的事。

我現在還是暫住福州街二十六號。今天這封信是違背了醫生、護士和內人的「命令」寫的。我盼望不久你能來談談。

弟胡適敬上　　　五十一、一、十一夜

1 月 12 日

郭廷以來談半小時。他說昨夜聽到有人說他要威脅先生的話，十分惶恐，他表示對先生只有感激。諮詢委員會的事，請樹人用先生的名義召開，他一定會參加；近代史所籌備主任的事只要先生以後找到繼任的人，他隨時可以交給人家的，就決定這麼辦了。[16]

郭廷以先生告辭後，胡先生要胡頌平把剛才談話的經過告訴楊樹人，並留一個條子給王志維：「志維兄：量宇兄來看我，已取消辭職了。」

---

[16] 胡頌平編著，《胡適之先生年譜長編初稿》，冊 10，頁 3855-3857。

胡院長表達出如此之誠懇、關愛，如此理想崇高，超越世俗，郭先生自然深受感動與激勵，於是此一風波，即告平息。

綜觀自郭廷以先生受命籌備近史所以來，不僅篳路藍縷，經歷諸多艱困，而若干批評攻擊更有如排山倒海。如非胡院長賦性仁厚，深具真知灼見，明辨是非、伸張正義，恐不僅郭廷以先生難免不白之冤，近史所年輕一輩同仁士氣受挫，即中研院之學術清望、台灣之近代史研究亦必深受打擊。

（四）最後一次講話

這是胡先生於民國五十一年二月二十四日，在中研院主持第五次院士會議，選出七位新的院士之後，在下午五時，於蔡元培館主持招待所有新舊院士、中研院同仁及各界來賓的酒會上所做的講話。其主要內容，據他的秘書胡頌平先生在其所著的《胡適之先生年譜長編初稿》中所記：

> 酒會開始。先生高高興興的走到麥克風前致詞，大意是：
>
> 今天是中央研究院遷台十二年來，出席人數最多的一次院士會議。令人高興的是海外四位院士也回國參加這次會議。中央研究院第一屆院士是在大陸上選來的，當時被提名的一五〇人，選出了八十一位；現在一部分過去了，有的淪陷在大陸，只有二十多位在自由地區。中央研究院在此恢復時，只有十九位活著在台灣。
>
> 現在得了政府的幫助，及海外團體學會的幫助，始有今日的規模。設了七個研究所，召開了四次院士會議，選過了三屆院士。
>
> 今天上午第五次院士會議，經過了三次投票，結果選出七位院士：二位在台灣，五位在海外。……
>
> 十幾年來，我們在這個孤島上，可算是離羣索居，在知識的困難，物質的困難情形之下，總算做出點東西。這次有四位遠道來的院士出席，他們的回來，使我們感到這些工作，也許還有一點價值，還值得海外朋友肯光臨，實在是給我們一種很大的 inspiration，希望他們不但這次來，下次還來，下次來時還多請幾個人一同回來。
>
> 我今天還可以講一個故事。我常向人說，我是一個對物理學一竅不通的人，但我卻有兩個學生是物理學家：一個是北京大學物理

系主任饒毓泰，一個是曾與李政道、楊振寧合作證驗「對等律之不可靠性」的吳健雄女士。……

我去年說了廿五分鐘的話，引起了「圍剿」，不要去管它，那是小事體，小事體。我挨了四十年的罵，從來不生氣，並且歡迎之至，因為這是代表了自由中國的言論自由和思想自由。各位可以參觀立法院、監察院、省議會。立法院新建了一座會場，在那兒，委員們發表意見，批評政府，充分的表示了自由中國的言論自由。監察院在那一個破房子裏，一群老先生老小姐聚在一起討論批評，非常自由。還有省議會，還有台灣二百多種雜誌，大家可以看看，從這些雜誌上表示了我們言論的自由。

先生正在大聲疾呼的時候，突然把話煞住，也許感到不適了。急忙接著說：好了，好了，今天就說到這裡，大家再喝點酒，吃點點心吧！謝謝大家。

這時正是六點半，先生還站在剛剛講話的地方，和一些告辭的人握手，正要轉身和誰說話，忽然面色蒼白，幌了一幌，仰身向後倒下，後腦先碰到桌沿，再摔到磨石子的地上，站在附近的凌鴻勛、錢思亮連忙伸手去扶他，也來不及了。六時三十五分，先生暈倒在地上，從此沒有再醒過。一代哲人，就這樣在環繞他週圍的許多人無限悲哀之中與世長辭了。[17]

（伍）晚年健康情況與心境

胡適於民國三十一年九月，駐美大使任滿離職後，便移居紐約，次年發現有心臟病。不過，當時他居住美國，醫療條件良好，生活也很安定，似乎並未感到有多大的威脅。但到抗戰勝利後，他接任北京大學校長，隨著國共戰爭國軍失利，他的心境自然不免感受到一些壓力。迨傅作義與中共和談，方由政府派機接往南京。隨後局勢快速惡化，他眼看中共之蓆捲大江以南，內心自然會憂心忡忡了。隨後再定居美國。迨民國四十六年十一月四日，政府發表特任胡適為中央研究院院長，他於兩天後便電復總統：

---

[17] 胡頌平編著，《胡適之先生年譜長編初稿》，冊 10，頁 3898-3901。

戌支電敬悉。前日曾托騮先（朱家驊）、思亮（錢思亮）兩兄代懇總統許我辭謝中研院長之職，因適今年二月施外科手術（胃潰瘍）以來，體力迄未恢復，八九十三個月中五次發高燒，檢查不出病因，惟最後一次是肺炎，亦由抵抗力弱之故，尚須請專家檢驗。最近期中恐不能回國。故不敢接受中研院長的重任。李濟之兄始終主持安陽發掘研究工作，負國際學界重望，頃年繼任歷史語言所長，百廢具舉，最可欽佩。鄙意深盼總統遴選濟之兄繼任院長，實勝適百倍。迫切懇辭，千萬請總統鑒察矜許。[18]

十一月九日，總統再電先生，中研院仍賴先生出而領導，至希加意調攝，早日康復回國就任為盼。此時各方函電勸請先生允就的很多。先生開始考慮，一面檢查身體，於十二月六日電復總統。請任命李濟暫代院長。十二月十三日，總統方正式發佈在其未到任前，由李濟代理院務。但他在美國，仍然在繼續檢查身體，隨時治療。尤其肺部因肺炎而不時有發燒的情況，經隨時診療，才未形成嚴重威脅。

直到四十七年四月八日先生返抵台北，當晚即住福州街二十號台大校長錢思亮寓所。九日，與中研院秘書胡頌平先談院中事務。於住的問題，他告訴頌平：「我是有心臟病的人，許多人都主張住在城裏，方便得多，但李代院長已把南港院中的會議室佈置好給我去住，勸我今晚搬去。」遂依先生的意思，當晚即由胡頌平陪他去南港住下。遂於十日，依預定的程序舉行就職典禮，隨後即第三次院士會議之開幕式。直到六月十六日，方離開台北再飛美。十月三十日，由紐約起飛返台，十一月五日凌晨到達台北。此時在中研院的胡先生住所，已經建好，即來院中居住。

此次返台後，健康情況尚算不錯。直到四十八年三月三十日發現左背上長了一顆粉瘤，約有酒杯那樣大，三十一日，去台大醫院割除，挖出一塊肉比鴨蛋還要大些。四月八日去台大醫院拆線，血管破裂有血潰出。高天成院長留他住院他不肯，方由高院長陪他回南港。四月九日，早上起床時又出血了，且毛衣、被單上都有血水的痕跡。遂決定再入院中。四月二十一日，來換藥，說先生創口過去長的肌肉帶有紫紅色，那是表示氧氣不足，身體衰弱的關係，現在長出的肌肉，是鮮紅色，足見氧氣很夠，很快

---

18 胡頌平編著，《胡適之先生年譜長編初稿》，冊 7，頁 2613。

便可長好了。直到五月二日，方出院返回南港。七月三日，先生離台北往夏威夷大學接受文學博士學位的授與。授與時間在九日。八月一日，從夏威夷到舊金山，八月三日抵紐約。

各種情況，似尚無問題，於十月八日，方離紐約，過西雅圖，十月十日下午到達松山機場。十一月五日上午住進台大醫院檢查身體。六日晨開始不吃任何東西，亦不得喝水，不吸煙，不洗臉，專做新陳代謝的檢查，以了解其身體是否已經衰老。下午出院回南港。十一月十九日，台大醫院在月初所作新陳代謝檢查之報告，以後須減少脂肪一類食品，先生連早點的麵包也不用奶油了。

四十九年三月十五日，到台大醫院作體檢，血壓正常，心電圖比上次好，惟心臟有點肥大，擴大了約十分之一。三月二十五日，蔡錫琴醫師來檢查，說心臟跳動有一點不規則，再吃兩天藥就會恢復的。國外的院士吳健雄等，在《紐約時報》上看見先生住院的消息，來電問病。錢校長和高天成院長來問如何回答，高天成說是一個和平的心臟病。先生說「是個和平的心臟病警告」，禮拜五出院。以免得海外的掛念。但接續檢療，還是沒有恢復正常。直拖到四月五日上午，由於他的堅持，醫生勉強讓他四月五日，出院回到南港，但仍然要留意並定期來院檢查。

但於五月中旬，右手中指扭了筋，痛疼不能寫工整之字體。雖經醫生治療又用電療機的發熱和顫動來治療。才緩慢的好轉。六月十九日，又有心臟病的警報。立刻休息一會兒就好了，先生吩咐其秘書王志維先生：「我發警報時是不能移動的。我的毛病我自己知道，醫生是毫無辦法的。」王志維只好將經常準備的藥片分裝了幾瓶，隨處都放了一瓶，以備隨時隨地都可以應急。六月二十九日上午，到台大醫院檢查，脈搏每跳十次還有一次不正常跳動。

七月九日，到機場搭機赴美國，參加美國時間在十日舉行的中美學術合作會議。會後，即飛紐約。請過去他看心臟病的專家 Dr. Robert L. Levy 檢查了三次，每天服藥，不久便又恢復正常了。十月十八日，從美國動身回國。

五十年一月二十一日，去台大醫院檢查眼睛，結果是右眼還有百分之七十的視力，左眼只有百分之十的視力。因而平時看書主要全靠右眼。左眼的水晶體有點混濁，後面血管也有點硬化，如不及早治療，可能會延到右眼去。現在極力設法把左眼保持現狀，醫療上只能做到這一步，這種病情，李培飛醫師不讓先生知道。但卻為他配了眼鏡。

二月二十五日，錢思亮校長宴請來華訪問的密歇根大學校長韓奈，邀先生作陪。七時，從南港動身。這兩天先生有點小傷風，台大醫院宋瑞樓大夫曾來為他診查了一番。他從南港動身時便已感到十分疲倦，在車上，帽子內沿已經有汗了。到南昌街陸軍聯誼社，司機汪克夫就拿上午宋瑞樓開的傷風藥方到台大醫院去配藥了。先生進入聯誼社，客人還沒有到齊，便覺得呼吸很困難，脈搏跳動很快，額上出汗不止。大家就勸先生在聯誼社的一張床上休息。錢校長隨手拿了半杯白蘭地酒給先生喝後，立刻電話通知宋大夫，一面派在場辦總務的朱仲輝坐他的車子去接，宋瑞樓即來急救了，並主張立刻送醫院。七時五十分，到達台大醫院急診處，馬上用氧氣幫助呼吸，並注射強心針，八時二十分，轉到特一號病房。這時脈搏跳到一百三十五次，咳嗽吐出來的痰中有血。便又注射了兩針強心針。宋勸先生不要講話，安心靜養。到了十一時，脈搏降至一〇〇次。院中派了一位醫生，一位特別護士，並且由王志維先生留住那裡，醫生作過心電圖後，錢校長夫婦和大家才放心，各自回去了。二月二十六日，一大早到醫院，知道先生自凌晨四時，脈搏已經降到八十八跳，漸漸恢復正常了。本日來探病的人陸續不斷。今天仍用氧氣幫助呼吸，但精神跟平常一樣好。錢校長於下午五時來，則表示「昨夜胡先生心臟病猝發的情形，只有盧致德和我兩人在場，才有救，換了別人，換了別的地方那就非常危險了。據高天成院長說，胡先生這次是有兩種毛病夾在一起，一種是老的冠狀動脈栓塞症，一種是新的狹心症……現在還沒有脫離危險期，必須絕對禁止談話，也不能看報。」先生醫院，一直住到四月二十二日，方出院。惟為實際的需要，暫住福州街二十六號一幢台大客座教授的住宅中，一則離台大醫院很近，一則錢校長住所亦與其至近，並另外晚上有特別護士徐秋皎小姐照護，白天由胡頌平陪伴，但晚上也須有人在此照料，商定胡頌平、王志維、張祖詒輪流在此值夜。並由台大醫院院長對記者發表談話，略謂先生一切大致已恢復正常，故可以出院；但仍需好好靜養一兩個月，不能多會見朋友，不能參加會議，更不能出席演講。很希望愛護這位學者的朋友與社會人士，都能夠注意及此，讓胡博士能夠好好靜養。

五月十五日，先生去朱光潤醫師診所看牙齒，雖然照了 X 光，認可以把這顆牙拔掉，但拔牙須打麻醉針，朱醫師必須去和內外各科醫生商量，遂未即行拔除。

六月十九日，先生右肩胛骨有點酸，好像用力運動之後那樣感覺。徐秋皎護士私下電話告知蔡錫琴醫師。晚上八點，高天成、宋瑞樓、顧文霞來，宋看過之後，說先生心臟還是不穩定，懇勸先生不要急急的回南港，先生答應過幾天再說。六月二十五日遂回到南港。算起二月二十五日晚發病進醫院，到今日剛好四個月了。

七月十日早上，院中醫師王光明來量脈搏，發現每分鐘一百十四跳，間歇六次。不久錢張婉度帶回徐秋皎來，接著蔡錫琴醫師，連文彬來做心電圖，休息兩小時後，脈搏方逐漸恢復。十一日凌晨一點左右，先生自己起來上廁所，一進入就水瀉了，回到臥室，又覺得要瀉，於是又進了廁所。稍後又瀉，隨之又吐了。徐秋皎對先生說，他要出去一下，一出來就把工友老李喊醒，要他去通知王志維，一面打電話告訴錢思亮夫人。二點左右，汪司機把王光明醫師接來，給先生打了一針，就不再瀉了。三時半光景，台大醫院的宋瑞樓、楊大夫等都到了，立刻上了氧氣。這時高血壓降至七十五度，太危險了，打了鹽水針，又打了二千 CC 葡萄糖，一位調整血壓的醫師，不知用了甚麼藥，血壓忽然又高到兩百度，於是又用別的藥來中和，方降到一百二十度，這天共來了蔡錫琴、宋瑞樓等七位醫師，費了六個小時，才把先生的急性腸炎止住。醫生說先生的身體虛弱，只許躺著，吃些流汁，又需要一個時期的休養，才能慢慢恢復。

一大早錢思亮夫婦來，勸先生再住院，先生沒有答應。十二日，先生急性腸炎已經好了，人還沒有氣力。儘管醫生與錢思亮校長，都一直建議先生不要再作任何演講，但胡先生卻仍然答應了美國國際開發總署的邀請，在「亞東區科學教育會議」開幕時作主題演講，不意這一次演講，竟然引起徐復觀先生的猛烈斥責。事後雖然他內心不免有些氣憤，卻沒有作正面的答覆。這件事當然對他的健康是有一定程度的影響。次日先生去台大醫院檢查，醫生要先生必須做到：(1) 最近五天要先生休息，停止一切活動，不能見客。(2) 要請特別護士。另外，還要每天至少要躺在床上十二小時以上；吃東西要淡及每天一千步的散步也要停止。但十一月二十六日，又因心臟有問題，再住入台大醫院，醫生於會診之後，又決定先生需住院療養，並絕對不許說話，一刻也不能大意，不論晝夜，均需由特別護士照顧。民國五十一年一月十日，先生出院，仍住福州街二十六號，但晝夜均有特別護士照顧。嗣後，直迄二月二十四日在蔡元培館的酒會結束時突然心臟病發去世，一直都住在福州街二十六號，經常有特別護士照護。台大醫院的諸名醫，甚至國防醫學院的院長盧致德，蔣總統的醫生熊丸也有時前往會診，然而依然無能扭轉先生的健康，終於一仆不起。

如果細查其原因，除心臟病之外，先生自己太勤於讀書、研究，對一切公務及客人接待，演講著敘等等，負擔過重。實有密切的關係。除此之外，有少數在思想觀念上與他見解分岐之人，對他猛烈攻擊，亦有相當的關係。此類之事，雖然先生幾一直都能以其「容忍比自由還更重要」為信守，但內心之不易全然忘懷，亦不無關係。如在他去世之前約十二天，即二月十二日，他的最得力的輔佐，亦為一位貼心的道義之友的楊樹人先生和他談起近來接到一封信，信上說楊××、廖××、李××，在某一天某一時，在×處開會，決定了幾個步驟，最後目的要澈底我胡適。我不懂，我胡適住在台北與他們有甚麼壞處。（此為胡頌平根據楊樹人〈回憶一顆大星的隕落〉，《文星》七六期，民國五十三年二月一日出版）。由此一小段記載，可以想見胡適先生在當時內心的不愉快了。

但直接攻擊他，雖他一直以「容忍比自由還更重要」的為其自由思想的核心基礎之一，但就在民國五十年十二月六日，胡適先生應美國國際開發總署之邀，在「亞東區科學教育會議」開幕時作了一次主題演講，題目為“Social Changes for the Growth of Science”。講詞雖為英文，但仍為新聞媒體的報紙等於次日刊出。一向對先生對中西文化的態度深不滿的東海大學教授徐復觀先生，隨在 1961 年（即民國 50 年）12 月 20 日出版的《民主評論》第十二卷二十四期上刊出。標題為〈中國人的恥辱　東方人的恥辱〉。

（六）平心論徐復觀先生對胡適先生的批評

時光飛速，轉瞬胡適之先生去世已半個世紀了。但在我的心目中，卻始終不能對當時徐復觀先生對他嚴苛的批評，仍感到似乎有些太過度了，尤其是徐先生這篇文字多少有點血腥的本質。據我所接觸到胡適先生的為人處事與心胸開闊明朗，與天生的仁厚本質，仍不能不對徐先生感到有和胡先生截然不同的觀感。徐先生的那篇文章，寫成於民國五十年十一月七日，這篇文章的標題即為〈中國人的恥辱　東方人的恥辱〉。

文章一開始就說：

> 自從政府任命胡適博士充當中華民國的中央研究院院長以後，我一直有兩句話想公開說了出來。但因為胡博士害了一場大病，便忍住不曾說。今天在報紙上看到胡博士在亞東科教會的演說，他以一切下流的詞句，來誣衊中國文化，誣衊東方文化，我應當向中國人，向東方人宣佈出來，胡博士之擔任中央研究院長是中國人的恥辱，是東方人的恥辱。我之所以如此說，並不是因為他不懂文學，不懂史學，不懂哲學，不懂中國的，更不懂西方的，不懂過去的，更不懂現代的。而是因為他過了七十之年，感到對人類任何學問都沾不到邊，於是由過分的自卑心理，發而為狂悖的言論，想用誣衊中國文化、東方文化的方法，以掩飾自己的無知，向西方人賣俏，因而得點殘羹冷汁，來維持早經掉到廁所裡去了的招牌，這未免太臉厚心黑了。
>
> 大概在四年前，他在台中省立農學院向學生演講，大意是說吃鴉片煙，包小腳，即是中國文化。這次當著許多外國人面前，更變本加厲的說：「科學和技術，並不是唯物的，它們具有很高理想的和精神的價值。它們確實代表著真的理想和靈性。」
>
> 胡博士現在把年輕時憑聰明所涉取的一點浮光掠影的知識，也忘記了，根本不能和他談學問內部的問題；下面，僅在常識上向他請教幾點：
>
> 一、他說「科學知識確實代表著真的理想和靈性。」未免對科學太無常識了。
>
> 二、胡博士對羅爾綱以概括方式論斷歷史中的某一階段的某一特定的問題，而裝腔作勢的責備他所用的方法不科學。在你寫的《古代中國哲學史》及《胡適文存》中，談到中國文化方面的，有一篇與原典對照而又言之成理的文章嗎？……胡博士到底從那一門科學得到了這種啟示而敢做大膽的論斷呢？

三、只要是作過深入調查研究的人類學家，便會承認，那怕是極原始性的民族，也有很有價值的心靈活動。……胡博士憑甚麼調查研究，而斷定在中印兩大文化中，只有極少的心靈，乃至根本沒有呢？胡博士的父親母親是不曾讀過洋書的，在胡博士的了解中，他兩老有沒有心靈呢？

四、胡博士一直堅持以包小腳來代表中國的文化，我現在只簡單的問胡博士三點：(1) 包小腳是由中國文化中那一家思想所導誘出來的？(2) 包小腳大概有一千年的歷史，中國文化既是由包小腳所代表，則包小腳以前，中國有沒有文化？(3) 現在已沒有包小腳的情形了，中國文化應該隨之而消滅了，因為包小腳是中國文化的代表。

五、胡博士難道不知道印度的文化是宗教文化嗎？還不知道其他的宗教有與印度文化相同的情形，並且犯下許多比印度宗教更大的過失嗎？歐洲的中世紀是宗教世紀，在十九世紀仍幾乎都稱之為黑暗時代。古希臘羅馬都容忍了奴隸制度，誰人能說他們的文化毫無靈性？並且佛教興起，正是為了反對階級制度。不過有一點，我倒佩服他是識時務的俊傑，他只罵印度出來的宗教，決不罵天主教，基督教。假使印度也有一天強盛起來了呢？胡博士可以點頭微笑的說「我那時已是墓有宿草了。」

六、中國、印度文化，在萬分中，有一分好的沒有呢？胡博士幾次代表我們政府出席國際學術性的會議，假定有一分好的，胡博士何妨便講那一分，以顧點國家的體面，並增進西方友人一點知見，這又有甚麼不可以呢？假定連一分好的，也沒有，則胡博士何必頂著中國的招牌去出席呢？因為你雖然在洋人面前罵自己的文化罵得爽心快意，但洋人依然認為你是個中國人，一個中國人在外國人面前罵盡自己民族的歷史文化。在外國人的心目中，只能看作是一個自瀆行為的最下賤的中國人。同時，這次參加亞東科教會的，只是與印度文化有密切關係的客人，七十一歲的老人，何以不懂事到既居於地主的地位，竟無知無識的罵起客人的祖宗來了。

然則胡博士要如何來維持他的地位呢？這裡可以看出他的三大戰略：

第一戰略是：以誣衊中國文化、東方文化的方法，來掩飾他為甚麼不懂中國文化、東方文化。以讚頌自然科學的方法，來掩飾他為甚麼不懂西方人文科學方面的文化，因為他是志在自然科學。以懺悔少年走錯了路的方法，來掩飾他為甚麼又不懂自然科學。

第二大戰略是以「無稽之談」，見機而作的方式來談自由民主。

第三大戰略是以院士作送給居留美國或已入美國國籍的學人的人情，因而運用通訊投票的魔術，提拔門下士，使中央研究院變成胡氏宗祠。

上面的三大戰略，都是情有可原。但我希望不必要出台灣的圈子，為中國人，東方人，留半分面子。（文尾註明十一月七日，即胡先生演講之次日於台灣寓廬）

從這篇文章全體觀察，可以說徐先生對胡院長已極盡用誣衊。其中所作的批評，可以說已極盡虛偽誣衊之能事，幾無一可以認為有學術討論的成分。但就在這篇文章寫成後不過三個多月，胡院長竟在蔡元培館歡迎新院士的酒會中，突然心臟病發而去世。徐復觀先生因受此一突發的不幸事件的刺激，竟很的寫成一篇追悼的文字，並在三月五日文星雜誌出版的《追思胡適之先生》專號上發表了。此文標題為〈一個偉大書生的悲劇——哀悼胡適之先生〉，此文是為匆忙的趕寫出來，但卻充滿了悲情與感情。非常值得在這裡特別摘錄，以便於各位今天與會者之參考並於前文加以比較。這篇文章中論：

剛才從廣播中，知道胡適之先生，已於今日在中央研究院院士會議的酒會後，突然逝世，數月來與他在文化上的爭議，立刻轉變為無限哀悼之情。……更禁不住拿起筆來，寫出對於這一個偉大書生悲劇的感觸，稍抒我此時的悲痛。

胡先生二十多歲，已負天下大名，爾後四十多年，始終能維持他的清譽於不墜。今日以中央研究院長的身份，死於其位，也算死得其所。可以說，他是這一時代中最幸運的書生，但是從某一方面說，他依然是一個悲劇性的書生。正因為他是悲劇性的書生，所以也是一個偉大的書生。

我於胡先生的學問，雖有微詞，於胡先生對文化的態度，雖有責難，但一貫尊重他對民主自由的追求，也不懷疑他對民主自由的追求。我雖然有時覺得以他的地位，應當追求得更勇敢一點，但他在民主自由之前，從來沒有變過節；也不像許多知識分子一樣，為了一時的目的，以枉尺直尋的方法，在自由民主之前耍些手段。不過，就我的了解，即使以他的地位，依然有他應該講，他願意講，而他卻一樣的不能講的話。依然有他應該做，他願意做，而他卻一樣的不能做的事。他回到台灣以後，表面是熱鬧，但內心的落寞，也正和每一個有良心血性的書生所感到的落寞，完全沒有兩樣。或者還要深切一些。……有一位胡先生的後學曾經和人說：「胡先生只和我們講講學好了，還談甚麼自由民主，和許多不相干的人來往作甚麼？」

其實作為中國的一個知識分子，把自由民主的問題，能放在一旁，甚至不聞不問，而另以與世無爭的態度來講自己的學問，這種知識分子，他缺少了起碼的理性良心；他所講的學，只能稱之為偽學，或者是一錢不值之學；在這一點上，胡先生會比我們知道得更清楚。然而這種意思，越是對他親近的朋友，越是無法講出；真正講出，表面的熱鬧，也不能維持了。他之所以依然是一個悲劇性的偉大書生，原因正在於此。

我常想，胡先生在五四運動時代，有兵有將，即是有青年，有朋友。民國十四、五年以後，卻有將無兵，即是有朋友而無青年。今日在台灣，則既無兵，亦無將，即是既無青年，又無真正地朋友。自由民主是要面對現實的，因此這更削弱了他對現實發言的力量，更增加他內心的苦悶乃至痛苦。我曾寫文章，強調自由民主，是超學術上的是非的。所以主張大家不應以學術的是非爭論，影響自由民主的團結。我曾經天真的試著說服胡先生，今日在台灣，不必在學術的異同上計錙銖，計恩怨，應當從民主自由來一個團結運動。我自己也曾多少次抑制自己，希望不要和胡先生發生文化上的爭論。當四十一年他返台時，我曾函香港《民主評論》編者，在胡先生留台期間，不要發表批評他的文章。這幾年，有幾次拿起筆來，又把它放下。但結果，在文化問題上，依然由我對他作了一次嚴酷的譴責。這實在是萬分的不幸。

我常想到，生在歷史專制時代的少數書生，他們的艱苦，他們內心的委曲，必有千百倍於我們，所以我對這些少數書生，在他們的環境中，依然能吐露出從良心血性裡湧出的真話，傳給我們，總不禁湧起一番感動，而不忍隨便加以抹煞。我深切了解在真正的自由民主未實現以前，所有的書生，都是悲劇的命運……我相信胡先生在九泉之下，會引領望著這種悲劇的徹底結束。（文後標明本文寫於二月二十四日深夜於東海大學）

餘論

從以徐先生在胡適院長生前和死後，所發表文章，使我感到無限的錯愕與矛盾。何以徐先生在前後不過幾個月中，對胡適的評價會有這樣重大的改變呢？這樣複雜沉邃的問題，不僅是我才疏學淺無能解釋，而且也實在無法用簡單的一篇小論文所能解釋清楚的。眼前個人所感覺到的，只有一點，胡適之先生固然是個悲劇性書生，也是這一時代偉大的書生與最幸運的書生。至徐復觀先生自己呢？則似乎難以和他相提而並論。

民國一百年八月完成此一初稿　呂實強

文學視界 41　AC0022

胡適與現代中國的理想追尋

——紀念胡適先生 120 歲誕辰國際學術研討會論文集

授權出版 / 中央研究院近代史研究所胡適紀念館
主　　編 / 潘光哲
責任編輯 / 廖妘甄
圖文排版 / 曾馨儀
封面設計 / 陳佩蓉

發 行 人 / 宋政坤
法律顧問 / 毛國樑　律師
出版發行 / 秀威資訊科技股份有限公司
114 台北市內湖區瑞光路 76 巷 65 號 1 樓
電話：+886-2-2796-3638　傳真：+886-2-2796-1377
http://www.showwe.com.tw
劃撥帳號 / 19563868　戶名：秀威資訊科技股份有限公司
讀者服務信箱：service@showwe.com.tw
展售門市 / 國家書店（松江門市）
104 台北市中山區松江路 209 號 1 樓
電話：+886-2-2518-0207　傳真：+886-2-2518-0778
網路訂購 / 秀威網路書店：http://www.bodbooks.com.tw
國家網路書店：http://www.govbooks.com.tw

2013 年 8 月 BOD 一版
定價：520 元

國家圖書館出版品預行編目

胡適與現代中國的理想追尋：紀念胡適先生 120 歲誕辰國際學術研討會論文集 / 潘光哲主編. -- 一版. -- 臺北市：秀威資訊科技, 2013. 08
面； 公分. -- (文學視界；AC0022)
BOD 版
ISBN 978-986-326-148-3(平裝)

1. 胡適 2. 學術思想 3. 文集

112.807 102013369

讀者回函卡

感謝您購買本書，為提升服務品質，請填妥以下資料，將讀者回函卡直接寄回或傳真本公司，收到您的寶貴意見後，我們會收藏記錄及檢討，謝謝！

如您需要了解本公司最新出版書目、購書優惠或企劃活動，歡迎您上網查詢或下載相關資料：http:// www.showwe.com.tw

您購買的書名：____________________

出生日期：________年________月________日

學歷：□高中（含）以下　□大專　□研究所（含）以上

職業：□製造業　□金融業　□資訊業　□軍警　□傳播業　□自由業

□服務業　□公務員　□教職　□學生　□家管　□其它_____

購書地點：□網路書店　□實體書店　□書展　□郵購　□贈閱　□其他

您從何得知本書的消息？

□網路書店　□實體書店　□網路搜尋　□電子報　□書訊　□雜誌

□傳播媒體　□親友推薦　□網站推薦　□部落格　□其他__________

您對本書的評價：（請填代號　1.非常滿意　2.滿意　3.尚可　4.再改進）

封面設計____　版面編排____　內容____　文／譯筆____　價格____

讀完書後您覺得：

□很有收穫　□有收穫　□收穫不多　□沒收穫

對我們的建議：____________________

____

____

____

請貼
郵票

11466
台北市內湖區瑞光路 76 巷 65 號 1 樓

秀威資訊科技股份有限公司 收

BOD 數位出版事業部

....

（請沿線對折寄回，謝謝！）

姓　　名：＿＿＿＿＿＿＿＿　年齡：＿＿＿＿　性別：□女　□男

郵遞區號：□□□□□

地　　址：＿＿＿＿＿＿＿＿＿＿＿＿＿＿＿＿＿＿＿＿

聯絡電話：(日) ＿＿＿＿＿＿＿＿＿＿ (夜) ＿＿＿＿＿＿＿＿＿＿

E-mail：＿＿＿＿＿＿＿＿＿＿＿＿＿＿＿＿＿＿＿＿